라과디아

1920년대 한 진보적 정치인의 행적

라과디아

1920년대 한 진보적 정치인의 행적

하워드 진 지음 **박종일** 옮김

인간사랑

LaGuardia in Congress by Howard Zinn

CONTENTS

서문

피오렐로 라과디아(Fiorello LaGuardia)는 프랭클린 루즈벨트가 백악관을 차지하고 있던 시기에 뉴욕 시를 휘어잡은 시장으로 잘 알려져 있다. 이 시기에 그는 가장 다채로운 활동을 한 뉴욕 시민이었지만 뉴욕 시 하나만으로는 그의 정신을 담아낼 수가 없었다. 그는 전국적인 인물이었으며, 그의 행적은 저차원의 코미디와 고매한 개혁을 넘나들었고, 그래서 많은 미국인의 사랑을 받았는가 하면 어떤 사람들에게는 분노의 대상이기도 했다.

그런데 한 편의 드라마와 같은 그의 시장임기보다 더 극적이고 업적 면에서 후대에 더 큰 영향을 끼친 시기가 그 전에 있었다. 그 시기는 라과디아가 하원의원으로서 활동한 시기였다. 그는 1917년부터 1933년에 이르기까지 거의 연속적으로 하원에 몸담았다. 두 번의 짧은 휴지기가 있었는데, 첫 번째는 제1차 세계대전 동안 미군 조종사로서 이탈리아 전선에 참전한 시기였고, 두 번째는 1920년에서 1921년까지 뉴욕 시의회 의장을 지낸 시기였다. 그러나 그는 1923년에 하원으로 돌아와 이후 10년 동안 개혁적인 정치인으로서 활발한 활동을 보여주었다.

의회에서 그에게 귀를 기울이는 청중은 소수에 불과했다. 이 10년은 워런 하딩, 캘빈 쿨리지, 허버트 후버의 집권기였고, 추문과 방탕과 무절제한 번영의 시기였다. 아니면 1929년까지는 그렇게 보였던 시대였다. 대공황의 파편들 위에 또 한 번의 전쟁이 가져온 잿더미가 덮였고 지금은 이것들조차 다시 새롭고 위대한 "정상상태" 속에 묻혀가고 있지만 폐허를 뒤지는 역사가들은 이 시대를 냉정한 시각으로 재평가하기 시작했다.

재평가해 보면 1920년대는 다른 모습을 드러낸다. 아직도 바빌론의 이미지—짧은 치마, 주류 밀매점, 부동산과 주식시장의 폭발적 성장—가 지배적이기는 하지만, 이런 모습은 그 시대의 표면적 모습에 불과하다는 평가가 자리를 잡기 시작했다. 연극이 끝난 후 관객들이 돌아간 곳은 바빌론에 있는 집이 아니라 미들타운, 요란한 파티 장소가 아니라 "끝없이 밀려 있는 일거리"가 있는 곳이었다. 20년대에는 "대디" 브라운과 알 카포네, 찰스 린드버그와 J. P. 모건이 각광을 받은 시대였지만 반면에 그렇지 않은 더 많은 사람들, 농부와 중소사업자, 화이트칼라와 육체노동자들은 이 휘황찬란한 광경을 바라볼 수는 있었지만 결코 그 광경의 일부가 될 수는 없었다. 20년대의 진정한 모습을 파악하고 그 시대의 사명에 맞게 행동한 소수의 정치지도자들이 로버트 라 폴레트(Robert La Follette), 조지 노리스(George Norris), 제임스 프리어(James Frear), 피오렐로 라과디아 같은 인물들이었다.

1920년대의 의회 내 진보파 인사들은 거의 모두가 미주리 건너편 대평원지대와 산악지역 출신이었지만 라과디아는 이스트 할렘의 빈민가 지역을 대변했다. 정치가들이 흰색 돔의 궁전 아래서 번영을 주신 하나님을 찬양하고 있을 때 그의 지역구에서는 이탈리아인, 유대인, 자메이카인 등 10여 개 민족 그룹이 불이 났을 때 비상구도 없는 집에서 살고 있었다. 110번가에서는 엄마들이 조금이라도 더 싼 빵을 사기 위해 돌아다니면서 고민하고 있던 그만큼 중심가에서는 증권중개인들이 증권시세표를 놓고 고민하고 있었다.

동료 진보파 인물들과 마찬가지로 어떤 의미에서 라과디아는 1920년대의 양심을 대변하고 있었다. 민주당과 공화당이 짜여진 각본대로 시합하는 프로레슬러들처럼 정치 링에 올라올 때 라과디아는 맨 앞줄에 앉아 이들의 시합을 지켜보면서 진짜 시합을 하라고 소리 질렀다. KKK(Ku Klux Klan) 회원 수가 백만에 이르고 의회가 인종적 "순수성"을 지향하는 법을 제정하려 할 때 라과디아는 이탈리아인, 유대인, 그 밖의 인종에 대한 이민 제한을 완화하라고 주장했다. 자기도취적인 애국자들이 카리브 해를 미국의 호수로 만들려 할 때 라과디아는 니카라과로부터 해병대를 철수시키라고 요구했다. 전신기에서 환희의 소식이 쏟아져 나오고 있을 때 라과디아는 펜실베이니아 주에서 벌어지고 있는 광부 파업의 진상을 전국에 알리려 노력했다.

1920년대와 1930년대 초의 진보파는 단순히 불평만을 늘어놓지 않았다. 그들은 거듭거듭 대안과 해법을 제시했다. 의회 문서보관실에는 그들이 제출했다가 부결당한 법안이 가득한데, 그 속에서 라과디아란 이름은 끊임없이 등장하고 있다. 훗날 시행된 '뉴딜' 법안의 거의 대부분은 라과디아, 노리스, 와그너(Robert F. Wagner), 코스티건(Edward Costigan) 등이 1929년의 경제파탄을 전후하여 제출한 법안이 그 원형이었으며, 프랭클린 D. 루즈벨트가 취임선서를 하던 무렵에 '뉴딜' 정책을 실시하기 위한 선도 법안들은 이들에 의해 이미 통과되어 있었다.

루즈벨트는 자신을 풋볼 시합을 끌어가는 쿼터백에 비유한 적이 있다. 그러나 루즈벨트가 시합장에 나오기 전에 경험 많은 동료 선수들이 이미 시합을 상당부분 진척시켜 놓고 있었고, 새로운 작전도 시험해 본 뒤 경제위기에 맞서 지금은 우리가 '뉴딜'이라고 부르는 맹렬한 공격을 펼칠 준비를 해놓았었다. 라과디아는 두 단락의 개혁기 사이에서 중요한 연결고리 역할을 했다. 그는 1917년 초에 의회로 진출하면서 진보라고 하는 공을 골라잡았고, 마침내 1933년 초에는 루즈벨트에게 이 공을 인계했다. 그동안에 그는 어려운 상황에서 거의 혼자 힘으로 이 공이 경기장 밖으로 흘러나가지 않도록 특유의 집요함으로 싸움을 벌였다.

라과디아는 의회의 거물이 아니었음을 분명히 해둘 필요가 있을 것 같다. 그는 정치신인의 분수를 지키기를 거부한 인물이었다. 정치적인 독립성 때문에 상임위에서 중요한 자리를 맡을 수 없었고, 따라서 법률제정에 직접적인 역할을 할 수 없었지만 그는 그 시대의 물신숭배를 육성으로 폭격하는 무대로서 하원 의사당을 활용했다. 그는 의원경력의 마지막에 가서 아주 짧은 기간 동안의 몇 차례 승리를 제외하고는 자신이 발의한 법안을 통과시킬 만한 위치에 있지 않았다. 모반의 정치를 선택할 수밖에 없었던 그는 위원회에서의 담합보다는 회의장에서의 연설을 통해 지원세력을 규합하는 데 주력했으며, 동시대의 다른 어떤 의원보다도 자신의 입지를 잘 활용하여 배빗(Irving Babbitt), 쿨리지, 멜런(Andrew W. Mellon) 등 허위의 시대의 전위대라고 할 수 있는 인물들을 끊임없이 괴롭혔다.

『그리니치빌리지 1920-1930』(*Greenwich Village 1920-1930*)을 쓴 캐롤라인 웨어(Caroline F. Ware)와 이 책을 출판한 휴튼 미플린사, 『미들타운』(*Middletown*)을 쓴 린드 부부(Robert S./Helen Merrell Lynd)와 이를 출판한 하코트 브레이스사가 고맙게도 이 책들의 내용을 인용하는 것을 허락해 주었다.

이 책의 저술과 관련하여 각별히 감사의 뜻을 표해야 마땅한 몇 분이 있다. 컬럼비아 대학의 로이히텐버그(William E. Leuchtenburg) 교수는 이 책의 초고를 읽고 꼼꼼한 비평을 해주었고, 같은 대학의 호프스타터(Richard Hofstadter) 교수는 탈고 단계에서 여러 가지 귀한 충고를 해주었다. 뉴욕 시립 문서보관소의 카차로스(James Katsaros) 씨와 쉴러(Martin Schiller) 씨는 내가 그곳에 보관된 라과디아 관련 문서철을 열람하는 동안 크나큰 도움을 주었다. 프랭클린 D. 루즈벨트 기념관의 문서관리 책임자 허만 칸(Herman Khan) 씨와 의회도서관 필사본 관리실의 책임자 데이비드 먼스(David C. Mearns) 씨는 필사본

자료를 찾는 데 귀중한 도움을 주었다. 몇 가지 의문점을 해소하는 데 도움이 된 인터뷰를 허락해 주신 라과디아 부인(Mrs. Marie Fisher LaGuardia)과 마크안토니오 부인(Mrs. Miriam Marcantonio)에게 감사드린다. 귀중한 시간을 내어 이 책의 출간준비를 해주신 미국역사학회 앨버트 비버리지상 위원회(Albert Beveridge Award Committee)의 반 듀센(Glyndon Van Deusen) 교수에게 감사드린다. 당연한 얘기지만, 사실을 오인하거나 사실관계의 해석을 잘못한 책임은 최종적으로 저자의 몫이다. 학기 사이에 타자기를 두드리는 즐거움을 깨닫게 해준 스펠만 대학의 학생들과 애틀랜타 유니버시티 시스템의 친구들에게도 감사의 인사를 표해야겠다. 그리고 이 책의 출간을 후원해 준 미국역사학회에도 감사를 드린다.

1959년 4월 조지아 주 애틀랜타에서

하워드 진

역자 서문

이 책은 하워드 진(Howard Zinn)의 *LaGuardia in Congress*(1959년 코넬 대학 출판부 간행, 2010년 복간)을 번역한 것이다. 이 책의 주요 내용과 저자의 사상을 이해하는 데는 다른 어떤 설명보다도 저자의 생애를 조감해 보는 것이 가장 유용한 수단이라 생각된다. 그만큼 저자는 실제 생활 속에서 자신의 사상을 실천했고 생애 자체가 또한 극적이기 때문이다.

하워드 진의 대표작이라고 할 『민중의 미국사』(*A People's History of the United States*)는 1980년에 출간된 이후 지금까지 2백여 만 부가 팔렸지만 초판은 겨우 4천 부가 인쇄되었다. 이것은 그의 역사관이 시간이 지날수록 대중적 호응을 얻어갔음을 증명한다. 학계에서는 그의 사관을 수정주의라고 하지만 그 한마디로 그의 사관을 종합하기는 어렵다. 전통적 사학자들은 그가 콜럼부스를 학살자로, 시어도어 루즈벨트를 냉혹한 제국주의자로, 링컨은 인종통합에 실패한 정치가로 왜곡하고 있다고 비난하고 있는데, 아마도 이런 평가가 그의 사관을 오히려 더 적절하게 표현하는지도 모른다. 나아가 그는 빈곤한 농민들, 페미니스트, 반전운동가의 관점에서 역사를 기술했다. 하워드 진은 뉴욕 타임스와의 인터뷰에서 이렇게 말했다 : "이 나라가 저지른 많은 추악한 행적들을—월남전, 민권운동, 워터게이트 등—교과서에서는 미국의 영광이라고 미화하고 있다. 이제 사람들은 다른 관점에서 보다 더 정직한 사실을 알고 싶어한다." 뉴욕 타임스의 서평에서 역사학자 에릭 포우너(Eric Foner)는 하워드 진의 저서가 "일관성 있고 새로운 미국사의 지평을 한 단계 넓혀놓았다"고 평했지만, 프린스턴 대학 역사학 교수 숀 윌렌츠(Sean Wilentz)는 하워드 진이 "역사연구를 아카데미 밖으로 끌고 나와 노골적인 편향된 관점으로 역사서술을 망쳐놓았다. 역사를 대중화한다는 명분을 내세워 옛 악당을 영웅으로 둔갑시켰다"고 평했다. 이런 비판에 대해 진 자신은 이렇게 말했다 : "내 저서가 편향된 관점에서 쓰인 것이 아니라고 말하지는 않겠다. 그래서 어떻단 말인가? 학살당하고 손발이 잘리는 고통을 당한 사람들의 입장에서 본다면 역사는 다른 얘기가 될 수밖에 없다." 어쨌든 분명한 것은 상아탑의 장막을 걷어내고 역사를 대중문화의 한 분야로 끌어들이는 데 하워드 진만큼 성공한 역사학자는 드물다는 점이다.

하워드 진은 1922년 8월 뉴욕에서 태어났고 부모는 유태인이자 이민자였다. 진 자신의 표현을 빌리자면 "우리 가족은 지주들에게 쫓겨 수없이 이사다녔다. 브루클린의 슬럼 가운데서 우리 가족이 살아보지 않은 곳은 없었다." 고등학교를 졸업한 후 그는 브루클린의 해군 조선소에서 배관공으로 일했고, 이곳에서 미래의 아내를 만났다. 어린 시절에는 찰스 디킨즈의 작품을 통해 세상과 만났고, 청년 시절에는 칼 마르크스의 저작을 읽었으며, 노동자 집회를 조직하다가 경찰에게 구타당하기를 되풀이했다. 1943년에 파시스트와 싸우겠다는 열정 때문에 군에 입대하여 B-17 폭격기의 폭탄투하수로 참전했다. 그는 베를린, 체코슬로바키아, 헝가리 폭격작전에 참가하여 자신이 투하하는 폭탄이 빗줄기처럼 쏟아져 내려가는 광경을 지켜보았고, 뉴욕으로 돌아온 후에는 군에서 받은 훈장을 봉투에 담아 처박아 놓고 꺼내보려 하지 않았다. 그는 봉투에 이렇게 썼다 : "다시는 이런 일이 없기를." 하워드 진의 반전사상은 이때의 경험에서 비롯되었다. 하워드 진은 "전쟁이 일종의 도덕적 명분을 갖고 있었음을 부인하지는 않겠지만 그 때문에 미국은 이후의 모든 전쟁을 영웅시하는 데 익숙해졌고 모든 적은 히틀러가 되었다"고 말했다.

폭격에 참가하고 나서 9년이 지나 진은 박사 후 연구과정에서 프랑스 보르도 근처 로양이란 해변 휴양지로 가 그곳 주민들을 인터뷰하고 지역 도서관에서 전쟁 당시의 신문기사들을 읽었다. 이곳에서의 연구결과는 1970년에 『역사의 정치학』(*Politics of History*)이란 저서로 나왔다. 진은 자신이 참가했던 폭격으로 이 지역에 숨어서 전쟁이 끝나기를 기다리고 있던 독일군뿐만 아니라 프랑스 민간인도 천 명 이상 사망한 사실을 알아냈다. 그는 폭격이 작지만 오래된 마을 하나를 지도 위에서 사라지게 만든 "비극적 실수이며, 그곳의 주민들은 공식적으로 적이 아니라 우군"이었다고 표현했다. 이 책에서 진은 장교들이 전쟁이 끝나기 불과 몇 주 전에 전공을 세울 욕심에서 폭격을 명령한 과정을 밝혀냈다. 또한 체코슬로바키아 필젠의 스코다 자동차공장 폭격사례도 열거하고 있다. 미공군의 공식 보고서에는 "사전에 폭격을 경고했고 정확히 조준하여 폭탄을 투하했으므로 공장 노동자 가운데서 희생된 숫자는 5명뿐"이라고 기록하고 있다. 그러나 진은 이 책에서 "나 자신이 부폭격수로 참가했던 이 작전에서 우리는 스코다 공장만을 특별히 겨냥하여 폭탄을 투하하지 않았고, 그냥 필젠 시 상공에서 폭탄을 쏟아부었다. 최근에 당시 필젠에 살았던 두 사람을 만나서 들은 바에 의하면, 그때의 공습으로 모두가 체코인인 공장 노동자 수백 명이 죽었다고 한다. 필젠은 체코슬로바키아 내의 폭격목표 가운데 하나에 지나지 않았다"고 적고 있다. 진은 직접 경험한 바와 이후의 조사연구를 바탕으로 하여 제2차 세계대전시 연합군의 드레스덴, 로양, 도쿄, 히로시마, 나가사키 폭격과 미군의 월남전 폭격, 이라크전에서 바그다드 폭격, 아프가니스탄 폭격의 정당성에 대해 의문을 제기했다. 그는 1995년에 펴낸 『히로시마 : 침묵을 깨고』(*Hiroshima : Breaking the Silence*)란 소책자에서 무모한 폭격이 수많은 민간인을 희생시켰다고 비난했다. 그는 최근 미국이 일으킨 이라크 전쟁과 아프가니스탄 전쟁을 비난하면서 "폭격의 역사는 끝이 없는 잔혹행위의 역사이며, 미국만큼 타국을 폭격한 나라는 없다. 그런데도 모두들 태연하게 '사고'였다거나 '군사목표'를 폭격했다거나 '부수적인 손실'이란 거짓말을 하고 있다"고 말했다.

하워드 진은 결혼 후 공사장 인부로 일하면서 쥐가 들끓는 아파트 지하층에서 살았다. 제대 후 참전병사에게 주는 학자금 지원 혜택(G. I. bill)을 받아 뉴욕 대학을 졸업하였고(1951) 컬럼비아 대학에서 역사학으로 석사학위(1952)와 박사학위(1958)를 받았다. 석사학위 논문의 주제는 1914년의 콜로라도 광부파업이며, 박사학위 논문은 피오렐로 라과디아의 의회활동을 다룬 『라과디아』(*LaGuardia in Congress*)였다. 박사학위 논문은 이듬해에 단행본으로 출간되었고, 바로 이 역서의 원전이기도 하다. 진 최초의 저작이자 이후의 사회운동과 학문연구의 방향을 짐작케 하는 『라과디아』에서 그는 흔히 "번영의 시대", "황금의 시대"로 불리는 미국의 1920년대에 부가 소수에게 편중되고 노동자와 농민이 독점자본에 의해 착취당하는 천박한 자본주의의 모습을 치밀하게 그려냈으며, 이런 시대에 전력사업의 국유화, 노동자 파업권의 보장, 누진세제를 통한 부의 재분배를 위해 싸운 라과디아를 "1920년대의 양심"이라고 표현했다. 그는 라과디아가 "입법활동을 통해 놀라울 정도로 정확하게 '뉴딜'을 예고했다"고 평가한다. 또한 이 책은 미국역사학회가 영어로 쓰여진 뛰어난 미국 역사저작을 대상으로 매년 수여하는 앨버트 비버리지상(Albert J. Beveridge Award)의 후보 저작으로 선정되기도 했다. 진에게 학문적으로 큰 영향을 끼친 스승은 『미국의 정치전통』(*The American Political Tradition*)을 쓴 호프스타터(Richard Hopfstadter)였다. 진은 『라과디아』에서 『미국의 정치전통』을 여러 차례 인용하고 있을 뿐만 아니라, 버락 오바마가 대통령에 당선되고 나서는 "호프스타터 교수는 『미국의 정치전통』에서 대통령을 소속 정당에 관계없이 '보수적'인 대통령과 '진보적'인 대통령 두 부류로 나누었는데, 만약 그분이 살아계셔서 여기에 덧붙여 미국 체제의 두 가지 핵심적 특성을 정의하신다면 미국우선주의와 자본주의일 것이다. 오바마도 이 도식을 충실히 답습할 것"이라고 말하면서 오바마의 개혁정책을 신뢰하지 않았다.

하워드 진은 1956년에 흑인 여자 대학인 스펠만 대학에서 역사학 교수로 강단에 섰다. 그는 강단에서 학생들에게 민권의식을 고취했을 뿐만 아니라 학생들과 함께 직접 시위를 조직하고 참가했다. 스펠만 대학의 교수로 있으면서 그는 전국적인 학생 민권운동 단체인 SNCC(학생비폭력조정위원회 : Student Nonviolent Coordination Committee)의 고문을 맡았었고, 그의 제자들 가운데서 민권운동의 지도적 인물들이 다수 나왔다. 이런 활동 때문에 학장과 사이가 좋지 않았고, 결국 "명령불복종"으로 해임되었다. 41년이 지난 2005년에 그는 스펠만 대학에서 명예 박사학위를 받고 졸업식 연설에서 이렇게 말했다 : "역사가 우리에게 가르쳐 주는 바는 절망하지 말아야 하며 옳다고 생각되면 굽히지 말라는 것이다. 그래야 세상을 바꿀 수 있다." 1964년에 보스턴 대학으로 옮겨간 후에는 월남전 반대운동에 뛰어들어 『월남 : 철수해야 하는 이유』(*Vietnam : The Logic of Withdrawal*, 1967)와 『불복종과 민주주의』(*Disobedience and Democracy*, 1968)를 저술했다. 1968년에는 미국의 월남전 개입을 반대하는 의지를 표시하기 위해 진보적인 목사 대니얼 베리건(Daniel Barrigan)과 함께 하노이에 갔고, 이때 월맹은 격추된 미군 조종사 3명을 석방했다. 당시 미국의 조야를 혼란에 빠트렸던 국방성 직원 대니얼 엘스버그가 미국의 월남전 개입과정을 담은 이른바 "펜타곤 문서"를 유출한 사건이 일어났다.

엘스버그는 신뢰하던 하워드 진과 노암 촘스키(Noam Chomsky)에게 이 문서를 전달했고, 하워드 진이 이를 세상에 공개했다. 국가기밀 누설혐의로 기소된 엘스버그 재판에서 하워드 진은 "누설된 기밀은 정치가들을 당혹스럽게 하고 먼 나라의 주석과 고무와 석유를 가져오려는 기업들의 이익을 저해하지만 이 나라와 민중의 안위를 해치지 않는다"고 증언했다. 미국이 이라크를 침공하자 진은 전쟁의 목적이 석유 이익이며, 월남전과 마찬가지로 이라크 전쟁도 병사들의 반발 때문에 실패할 것이라고 예언했다. 그는 이라크전을 비난하는 글에서 "아무리 큰 성조기라도 달성할 수 없는 목표 때문에 무고한 시민을 죽음으로 내모는 수치를 가릴 수는 없다"고 말했다. 보수적 성향의 보스턴 대학 총장 존 실버(John Silber)와 대립했던 진은 세 차례나 총장불신임 교수 투표를 주도했다. 실버는 그를 "학문의 우물에 독을 푸는 자"라고 혹평했다.

보스턴 대학에서 24년을 가르친 후 1988년에 은퇴한 하워드 진은 은퇴 후에도 활발한 저술과 강연을 통해 사회적인 발언을 계속했다. 진은 자신을 "부분적으로는 아나키스트이고 부분적으로는 사회주의자이지만 한마디로 하자면 민주사회주의자"라고 하였다. 그는 2009년의 한 강연에서 다음과 같이 말했다 :

> 지난 세기 말, 소비에트 연방에 의해 이름을 더럽히기 전의 사회주의로 돌아가 사회주의의 이상을 논하는 것은 매우 중요하다. … 근본적으로 말해 사회주의란 보다 인간적이며 보다 고상한 사회를 추구하는 이념이다. 나누어 가지자.

특정 기업의 이익을 위해서가 아니라 사람들에게 필요하기 때문에 제품을 생산하는 경제체제를 만들자. 자본주의를 넘어서려면 사회주의를 회피해서는 안 된다.

자신의 사상을 전방위로 실천에 옮겼던 진은 핵무기 폐기를 주제로 한 『비너스의 딸』(*Daughter of Venus*, 1985), 마르크스의 생애를 극화한 일인극 『소호의 마르크스』(*Marx in Soho*, 1999), 아나키스트 엠마 골드만의 생애를 극화한 『엠마』(*Emma*, 1976) 등 세 편의 희곡을 썼고, 이 작품들은 모두 상연되었다.

정보자유법(Freedom of Information Act)에 따라 미연방수사국(FBI)은 2010년 7월에 423쪽에 이르는 하워드 진 관련 파일을 공개했다. 연방수사국은 매카시즘이 기승을 부리던 1949년부터 진을 감시했고, 국가 비상사태가 선포되면 즉시 체포해야 할 대상으로 분류했었다.

하워드 진은 2010년 1월, 심장마비로 사망했다.

배움이 깊지 못한 저자의 잘못으로 원작에 누를 끼치지 않기를 바라며 책이 나오기까지 여러 모로 배려해 준 인간사랑 여국동 사장 이하 편집진에게 감사드린다.

2010년 10월

역자 씀

하워드 진의 저서목록

- *LaGuardia in Congress*(1959).
- *The Southern Mystique*(1962).
- *SNCC : The New Abolitionists*(1964).
- *New Deal Thought*(editor) (1965).
- *Vietnam : The Logic of Withdrawal*(1967).
- *Disobedience and Democracy : Nine Fallacies on Law and Order*(1968).
- *The Politics of History*(1970) (2nd edition 1990).
- *The Pentagon Papers* Senator Gravel Edition. Vol. Five. Critical Essays. Boston. Beacon Press, 1972. 341p. plus 72p. of Index to Vol. I–IV of the Papers, Noam Chomsky, Howard Zinn, editors.
- *Postwar America : 1945–1971*(1973).
- *Justice? Eyewitness Accounts*(1977).
- *A People's History of the United States : 1492–Present*(1980), revised (1995) (1998) (1999) (2003).
- *Playbook* by Maxine Klein, Lydia Sargent and Howard Zinn(1986).
- *Declarations of Independence : Cross–Examining American Ideology* (1991).
- *Failure to Quit : Reflections of an Optimistic Historian*(1993).
- *You Can't Be Neutral on a Moving Train : A Personal History of Our Times* (1994)
- *Hiroshima : Breaking the Silence*(pamphlet, 1995).
- *The Cold War &the University : Toward an Intellectual History of the Post-war Years*[Noam Chomsky(Editor) Authors : Ira Katznelson, R. C. Lewontin, David Montgomery, Laura Nader, Richard Ohmann, Ray Siever, Immanuel Wallerstein, Howard Zinn(1997)].

- *The Zinn Reader : Writings on Disobedience and Democracy* (1997) ; 2nd edition (2009).
- *Marx in Soho : A Play on History* (1999).
- *The Future of History : Interviews With David Barsamian* (1999).
- *Howard Zinn on History* (2000).
- *Howard Zinn on War* (2000).
- *Emma : A Play in Two Acts About Emma Goldman, American Anarchist* (2002)
- *Terrorism and War* (2002) [interviews, Anthony Arnove (Ed.)].
- *Three Strikes : Miners, Musicians, Salesgirls, and the Fighting Spirit of Labor's Last Century* (Dana Frank, Robin Kelley, and Howard Zinn) (2002).
- *The Power of Nonviolence : Writings by Advocates of Peace Editor* (2002).
- *Artists in Times of War* (2003).
- *Passionate Declarations : Essays on War and Justice* (2003).
- *The Twentieth Century : A People's History* (2003).
- *Howard Zinn On Democratic Education* Donaldo Macedo, Editor (2004).
- *The People Speak : American Voices, Some Famous, Some Little Known* (2004).
- *A People's History of the Civil War : Struggles for the Meaning of Freedom* by David Williams, Howard Zinn (Series Editor) (2005).
- *Original Zinn : Conversations on History and Politics* (2006) Howard Zinn and David Barsamian.
- *A Power Governments Cannot Suppress* (2006).
- *A People's History of American Empire* (2008) by Howard Zinn, Mike Konopacki and Paul Buhle.
- *The Bomb* (City Lights Publishers, 2010).

Chapter. 1

맨해튼에서 온 신참 의원, 1917년

1917년 초 라과디아가 처음으로 의원으로서의 직무를 수행하기 위해 워싱턴에 도착했을 때 날씨는 춥고 음산했으며, 전쟁에 관한 얘기로 소란스러웠다. 상선(商船)을 무장시키려는 법안은 장시간의 의사진행 방해발언을 거쳐 부결되었고, 우드로 윌슨은 백악관 서재에 파묻혀 다음 대책을 구상하고 있었다. 65대 의회의 개원일인 3월 5일, 맨해튼 남부를 대표하는 작달막한 키와 억센 체구에 가르마를 가운데로 타고 보우타이를 맨 신참 하원의원은 본회의장 중간 통로를 걸어내려가 맨 앞줄의 빈 자리에 착석했다. 이때 어떤 사람은 숙덕거리거나 혀를 찼고, 몇 사람은 그를 노려보았으며, 기자석에서는 웅성거리는 소리가 났다. 이 사람은 신참 의원은 앞줄에 앉지 않는다는 하원의 관례를 깨뜨렸다. 라과디아의 정치 스타로서의 긴 경력은 이렇게 시작되었다. 그의 첫 등원은 단순한 파격이 아니라 미국의 중앙 정치무대에 새로운 요소가 유입되었음을 알리는 전조였다.

라과디아는 이탈리아계 미국인으로서는 첫 번째 하원의원이었고, 1920년대부터 서서히 형성되기 시작하여 프랭클린 루즈벨트 시대에 이르러서는 중앙정치를 뒤흔들게 되는 도시 이민자 집단의 선봉장이었다. 전 시대의 진보주의가 분열되고 있던 바로 그 시기에 라과디아는 워싱턴에 새로운 진보의 바람을 몰고왔다. 더욱 중요한 의미를 갖는 것은 국내문제에서는 언제나 단결해 왔던 진보주의 운동이 이 시점에서는 전쟁문제를 두고 평화주의와 개입주의로 완전히 갈라져 있었다는 점이다. 1917년 3월, 의장이 정숙을 당부하며 의사봉을 내리치고 개회를 선언했을 때 라과디아는 회의장을 가득 채운 의원들 가운데 있었으나 외톨이였다. 초선 의원은 발언하지 않는 게 관례였지만 그는 침묵할 수 없었다. 개원 첫날부터 발언하고 싶었던 그는 이후 16년 동안의 의회활동에서 한 번도 발언을 자제한 적이 없었다. 그의 삶의 여정과 철학이 그런 관례를 받아들일 수 없었다.

피오렐로 라과디아는 1882년 12월 11일에 그리니치빌리지의 초라한 아파트에서 태어났다.[1] 부모는 4년 전에 이탈리아에서 건너왔다. 그의 아버지 아킬레스 라과디아(Achilles LaGuardia)는 이탈리아 포기아 출신의 재능 있는 음악가였고, 감독교회 신자였으며,[2] 유명한 소프라노 가수 아델리나 파티(Adleina Patti)의 공연을 주선했다가 미국에 눌러앉아 미육군 군악대의 지휘자로 자리를 잡았다. 히틀러

1 라과디아가 1944년 2월 18일에 브루스 체프먼(Bruce Chapman)에게 보낸 편지에 따르면 주소는 배릭 플레이스 9번지이다(뉴욕시립문서보관소, 라과디아 문서).

2 아킬레스의 아버지는 가리발디 장군의 군대에서 교황청 군대에 맞서 싸웠고 프로테스탄트가 되었다. 라과디아-부에노(LaGuardia-Bueno : 이 사람은 자신의 성으로 보아서 피오렐로 집안과 관련이 있지 않을까 생각했다)에게 보낸 편지(1943. 3. 26)의 내용을 보면 피오렐로는 아버지의 집안 내력에 대해서는 아는 게 별로 없었다(라과디아 문서).

집권시기에 피오렐로는 유태인이라고 조롱을 받았는데, 이 말은 절반은 사실이었다. 그의 어머니는 트리에스트에서 태어난 유태인이었고 루마니아의 유태인 묘지에 묻혔다.[3] 제2차 세계대전 중에 나치 잡지가 라과디아의 사진을 실었는데, 사진 제목이 "피오렐로 라과디아, 전쟁광이자 영원한 유태인"이었다.[4]

피오렐로는 어린 시절을 아킬레스 라과디아가 배치되어 있던 애리조나의 육군 병영 안에서 보냈고, 미서전쟁이 일어나자 아버지를 따라 플로리다로 갔다. 쿠바로 파병되기 전 중간 주둔지인 무더운 도시 탬파에서 수천 명의 미군 병사들이 청부업자들이 병참부대에 납품한 "방부 처리된 쇠고기"를 먹고 식중독으로 쓰러졌다.[5] 아킬레

3 그녀의 결혼 전 이름은 이레네 코엔 라짜티(Irene Coen Lazzati)이며, 조상들은 스페인의 이교도 박해를 피해 이탈리아로 건너온 피난민이었다. 트리에스트에서 아킬레스 라과디아를 만났다. 피오렐로의 여동생 젬마 라과디아(Gemma LaGuardia)와 결혼한 부다페스트의 은행원 헤르만 글룩(Herman Gluck)을 인터뷰한 1933. 11. 19일자 헝가리 유태인 주간신문의 기사에 피오렐로 부모의 결혼에 관한 정보가 나온다(*ibid*).

4 피오렐로의 여동생 젬마는 제2차 세계대전 중에 짧은 기간 동안 나치에게 구금당했고, 이때 오빠에 관한 심문을 받았다. 여동생은 무사히 풀려났다.

5 전투가 시작되고 나서 한 달 이내에 27만 5천 명의 병사들에게 보급품을 지급하기 위해 병참부 장교 전원인 57명이 소집되었다[월터 밀리스(Walter Millis), *The Martial Spirit*(케임브리지, 1931), 214]. 이 용어는 마일즈(Nelson A. Miles) 장군이 사용한 후 널리 퍼졌는데, 시카고 보건국의 한 직원이 장군에게 보낸 편지에서 실험한 결과 문제의 쇠고기는 붕산, 질산 칼륨, 그리고 인공색소로 보존처리를 했기 때문에 이 용어를 쓰는 게 적절하다고 했다[*Report of the Commission to Investigate the Conduct of the War Department in the War with Spain*(상원. 문서번호 221, 56 : 1 ; 워싱턴, 1900), VIII, 420]. 1898년 5월에 Amour & Co.란 회사가 육군에 50만 파운드의 쇠고기를 팔았는데, 이 고기는 1년 전에 리버풀로 발송되었다가 반송된 것이었다. 2개월 후에 육군 검사관이 축산국의 합격도장이 찍힌 이 고기를 검사했을 때 751상자의 고기가 부패해 있음을 발견했다. 처음에 개봉한 60상자 속에서

스 라과디아는 식중독 희생자 가운데 한 사람이었고, 결국 회복하지 못하고 몇 년 후에 죽었다.[6] 이때의 일은 피오렐로로서는 분노를 일으키는 경험이었다. 그는 한창 나이의 아버지를 죽게 만든 모리배들에 대해 평생 동안 분노를 품고 있었다.

아킬레스가 죽기 몇 해 전 가족들은 친척들과 함께 살기 위해 유럽으로 돌아갔고, 라과디아는 어머니와 누이동생을 부양하기 위해 부다페스트의 미국 영사관 직원으로 일자리를 얻었다(1901년). 1903년에서 1906년까지 그는 피우메 주재 미국 영사로 일했는데, 미국을 대표하는 직원은 라과디아 한 사람뿐이었고 그의 침실이 사무실이었다. 일상의 자질구레한 행정업무에 지친 그는 미국으로 돌아왔다. 유럽에서 익힌 외국어 실력은 엘리스 섬에 있는 미합중국 이민국에 취직하는 데 도움이 되었고,[7] 그는 이곳에서 4년 동안 일하면서 뉴욕대학 로스쿨 야간부에서 공부했다.

유럽을 떠나기 전부터 라과디아는 정치에 입문하기로 결심했다. 이런 결심을 하게 된 정확한 이유는 아마도 그 자신만이 알고 있을 것이다. 우리가 아는 것이라고는 그가 멀리 떨어져 있는 의원들이

14캔이 이미 터진 상태였고 "거품이 일고 악취가 심한 내용물이 모든 상자에서 나왔다" (*ibid.*, 406, 424).

6 1898년 말까지 총 5,462명의 사망자가 보고되었는데 전투 중 사망자는 379명에 지나지 않았다(밀리스, *op. cit.*, 367).

7 엘리스 섬의 이민국장은 1910년 초에 라과디아를 승진시키는 평가표에 이렇게 썼다 : "라과디아는 열정적이고 지적이며, 몇 개의 외국어를 구사한다. 화를 잘 낸다는 평판도 있고 직원들 사이에서 지나치게 논쟁적인 면이 있지만 이것이 승진시키는 데 중요한 결격사유라고 할 수는 없다" (피오렐로 라과디아 개인 인사기록, 연방정부기록센터, 세인트루이스, 미주리). 이때 그의 급료는 연봉 1,200달러에서 1,380달러로 올랐다.

만든 법률이 불운한 이민자들의 삶을 결정하는 제도의 말단 도구로서 일하는 데 넌더리를 냈다는 사실뿐이다. 그는 정치적인 결정을 그대로 전달하는 통로 역할을 하는 데 질릴 만큼 충분한 기간 동안 일했고, 이제는 그런 제도를 고치는 일에 나서고 싶었다. 미국으로 돌아오자마자 그는 연방의회 의사록을 읽기 시작했다. 1910년에 변호사 시험에 합격하자 그는 이민국을 사직하고 공화당 정치인인 베네트(William C. Bennett)의 사무실 한쪽 구석에서 법률업무를 시작했다. 그렇지만 뉴욕 시 전체가 노동자들의 소요로 소란스럽고 '수사슴운동'(Bull Moose Movement)[8]이 미국의 정치지형을 바꾸기 시작하는 시

8 1909년 시어도어 루즈벨트가 퇴임하면서 후계자로 지명된 전쟁성 장관 태프트는 공화당의 대통령 후보로 지명되고 대통령 선거에서도 손쉽게 승리했다. 그러나 태프트의 보수적인 정책에 실망한 루즈벨트는 공화당과 결별하고 스스로 진보당을 만들어 1912년 선거에 뛰어들었다. 런닝 메이트인 하이럼 존슨이 루즈벨트가 수사슴처럼 강인하다고 치켜세웠고, 이후로 수사슴은 루즈벨트의 별명이자 진보당과 진보주의 운동의 상징이 되었다. 진보당 강령의 핵심은 정경유착을 타파하는 것이었다. 진보당은 정부의 강력한 기업통제, 중산층과 노동계급의 보호, 대규모 국가적 토목사업의 실시를 주요 내용으로 하는 "새로운 국가주의"라는 구호를 내걸었다. 구체적인 정책으로서는 사회분야에서는 노령자, 실업자, 장애자를 위한 사회보장보험의 도입, 국가가 제공하는 의료 서비스, 농민구제와 산업제해 구제, 파업금지명령의 제한, 상속세의 도입과 고소득자에 대한 과세 증대를 내세웠다. 정치개혁을 위한 정책으로서는 여성 투표권 부여, 직접민주주의의 확대(주민소환, 주민발의, 국민투표), 청렴한 정치(정치헌금의 제한과 공개, 의회 상임위의 활동 공개, 로비스트 등록제)를 내세웠다. 1912년의 선거에서 민주당의 윌슨이 42%를 득표하여 대통령이 되었고 시어도어 루즈벨트는 27%, 공화당의 태프트는 23%를 득표하였다(사회당의 유진 뎁스, 6%). 1864년에 양당제도가 정착된 이후로 제3당의 대통령 후보가 양당의 후보보다 많은 득표를 한 경우는 이때가 유일하다. 루즈벨트가 패배한 원인은 진보적 성향의 정치인들이 상당수 그를 지지했으나 당의 분열을 우려한 공화당 내의 진보파들이 대부분 합류하지 않았고 진보적인 윌슨이 민주당의 대통령

대에 시시콜콜 불법성을 따지는 일에 매달려 있을 수는 없었다.

라과디아는 자신의 거주지인 그리니치빌리지의 제25선거구에서 공화당 활동가로 변신했다. 그가 공화당으로 기운 것은 일찍부터 태머니 홀(Tammany Hall)[9]의 행태에 혐오감을 갖고 있었던 데다가[아마도 어린 시절 애리조나에 살 때부터 정기적으로 읽었던 퓰리처가 발행하던 월드(*World*)지[10]의 영향을 받았던 것 같다] 전통적 공화당 정강

후보가 되었기 때문이었다. 대통령 선거에서 패배한 이후 진보당은 바로 소멸하지는 않았으나 정치적 영향력이 급속도로 약화되었고, 공화당은 태프트류의 보수파가 장악했다. 공화당 내에 잔류했던 진보파는 1930년대에 가서 뉴딜 민주당에 합류했다. 진보당은 1916년에 공식적으로 해산하지만 1912년 선거에서 노선 차이로 루즈벨트와 불화를 빚었던 로버트 라 폴레트가 1924년에 독자적으로 진보당을 결성하여 대통령 후보로 나섰다.**역자 주**

9 북미대륙 식민 초기에 인디언과 백인 이주민의 평화로운 공존을 추구했던 인디언 부족장 타마넨드(Tamanend) 이름을 따서 1789년에 결성된 압력단체. 본부가 있던 건물 이름이 태머니 홀이지만 이 단체를 통칭하여 태머니 또는 태머니 홀이라고 하였다. 이민자 집단(주로 아일랜드계)을 기반으로 하여 1790년대부터 1960년대까지 존속하면서 미국 정치에 많은 영향을 미쳤다. 1932년에 피오렐로 라과디아가 공화당–민주당 개혁파–독립진보파의 연합 후보로 최초의 비태머니 출신 뉴욕 시장에 당선된 후 영향력이 급격히 쇠퇴했고, 프랭클린 루즈벨트 집권기에 연방정부로부터 홀대를 받으면서 더욱 쇠락했다. 1950대에 잠시 세력을 회복했다가 1960년대에 소멸했다.**역자 주**

10 이 신문의 사설이 제시한 정책 대안들은 라과디아가 만년에 추진한 정책들과 놀라울 정도로 유사하다. 월드지는 정치인들, 특히 태머니에 대해 비판적이었다. 이 신문은 거의 모든 경우에 정당의 강령을 충실히 전달하는 역할을 거부했다. 이 신문은 자체적인 판단에 따라 "급진적"이지 않다고 평가되는 한 노동자들의 운동에 우호적이었고, "특권층"에 대해 분명한 적대감을 드러냈으며, 인도주의적 입장에서 정당화될 수 있는 전쟁이라면 강한 지지를 나타냈다. 태머니에 관한 사설로서는 이 신문의 1896년 11월 1일자를, 탄광 광부들의 파업에 대해 우호적인 입장에 관해서는 1898년 2월 6일자 기사와 2월 13일자 사설을 보라. 또한 레이놀즈(William Reynolds)가 쓴

에 반기를 든 라 폴레트, 노리스, 시어도어 루즈벨트 같은 정치인들에게 매료되어 있었기 때문이었다. 1912년의 치열한 선거전에서 그는 시어도어 루즈벨트와 진보당의 선거운동 지역책임자로 일했다.[11]

초기의 여러 가지 경험—군인의 아들, 피우메에서의 하급 관료생활, 엘리스 섬에서 관찰한 여러 가지 비극, 빌려온 법전과 중고가구로 사무실을 꾸민 가난한 변호사—때문에 피오렐로 라과디아는 자연스럽게 노동자와 노동운동에 대해 동정적인 생각을 갖게 되었다. 1912년 12월에 뉴욕의 남성복 봉제공장 노동자들이 열악한 작업조건에 항의하여 파업했을 때 노조에서 라과디아에게 도움을 요청해 왔다. 고용주들이 이탈리아계 노동자와 유태계 노동자들을 이간질하자 라과디아는 이탈리아계 노동자들에게 파업의 성격을 설명하는 역할을 맡았다. 10주에 걸친 파업기간 동안에 12만 명의 노동자들이 작업장을 떠났고, 시내 몇 곳에서는 폭동이 일어났으며, 시위를 막기 위해 법원의 금지명령이 동원되었다. 라과디아는 낮에는 법정으로 출근하고 밤이 되면 노조 사무실로 출근했으며, 시위대와 함께 피켓을 들었고, 이탈리아계와 유태계 의류 노동자들이 단결하도록 애썼다.[12]

"Joseph Pulitzer" (박사학위 논문, 컬럼비아 대학, 1950년), 338을 보라. 라과디아는 만년에 애리조나 시절을 회상하면서 이렇게 말했다 : "선데이 월드지를 들고 집으로 들어와서는 뉴욕의 부패한 태머니파에 관한 기사를 한 글자도 빠뜨리지 않고 정독했다" [*The Making of an Insurgent : An Autobiography, 1882–1919*(뉴욕, 1949), 30].

11 림프스(Lowell Limpus)와 레이슨(Burr Leyson), *This Man LaGuardia*(뉴욕, 1938).

12 뉴욕 타임스는 1913년 1월 3, 4, 5, 7, 14일자와 23일자에서 이 파업을 긴급기사로 다루었다. 이 무렵 뉴욕과 볼티모어에서는 미국 의류 노동자 연합

라과디아가 제14선거구에서 공화당 후보로 정치판에 처음 뛰어든 것은 그 자신의 열정과 우연한 사고가 합쳐진 결과였다. 1914년 늦여름, 그리니치빌리지 제24선거구에 있는 공화당 클럽하우스에서 지역 당 지도자들이 다가오는 전당대회에 제출할 입후보자 명단을 작성하고 있었을 때 라과디아도 그 자리에 있었다. 누군가가 "하원의원 후보자가 누구야?"라고 소리쳤다. 지역 당 지도자가 안쪽 사무실에서 나와 큰 소리로 물었다. "누구 하원의원 후보로 나설 사람 없어?" 라과디아가 "내가 하겠소"라고 대답했고, 지역 당 지도자는 "오케이, 그럼 라과디아 이름을 올려"라고 말했다. 라과디아가 후보 명단을 작성하는 사람에게 이름을 불러주자 이 사람은 "아이고, 철자를 쉽게 적을 수 있는 이름을 가진 다른 사람은 없나!"라고 소리쳤다. 어쨌든 이렇게 피오렐로 라과디아의 이름이 후보자 명단에 들어갔다.[13]

제14선거구에서 공화당 후보로 나서려는 사람이 없었던 것은

(United Garment Workers of America)에 불만을 가진 노동자들이 연합 내부에 독자적인 조직을 만들어 운영하면서 그들만의 단체를 만들 준비를 하고 있었다[매튜 조셉슨(Matthew Josephson), *Sidney Hillman*(뉴욕, 1952), 90]. 이 파업이 일어나고 나서 몇 달 후인 1913년 중엽에 테네시 주 내슈빌에서 열린 대회를 통해 미국 피복노동자연맹(Amalgamated Clothing Workers of America)이 조직되었다. 시드니 힐먼이 의장으로 선출되었고, 그는 1914년에 뉴욕에 왔을 때 처음으로 라과디아를 만났으며, 두 사람은 서로를 잘 이해하게 되었다. 두 사람의 우정은 라과디아가 의정활동을 하는 동안에도 지속되었다. 1916년 국제산업노동자노조(IWW : Industrial Workers of the World)가 뉴욕에서 의류 노동자들을 습격한 데 항의하여 힐먼이 조직한 대중집회에서 라과디아가 연설했다. 1923년 라과디아는 피복노동자연맹을 위해 힐먼이 주도하여 설립한 첫 번째 노동자 은행의 1기 이사회 멤버로 이름을 올렸다. 1930년대의 공황 초기에 힐먼과 라과디아는 함께 노동자 복지 법안을 만들었다(*ibid.*, 145, 247, 350).

13 *Making of an Insurgent*, 103.

당연한 일이었다. 이 선거구에서는 공화당 후보가 당선된 적이 한 번도 없었다. 그곳은 태머니의 아성이었으며, 태머니의 보스 찰스 머피는 그곳을 “확정지역”이라고 불렀다. 절대적으로 불리한 여건에 개의치 않고 돈과 시간을 내기에 걸려는 생각이 있는 당 활동가라면 이 선거구에서 어렵지 않게 공화당 후보로 선정되어 몇 달 동안의 짧은 선거운동 기간에 확실치 않은 지명도를 즐길 수 있었다.

라과디아는 자신의 후보 지명을 진지하게 받아들였으나 이내 누구도 그를 후보로 생각하지 않는다는 사실을 알아차렸다. 1914년 9월에 처음으로 지역 선거운동원들의 모임이 열렸고, 이 모임에서는 모든 후보에게 연설할 기회가 주어진다고 공지되었다. 라과디아는 개회시각보다 일찍 도착하여 후보 한 사람씩 연설할 때 자기 차례를 참을성 있게 기다렸다. 라과디아는 의장이 “다음 차례는 젊고 장래가 촉망되는 후보 … ”라고 소개할 때마다 일어섰지만 호명된 사람은 매번 다른 사람이었다. 라과디아의 이름은 끝내 호명되지 않은 채 모임은 끝났다. 이후 이어진 몇 차례 모임에서도 같은 일이 벌어지자 라과디아는 혼자서 선거를 치러야 한다는 사실을 깨달았다.

이 선거구의 민주당 쪽 현직 의원은 술집 주인이자 전국 주류판매상협회의 의장이며 태머니의 주류 멤버인 마이클 팔리(Michael Farley)였다. 팔리는 의례적인 전단지를 나눠주고 포스터를 붙이는 것 이외에는 선거운동에 신경을 쓰지 않았다. 라과디아가 거리 모퉁이에서 사람들을 모아놓고 그를 공격하는 연설을 하고 있을 때에도 팔리는 조용히 지켜보기만 했다. 훗날 라과디아는 팔리를 비방하는 어떤 말도 하지 않았다고 주장했다. “나는 그저 그가 좋은 하원의원이 아니었으며, 그렇다고 좋은 바텐더도 못 된다고 말했을 뿐이다.”[14)]

이 선거구에서 공화당 후보가 이런 방식으로 선거운동을 한 전례가 없었다. 뿐만 아니라 이번에 나온 공화당 후보는 전혀 다른 타입—이탈리아계이고 이민자의 아들이며, 유권자들의 모국어로 대화하고, 무엇보다도 중요한 것은 유권자들의 주요 관심사인 빵값과 거리의 쓰레기 처리 문제, 유권자들의 자녀들이 다니는 학교와 유권자들 자신의 열악한 주거환경을 지적하는—의 인물이었다. 결과적으로 1914년의 선거에서 라과디아는 낙선했지만 이 선거구에서 공화당 후보로서는 역대 가장 많은 표를 얻었다.[15)]

그의 선전은 주목을 받았다. 젊고 활력 넘치는 변호사의 득표력에 깊은 인상을 받은 맨해튼 지역의 공화당 지도자들은 라과디아식의 선거운동이 다음번 선거에서 얼마나 먹혀들지 생각하기 시작했다. 1914년 가을, 공화당 지도부가 주지사 당선자 휘트먼(Charles S. Whitman)을 위한 축하연에 모였다. 그날의 특선 요리가 나온 후 포도주가 동이 날 정도로 이 모임은 만족스러운 분위기였고, 1915년 1월에 라과디아는 뉴욕 주 검찰부총장에 임명되었다. 이 무렵 그의 어머니와 여동생은 이탈리아에서 친척들과 함께 살고 있었으므로 라과디아는 그리니치빌리지 찰스 스트리트 39번지에 있는 독신자 아파트에 거처를 정했다.[16)]

1915년과 1916년의 대부분을 검찰부총장으로 지내면서 정통 정당 정치인에 대한 라과디아의 반감은 깊어졌다. 허드슨 강을 건너

14 *Ibid.*, 105.

15 팔리 7,336표, 라과디아 5,331표, 진보당 후보 골든(Golden) 1,511표(뉴욕 타임스, 1914. 11. 5).

16 림프스와 레이슨, *op. cit.*, 32.

뉴저지 쪽 공장지대에서 뉴욕의 이스트사이드로 불어오는 건강에 해로운 악취를 제거하려던 그의 시도는 부유한 기업주들이 주의 공화당 지도자들에게 압력을 가한 때문에 좌절되었다. 그가 자연보호법을 어기고 어린 굴을 채취하여 사용한 롱아일랜드의 대규모 굴 가공회사를 기소하자 법원 판결이 나오기 직전에 공화당이 장악한 주의회가 서둘러 법을 개정하여 그의 시도는 또 한 번 좌절되었다. 도량형법을 어긴 식품 포장판매 회사를 기소했을 때 라과디아는 처음으로 유능한 회사 측 변호인 지미 워커(James J. Walker)와 맞붙었고, 태머니가 지명한 판사가 기소를 기각함으로써 그는 패배했다. 이에 대해 라과디아는 훗날 이렇게 썼다 : "정치놀음, 정치놀음, 정치놀음! 어느 정당 할 것 없이 철학의 차이가 없다. 내가 의회에 진출하고 나서도 똑같은 상황과 마주쳤다. 그래서 나는 열성당원이 될 수 없었다."[17]

1916년 선거에서 라과디아는 첫 번째 출마에서 약속한 공약을 실현하기 위해 후보 지명을 강하게 희망했으나 새뮤얼 쾨니히(Samuel S. Koenig)가 이끄는 뉴욕 카운티 공화당 조직은 그를 지명할 생각이 없었다.[18] 이해에 후보로 지명된다면 다른 때보다 더 유리했다. 대통령 선거도 함께 치르는 해였기 때문에 우세한 대통령 후보에 의지하여 지방선거 후보들이 동반당선될 가능성이 높았다. 후보자 명

17 *Making of an Insurgent*, 114.

18 비정통적 정치행위를 혐오했던 쾨니히는 1912년에는 태프트(Taft)를 지지했다. 쾨니히는 일반 당원들의 희망을 무시하고 태프트를 지지한다는 점을 솔직하게 밝혔다 : "당을 단합시키기가 어려웠다. 솔직히 말해 당원들은 루즈벨트를 원했지만 우리가 주요 당원들과 당 활동가들에게 압력을 넣었기 때문에 태프트가 이겼다"(새뮤얼 쾨니히와의 인터뷰, 구술사 프로젝트, 컬럼비아 대학, 1950).

단에 이름을 올릴 수 없다는 사실에 충격과 상처를 받았지만 라과디아는 거절을 순순히 받아들이려 하지 않았다. 그는 훗날 다음과 같이 회고했다 :

> 나는 주 공화당 의장인 프레드 테너(Fred Tanner)와 약속을 잡았다. … 그는 내게 그들이 생각하고 있는 후보는 해밀턴 피쉬(Hamilton Fish)라고 알려주었다. 나는 피쉬가 지역구나 당에 뭔가 큰 기부를 약속했다고 생각했다. … 그는 나에게 1914년 출마에서 좋은 성적을 보여주었지만 이번 선거에서는 이길 가능성이 없으니까 두 번씩이나 패배를 맛볼 필요가 없으며 언젠가 내 차례가 오는 날이 있을 거라고 말했다. 그래서 나는 프레드에게 후보가 될 자격이 있으니까 예비 후보로 이름을 올리겠다고 말했다. … 프레드는 마음이 움직이는 듯했고 … 나를 돕도록 해보겠다고 말했다. 후보 명단은 이미 인쇄가 끝나 있었다. 이름은 기억나지 않지만 누군가가 인쇄비용을 부담하라고 제안을 했고, 나는 그 사람에게 지옥으로 꺼지라고 말해주었다. 결국 반대는 사라졌고 나는 공화당 예비선거에 별 탈 없이 진출했다.[19]

훗날 라과디아의 표준적인 작전방식으로 자리 잡게 되는 수법—독립 후보로 나서겠다고 위협하여 당의 지명을 확보하는 수법—이 이때 처음으로 사용된 것이다. 그는 동시에 진보당 예비선거에도 나서서 쉽게 후보가 되었다.

그의 상대는 태머니의 고정 후보인 마이클 팔리였고, 팔리라

19 라과디아가 해리 앤드류스(Harry Andrews)에게 보낸 편지, 1947. 5. 6, 라과디아 문서.

면 더 바랄 것이 없는 표적이었다. 라과디아는 그를 "앉아만 있는 의원"이라고 불렀다. 팔리는 선거구에 얼굴을 내미는 경우가 별로 없었고, 워싱턴에서의 활동도 이렇다 하게 내놓을 성적이 없었다. 그는 조용하고 소심하며 진실로 무사안일의 거장이었다. 선거운동 기간에도 그는 선거구에서 연설하는 귀찮은 짓은 하려 들지 않았다. 따라서 대리 연사들이 동원되어 그의 재선을 호소했다.

반면에 라과디아는 선거운동 기간 내내 술집이 늘어선 그리니치빌리지 뒷골목에서부터 비좁은 임대 아파트가 빼곡한 이스트사이드에 이르기까지 쉴 새 없이 누비고 다녔다. 그는 훗날 그 시절을 이렇게 회상했다 : "지역구의 구석구석을 찾아다녔던 것 같다. 우리는 이른 저녁에 웨스트사이드를 출발해서 동쪽으로 나아갔다. 마지막 거리에 도달했을 때가 새벽 한 시인 경우가 보통이었다. 그런 다음에 이스트사이드의 커피 집으로 가 한두 시간 더 선거운동을 했다."[20]

이번에는 1인 선거운동이 아니었다. 젊고 영리한 변호사 해리 앤드류스(Harry Andrews)가 선거운동을 기획하고 지휘했다. 인기 있는 공화당 지역 지도자 루이스 에스프레소(Louis Espresso) 같은 사람들이 라과디아가 후보로 지명되도록 지원해 주었고 선거운동에서도 힘을 보태주었다. 검찰부총장으로 일할 때 처음 만난 속기사 마리 피셔(Marie Fisher)는 비서 일을 맡아서 선거운동 본부인 빈 상점을 지켰다.[21]

지역을 장악하고 있던 민주당 조직인 태머니는 이번에도 이

20 *Making of an Insurgent*, 123.
21 림프스와 레이슨, *op. cit.*, 36.

길 것으로 자신하고 있었다. 지역의 공화당 지도부는 정기적으로 상당한 양의 표를 태머니에 건네주면서 협력관계를 유지하고 있었다. 뿐만 아니라 선거가 절망적일 때는 마지막 수단으로 개표조작을 하는 것이 관례처럼 되어 있었다. 당시에는 종이 투표지가 사용되고 있었다. 태머니는 자기들 판단으로 정치현실을 정확하게 반영하는 비율로 투표집계를 조작하는 몇 가지 수법을 활용하고 있었다. 상대 후보에게 기표한 표는 훼손하거나 다른 표시를 추가하여 무효가 되게 만들었다. 선거관리위원들이 아인슈타인이나 뉴턴 같은 사람들일 필요는 없으므로 수학적 오류를 이용하는 일도 자주 일어났다.

그러나 라과디아에게는 몇 가지 유리한 점이 있었다. 선거구민들이 다양한 언어를 사용하는 이민자 집단인 점은 여러 가지 언어를 구사할 줄 아는 라과디아에게 유리했다. 아일랜드인, 유태인, 이탈리아인, 폴란드인, 헝가리인은 각기 나름대로의 고충을 갖고 있었고, 라과디아는 이들의 호소에 세심한 주의를 기울였다. 그는 훗날 이렇게 언급했다 : "아일랜드의 역사에 관해서는 내가 마이클 팔리보다 더 많이 알고 있었다. … 이스트사이드의 유권자들과 대화하면서 나는 거의 매일 저녁 합스부르크 제국을 해체하고 이 왕조에 복속한 나라들을 해방시켰다."[22] 뿐만 아니라 1916년 선거에서 공화당 대통령 후보는 휴즈(Charles Evans Hughes)였고, 제14선거구에서도 잘 사는 지역인 워싱턴 스퀘어 근처의 주민들은 공화당에 몰표를 던질 것으로 기대할 수 있었다.

그래도 라과디아는 정교한 선거전략을 세웠다. 모든 투표장에

22 *Making of an Insurgent*, 124.

는 감시자를 세워 투표함이 봉인될 때까지 지켜보게 했다. 선거 당일에는 그와 몇몇 선거운동원이 투표가 시작되기 전에 지역의 싸구려 여관을 찾아갔다. 태머니는 통상 이런 곳에 간단한 먹을거리를 갖고 찾아와 투숙해 있는 사람들을 투표소로 끌고 가 민주당 후보에게 투표하도록 유인했다. 이번에는 태머니 쪽에서 눈치채기 전에 공화당 운동원들이 먼저 찾아가 커피와 도넛을 돌리고 사람들을 투표소로 안내하도록 조처했다. 라과디아 자신은 민주당이 통상 5 : 1로 이기는 부두지역 투표소를 직접 지켰다. 한 투표소에서는 자신이 몇 표 차이로 팔리를 이기고 있음을 간파하고 투표함이 제대로 봉인된 후 공식 개표소로 운반될 때까지 지켜보았다.

다음날 새벽 네 시쯤에 최종 집계가 나오자 제14선거구에서는 새로운 역사가 탄생했다. 결과는 태머니의 패배였다. 공화당 후보이자 진보당 후보인 피오렐로 라과디아가 7,272표를 얻어 6,915표를 얻은 팔리를 357표차로 이겼다. 표차가 너무나 적었기 때문에 신문은 이틀 동안 팔리가 이겼다는 기사를 실었고, 선거가 끝난 주의 금요일에 가서야 라과디아의 승리가 확정되었다.[23]

라과디아의 승리는 당시 사람들에게는 놀라운 사건이었지만 후세의 관찰자들에게는 당연한 일이었다. 에릭 골드먼(Eric Goldman)은 라과디아 승리의 원인을 다음과 같이 정리했다 :

> 그는 치밀한 전략으로 승리를 일구어냈다. 그는 거리 모퉁이에 모인 청중들을 상대로 유태계에게는 이디시어로, 아탈리아계에게는 이탈리아어로 말함으

23 뉴욕 월드, 1916. 11. 8.

로써 근처에 있는 모리스 슈워츠의 이디시어 전용 극장도 따라올 수 없는 재밋거리를 제공했고, 청중의 욕구와 불만에 직결된 개혁주의를 말했다.[24)]

제14선거구에서 일어난 예상 밖의 사건에 대해 공화당이 보인 반응은 라과디아의 모반의 전략을 한층 더 강화시켜 주었다. 라과디아는 이스트사이드에서 진보주의, 사회주의, 평화주의 같은 어려운 구호뿐만 아니라 빵값이나 화재시를 대비한 비상구가 없는 주택의 문제점을 지적함으로써 그곳의 공화당계 노동자들의 지지를 끌어냈다. 그러나 라과디아는 그리니치빌리지 꾸불꾸불한 길들이 멋진 집들이 들어선 유니버시티 플레이스와 5번 대로와 만나는 지역인 웨스트사이드에서는 냉담하거나 심지어 적대적인 대접을 받았다. 이곳은 그의 본거지였지만 그의 말에 따르면 "그런 암담한 분위기는 다른 곳에서는 느낀 적이 없었다. 카페의 단골손님들은 아는 체도 하지 않았다." 라과디아는 선거운동 본부의 얇은 칸막이 건너편에서 민주당 지역 지도자가 어딘가로 전화하는 소리를 들었다 : "아냐, 조. 우리는 양다리를 걸치지 않았어. 이 친구에게 해준 게 아무것도 없단 말이야. 이 친구는 어찌 해볼 수가 없어."[25)]

전국적인 차원에서 보자면 1916년의 선거는 임박한 전쟁, 노동쟁의로 인한 분열, 진보당의 퇴조라는 분위기 속에서 치러졌다. 윌슨이 근소한 차로 휴즈를 누르고 대통령이 되었지만 공화당은 하원에서 거의 절반에 가까운 의석을 차지함으로써 상당한 성과를 거두

24 *Rendezvous with Destiny*(뉴욕, 1952), 259.
25 *Making of an Insurgent*, 127.

었다.[26] 양당이 의석을 양분하자 소수의 독립파가 65대 의회에서 특수한 영향력을 행사할 수 있게 되었다[뉴욕 주에서는 사회주의자인 메이어 런던(Meyer London)이 하원에 진출했고, 루이지애나 주와 미네소타 주는 각기 한 명씩의 진보당 의원을 의회로 보냈으며, 몬태나 주에서는 최초의 여성 하원의원인 자네트 랜킨(Jeannette Rankin)이 당선되었다]. 표면상으로는 공화당원이지만 정치철학으로는 진보주의자인 피오렐로 라과디아는 이들 독립파의 일원으로 분류될 수 있었다.

등원하기 전까지는 4개월의 시간이 남아 있었고, 이 동안에 라과디아는 선거구의 유권자들이 갖고 있는 문제를 좀더 상세히 파악하는 데 주력했다. 이제부터는 제14선거구의 실정이 하원의원으로서 그의 행동에 상당한 영향을 주게 되겠지만, 이 지역의 사회경제적 특징이 중요한 정책문제에 있어서 라과디아의 관점을 절대적으로 결정하는 요소라고 할 수는 없었다. 이 무렵 라과디아는 분명하고도 완성된 자신의 철학을 갖고 있었다. 여하튼 라과디아가 대변하는 지역구의 특성이 그의 정치철학을 강화시켜 주었다고 해야 합리적일 것이다.

제14선거구는 맨해튼을 동에서 서로 가로지르는 긴 띠 모양을 이루고 있었다. 동쪽은 이스트 강에서 시작되고 서쪽은 허드슨 강에서 끝났으며, 그 사이에 14번가와 3번가까지 12개의 블록이 있었다.[27] 이곳의 동쪽 구역은 거대한 빈민가여서 엘리베이터가 없는 6, 7층짜

26 뉴욕 월드, 1916. 11. 8.
27 칼 뷔트케(Carl Wittke)의 *We Who Built America*(뉴욕, 1939)가 이 시절의 하부 이스트사이드를 묘사하고 있다.

리 임대 아파트가 줄지어 늘어서 있었고, 화재시에 이용하는 비상계단과 빨랫줄이 아파트 외벽에 뒤엉켜 매달려 있었으며, 쓰레기가 산을 이루고 있었다. 이런 곳에 유태인, 이탈리아인, 폴란드인, 우크라이나인, 러시아인, 체코인, 루마니아인, 그리고 그 밖에도 10여 개의 인종집단이 살고 있었는데, 이들은 대부분 이전 25년 동안에 남유럽과 동유럽에서 미국으로 건너온 사람들이었다. 이 지역에는 처음에는 소수의 이민 지식인들의 선도 덕분에, 그 후로는 최근 이민가정 청년들의 활동으로 말미암아 사회주의가 강한 뿌리를 내리고 있었다. 남녀가 숨 막히는 여름 더위를 피해 아파트 출입계단에 모여앉아 그들이 도망쳐 나온 유럽의 군사주의와 미국에 도착한 뒤에 일하고 있는 작업장의 열악한 노동환경을 성토하면서 시간을 보내는 동네에서 계급의식, 평화주의, 국제주의가 만연한 것은 자연스런 일이었다.

동쪽 구역 임대 아파트 숲 한가운데에 있는 톰킨스 스퀘어란 사각형 녹지대는 나무 몇 그루가 서 있고 잡초 같은 잔디밭에 나무 벤치가 있어서 아스팔트의 열기를 피할 수 있는 곳이었다. 여기서 이스트사이드의 주민들은 신선한 공기와 더불어 정치이론도 흡입했고, 한 무리의 열정적인 논객들을 만나는 것도 흔한 일이었다. 톰킨스 스퀘어는 노동자 집단과 급진단체가 조직한 대규모 야외집회가 열린 역사적 장소였다. 1877년의 철도 대파업 때에 10만 명의 군중이 이곳에 모여 정부의 폭력에 항의하는 시위를 벌렸고, 청년 새뮤얼 곰퍼스(Samuel Gompers)는 경찰이 진압봉으로 시위대를 구타하는 장면을 분노를 삼키며 지켜보았다.[28]

28 새뮤얼 옐런(Samuel Yellen)의 *American Labor Struggles*(뉴욕, 1936)가 1877년

브로드웨이 맞은편이 제14선거구의 서쪽 절반이었다. 워싱턴 스퀘어 공원 주변에는 잘 꾸며진 개인주택들과 유니버시티 플레이스, 5번 대로, 웨이블리 플레이스가 내려다 보이는 곳에 부자들이 사는 호텔형 아파트가 있었다(이런 아파트에는 제복을 입은 수위가 지키고 있었다). 그러나 6번 대로와 허드슨 강 사이에서는 반듯한 사각형 구획은 사라지고 좁은 길과 골목이 무질서하게 뻗어 있었다. 이곳이 제1차 세계대전 후에는 그냥 "빌리지"라는 낭만적인 이름으로 불리게 되는 그리니치빌리지였다. 당시 이곳은 허물어져 가는 집들과 습기 차고 햇볕이 들지 않는 작은 상점들이 뒤엉켜 있었고, 새로 들어온 이탈리아 이민자들과 미국에서 태어난 아일랜드 이민 후예들이 부두의 막일이나 멀리 떨어진 중심가 공장의 일자리를 두고 거칠게 다투면서 살아가는 곳이었다.

1917년 3월 5일에 하원이 개원하고 첫 번째 절차로서 원 구성을 시작하자 라과디아는 자신이 양당 의원들로부터 대단한 주목을 받고 있음을 알게 되었다. 의장 선출 안건을 두고 민주당과 공화당은 각기 215표를 확보한 채 팽팽하게 맞섰다. 라과디아를 포함한 다섯 명이 독립파로 분류되고 있었는데, 라과디아는 공화당 후보인 동시에 진보당 후보로서 당선된 인물이었다. 그는 공화당원으로서 공화당이 미는 의장 후보에게 표를 던지기로 결정했지만 민주당이 내세운 챔프 클라크(Champ Clark)가 근소한 표차로 의장에 선출되었다. 이 선거결과를 보고 라과디아는 지체없이 진보파 진영에 가담했다.

파업 때의 톰킨스 스퀘어의 역할을 설명해 준다.

그는 폐쇄적인 하원의 의사규칙을 개정하여 의장의 독재를 타파하려던 진보파를 존경해 왔고, 그래서 이제는 상원으로 진출한 조지 노리스, 윌리엄 보라(William E. Borah), 하이럼 존슨(Hiram Johnson)과 상의하기 시작했다.[29]

1917년 3월 12일, 해군성이 대서양을 항행하는 민간선박을 무장시킬 준비를 하고 있던 시점에서 독일 잠수함이 사전경고도 없이 비무장선 "알곤퀸" 호를 격침시켰다. 나흘 후에는 "시티 오브 멤피스" 호, "일리노이" 호, "비질란시아" 호의 격침 사실이 알려졌다. 같은 날, 24년 동안 통치해 오던 러시아의 마지막 짜르 니콜라스 2세가 임시정부에 권력을 넘겨주고 퇴위했다. 그리고 1917년 3월 21일에는 우드로 윌슨이 4월 2일에 특별의회를 열어줄 것을 의회에 요청했다.

의회의 개회를 기다리는 동안 라과디아는 서둘러 뉴욕으로 돌아가 뉴욕 이브닝 월드지가 주최하여 하부 이스트사이드에서 열린 일련의 애국집회에 참석했다. 이때까지만 해도 공화당 지도부는 라과디아를 배신자로 낙인찍어 공개석상에 등장하는 것을 반대하지는 않았다. 1917년 초에 공화당 지도부는 그를 지역구의 이민자 집단과 당의 지도자들을 연결시켜 주는 인물로 평가하고 있었다. 그리고 이스트사이드 애국집회에서의 그의 연설내용도 후원자들의 기대를 만족시켜 주었다. 그는 청중들에게 이렇게 말했다 : "내가 대변하는 지역은 조국에 대한 충성심이 부족했던 적이 없습니다. 이곳은 여전히 진지하고도 충실한 미국입니다. 지금은 조국과 우리 머리 위에서 펄럭이는 국기를 향한 사랑을 재확인하는 날입니다." 그가 연설하는

29 마리 피셔 라과디아 부인과의 인터뷰, 컬럼비아 대학 구술사 프로젝트.

중간 중간에 "오랜 영광의 노래", "딕시", "엉클 샘" 같은 노래들이 흘러나왔다.[30] 이날은 애국심을 펼치는 날이었고, 라과디아도 그 물결에 참여했다.

제1차 세계대전 이전의 진보주의 진영에는 라 폴레트와 노리스가 주도하는 반전파도 있었지만 시어도어 루즈벨트와 앨버트 비버리지(Albert Beveridge) 추종자들이 이끄는 호전적 국가주의가 주류를 장악하고 있었다.[31] 이 무렵의 라과디아는 국내문제에 있어서는 라 폴레트의 급진적인 노선을, 외교정책에 있어서는 루즈벨트의 팽창주의 주장을 따랐다고 할 수 있다. 그러나 루즈벨트 등이 미국의 참전을 맹목적 애국주의로 합리화한 반면, 라과디아는 미국이 전쟁과 유사한 행동을 하려면 민주주의와 자유의 수호 같은 보다 높은 차원의 도덕적 명분을 갖고 있어야 한다고 주장했다.[32] 그는 이번 전쟁은 합스부르크 왕가의 지배 하에 있는 중부 유럽의 수백만 인민들의 해방을 의미한다고 생각했다.

윌슨이 의회에 전쟁교서를 보내기 바로 전날 라과디아는 미

30 뉴욕 이브닝 월드, 1917. 3. 22.

31 로이히텐버그, "Progressivism and Imperialism", *Mississippi Valley Hist. Rev.*, XXXIX(1952. 12).

32 뉴욕에서 발행되던 반전파 신문 슈타츠 짜이퉁(Staats-Zeitung)은 미국의 참전 여부를 결정하기 위한 하원 표결이 있기 직전에 실은 기사에서 라과디아가 신참 의원으로서 의회 내에서의 입지가 불안해질 것을 우려하여 개인적 소신을 버리고 전쟁을 지지하는 다수파에 합류할 수밖에 없었다고 지적했다. 그러나 라과디아 자신의 발언에서는 이런 내용이 감지되지 않는다. 그의 부인 마리 피셔 라과디아는 저자와의 인터뷰에서 슈타트 짜이퉁의 분석에 동의하지 않는다고 말했다. 부인은 라과디아가 "언제나 애국심으로 넘쳐났다"고 말했다.

국이 유럽의 분쟁에 개입할 것을 요구했다. 그는 하부 맨해튼 레이버 템플에 모인 천여 명의 이탈리아계 미국인들 앞에서 연합국 측의 명분이 정당하다고 생각한다는 점을 분명히 밝혔고, 러시아혁명은 그런 투쟁의 민주주의적 열매라고 지적했다 : "우리는 맹렬하게 싸워야 합니다. 우리는 이 전쟁에서 남자다운 역할을 맡아야 합니다. 유럽전쟁은 많은 피를 흘린다 하더라도 러시아에 자유를 가져올 수밖에 없으며, 흘린 피보다 훨씬 많은 것을 이루어낼 것입니다."[33]

한편 라과디아는 65대 의회가 개원하자마자 자신의 첫 번째 법안을 제출했다. 그는 신참 의원은 고참 의원이 발언하는 동안 침묵해야 한다는 불문율을 거부했다. 라과디아의 법안은 기준 이하의 식품, 의복, 탄약 또는 무기를 육군과 해군에 판매하는 행위는 평화시에는 징역형으로, 전시에는 사형으로 처벌해야 한다고 주장했다. 부패한 쇠고기 때문에 사망한 아버지의 사건을 아직도 잊지 않고 있던 그는 이 법안을 통과시키기 위해 열심히 뛰었다. 신문기사도 호의적이었다 :

> 전시에 열악하거나 부정한 보급품을 육군과 해군에 판매하는 행위에 대해 사형으로 처벌하자는 법안은 통과될 수도 있고 그렇지 않을 수도 있다. 그러나 뉴욕 출신 하원의원이 제안한 법안은 대중의 강력한 정서를 바탕으로 하고 있음이 분명하다. … 이 나라는 주들 사이에 전쟁이 일어났을 때 종이 신발창으

33 날짜가 분명치 않는 뉴욕 월드 기사 스크랩, 라과디아 문서. 의회가 열리자 라과디아는 일찌감치 페트로그라드에서 열린 노동자대표대회에 의회의 이름으로 격려 메시지를 보내자는 제안을 하였으나 실현되지 않았다(*Revista delle Colonie*, 1917. 3).

로 만든 신발을 육군에 팔아먹은 사건을 잊지 않고 있다. 스페인 전쟁 때에 우리 병사들에게 썩은 쇠고기가 지급된 사실은 지금도 선명하게 기억되고 있다.[34]

법안은 법사위원회에 회부되었고 거기서 폐기되었다. 라과디아는 이후로도 열성당원이 아니면 입법제안이 강한 지원을 받지 못한다는 사실을 거듭 확인하게 된다.

미국이 유럽의 분쟁에 "남자다운 역할"을 해야 한다는 라과디아의 주장이 실현되는 데는 많은 시간이 걸리지 않았다. 우드로 윌슨 대통령은 1917년 4월 2일에 열린 이례적인 상하원 합동회의에 나와 선전포고를 요구했다. 고도의 긴장 속에서 하원은 토론을 시작했다. 온갖 로비스트들이 워싱턴으로 몰려왔다. 의원 사무실 복도는 사람들로 북적댔고, 전보와 편지가 사무실로 홍수처럼 쏟아져 들어왔다. 방청석을 가득 메운 방청객 앞에서 의회는 열띤 토론을 이어갔다. 1917년 4월 6일 새벽 3시에 표결이 시작되었고, 결과는 참전안이 373 : 50으로 하원을 통과했다. 상원은 그보다 이틀 전 참전안을 가결했다. 이제 국가는 무기를 들 준비를 마쳤다.

34 뉴욕 이브닝 메일, 1917. 4. 3.

Chapter. 2

두 곳의 전투, 의회와 전선

장엄한 악대의 연주와 웅장한 연설이 여론을 인도하는 시점이 지나고 나서 보면 결정을 내렸던 순간에는 실재했던 것보다 열정이 훨씬 더 크게 과장된 것 같은 생각이 드는 경우가 많은데, 제1차 세계대전 참전 결정도 예외가 아니었다.[1] 분명한 것은 1917년 봄, 라과디아 선거구의 유권자들 사이에서는 반전 분위기가 강했다는 점이다. 이 지역의 사회주의자들은 세인트루이스에서 열린 당 대회에서 채택한 반전 결의를 당 지도부 일부가 거부했음에도 불구하고 미국의 참전을 강력하게 반대하고 있었다.[2] 뿐만 아

1 만약 미국의 군대를 해외로 파견한다는 것이 알려졌더라면 전쟁 결의에 대한 의회 내의 반대는 더 강했을 것이다. 토머스 베일리(Thomas A. Bailey)는 당시에 "대규모 군대를 동원하게 될 것인지에 대해서는 분명한 생각이 없었으며", 또한 "표결이 비밀투표로 진행되었더라면, 미국이 해외 파병을 위해 병사를 징집해야 한다는 사실이 미리 알려져 있었더라면 결과는 찬반이 근소한 차이로 맞섰을 것"이라고 말했다[*A Diplomatic History of American People*(뉴욕, 1950), 644]. 라과디아도 이런 견해에 동의했고 다음과 같이 말했다 : "의회의 표결 이후로 수많은 동료 의원들과 거듭거듭 한 얘기지만, 당시에 전쟁에 찬성한 의원들의 60–65% 정도는 단 한 사람의 병사도 유럽으로 보내지 않을 것이란 확신 때문에 찬성 쪽에 표를 던졌으리라고 나는 믿는다" (*Making of an Insurgent*, 140).

니라 독일계 미국인들을 독자층으로 하는 신문들은 의회의 결정에 대해 조심스럽지만 분명하게 불만을 나타냈다. 뉴욕의 슈타츠 짜이퉁은 다음과 같은 기사를 실었다:

> 라 폴레트, 노리스, 그로나와 그 밖의 의원들을 비난하는 것은 민주주의의 대의에 어긋난다. … 모든 미국인은 상원의 4월 4일 의사록을 구해 우리가 세계대전에 참가하기 전에 어떤 토론을 벌였는지 자세히 읽어보라. 전쟁이 진행 중인 동안에는 이 문서를 책상서랍에 넣어두었다가 평화가 다시 찾아와 파괴된 세계를 정리할 때 이날의 토론과정을 경험에 비추어 검토해 보라.[3]

라과디아는 선거구의 분위기를 알고 있었지만 전쟁 관련 법률은 필요하다고 생각했기 때문에 참전안에 찬성표를 던졌다. 맨 먼저 징병이 실시되었다. 워싱턴의 연합국 연락사무소가 백악관을 맹렬히 공략하고 프랑스군 총사령관 조프레 원수가 병력을 보내줄 것을 호소하자 윌슨과 전쟁성은 승리를 위한 결정적인 대책을 세워야 한다는 쪽으로 기울었다. 백악관의 요청으로 상하원 군사위원회 지도자들이 모였고, 그 자리에서 윌슨은 가급적 빠른 시일 안에 프랑스로 원정군을 파견하는 안을 제시하고 징병과 관련된 법을 제정해 줄 것을 요청했다.

라과디아도 일찌감치 지역구에서 참전을 설득하는 작업을 하

2 레이 진저(Ray Ginger), *The Bending Cross*(뉴브룬스윅, 1949), 341-343은 전쟁에 대한 사회주의 진영의 상이한 반응을 설명하고 있다.

3 1917. 4.

고 있었다. 국가가 전쟁을 선언한 직후 그는 유권자 전원에게 징병제에 관한 의견을 묻는 엽서를 보냈다. 엽서에는 이렇게 적혀 있었다 : "이 나라는 현재 전쟁상태에 있으며, 모든 건장한 남자를 필요로 합니다. 우리는 지원자로 구성된 군대를 만들어야 할까요? 아니면 군사활동을 할 수 있는 나이의 모든 시민들로 구성된 군대를 가져야 할까요? 저는 징병제도가 필요하다고 생각하기에 미국 시민을 설득하려고 합니다. 당신의 답변을 따르겠습니다. 의회에서 저의 표결이 마음에 들지 않더라도 저를 비난하지는 마십시오."[4] 4월 28일에 징병 법안이 압도적인 찬성으로 하원을 통과했고, 라과디아는 찬성표를 던진 의원 가운데 한 사람이었다.

전국에서 전쟁 열기가 고조되는 가운데 반대 그룹—사회주의자들, 평화주의자들, 독일어 사용 집단의 단체—도 참전은 실수라는 주장을 지속적으로 펼쳤다. 공무원들과 주요 압력단체들이 반전 주장을 단속할 것을 요구하기 시작했다. 성공적인 전쟁수행을 위한 "국가의 단결"이 목소리를 높여갔고, 의회는 이에 신속하게 화답했다. 의회는 1917년 5월부터 적의 침투를 방지하는 것을 목적으로 한 법안을 토론하기 시작했는데, 조항의 일부가 표현의 자유를 심각하게 저해할 수 있다는 지적이 나왔다.

라과디아는 처음부터 방첩법(Espionage Act)을 반대했고, 특히 "국가방위"와 관련된 정보의 출판을 금지할 수 있는 광범위한 권한을 대통령에게 주는 제4조를 강하게 비판했다. 그는 하원 발언을 통해 이렇게 말했다 : "한 사단의 연대 또는 중대가 적절한 장비를 갖추

4 뉴욕 타임스, 1917. 4. 17.

지 못해서 마비상태에 빠졌고 이 때문에 전체 사단이 동원될 수 없는 상황을 가정해 봅시다. 부대의 실제상황이 이러한데도 신문이든 누구든 이 법에 따르면 사실을 밝힐 수가 없습니다."[5]

방첩법안 토론에서 한 의원의 발언시간을 5분 이내로 제한하자고 제안하자 라과디아는 극렬하게 항의했다 :

> 이것은 5분 이내에 논의할 수 있거나 그렇게 해야 하는 문제가 아닙니다. 하원의 의원 누구도 이 비미국적인 악법에 반대하는 의견을 발표할 때 제약을 받아서는 안 됩니다. … 이 법안은 이번 회기와 앞선 회기를 통틀어 의회에 제출된 가장 중요한 법안입니다. 이것은 혁명적인 법안입니다. 이 법안은 내가 보기에 우리가 그토록 사랑하는 국기의 색깔과 모양이 상징하는 바를 바꾸려는 시도만큼 충격적입니다. 동료 의원 여러분, 여러분이 이 법안을 통과시켜 법률이 된다면 그것은 우리의 국기가 지금까지 상징해 온 바를 송두리째 바꾸는 행위입니다.[6]

이 법안의 제4조가 전쟁성의 무능을 비판하는 신문들을 기소하는 데 악용될 수 있다는 주장을 부정하는 의원들을 향해 라과디아는 자신의 주장을 입증하기 위해 예상되는 상황을 예시했다. 그는 "이 법안이 통과되면 미국의 지방검찰들은 풍부한 상상력을 마음껏 활용할 것"이라고 단언했다. 실제로 그는 이 법안에 대한 여론이 어떤지를 보여주는 증거를 의사당에 펼쳐보였다. 1917년 5월 3일, 그는

5 의회 의사록, 65 : 1, 1917. 5. 2, 1700.
6 *Ibid.*

허스트(William Randolph Hearst)계 신문들이 모은 60만 명이 서명한 방첩법 제정 반대 청원서를 하원에 제출했다.[7]

윌슨 대통령은 1917년 4월 25일 아서 브리스베인(Arthur Brisbane)[8]에게 보낸 서한에서 자신은 이 법안이 부여하는 광범위한 권한을 사용하지 않겠다고 밝혔는데, 라과디아는 이에 대해 조롱하는 조로 반박했다 : "이 법이 대통령을 독재자로 만들 것이 분명한데 그런 대통령이 유연하고 자비로운 독재자가 되겠다는 위로의 말을 하고 있습니다. 미국 시민은 관용을 기대하는 것이 아니라 헌법에 보장된 자신의 권리가 지속되기를 요구합니다."[9]

라과디아와 그 밖의 진보파 의원들의 강력한 공격과[10] 언론 자체에서 가한 압력 덕분에 언론 검열조항은 삭제되었다.[11] 여하튼 시민자유를 제한하는 조항들은 격렬한 저항에 부딪쳐 삭제되었지만 나머지 조항들은 살아남았다. 언론을 비롯한 주요 여론 표출 기관들은 전쟁 열기에 자극받은 상상력이 만들어낸 스파이나 배신자들에 관한 얘기에 갈수록 흥분하기 시작했고, 어느 날 갑자기 정부조직의 상층부에 그들이 등장했다. 참전 여부를 두고 논쟁이 한창이던 시기

7 *Ibid.*, 1917. 5. 3, 1773.

8 (1864–1936). 20세기 미국의 가장 저명한 저널리스트의 한 사람. 허스트 신문왕국을 세우는 데 결정적인 기여를 했다.**역자 주**

9 *Ibid.*

10 뉴욕 타임스, 1917. 5. 3.

11 4월 25일 뉴욕의 아스토리아-월도프 호텔에서 열린 미국신문발행인협회는 다음과 같은 의견을 밝혔다 : "심의 중인 법안은 표현의 자유를 제약할 뿐만 아니라 지적인 견해를 형성할 수 있는 수단을 빼앗음으로써 시민의 기본권을 공격하고 있다"(의회 의사록, 65 : 1, 1917. 4. 26, 1167).

에 뉴욕 월드에는 이런 머리기사가 나왔다 : **"독일 스파이의 흔적이 국무성까지 연결된 것으로 드러나다."**[12] 1917년 6월 15일에 방첩법이 발효되자 이 법안의 통과를 반대했던 사람들이 우려했던 최악의 상황이 곧바로 현실로 나타났다. 결국 2천 명이 넘는 사람들이 이 법에 따라 기소되었고 그 중에서 8백 명 이상이 투옥되었으나 투옥된 사람 가운데서 실질적인 간첩행위를 한 사람은 한 사람도 없었다.[13] 제크라이어 체피(Zechariah Chafee)는 방첩법에 대해 이렇게 말했다 :

> 자유를 지키기 위해 목숨을 바친 사람들은 우리 미국인들이 위대한 전통을 그처럼 가볍게 팽개친 것에 대해 통탄할 것이다. … 우리는 전쟁에서 승리하지 않고도 평화를 이룰 수 있다고 주장했던 사람들을 침묵시키는 과정에서 지금 생각해 보면 전쟁에서 승리하고도 평화를 이루지 못한 근본적인 원인을 심도 있게 논의할 기회를 처음부터 봉쇄해 버렸다.[14]

의회가 재류 외국인의 활동을 제한하는 법안을 통과시키자 기본적 인권에 관한 새로운 문제가 대두했다. 라과디아는 대통령에게 재류 외국인의 개별적 인권을 무시하고 재류 외국인 집단 전체를 "적"으로 규정할 수 있는 폭넓은 권한을 부여한 적성국과의 교역법안을 강력하게 비난했다. 그가 제출한 수정안은 반영되지 않은 채 이 법안은 결국 의회를 통과했고, 잇달아 "위험한" 재류 외국인을 추방

12 1917. 4. 4.
13 제크라이어 체피의 *Free Speech in the United States*(케임브리지, 1941)가 이 법안의 내용과 그 후유증에 관해 상세히 언급하고 있다.
14 *Ibid.*, 107

하는 신경질적인 운동이 벌어졌는데, 이런 움직임은 전후에 파머 일제단속사건(Palmer Raids)[15]으로 정점에 이르게 된다. 엘리스 섬의 이민국장 프레더릭 하우(Frederic G. Howe)는 반외국인 정서를 강력하게 비판했다. 그는 이런 정서가 낳은 결과를 이렇게 묘사했다 :

> 나는 이민국장이 아니라 간수가 되었다. 내가 감시했던 사람들은 판결을 받은 범법자가 아니라 이 나라를 휩쓴 히스테리의 소용돌이 속에서 의심스럽다는 이유로 체포당하고 열차에 실려 가장 손쉬운 폐기장소인 엘리스 섬에 버려진 사람들이었다. … 나는 우리가 히스테리 환자라고 믿고 싶지 않았고, 기본권이 먼지처럼 바람에 흩날리는 사태를 받아들일 수 없었다. 그러나 이런 광풍 가운데서 내가 기댈 사람은 없었다. 워싱턴으로부터는 어떤 지원도 없었고 언론도 아무런 관심을 갖지 않았다. 1916년부터 1920년까지 나라 전체가 믿을 수 없을 정도로 빠르게 이상 정서에 휩싸였다.[16]

라과디아는 국외 출생자는 국내에서 출생한 미국인보다 애국심이 약하다는 암시만 해도 곧바로 반박했다. 뉴욕 귀화국의 수석 판정관 코울리가 미국 내에 체류 중인 이탈리아인이 병역을 회피할 목적으로 미국 시민권을 신청한 몇 사례를 예시하자 라과디아는 그를 격렬하게 비난했다. 라과디아는 굳이 이탈리아인을 지목한 것에 대해 유감을 표시하고 발언의 철회를 요구했다.[17] 결국 그는 코울리로

15 1919년 11월-1920년 1월 사이에 있었던 법무성의 대대적인 급진좌파 운동가들의 검거와 추방조치. 검찰총장 파머(A. Mitchell Palmer)가 지휘했다. **역자 주**

16 *Confession of a Reformer*(뉴욕, 1925), 267.

부터 이탈리아계의 애국심에 의문을 제기하려는 의도는 없었고 모든 병역 기피자를 비판하려는 뜻이었다는 해명을 받아냈다.

전쟁으로 인해 생겨난 보편적인 반외국인 정서의 또 다른 양상은 독일 측에 가담하여 싸우는 나라에서 온 이민자들은 충성심이 없다는 믿음이었다. 라과디아는 이런 생각에 대해 반박하면서 미국 내의 헝가리인들을 옹호하는 의견을 밝혔고, 이들은 유럽에 남아 있는 가족과 교신할 수 있는 권리를 갖고 있다고 주장했다.[18)]

이와 함께 라과디아는 소수인종 집단을 향해서도 전쟁은 그들의 완벽한 충성심을 요구한다는 사실을 강하게 환기시켰다. 선전포고가 나온 후 바쁜 의회활동 가운데서도 라과디아는 뉴욕으로 날아가 레이버 템플에서 열린 이탈리아계 미국인 집회에 참석하여 연설했다 : "여러분은 우리가 지금 역사상 가장 잔혹한 전쟁을 치르고 있는 중이며 … 미국보다 이탈리아를 더 좋아하는 사람은 이탈리아로 돌아가야 한다는 점을 분명하게 인식하시기 바랍니다. 나는 내 선거구의 유권자들 가운데서도 어떤 나라를 위해서든 희생하려는 생각이 없는 사람들이 있음을 알고 있습니다. 만약에 그런 사람들 때문에 당선되었다면 나는 의원직을 버리고 싶습니다."[19)]

동맹국에 30억 달러의 차관을 제공하는 안에 대해서 라과디아는 적극적으로 지지했다. 차관의 상환 전망에 대해 의문을 표시하

17 *Il Giornale Italiano*, 1917. 4. 26.

18 *Amerikai Magyar Nepszava*, 1917. 6. 23. 라과디아는 "헝가리인들은 언젠가는 이 전쟁을 빨리 끝내고 민주주의를 진작시키는 데 큰 역할을 할 것"이라고 말했다.

19 림프스와 레이슨, *op. cit.*, 42–43.

는 동료 의원들에게 그는 상환문제는 잊어버려야 한다고 주장했다 :

> 일부 동료 의원들이 외국 정부에 빌려주는 30억 달러의 상환 가능성에 대해 완전한 확신을 표시했지만 나는 견해를 달리합니다. … 나중에 가서 놀라지 말고 지금 여기서 분명히 알아둡시다. … 그렇다고 하더라도 이 돈이 전쟁을 빨리 끝낸다면, 우리나라를 위해 항구적인 평화를 가져다 준다면 그때 우리가 훌륭한 투자를 했음이 증명될 것입니다.[20]

전폭적으로 전쟁을 지지했지만 한편으로 라과디아는 전쟁선포가 있은 직후 몇 달 동안에도 하층계급의 생활수준을 지키는 데 경계를 늦추지 않았다. 의회 안팎을 가리지 않고 그는 모리배를 비난했으며, 정부가 경제의 주요 부분을 통제하고 납세자의 담세능력에 따라 과세해야 한다고 주장했다.

1917년 5월, 하원은 방대한 전쟁비용을 조달하기 위해 소득세법 개정을 논의하기 시작했다. 당시에 기혼자로서 연소득 4천 달러 이하이거나 독신으로서 연소득 3천 달러 미만이면 소득세 과세대상에서 제외되었다.[21] 하원 예산결산위원회가 연소득 1천 달러 이상인 모든 독신 남성과 연소득 2천 달러 이상인 모든 기혼 남성에게 과세하는 법안을 내놓자 라과디아는 본회의장에서 반대 토론에 나섰다. 하원 전체 분위기가 이 법안에 "색종이를 뿌리고" "꽃 세례를 퍼부을" 때 그는 이 법이 평범한 노동자에게 미칠 영향을 강조했다 :

20 *Ibid.*, 45.
21 조지 소울(George Soule), *Prosperity Decade*(뉴욕, 1947), 48.

> 여러분은 이 법안이 형평성을 고려했다고 말합니다. 여러분은 모든 남성에게 과세해야 한다면서 연소득 1천 달러인 사람에게 과세하려 합니다. 1천 달러를 버는 사람은 연간 5천 달러를 버는 사람보다 더 많은 비율의 세금을 부담하게 됩니다. 이 사람들이 마시는 커피와 차, 이 사람들이 쓰는 비누와 전기, 난방용 가스, 이 사람들이 내는 보험료와 유흥비, 이 사람들이 마시는 맥주와 음료수, 심지어 이 사람들의 자녀들이 씹는 껌에도 모두 세금이 붙어 있습니다. … 연소득 1천 달러 정도에는 과세해서는 안 됩니다. … 세수가 18억 달러 정도 늘어나야 한다는 사실은 인정합니다만 과세는 과학적이고 형평성을 고려한 정당한 방식으로 이루어져야 합니다.[22]

라과디아는 수정안을 제시했다. 그는 연소득 1,500달러 이하의 독신 남성과 연소득 2,000달러 이하의 기혼 남성에 대해서는 면세해야 한다고 주장했다.[23] 위스컨신 주 출신의 렌루트(Lenroot) 의원 같은 다른 진보파 의원들이 가난한 사람들의 생필품에 과세하면서 상층계급의 부에 대해서는 손대지 않는다는 그의 지적을 지지했다.[24] 면세점을 올리려는 모든 수정안은 결국 의회를 통과하지 못했다.

세수를 늘리기 위해 우편요금도 인상되었는데, 라과디아는 이런 정책이 가난한 사람들을 차별하는 것이라고 반박했다. 대신에 그는 은행 수표에 과세하는 안을 제시했다.[25] 의회는 이 제안을 받아들

22 의회 의사록, 65 : 1, 1917. 5. 14, 2298.
23 뉴욕 타임스, 1917. 5. 18.
24 *Ibid.*
25 의회 의사록, 65 : 1, 1917. 5. 14, 2298.

이지 않았으나 오페라 극장과 기타 오락시설의 지정 특별석 영구사용권과 계절 상시사용권에 10%를 과세하자는 그의 수정안은 채택되었다. 값싼 좌석을 구매하는 관객은 이미 입장세를 냈다는 게 그의 논리였다.

라과디아의 비특권층에 대한 배려 논리가 가장 선명하게 드러난 제안은 정부가 식료품 공급을 통제해야 한다는 주장이었다. 당시에 식료품 도매가격은 1913년에 비해 50% 증가해 있었고,[26] 8월이 되자 80%로 증가했다. 전국 여러 복지기관들은 식료품 가격 상승이 가난한 사람들의 생활수준에 영향을 미치고 있다는 사실을 감지하기 시작했다. 뉴욕 시의 구제업무 담당 부서는 "주요 생필품 가격, 식품 공급상황, 노동환경은 말할 수 없이 악화되었을 뿐만 아니라 생필품은 손에 넣을 수도 없는 지경이 되었다"는 보고서를 내놓았다.[27] 수십만 시민의 고충을 다루는 복지 관련 직원은 267명에 불과했다.[28]

물가는 올랐지만 임금은 그런 추세를 따라가지 못하는데 기업의 이윤은 넘쳐났다. 1917년 말 현재의 실질임금은 1914년에 비해 4% 증가했지만 1914년은 불황기였다.[29] 같은 기간 동안에 기업의 이윤은 유례 없는 증가세를 보였다. "최근의 현금 수입에서 가장 많이 거두어들인 주체는 전략적인 위치를 차지한 기업"이었다.[30]

26 소울, *op. cit.*, 28.
27 *Annual Report of the Department of Public Charities of the City of New York for 1917*(뉴욕, 1918), 7.
28 *Ibid.*
29 폴 더글러스(Paul Douglas), *Real Wages In the United States*(보스턴, 1930), 391.
30 소울, *op. cit.*, 78.

라과디아는 이런 상황에 분노를 느꼈다. 그는 부자를 더욱 부유하게 만들기 위해 전쟁을 하고 있는 게 아니라는 점을 누차 강조했다. 의회가 전시의 식품 생산과 분배를 정부 통제 하에 두자는 레버 법안(Lever Act)에 대한 토론을 벌일 때 뉴욕 출신의 이 달변가 의원은 그것만으로는 충분하지 않다고 생각했다. 그는 평화시에도 그런 통제가 가능하도록 헌법을 수정해야 한다는 제안을 내놓았다.[31] 라과디아는 의회 발언을 통해 이렇게 주장했다:

> 의원 여러분, 간단하고 냉정하게 말해 미국의 대중은 먹을거리를 충분하게 얻지 못하고 있습니다. … 이 나라에는 식량이 충분하다는 것을 누구나 알고 있습니다. 곳곳의 창고에는 식품이 가득하다는 것은 공개된 비밀입니다. … 한마디 군말도 없이 수십억 달러의 차관을 줄 수 있는 나라에서, 수십억 달러의 국채가 단 며칠 만에 매진되는 나라에서, 이 나라의 대도시에서는 모든 사람이 일자리를 갖고 있는 것처럼 보이는 지금 우리는 식량폭동을 경험했습니다. 나는 몇 달 전에 뉴욕 시에서 발생한 식량폭동을 개인적으로 면밀히 조사해 보았습니다. 동료 의원 여러분, 나는 이 소요의 원인과 폭동에 참여한 불행한 여인들의 동기는 바로 배고픔 때문이라고 확신합니다. 임금생활자 자신이 충분히 먹지 못함은 물론이고 아내들은 남편의 수입으로는 가족에게 적절한 영양을 공급할 수 없습니다. 이것은 심각하게 생각해 봐야 할 사태가 아닙니까? … 정상적인 수요와 공급의 법칙에 비추어 볼 때 식품가격이 어느 정도라야 적절한지 알아내기 위해, 그리고 누군가가 대중의 건강과 행복을 희생시키고 상황을 이용하여 거대한 부를 긁어모으고 있다는 사실을 알아내기 위해 정치경제를 가르치는 교수가 필요

31 뉴욕 저널 오브 커머스, 1917. 6. 22.

한 것은 아닙니다.[32]

지역구의 개인이나 복지단체에서 보내오는 보고서에는 풍요 속의 빈곤에 관한 얘기가 넘쳐났다. 뉴욕의 자선단체들은 물가에 관해 질의한 라과디아의 전보에 대한 회신에서 이렇게 답했다 : "1월 이후로 감자값은 75% 상승했고 … 빵값은 50% … 우윳값은 10%, 고기값은 14%에서 20% 사이로 올랐다. … 많은 가구가 우유 구입을 줄이고 건강에 위험을 주는 값싼 대체상품에 의존하고 있다."[33] 뉴욕 빈민생활환경개선협회는 6개월 동안에 물가가 13% 올랐지만 저소득 가정의 임금수입은 이 비율과 대칭적으로 증가하지 않았다는 회신을 보내왔다.[34] 한 유권자는 라과디아에게 보낸 편지에 이렇게 썼다 : "식품문제와 관련하여 당신이 의원으로서 우리를 위해 해줄 수 있는 일이 있다면 현재나 장래의 입법활동을 통해 하나님의 이름으로 무엇이든 해주십시오. 생필품 가격은 정말 섬뜩할 정도로 올랐고 … 고통을 겪는 사람은 … 나와 내 가족 같은 가난한 죄인들입니다. 영광스러운 풍요의 땅에서 모든 것들이 이처럼 값비싼 이유가 무엇인지 알지 못하겠습니다."[35]

라과디아는 이 편지를 손에 들고서 의원들에게 왜 식품통제가 전시대책으로 끝나지 않고 항구적인 대책이 되어야 하는지 설명했다. "전쟁이 끝난 후에도 우리가 주의를 기울이지 않으면 투기꾼들

32 의회 의사록, 65 : 1, 1917. 6. 21, 4014.
33 *Ibid.*
34 *Ibid.*
35 *Ibid.*

이 곧 익숙한 놀음을 되풀이할 것입니다. 내가 살아 있는 한 다시는 식량폭동을 보고 싶지 않습니다. 바로 오늘 나는 중앙정부에 상시적으로 식품의 생산과 보관, 분배를 감독하고 통제할 수 있는 권한을 부여하는 헌법 수정안을 제출하였습니다."[36] 정부가 지속적으로 식품 모리배들을 단속할 것을 요구하는 그의 헌법 수정안은 결국 상임위원회에서 사장되었다.

그래도 라과디아는 적절한 가격으로 의·식·주에 접근할 수 있는 권리는 수행 중인 전쟁의 목적인 자유의 실체적인 부분이라는 주장을 굽히지 않았다. 대통령 윌슨이 웅장한 연설로 전쟁에 참가하는 목적은 정치적 민주주의를 지키는 것이라고 밝혔다고 한다면, 라과디아는 전쟁은 현재나 미래에도 정치적인 면에서 뿐만 아니라 경제적인 면에서도 민주주의를 지켜내야 정당화될 수 있다고 주장한 것이다. 전쟁은 중대한 경제적 변화를 만들어내지 못했고, 이 때문에 라과디아는 많은 세월이 흐른 후 전쟁을 지지했던 것을 후회하게 되었다. 평화를 지켜내지 못한 중요한 원인 또한 이것이었다.[37]

1917년 여름, 신문들은 징병법을 제정해 놓고 자발적으로 입대하지 않는 의원들의 무능을 신랄하게 비난하는 논조를 보이기 시

36 *Ibid.*

37 호프스타터(Richard Hofstadter)의 *The American Political Tradition*(뉴욕, 1948), 276-277은 윌슨이 항구적인 평화를 위한 경제적 기반을 정착시키지 못했다고 평가하고 있으며, 이 점을 지적한 조지 레코더(George L. Record)가 윌슨에게 보낸 편지를 인용하고 있다. 이 편지는 커니(James Kerney)의 *The Political Education of Woodrow Wilson*(뉴욕, 1926), 438-446에서도 인용되고 있다.

작했다. 뉴욕 월드는 "이 나라의 의원들은 전쟁의 나팔소리를 듣지 못하는 듯하다"라는 제목의 머리기사를 실었다.[38] 그런데 라과디아는 징병법에 찬성표를 던질 때 유권자들에게 했던 약속을 지키기 위한 준비를 이미 시작했다. 그는 유럽에서 전쟁이 터지기 직전에 미국의 개입을 예견하고 비행술을 배워 롱아일랜드 상공을 날았고, 1917년 7월에는 일시적으로 의회를 떠나 육군 통신정보단의 항공대에 입대했다. 한 달 후 그는 중위 계급장을 달고 이탈리아어를 구사할 줄 안다는 점 때문에 이탈리아 전선에 배치되었다.

이탈리아군이 카포레토 전투에서 참패한 후 아직 전열을 정비하지 못하고 있을 때 라과디아는 1917년 가을 최초의 미국 항공분견대를 이끌고 파두아, 베로나, 아퀼라 전선으로 날아갔다. 그들은 적 후방의 활주로와 탄약고, 수송 중심지를 밤낮으로 폭격했다. 라과디아는 부조종사 겸 폭격수를 맡았다. 출격 중간 중간에 그는 로마, 토리노, 나폴리, 피렌체의 수많은 군중 앞에서 미국과 이탈리아 양국의 공통의 전쟁목표를 윌슨의 감동적인 이상주의로 포장하여 연설했다.[39] 이탈리아 항공대장은 "라과디아는 이곳에서 이탈리아 국회의원이 된 것보다 더 인기가 있다"고 평했다. "나는 그를 형제처럼 사랑해!"[40]

종전이 임박한 1918년 10월, 라과디아는 훈장과 소령 계급장을 달고 미국으로 돌아왔고, 11월에 있을 선거에서 재선에 도전할 강

38 1917. 7. 31.

39 뉴욕 아메리칸, 1916. 12. 12. 또한 스페란자(Florence C. Speranza) 편저, *The Diary of Gino Speranza*(뉴욕, 1941), II, 111 ; 뉴욕 헤럴드, 1918. 2. 4 ; 그리고 뉴욕 이브닝 포스트, 1918. 2. 18을 보라.

40 뉴욕 타임스, 1918. 6. 30.

한 의지를 갖고 있었다. 그가 전선에 나가 있는 동안에 이스트사이드의 사회주의 그룹과 평화주의 그룹은 그의 참전에 냉담한 태도를 보였다. 이탈리아에서 군사적 영광을 찾을 것이 아니라 자신이 있어야 할 곳 워싱턴에서 유권자들의 이익을 대변해야 하지 않았는가? 이것이 그들이 제기한 의문이었다. 이들이 라과디아의 출마반대 서명운동을 조직하자 그는 특유의 현란한 말솜씨로 이렇게 반박했다 : "서명운동을 하는 사람들이 내가 앉았던 복엽기의 조종석에 앉았더라면 나는 기꺼이 의사당의 내 자리를 지켰을 것이다."[41] 서명운동은 수그러들었고, 뉴욕 주 추신의 동료 의원들은 그의 후보 재지명과 재선을 기원하는 결의문을 채택했다.[42]

제14선거구를 오랫동안 장악해 왔고 직전 1916년 선거에서도 라과디아에게 근소한 표차로 패배했던 민주당은 통상적인 상황이라면 라과디아에게 강하게 반대했을 것이다. 그러나 1918년 여름의 미국은 정상상태가 아니었다. 일 년 내내 줄기차게 타올랐던 전쟁 열기는 여전히 꺼지지 않고 있었다. 애국주의는 이 불길에 산소를 충분하게 공급하고 있었다. 물리쳐야 할 야만인은 멀리 유럽전선에 있으니 애국자들은 국내전선에서 내부의 고립주의자들, 평화주의자들, 사회주의자들, 급진주의자들, 그리고 군대의 행진곡에 발 맞추기를 거부하는 모든 세력들을 향해 정의의 공격을 마음대로 펼칠 수 있었다.

41 뉴욕 트리뷴, 1918. 2. 5. 필라델피아의 레코드지는 의미 있는 비평을 실었다 : "라과디아 의원이 조국을 위해 싸우려 자리를 비운 것은 일부 의원들이 야구경기 시즌에 자리를 비우는 것과 차이가 없다. 왜 공연한 불평들인가?" (1918. 1. 17).

42 뉴욕 트리뷴, 1918. 7. 14.

사회주의자가 선거에서 이긴다는 것보다 더한 재앙은 없다는 분위기가 팽배해 있던 전쟁위기의 시기에도 뉴욕의 몇몇 선거구에서는 반전정서가 강하게 퍼져 있어 사회주의자의 승리가 확실해 보였다.

이러한 위험에 대처하기 위해 태머니 홀은 극적인 제스처를 보여주었다. 그들은 공화당 측에게 사회주의자들의 세력이 강한 선거구에는 서로 협력하여 연합 후보를 내자는 제안을 내놓았다. 태머니 집행위원회는 그들의 보스 찰스 머피의 권고를 열렬하게 환영했다 : "모든 분파주의를 종식시키자. 다시 말해 100%짜리 미국인을 의회로 보내자. 그런 사람을 뽑아 전쟁에 이기고 영광스러운 평화를 쟁취하자. 미국이 제일이다!" 태머니 보스의 통 크고 애국심으로 가득 찬 훈계는 모두를 감동시켰다 :

> 나는 이 나라에서 의회로 보낼 후보들이 진정한 미국인이어야 한다고 생각하며 대통령의 전쟁수행을 지지해 주기만 한다면 민주당이든 공화당이든 상관하지 않습니다. 나는 지역 지도자 여러분들이 공화당의 지역 지도자들과 협의하여 이곳 열두 개 선거구에서 단일 후보를 내주기 바랍니다. 사회주의자가 앞설 것으로 우려되는 지역에 특별한 관심을 기울여 주십시오. 미국인, 충성심에 의문이 없는 미국인이 워싱턴으로 가야 합니다.[43]

태머니의 의장은 로버트 와그너(Robert F. Wagner)란 청년이었다. 그는 머피의 견해를 적극적으로 지지한다는 발언을 했고, 이 계획은 만장일치로 통과되었다.[44]

43 뉴욕 이브닝 저널, 1918. 7. 16.

태머니 지도부는 신속하게 공화당 측과 접촉했다. 찰스 머피는 민주당 지도자 새뮤얼 쾨니히를 만나 맨해튼 지역의 여섯 개 선거구에서 연합 후보를 내기로 하고, 세 곳에서는 태머니가 공화당 후보를 지원하고 나머지 세 곳에서는 공화당이 민주당 후보를 지원하기로 합의했다. 이 합의의 주목적은 제12선거구의 사회당 소속 의원 메이어 런던을 제거하는 것이었다. 1914년 선거에서 당선되어 의회에 진출한 런던은 이 무렵 국가안보연맹과 기타 유사 단체의 특별한 표적이 되어 있었다.[45]

협력대상 선거구에는 제14선거구가 들어 있었는데, 이곳에서는 라과디아가 참전경력 때문에 당연한 연합 후보로 꼽혔다.[46] 1917년 초의 소득세법 논쟁 때문에 라과디아를 적대시했던 집단에서도 일부가 적극적으로 그를 지지했다. 파이낸셜 아메리카지는 라과디아의 연합 후보 지명을 노골적으로 촉구했다 : "라과디아 대위를 제14선거구에서 의회로 보낼 양당 연합 후보로서 만장일치로 지지하자. 누군가 그와 맞서겠다면 그런 인물은 카이저의 충복으로 취급하고 지지자는 유치장이나 감옥으로 보내버리자. 라과디아 만세!"[47]

사회당도 물러서지 않았다. 사회당은 사회주의에 대한 신념 때문에 펜실베이니아 대학과 톨레도 대학으로부터 해임된 적이 있는

44 뉴욕 타임스, 1918. 7. 19. 사회주의 정당에 맞선 민주 · 공화 양당 연합의 동력은 국가안보연맹이란 압력단체로부터 나왔다. 이 단체는 미국의 참전을 촉구하기 위해 1915년 결성되었고, 이 당시에는 전시대책의 전면적인 시행을 주장하고 있었다.

45 *Ibid.*

46 뉴욕 아메리칸, 1918. 7. 16.

47 뉴욕 파이낸셜 아메리카, 1918. 7. 20.

35세의 전직 경제학 교수 스콧 니어링(Scott Nearing)을 후보로 선택했다. 니어링은 몇 권의 저서를 갖고 있었고 『거대한 광기』란 제목의 반전 팸플릿을 썼기 때문에 방첩법으로 기소되어 있었다.[48]

니어링은 라과디아가 아직 이탈리아에 있을 때 선거운동을 시작했다. 그는 11번가 웹스터 홀—이곳은 급진파들의 집회가 자주 열리는 장소였다—에 모인 1,500명의 청중을 상대로 "1776년에 우리 선조들이 정치조직을 장악하고 왕조로부터 독립을 선언했듯이 미국의 생산계급은 생산조직을 장악하고 대기업으로부터 독립을 선언해야 한다"는 주장을 펼쳤다. 그는 방첩법의 통과를 비난하고 전쟁을 비판하는 의견을 억압한 행정부의 행위를 열거했다. 러시아의 신정권을 인정하라는 요구가 그의 공약에 포함되어 있었다.[49]

국내에 있지 않아 반격할 수 없는 라과디아를 대신하여 신문이 나서주었다. 언론은 그의 반전사상을 맹렬하게 비난하고 라과디아의 군대경력과 니어링의 평화주의를 극명하게 대비시켰다. 뉴욕 트리뷴은 특집기사를 통해 다음과 같이 지적했다 :

> 최근에 전선에서 무공을 세워 훈장을 받고 승진한 라과디아 소령은 최초의 양키 전투비행대를 이끌고 이탈리아로 갔고, 치열한 피아베 전투에 몇 달 동안이나 참가했다. 그의 상대인 사회당 후보 니어링은 방첩법 위반으로 지난 3월에 기소되었고, 미국의 전쟁수행을 줄기차게 방해한 혐의 때문에 재판을 앞두고 있다.[50]

48 뉴욕 이브닝 포스트, 1918. 10. 12.
49 뉴욕 타임스, 1918. 9. 17.

뉴욕 월드의 사설은 이보다도 더 신랄하게 니어링을 비난했다 :

> 지금까지 알려진 바에 따르면, 그는 상상 속의 비행에서 라과디아 소령이 알프스를 넘어 비행한 것보다 높은 고도에 올랐었는지는 모르나 그가 병사로서 (육군이건 해군이건 항공대이건) 이 나라를 위해 자발적으로 봉사했다는 기록은 없다. 라과디아 소령이 민주주의를 수호하는 전투에서 기록을 세우고 있을 때 니어링 교수는 국내에서 민주주의에 대항하는 전투에서 기록을 세우고 있었다. 그는 폭동교사 혐의로 기소될 만큼 충분한 업적을 쌓았으며, 유죄판결을 면한다 할지라도 현행 징병법에 따르면 그는 징병대상 연령이란 사실은 남는다. 여기까지만 해도 라과디아 소령과 제14선거구의 유권자들에게는 충분한 정보가 될 것이다.[51)]

1918년 10월 28일, 라과디아가 이탈리아로부터 돌아오자 신문기자들이 그를 에워쌌다. 그는 "군복을 멋지게 차려 입었고 가슴에는 훈장 세 개와 항공대의 은빛 날개 휘장이, 왼쪽 소매에는 두 줄의 금빛 연공수장(年功袖章)이 달려 있었다."[52)] 기자들에게 몸은 건강하며 살아 돌아와 기쁘다고 말한 후 라과디아는 자신이 맞서야 할 후보가 누구인지 물었다. 상대 후보가 니어링이란 얘기를 듣고 그는 들어본 적이 없는 이름이라고 말하고 "그가 젊은 사람이라면 어느 부대에서 복무했는지 물어보고 싶다"고 덧붙였다.[53)] 기자들이 흡족해했다.

50 1918. 10. 23.
51 1918. 10. 30.
52 림프스와 레이슨, *op. cit.*, 75.
53 뉴욕 타임스, 1918. 10. 29.

라과디아는 상대 후보가 방첩법 위반혐의로 기소되어 있다는 소식을 듣고 신중하게 반응했다. 그는 자신이 이 법의 제정을 강력히 반대한 사실을 잊지 않았다. 그는 "이번 선거전에서는 애국심 문제는 거론하지 말아야 한다"고 기자들에게 말했다. "스콧 니어링에게 싸울 기회를 줘야 합니다. 나는 그가 기소되어 있다는 사실은 모르고 있었지만 이 나라의 법제도 아래서는 유죄가 입증되기 전에는 무죄임을 잊지 마십시오."[54]

그 후 라과디아는 선거전에서 애국심 문제를 거론하지 말자는 자신의 충고를 스스로 거스르게 된다. 유럽에서 돌아온 다음날 저녁 그는 2번가 레녹스 어셈블리 룸에서 열린 공화당 지지자 모임에서 연설했다. 라과디아가 군복차림에 빛나는 훈장을 달고 대강당으로 걸어 들어오자 청중들은 주지사 휘트먼이 연설 중인데도 14분 동안이나 그를 환영하는 요란한 박수를 보냈다. 주지사의 연설이 끝나고 연단에 오른 라과디아는 사회당 후보에 맞서는 것은 "애국적 의무"라고 생각한다는 간단한 한마디로 연설을 끝냈다.[55]

같은 날 저녁 다른 지지 모임으로 옮겨가서 라과디아는 니어링의 반전활동 경력에 대한 비난의 강도를 한 단계 높였다. "미국 국기가 의미하는 바를 따르지 않는다면 스콧 니어링은 조국이 없는 사람입니다."[56] 2번 대로와 10번가에서 열린 옥외집회에서 그는 니어링을 전쟁을 지지한 유럽의 사회주의자들과 비교하여 폄하하는 연

54 뉴욕 아메리칸, 1918. 10. 29.
55 뉴욕 트리뷴, 1918. 10. 30.
56 뉴욕 글로브, 1918. 10. 30.

설을 했다. "스콧은 사회주의자가 아닙니다. 그는 앨버트 토마스나 투라티 같은 사회주의자가 아닙니다. 그는 고상한 대학교수로 있다가 이제 이곳으로 와 미국에 볼셰비즘을 몰래 퍼뜨리려는 사람입니다." 그의 비난은 여성 공화당원 클럽 연설에서는 좀더 거칠어진다 : "내가 이 전쟁에 참가한 이유는 모든 전쟁을 종식시키고 싶었기 때문입니다. 나는 내가 제시한 외교정책이 엉터리 사회주의자의 주장보다 낫다고 믿습니다."[57]

이보다 늦은 시간에 스타이브샌트 플레이스와 2번 대로에서 이어 열린 집회에서 군복차림에 훈장을 달고 2천여 명의 청중 앞에 선 라과디아는 이번에는 야비한 질문을 던졌다 : "스콧 니어링이 자신의 아름다운 이론을 실험해 보고 싶다면 왜 러시아로 가지 않습니까?"[58] 총체적으로 보아 이날 밤의 연설내용은 방첩법 제정을 반대했고 이후 의회활동을 통해 급진파이자 사회주의자라고 비난받게 되는 인물의 정치철학과는 동떨어진 것이었다. 이 부분은 전쟁의 열기와 아직 확고한 정치적 입지를 굳히지 못한 라과디아의 공직에 대한 열망이라는 요인을 감안해야만 비로소 이해될 수 있을 것이다.

라과디아의 사회주의 진영에 대한 비난은 1918년의 진보주의 운동의 한 분열증상이라고 할 수 있다. 참전문제는 진보진영에 날아든 폭탄과 같았다. 루즈벨트와 비버리지는 자랑스럽게 전마(戰馬)에 올라탔지만 라 폴레트와 노리스는 반전입장을 완강하게 지켰다. 오랫동안 진보진영을 지켜온 거목인 에이머스 핀초트(Amos Pinchot)는

57 뉴욕 이브닝 월드, 1918. 10. 30.
58 뉴욕 아메리칸, 1918. 10. 30.

라과디아가 니어링을 공격한 것과 똑같은 논리로 이들과는 반대되는 견해를 밝혔다 :

> 이 나라가 당면하고 있는 주요 이슈는 우리가 정의롭고도 항구적인 평화를 만들어낼 것인지 아니면 국제적 모리배들의 이해관계의 틀에 갇힌 일시적인 평화를 만들어낼 것인가 하는 문제입니다. 만약 우리가 전자의 평화를 얻는다면 이 전쟁에서 거둘 승리는 승리할 만한 가치가 있는 승리가 될 것입니다. 만약 우리가 후자의 평화를 얻는다면 군사적으로는 승리하더라도 전쟁에서 진 것이며, 우리가 전쟁에 바친 모든 희생은 무의미하게 될 것입니다. … 나는 사회당 후보들이 세계에 민주주의를 발전시킬 기회를 줄 평화를 이루어내고 군사주의와 전쟁으로부터 자유로운 세계를 만들려는 윌슨 대통령의 노력을 지원할 것이라 믿기 때문에 사회당 후보의 당선을 바라는 것입니다.[59]

핀초트의 이런 글이 실린 그날 라과디아는 청중들에게 이런 말을 하고 있었다 : "아시겠지만 미국 사회주의자들이 붉다고 말한다면 그런 말을 하는 사람은 색맹입니다. 그들은 붉은 게 아니라 노랗습니다."[60]

선거일이 다가오자 라과디아는 공개토론을 하자는 니어링의 제안을 받아들였다. 지지와 야유의 함성으로 가득한 쿠퍼 유니언 대학 강당에서 두 후보는 자기 의견을 발표했다. 토론에 나선 두 후보의 모습을 기자는 다음과 같이 비교했다 :

59 뉴욕 글로브, 1918. 11. 1.
60 *Ibid.*

> 두 후보의 모습은 고대 로마의 검투사 경기가 현대에 재현된 듯한 느낌을 주었다. 한쪽은 뭉툭하고 날이 넓은 검을 든 가무잡잡하고 근육질이며 천천히 움직였고, 다른 한쪽은 날쌔고 임기응변에 강했다. … 니어링의 모습은 전형적인 문사였다. 금발에 호리호리한 몸매의 그는 소년티가 났다. 라과디아는 전형적인 정치가 스타일의 직설적인 표현으로 청중의 관심을 모았다. 니어링의 제스처는 섬세하고 우아한 반면 라과디아는 힘과 투지가 넘쳐났다.[61)]

니어링이 자신의 반전입장을 변호하고 사회당의 정책을 설명하자 청중 속에 있던 많은 사회당 지지자들이 열렬한 박수를 보냈다. 라과디아는 사회주의를 공격하지 않으면서 전쟁을 지지한 전 세계의 저명한 사회주의자들을 거명하는 영리한 전략을 채택했다. 그는 평화주의를 비난하지는 않았지만 카이저와의 전투는 항구적인 평화를 건설하기 위한 싸움이라고 주장했다. "나는 군사주의, 제국주의, 그리고 모든 방식의 억압을 반대합니다. 나는 전쟁에 반대합니다. 나는 전쟁에 반대하기 때문에 전쟁을 종식시키기 위한 전쟁에 나갔습니다."[62)] 토론이 진행되면서 니어링과 라과디아의 발언에 청중들이 분노를 표출하는 긴장된 순간이 몇 번 있기는 했지만 이날 밤의 토론은 우호적인 분위기에서 끝났고, 두 후보가 악수하자 청중은 박수로 화답했다. 청중은 두 후보가 같은 목적을 갖고 있으나 접근방식이 서로 다르다는 점을 알았다.

61 뉴욕 아메리칸, 1918. 11. 2.
62 뉴욕 이브닝 텔리그램, 1918. 11. 2.

유권자들은 유럽에서 정전협정이 맺어지기 며칠 전에 투표소로 갔다. 이때는 군사적 승리가 눈앞에 보이는 것 같았고, 각 신문의 사설과 후보들의 연설은 유권자들에게 애국적 열정을 호소하고 있었다. 전국적으로 공화당의 약진 앞에 민주당이 무릎을 꿇었고, 공화당은 하원에서 분명한 다수당이 되었다.[63] 뉴욕에서 민주 · 공화 양당의 연합은 사회당 타도라는 중요한 목적을 달성했다. 힐퀴트와 메이어 런던은 떨어졌고 연합 후보는 전원이 당선되었다. 니어링은 6,168표를 얻었고 라과디아는 14,208표를 얻었다. 뉴욕 타임스는 "라과디아는 학문의 자유를 포함하여 폭동에 가까운 여러 가지 자유의 저명한 옹호자인 스콧 니어링을 어렵지 않게 꺾었다"는 기사를 내보내 만족감을 표시했다.[64]

전국적으로 보면 보수세력으로서는 불만스러운 결과가 몇 군데 있었다. 방첩법으로 기소되어 있었고 하원 결의로 의원직을 박탈당했던 사회주의자 빅터 버거(Victor Berger)가 위스컨신의 제5선거구에서 다시 당선되었다. 네브래스카에서는 미국의 참전을 반대한다고 해서 전국 신문으로부터 비난의 표적이 되었던 조지 노리스가 (뉴욕 타임스의 기사를 인용하자면) "견고한 친독일파 유권자들의 환호 속에" 상원의 자기 의석으로 돌아왔다.[65] 그리고 독일에 맞선 십자군의 영웅 라과디아도 환호 속에 의회로 돌아왔다. 전쟁은 끝났고, 공중폭격으로는 얻지 못한 더 나은 세계를 이제는 지상에서 특별한 포격전

63 후에 라과디아는 공화당이 승리한 것은 윌슨의 실책 때문이 아니라 전쟁 때문에 누적된 불만이 표출되었기 때문이라고 말했다.

64 1918. 11. 7.

65 *Ibid.*

을 통해 건설해야 하는 과제가 앞에 놓여 있었다. 그는 전후의 의회에서 자신의 역할을 할 준비가 되어 있었다.

Chapter. 3

평화라는 문제, 1919년

전쟁이 끝나자 전전의 의회 내 진보파들은 다시 모였다. 로버트 라 폴레트, 조지 노리스, 피오렐로 라과디아, 제임스 프리어, 그리고 그 밖의 몇몇 의원들은 전후 미국의 문제를 두고 같은 표를 던지고 한 목소리로 말했다. 공화당이 확실한 다수당이 되었기 때문에 진보파는 균형추 역할을 할 수는 없었지만(공화당 239석, 민주당 190석) 그들은 이전의 호전성을 회복했다. 라과디아는 군복이 보장해 준 이점을 버리고 인기 없는 작은 그룹과 함께 전후 반동이라는 돌 벽을 망치로 두드리는 작업을 시작했다. 그들은 함께 모리배들을 공격하고 특권층을 비판하며 표현의 자유를 옹호했다. 하원 의사당은 라과디아의 능력을 보여줄 수 있는 최적의 공간이었다.

65대 의회의 임기 말에 의회활동을 중단했던 공백을 극복한 라과디아는 방첩법으로 기소되는 급진주의자들이 하루가 다르게 늘어나고 있는 상황에서 곧바로 이 법의 폐기안을 제출했다. 그는 맨해튼의 보수적인 미드타운 공화당 클럽을 상대로 방첩법은 행정부의 무능을 감추는 데만 효력이 있다며 자신의 폐기안을 변호했다. 그는 이 법이 전시라는 상황 때문에 정당화될 수 있었다면 전후 시기에는 필요없다고 주장했다. 그는 이렇게 덧붙였다 : "방첩법에 따르면 나의 이 말도 기소대상이 아닌지 모르겠습니다."[1]

1918년의 의회 분위기는 전국적인 반급진주의 정서를 반영하고 있었다. 그래서 라과디아는 진보파 의원 그룹 가운데서 가장 가까웠던 위스컨신 출신의 제임스 프리어 의원을 변호해야 했다. 프리어는 국가안보연맹에 의해 "불충성" 혐의로 고발되었고,[2] 연맹은 최근 라과디어의 제14선거구 출마를 지지했지만 그는 주저없이 연맹의 프리어에 대한 공격을 비난했다. 그는 이 연맹을 조사하라는 결의안을 지지하면서 이렇게 말했다 : "이 단체의 동기가 진실로 애국적이라면, 의회가 사실에 근거하여 행동해 줄 것을 요구하는 이외에 다른 어떤 목적도 갖고 있지 않다면 그들은 기꺼이 조사를 받아들여야 할 것입니다. 의회의 한 구성원이 동료들과 다르게 투표한 적이 있다고 해서 비애국적이라 매도당한다면 우리는 불행한 시대를 맞을 것입니다."[3]

라과디아는 전후 세계에서 여러 곳으로부터 공격받고 있던 소수 그룹의 대표주자로 떠올랐다. 파리에서 평화회담이 진행되고 있던 동안에 라과디아는 각지의 유태인들로부터 찬사를 받았다. 그는 새로 생겨난 폴란드와 몇몇 유럽 국가에서 반유태인 소요가 발생했다는 보도가 나오자 이에 항의하기 위해 평화회담에 미국 대표단을 보내자는 결의안을 제출했다.[4] 이 결의안은 메디슨 스퀘어 가든에서 열린 대중집회에서 낭독되어 청중으로부터 열렬한 박수를 받았다.[5] 그

1 뉴욕 타임스, 1919. 2. 9.
2 의회 의사록, 65 : 3, 1918. 12. 10, 262.
3 *Ibid.*
4 *Ibid.*, 66 : 1, 1919. 5. 21, 103.

결과 국무성은 몇 나라로부터 유태인을 처벌하지 않겠다는 확약을 받았다.

라과디아의 관심은 자신의 지역구에서 주류를 이루고 있던 소수인종 그룹—유태인과 이탈리아인—에만 머무르지 않았다. 그는 흑인들에게도 동등한 권리를 인정해야 한다고 주장했다. 그의 지역구에는 흑인 인구가 얼마 되지 않았으므로 그의 반대자들은 이를 득표전략이라고 쉽게 비판할 수는 없었다.[6] 65대 의회에서 그가 보여주었던 흑인에 대한 관심은 인종적 우월주의자들의 분노를 일으켰다. 제1차 세계대전 참전 군인들의 단체인 재향군인회(American Legion)의 설립을 특허하는 법안이 하원 본회의에 제출되자 라과디아는 회원자격을 참전 군인 전체에게 차별 없이 개방해야 한다는 수정안을 제출했다. 남부 출신 의원들이 회원자격은 지역조직에서 알아서 판단하도록 남겨두자고 주장했지만 라과디아는 이렇게 반박했다 : "흑인 병사들도 우리와 함께 싸웠습니다. 그렇지 않습니까?"[7]

참전 군인들에게 보험료를 지원하자는 보너스 법안을 심의할 때도 그는 같은 태도를 보였다. 이 법안을 주도한 노스캐롤라이나 출신의 에드워드 포우 의원과 라과디아 사이에 다음과 같은 논쟁이 벌어졌다 :

5 립프스와 레이슨, *op. cit.*, 95.

6 그런데 진보파 민주당원들은 인종문제 때문에 당내 분쟁에 휘말렸지만 공화당이었던 라과디아는 인종문제 때문에 당내에서 갈등을 겪지 않아도 되었기 때문이라는 해석도 있다. 그의 노선을 호의적으로 해석하자면, 그는 다른 문제에 있어서는 당내 분쟁으로부터 자유롭지 않았음을 지적할 수 있다.

7 의회 의사록, 66 : 1, 1919. 8. 20, 4071.

라과디아 의원 : 존경하는 의원께서는 나라를 위해 봉사한 모든 병사들이 피부색에 관계없이 투표권을 박탈당하지 않도록 이 법안을 수정하실 의향은 없으십니까?

포우 의원 : 답변할 필요가 없다고 생각합니다.

라과디아 의원 : 저는 답변할 필요가 있다고 생각합니다.[8)]

답변은 나오지 않았지만 라과디아는 소수집단에 대한 동등한 권리 인정은 자신을 뽑아준 제14선거구의 이민자 집단에게만 국한되어서는 안 된다는 신념을 분명하게 보여주었다.

1919년 여름에 의회에서는 수정헌법 18조의 적용을 강화하는 볼스테드법(Volstead Act)의 통과를 두고 열띤 논쟁이 벌어졌다. 라과디아는 지체없이 이 싸움에 뛰어들었고, 이후 금주법을 폐지하려는 그의 긴 십자군전쟁이 시작된다. 그는 볼스테드 의원과 거듭하여 부딪히면서 이 법안의 폐기를 주장하는 장문의 연설을 통해 예언자적 발언을 했다 :

> 이 법이 통과되면 법집행에 문제가 있을 것이란 의견에 나는 동의하지 않습니다. 나는 이 법의 집행은 실제로는 불가능하다고 믿습니다. 그리고 이 법의 집행이 실패하면—분명히 그렇게 되리라 믿습니다만—이 나라 곳곳에서 법에 대한 모욕과 경시가 만연할 것입니다.

8 *Ibid.*, 5544.

그는 자신이 음주를 옹호한다는 비난에 대해서도 반박했다 :

> 지나친 음주가 좋다고 말하려는 게 아닙니다. 나는 술에 대해서는 아는 게 없습니다. 말씀드렸다시피 내 선조들 가운데 그런 결함을 가진 분은 없습니다. 선조들의 가계를 거슬러 올라가 보았더니 지나친 음주벽을 가졌던 사람은 딱 한 사람 네로라는 사람밖에 없었는데, 그는 어머니에게서 술을 배웠고 그 어머니는 라인 지역 출신이었습니다.(웃음과 박수)

음주란 라과디아의 생각으로는 단속법령으로는 해결될 수 없는 뿌리 깊은 문제였다 :

> 절주나 금주는 교육의 문제이지 입법의 문제가 아닙니다. 여성기독교금주연맹은 오랫동안 교육 면에서 좋은 일을 해왔습니다. … 여러분이 진정으로 이 나라의 복지에 관심을 갖고 있다면 적절한 교육과 적절한 훈련을 통해 사람들을 가르칠 수 있고, 그러면 다음 세대에서는 알코올을 사용하지 않을 것이며, 이런 법도 필요하지 않을 것입니다.[9)]

금주법만큼 널리 알려져 있지는 않았으나 라과디아의 가슴에 깊이 와닿은 문제는 저소득층의 경제적 복지였다. 그는 부당이득을 취하는 행위에 대해 의회에서 끊임없이 싸움을 벌였고, 전쟁이 가져다 준 번영의 성과는 기업에 돌아갔을 뿐 인구의 대다수는 혜택을 보지 못하고 있다고 지적했다.

9 의회 의사록, 66 : 1, 1919. 7. 12.

기업집단은 전쟁기간 동안에 좋은 성적을 냈다. US 철강회사의 이익은 1912–1914년 평균 연간 7천6백만 달러였으나 1917년의 이익은 4억 7천8백만 달러에 이르렀다. 주요 24개 구리회사는 1917년의 세후 순이익이 자본금의 24%였는데, 이는 1913년의 이익률보다 두 배나 높은 것이었다. 4대 육류 포장판매 업체의 1912–1914년 연평균 이익은 1천9백만 달러였는데 1917년에는 6천8백만 달러였다. 뿐만 아니라 이와 같은 숫자는 원가의 과다계상, 임금의 과다계상, 경영자들에게 빈번하게 지급한 대규모 보너스 등을 통해 만들어진 전시의 부당이득을 보여주지 않았다.[10]

전시 초과이윤세는 1916년의 전체 기업 순수익을 70억 달러 낮추는 효과가 있었고, 이 금액은 1918년에는 45억 달러로 줄어들었으나 그래도 번영의 시기인 1913년보다 높았다. 전쟁이 끝날 무렵 전국적으로 백만장자는 4만 2천 명이 되었다. 전시 호황으로 얻은 이익의 대부분은 개인들의 은행계좌에 쌓여 있는 것이 아니라 기업의 거대한 미처분 잉여로 남아 있었다. 바로 이 축적 덕분에 이후 2, 3년간 배당과 이자지급이 줄어들지 않고 지속될 수 있었지만 임금노동자와 농부들은 수입 감소에 대한 불만을 털어놓고 있었다.[11]

이런 사실에 주목한 라과디아는 불공정한 상황을 바로잡기 위해 무언가 해야겠다는 결심을 한다. 그는 정부가 보유 구리 재고를 대형 구리회사들의 부를 늘려주는 방식으로 처분한다고 지적했다. 잉여군수품관리국에 백만 달러의 급여예산을 배정하는 법안이 제출

10 소울, *op. cit.*, 78–79.
11 *Ibid.*

되자 라과디아는 발언대에 섰다. 그는 이 부처 책임자의 급료가 연간 2만 5천 달러나 된다고 비판했고, 정부가 거대한 손실을 입으면서 구리 잉여재고를 구리회사에 되파는 방식을 지적했다. 원래 이 구리는 동일한 회사들이 정부에 팔았던 것인데 이제 동일한 회사들이 되사들였다. 라과디아는 이런 정책이 "구리 독점을 보장해 준다"고 주장했다.[12]

잉여군수품관리국의 책임자는 쇠고기 통조림과 베이컨 통조림 재고처분 방식에 문제를 지적한 라과디아의 신랄한 발언을 들어야 했다 :

> 2만 5천 달러라는 좋은 급여가 육류와 식품의 재고처분에 어떤 관련이 있는지 살펴봅시다. 우리는 그에게 어떻게 처분할 계획인지를 물었습니다. 그는 루마니아나 보스니아, 아니면 헤르체고비나 같은 나라에서 시장을 찾을 수 있을 것 같다고 답변했습니다. 이분은 그런 나라에서는 통조림된 쇠고기는 전혀 사용하지 않는다는 사실을 모르고 있습니다. 그 나라 사람들은 사용한다 해도 육류는 조금밖에 사용하지 않습니다. 루마니아에서는 통조림 따개조차 찾아볼 수 없습니다. 그런데도 우리는 이분에게 연간 2만 5천 달러, 이분에게 전문적인 조언을 해주는 보조자에게 매년 1만 달러를 지급하고 있습니다. … 이분이 베이컨을 유태인 회당에다 팔지 않았던 것이 놀라울 뿐입니다.

잉여육류를 어떻게 해야 할까? 라과디아는 즉각 해법을 내놓았다 :

12 의회 의사록, 66 : 1, 1919. 7. 9, 876.

> 뉴욕이나 필라델피아나 보스턴 시장에 풀어놓으십시오. 그곳 배고픈 사람들의 위는 받아들일 준비가 되어 있고 그 사람들은 군용 베이컨을 소화시킬 수 있을 겁니다. 이런 방식은 가공업자들의 이윤을 해치겠지만 나는 그 점에 대해서는 관심이 없습니다.[13]

라과디아는 수백만의 저소득 가정이 전후의 고물가 때문에 생필품을 구하는 데 고통을 겪고 있는 상황에 대해 의회가 관심을 갖도록 만들 기회를 놓치지 않았다. 그의 연설은 "높은 생계비"와 "도시의 굶주린 사람들"로 점철되어 있었다.[14]

그는 아이오와의 길버트 하우건(Gilbert N. Haugen) 같은 농업지역 출신 의원들이 농민의 처지를 개선하기 위해 제안한 몇 가지 대책들을 신뢰하지 않았다. 그는 도시 노동자들이 무시되고 있고 농업 관련 법안들이 형편이 나은 농민들에게 도움을 줄 목적을 갖고 있다고 생각했다. 1919년 여름 농업지원 법안을 둘러싼 논쟁에서 그는 다음과 같이 말했다 :

> 농민의 대변자라고 하는 의원들 가운데서 농민과 접촉한 분이 몇이나 되는지 알고 싶습니다. 여러분이 진정으로 대변한다는 농민 가운데서 상당히 많은 숫자가 나를 뽑아준 도시에 거주하고 있는데, 여러분이 만나신다면 그 사람들의 오른손 엄지와 검지에만 할인 쿠폰을 뜯어내느라 굳은살이 박혀 있음을 아시게

13 *Ibid.*
14 *Ibid.*, 1919. 8. 22, 4196.

될 겁니다. 진짜 농민과 생산자는 이 법으로부터 아무런 혜택도 받지 못합니다.[15]

하우건이 제출한 전시 식품통제 법안의 수정안에 대한 토론에서 하우건은 부당이득뿐만 아니라 "높은 임금"을 비난했는데, 라과디아는 "높은 임금"을 거론한 것에 대해 유감을 표시하고 부당이득을 방지하는 가장 효과적인 수단은 레버법의 매점매석 금지조항을 제대로 시행하는 것이라고 주장했다.

> 존경하는 위원장님, 장시간의 토론에서 잠시 벗어나 높은 생계비에 관해 몇 마디 언급하겠습니다. 나는 우리 위원회가 도시의 배고픈 사람들도 이 법안에 대해 할 말이 있다는 점을 유의하여 주시기를 부탁드립니다. … 농촌지역 가정은 배를 채울 수 있지만 도시거주 가정은 배를 채울 수 없습니다. 우리 위원회가 해야 할 일은 매점매석자들을 찾아내는 것입니다.[16]

1919년에 의회에서 가난한 사람들을 위한 경제적 지원과 부당이득의 억제를 주장한 라과디아와 동료 진보파 의원들은 수적으로는 가망 없는 소수였다. 이 무렵 상원에서 부당이득 행위를 비난하고 있던 아이다호 출신의 윌리엄 보라 의원은 한 유권자에게 보낸 편지에서 이렇게 말했다 : "이곳 워싱턴에서 이 친구들을 깨우치게 만든다는 것은 작은 손망치로 지브롤터의 돌기둥을 치는 것과 같습니다."[17] 1919년에는 외교문제가 대중의 스포트라이트를 받고 있었고,

15 *Ibid.*, 1919. 6. 3, 584.
16 *Ibid.*, 1919. 8. 22, 4196.

그 중에서 논란의 핵심에 있던 주제는 국제연맹 문제였다. 연맹이 아직 서명이 끝나지 않은 베르사이유 조약의 한 조항에 불과했고, 그리고 이 조약의 비준을 둘러싸고 의회에서 치열한 논쟁이 일어나기 몇 달 전인 1919년 봄에 라과디아는 하원에서 이 문제를 거론했다. 이 문제는 의안에 포함되어 있지 않았다. 라과디아는 의안에 포함시켜 발언권을 얻는 방식 대신에 앞서 발언한 사람의 발언 마지막 부분을 물고 늘어져 자신이 생각하는 의제를 제기하는 수법을 즐겨 이용했다. 이번의 경우는 평소보다 더 열정적이었다 :

> 존경하는 의장님, 해외에서 전투에 참가한 2백만의 미국인들에게 물어보신다면 그들은 한결같이 말할 것입니다. 그들은 또 다른 전쟁을 불가능하게 만들 어떤 제도—그것을 국제연합이든 또는 뭐라고 불러도 좋습니다—를 절대적으로 찬성할 것입니다. (박수) 우리는 젊은이들이 바다를 건너기 전에 전쟁의 목적이 어떤 이상을 달성하기 위한 것이라고 말해주었습니다. … 그러므로 우리는 이 모든 영웅적인 투쟁과 희생된 백만 명의 목숨을 바탕으로 세계 각국에게 돌발적인 전쟁을 선포하는 일이 불가능해졌음을 깨달아야 한다고 말할 권리가 있습니다.[18]

그러나 그의 이와 같은 발언은 1931년에 일본이 선전포고도 없이 중국을 상대로 전쟁을 벌임으로써 역시 비극적인 착오로 밝혀진다. 그

17 보라가 플린트(B. F. Flint)에게 보낸 편지, 1919. 2. 4, 보라 문서, 의회도서관, 워싱턴.

18 의회 의사록, 66 : 1 1919. 3. 3, 4948.

는 하원에서 이렇게 말했다 : "전쟁선포를 지체시키거나 적대행위의 개시를 저지할 기구를 만듭시다. 그러면 전쟁은 불가능해질 것입니다."[19]

라과디아는 평화를 구축하기 위한 국제기구로서 국제연맹을 강력하게 지지했지만 평화정착을 위한 구체적인 조항,[20] 특히 피우메 항 문제에 있어서는 매우 비판적이었다. 평화회담에서 이탈리아가 피우메 항의 편입을 요구하자 위기가 고조되었는데, 이 요구는 심지어 런던 조약의 비밀조항에서 보장한 범위도 넘어서는 것이었다. 이탈리아 대표단의 철수에도 불구하고 윌슨은 피우메를 이탈리아에 주지 말아야 한다는 자신의 주장을 관철시켰다. 상원 외교위원회가 조약의 이 조항을 두고 청문회를 열었을 때 라과디아는 이탈리아의 입장을 지지하는 대표선수였다.[21]

미국의 유고-슬라브공화국 동맹이란 단체가 피우메 항을 유고슬라비아 영토로 남겨두어야 한다는 증언을 한 직후 라과디아는 상원위원회 앞에 등장했다. 그는 이들의 (피우메가 신생국이 바다로 나가기 위해서는 절대적으로 필요한 항구라는) 주장을 반박하고 "피우메의 주민은 정신이나 혈통이나 언어 등 모든 면에서 이탈리아인"이라고 주장했다. 명쾌한 해법을 찾는 데 걸림돌이 되는 요인은 피우메의

19 *Ibid.*

20 조약의 일부 내용을 반대했던 많은 미국인들이 "고립주의자"라는 잘못된 비난을 받았다. 이 점에 관해서는 윌리엄스(William A. Williams)의 "The Legend of Isolationism in the Twenties", *Science and Society*, XVIII(1954, 겨울호)가 자세하게 논하고 있다.

21 미국 상원외교위원회, *Hearings on Treaty of Peace with Germany*, 66 : 1(워싱턴, 1919), 1109-1112.

중요한 교외지역인 수삭의 주민들이 대부분 크로아티아인이란 점이었다. 그러나 라과디아는 경솔하게 이 점을 무시하고 "수삭을 포함한 피우메의 정신은 이탈리아의 정신"이라고 말했다.[22]

라과디아는 전시에 이탈리아에서 했던 자신의 발언이 윌슨의 행동 때문에 이제는 위선이 되어버렸다고 말했다. 전쟁 중 결정적인 시기에 이탈리아인들의 사기를 북돋우기 위해 "아드리아 해에서 진정으로 이탈리아적인 것은 모두 이탈리아에 돌아갈 것이라고 말했는데 … 나는 나의 말이 지켜지기를 원합니다. 나는 당혹스러움을 느낍니다."[23] 라과디아는 위원회에게 5월 9일에 파리에서 평화회담의 미국 수석대표인 하우스(Edward M. House)를 만났을 때 이탈리아 측에 만족스러운 쪽으로 결론이 날 것이란 분명한 느낌을 받았다고 말했다.[24]

그는 위원회에 윌슨의 14개조 가운데서 9번째 조항은 "명백하게 인정되는 민족의 경계에 따라" 이탈리아의 국경을 재획정하기로 약속했음을 상기시켰으나 신생 세르비아계 국가에게 "자유롭고 안전한 해양 접근"을 약속한 11번째 조항에 관해서는 언급하지 않았다. 라과디아가 전쟁 중에 큰 희생을 치렀으나 평화회담에서는 작은 소득밖에 거두지 못한 이탈리아를 지지하는 이탈리아계 미국인들의 분노를 대변하여 이탈리아 측을 지지하고 있음은 의심의 여지가 없

22 *Ibid.*
23 *Ibid.*, 또한 뉴욕 타임스, 919. 9. 6.
24 이 문제를 두고 윌슨과 하우스 간에는 알력이 있었다. 윌슨은 하우스가 여러 경우에 자신의 지침을 따르지 않는다며 화를 냈다[베일리(Thomas A. Bailey), *Woodrow Wilson and the Lost Peace*(뉴욕, 1937), 260].

었다. 여하튼 이때 라과디아가 보여준 편협한 민족주의적 태도는 훗날 그가 보여주었던 분별력 있는 세계관과는 대비된다.[25]

라과디아의 행정부 외교정책에 대한 날카로운 비판은 대기업에 대한 그의 맹렬한 공격을 못마땅하게 생각해 왔던 공화당 지도부의 반감을 완화시켰다. 윌슨의 피우메 항 처리 정책에 대한 비판에 더하여 러시아 주재 미국대사 프랜시스의 무능에 대한 비난[26]은 시작에 불과했다. 그는 정부의 대멕시코 정책에 대한 비판을 위해 가장 강력한 무기를 남겨두었다.

멕시코의 카란짜 정부는 제1차 세계대전 중에는 독일제국과 우호적인 관계를 맺었던 데다가 미국 석유회사들을 압박하여 미국을 자극했다. 양국의 긴장된 관계는 멕시코 정부가 미국 석유회사들에게 무거운 세금을 부과하는 법을 제정한 1918년 7월에 폭발점에 다다랐다. 석유회사들이 해군성 장관 데니얼스의 지원을 받아 개입을 요구하자 백악관에서 열린 회의는 멕시코를 상대로 무력을 사용

25 피우메 위기를 연구한 대부분의 미국 학자들은 이탈리아의 피우메 항 편입 요구를 **맹목적 이기심**(*sacro egoismo*)으로 평가한다[예컨대 쇼트웰(James T. Shotwell)의 *At the Paris Peace Conference*(뉴욕, 1937), 293]. 라과디아의 감정적인 태도는 한 역사학자가 지적했듯이[알브레히트-까리에(Renē Albrecht-Carrie), *Italy at the Paris Peace Conference*(뉴욕, 1938), 200] 이탈리아의 강력한 피우메 항 편입 요구는 협상기법상의 수단에 지나지 않았다는 사실에 비추어 보면 특히 잘못된 것이었다. 베이커(Ray Stannard Baker)는 이탈리아의 피우메 항 획득은 유고슬라비아와의 전쟁으로 이어졌을 것이라고 본다[*Woodrow Wilson and World Settlement*(뉴욕, 1922), II, 203-204]. 베일리는 피우메는 3급 항구에 불과하며 "슬라보니아라는 큰 바다에 떠 있는 이탈리아의 아주 작은 섬"이라고 평가한다(*Woodrow Wilson*, 258-262).

26 의회 의사록, 66 : 1, 1919. 1. 22, 1881. 그는 미국 대사관이 러시아 대중과의 접촉에 실패했다고 지적했다.

하는 방안으로 기울었다. 대통령 윌슨과 버나드 바루크가 이 방안은 독일의 벨기에 침공만큼이나 부도덕하다고 주장하여 무력개입을 막았다. 공화당이 장악한 의회는 이 문제를 두고 국무성이 멕시코에 대해 우유부단한 정책을 쓴다고 공격했다.[27)]

라과디아는 이번에도 오해의 소지가 많은 태도를 보였다. 그는 자신이 그토록 자주 비난해 왔던 "특권집단"이라고 할 미국 석유회사들의 입장과 여러 면에서 동일하다고 볼 수 있는 태도를 보였다. 행정부는 윌슨의 불간섭 정책을 고수하면서도 한편으로 육군은 카란짜 정권을 상대로 행동을 취할 준비를 하는 불분명한 정책을 지속했다.[28)] 이런 시점에 라과디아는 하원 의사당에서 행정부의 대멕시코 정책에 대해 "일관성이 없다"고 직접적으로 비난했다.[29)]

그는 카란짜 정권 하의 멕시코에 넘치는 "무질서, 혼란, 혁명, 질병"을 지적하면서 "카란짜에게 이제는 한 순간도 더 참을 수 없다는 뜻을 쉬운 말로 해주어야 한다"고 말했다. 미국은 "한 손에는 먹을 것을 들고, 필요하다면 다른 한 손에는 수류탄을 들고" 멕시코로 들어가 "현재와 같은 상황을 끝내야 한다."[30)] 라과디아는 국무성이 보다 안정된 정부를 세우기 위해 반카란짜 파벌의 회의를 열라고 요구했다. "나는 디아즈, 팔레아즈, 앙헬레스, 비야가 함께 손을 잡고 …

27 클라인(Howard F. Cline)의 *The United States and Mexico*(케임브리지, 1953), 184-192가 이 시기의 미국-멕시코 관계를 다루고 있다.

28 1919. 6. 22자 뉴욕 타임스의 기사는 이렇게 썼다 : "멕시코를 응징하는 원정군을 보내는 계획을 정당화시켜 주는 상황변화가 일어날 경우를 대비하여 총참모부는 만반의 준비를 갖추었다."

29 의회 의사록, 66 : 1, 1919. 7. 10, 2416.

30 뉴욕 아메리칸, 1919. 7. 11.

미국이 받아들일 수 있는 인물을 임시 대통령으로 앉힐 준비가 되어 있다는 정보를 갖고 있습니다."[31]

라과디아는 펠릭스 디아즈가 이끄는 반카란짜 파벌이 남부 멕시코 25만 평방마일을 지배하고 있다며 특별히 칭송했다. 그는 "펠릭스 디아즈 파벌은 멕시코의 이성적인 파벌을 대표합니다. 이 파벌은 멕시코를 수년 동안 통치했고, 그 군대는 출신성분이 좋고 교육받은 멕시코 대중으로 구성되어 있습니다"라고 말했다.[32] 이것은 라과디아답지 않은 발언이었다.[33] 디아즈 파벌은 라과디아가 미국 내에서 맞서왔던 부유하고 보수적인 세력의 멕시코판이란 사실은 디아즈가 발표한 선언에 분명하게 드러나 있었고, 라과디아도 이 선언문의 내용을 알고 있었다. 선언문은 다음과 같이 말하고 있다 :

> 카란짜 정부는 부유한 계급의 집과 재산을 빼앗아 방탕한 잔치에 소비해왔다. … 문화 정도, 교육, 사회적 지위로 보아 지도계급에 속하는 사람들은 대부분 나라 밖으로 쫓겨났다. … 카란짜 혁명의 지도부는 사회의 최하층 출신들이다.[34]

31 의회 의사록, 66 : 1, 1919. 7. 10, 2416.

32 *Ibid.*

33 이때 미국노동자연맹(American Federation of Labor)의 보수적인 지도자 새뮤얼 곰퍼스가 보여준 의외의 태도가 라과디아의 태도와 선명하게 대비된다. 곰퍼스는 "특수이익집단"의 의뢰를 받아 미국을 멕시코와의 전쟁으로 몰아가는 "맹목적 애국주의"를 비난했다(뉴욕 타임스, 1919. 7. 11).

34 "베라크루즈 총본부"가 발표한 "총사령관 펠릭스 디아즈"의 "선언문", 라과디아 문서.

미국에서의 식량생산과 분배를 국유화하자는 헌법수정안을 제시했던 바로 그 라과디아가 이제 카란짜 정부의 토지분배 정책에 대해서는 눈을 감고 있는 것이다. "세상의 모든 나라가 이런 실험을 하더라도 멕시코는 이 정책을 시도할 수 없는 나라입니다. … 멕시코 문제는 한 나라의 생사가 걸린 문제입니다. 멕시코는 가볍게 다룰 나라가 아니며, 이상적이고 아름다운 이론을 실험해 볼 수 있는 땅이 아닙니다."[35]

멕시코 문제에 대한 라과디아의 태도는 공화당의 주요 인물들에게 또 한 번 호감을 주었다. 그는 멕시코 문제에 관한 발언을 한 후 그 무렵 캘리포니아에 가 있던 니컬러스 머레이 버틀러(Nicholas Murray Butler)[36]로부터 축하편지를 받았다 :

> 여름을 나기에 이상적인 이곳 태평양 해안에 머물던 중 귀하의 7월 10일 멕시코 문제와 관련된 설득력 있는 의회 연설문을 받아보았습니다. 나는 마음으

35 의회 의사록, 66 : 1, 1919. 7. 10, 2417. 이 무렵 의회 내의 진보파들은 외교 문제에 있어서는 분명한 입장을 가지고 있지 않았다는 점을 염두에 두어야 할 것 같다. 국경선 너머의 일이라면 진보파는 항상 의견이 분열되었고 66대 의회에서는 특히 그랬던 것 같다. 이 시기의 진보주의 정치를 연구한 한 학자는 "대단히 중요한 의미를 갖는 외교정책을 두고 진보적인 의견을 제시한 의원은 한 사람도 없었다"고 평가한다[쉬들러(James H. Shideler), "The Neo-Progressives : Reform Politics in the United States 1920-1925", 박사학위 논문, 캘리포니아(버클리) 대학, 1945, 7].

36 버틀러는 전국적으로 영향력이 있는 공화당원이었다. 그는 자서전에서 일곱 대통령과 "정도의 차이는 있지만" 친밀한 관계를 가졌고, 공화당 전국대회에 14차례 참석했으며, 시어도어 루즈벨트는 "내게 고위공직을 맡으라고 여러 차례 강요했다"고 자랑스럽게 말한 인물이다[니컬러스 머레이 버틀러, *Across the Busy Years*(뉴욕, 1939), I, 11-12].

로부터 귀하에게 축하의 인사를 드립니다. 행정부가 멕시코를 다루는 방식은 시작부터 지금까지 나약하고도 무익했으며, 그 덕분에 세계는 생명의 손실, 번영의 파괴, 빈곤과 무질서의 확산이란 열매를 거두고 있습니다. 나는 귀하의 연설이 다른 방향의 행동을 일으키는 데 도움이 되기를 바랍니다.[37)]

라과디아가 하원에서 연설을 했던 그날, 육군은 군용기가 일출에서 일몰까지 멕시코 국경을 순찰할 것이라고 발표했다.[38)] 그로부터 한 주 후에 라과디아는 멕시코의 지도자들과 "멕시코의 안정과 질서의 재건"을 협의할 상·하원 의원단을 구성하자는 제안을 내놓았다.[39)] 텍사스 출신의 하원의원 허드스페스가 물었다 : "코요테와 방울뱀과 하이에나의 모임을 주선해 본 사람이 있습니까?"[40)] 7월 말, 라과디아는 멕시코 쪽에서 엘파소에 총격을 가했다는 그곳 경찰서장이 보내온 서신을 언급하는 성명서를 기자들에게 배포했다. 라과디아는 이 일은 카란짜 추종세력이 저지른 것이 분명하며, 행정부는 카란짜 정부에 대한 승인을 철회하라고 요구했다.[41)]

멕시코 사태가 잠시 소강상태를 보이자 라과디아는 코스타리카 사태에 관심을 쏟고 행정부가 "부패한 미국 석유기업의 이익"을 지켜주기 위해 이 나라를 약탈하는 정책을 쓰고 있다고 비난했다.[42)]

37 1919. 7. 29, 버틀러 문서, 컬럼비아 대학.
38 뉴욕 타임스, 1919. 7. 11.
39 뉴욕 이브닝 선, 1919. 7. 19.
40 뉴욕 타임스, 1919. 7. 18.
41 보도자료, 199. 7. 31, 라과디아 문서.
42 타자로 작성한 라과디아 연설문의 사본, *ibid*.

그는 "미국 석유기업들이 원하는 바를 얻지 못하자 1917년에 합법적인 정부를 무너뜨리고 티노코[1917년에서 1919년까지 코스타리카를 통치한 독재자]를 내세워 이 나라를 약탈하고 파괴했다"고 비난했다.[43)]

이처럼 라과디아는 코스타리카에 진출한 석유기업들의 부패를 공격하면서 한편으로는 멕시코에 대해서는 그곳에 진출한 석유기업들과 같은 노선을 지지했다. 그의 상반된 두 정책은 하나의 공통점을 갖고 있었다. 그것은 윌슨 행정부에 대한 비판이었다. 라과디아가 민주당 정책이 옳다고 판단될 때는 자신의 소속당과도 기꺼이 맞서는 자세를 보여준 경우가 한두 번이 아님은 사실이다. 어쨌든 이 무렵 라과디아는 뉴욕 시의회 의장을 거쳐 시장으로 나아갈 생각을 갖고 있었기 때문에 공화당의 지지가 필요했고, 그래서 공화당 행정부의 반대방침을 충실하게 따랐던 것으로 보인다. 라과디아의 정치경력을 살펴보면 정치적 정직성의 도표가 기회주의에 압도되어 왜곡된 곡선을 나타내는 경우가 몇 차례 있었는데, 이때가 그런 경우의 하나였다.

라과디아의 정치철학을 살펴볼 때 이러한 정치적 편의주의와 함께 우리가 염두에 두어야 할 것은 미국의 제1차 세계대전 참가를 지지한 강력한 도덕적 동기이다. 그가 멕시코에 대한 개입을 지지했던 것은 그것이 멕시코의 경제적·사회적 발전을 가져올 것이라는 확

43 라과디아는 티노코의 여동생이 코스타리카에 진출한 미국 대기업의 총지배인의 정부(情婦)라는 정보를 갖고 있었다. 그는 또한 코스타리카 사건에 관련된 주요 인물 대부분에 관한 흑색선전 수준의 신상자료를 갖고 있었다(작자불명의 팸플릿, "A Brief Who's Who in Costa Rican Conspiracy", 라과디아 문서).

신 때문이었다. 이런 확신을 보여주는 것이 멕시코에서 대중이 참여하는 선거를 통해 새로운 정부가 세워지면 경제재건을 도와야 한다고 주장한 7월 10일의 의회 연설이었다 : "우리의 공중보건국을 보내 질병과 전염병을 일소하고 기술자들을 보내 이 나라를 위한 관개체계를 수립하도록 합시다. … 죽어가는 원주민을 구제할 사람들을 보내고 멕시코가 진정한 교육제도를 수립하도록 도와줍시다."[44)]

이때 라과디아의 위치는 진보진영 가운데서 보라-노리스의 반제국주의 그룹과 루즈벨트와 비버리지로 대변되는 호전적 애국주의의 중간쯤이었다고 할 수 있다. 그의 정치적 입장은 미국적 신념의 특징이라 할 도덕적 명분을 내세운 일방적 개입주의의 축소판이었다.[45)]

1919년 가을이 되자 미국 외교정책이 부닥쳤던 여러 난제들이 해소되는 듯했다. 코스타리카 문제는 그 해에 티노코 정권이 붕괴하자 사라졌고, 멕시코 문제는 11월에 클라이맥스에 이르렀다가 조용해지기 시작했다.[46)] 우드로 윌슨이 병으로 쓰러지고 상원에서 국제연맹 문제로 치열한 논쟁이 벌어지고 있을 때 라과디아는 뉴욕 시의회 의장 선거운동을 준비하기 위해 뉴욕으로 돌아갔다.

그는 워싱턴에서 의회활동을 하는 사이에 시간을 내어 자신의 생애에서 가장 중요한 일 한 가지를 처리했다. 1월에 각 신문들이

44 의회 의사록, 66 : 1, 1919. 7. 10, 2416-2417.

45 웨인버그(Arthur K. Weinberg)의 *Menifest Destiny*(볼티모어, 1935)가 미국 지성의 이러한 면을 훌륭하게 설명하고 있다.

46 클라인, *op. cit.*, 192.

그와 테아 알메리고티(Thea Alemrigotti) 양의 약혼을 알리는 기사를 실었다. 테아는 젊고 예쁜 여성으로서 1913년 라과디아가 의류 노동자 파업사건을 지원할 때 처음 만났다.[47] 두 사람이 사귀기 시작했을 때 테아는 5번 대로에 있는 의류공장의 디자이너였으며, 고향인 이탈리아 트리에스트에서 건너온 지 얼마 되지 않았다. 라과디아는 정치에 뛰어들 때처럼 신속하고 열정적으로 그녀를 쫓아다녔으나 정치에서만큼 성공을 거두지는 못했고, 테아가 자신에 대해 어떤 감정을 갖고 있는지 확신하지 못한 채 전쟁터로 나갔다.

라과디아와 함께 참전했던 유명한 바이올리니스트 앨버트 스폴딩(Albert Spalding)은 이탈리아 전선에 있을 때 라과디아가 테아의 사진을 보여주면서 전쟁이 끝난 후 결혼하려는 생각을 갖고 있는 여자라고 말했던 일을 기억한다. 스폴딩은 "그녀는 가녀리고 섬세한 모습이었으며, 일리리아의 봄처럼 청순했다"고 회상했다.[48] 그녀는 1919년이 되어서야 라과디아의 청혼을 받아들였고, 두 사람은 그 해 3월 19일 메디슨 대로에 있는 캐시드럴 칼리지 성당에서 조용하게 결혼식을 올렸다(신부는 가톨릭 신자였다). 짧은 신혼여행을 보낸 후 라과디아는 정치전선으로 돌아가 다시 활동을 시작했다.

47 림프스와 레이슨, *op. cit.*, 29.
48 앨버트 스폴딩, *Rise to Follow*(뉴욕, 1943), 237.

Chapter. 4

쓰라린 막간, 1920-1922년

라과디아가 의회에서 돌진하며 전투를 벌이는 모습은 뉴욕 시 공화당 지도부의 상당한 관심을 끌었다. 시의회 의장 자리는 알 스미스(Al Smith)가 주지사로 당선되자 공석이 되었다. 시장 자리와 마찬가지로 이 자리는 태머니의 몫으로 인식되어 왔다. 그러나 새뮤얼 쾨니히와 몇몇 공화당 지도자들은 이 자리를 손에 넣을 시도를 해볼 때가 왔다는 생각을 갖고 있었다. 민주당으로부터 빼내올 수가 없다고 믿어왔던 뉴욕의 이민자 집단이 최소한 한 사람의 공화당원, 즉 피오렐로 라과디아에게는 반응을 보이는 것 같았다. 라과디아가 의회에서 하층계급의 이익을 대변한 연설은 그의 출신지역을 훨씬 뛰어넘어 다른 선거구에서도 관심의 대상이었다. 뉴욕의 유태계와 이탈리아계는 의회에서 재류 외국인 배척을 반대하고 반유태주의를 비판해 온 그를 자신들의 대변자라고 생각했다. 뿐만 아니라 그는 전쟁영웅이었고, 전쟁이 끝난 지는 일 년밖에 되지 않았다.

1919년 여름 라과디아는 공화당 지도자들이 11월에 있을 시의회 의장 선거 후보로 그를 지목하고 있음을 알아차렸다.[1] 그는 니컬러스 머레이 버틀러에게 편지를 보내 후보 지명은 "결코 기쁜 소식은 아니지만 당의 제안이라면" 받아들이겠다고 말했다.[2] 말은 그렇게 했어도 그는 사태의 진전에 완전히 실망하지는 않았다. 의회에서의 활동을 즐기기는 했지만 뉴욕 시에서 그의 인지도가 올라가고 있음을 알고 있었고, 이를 바탕으로 언젠가는 시장직에 도전해 보겠다는 막연한 생각을 갖고 있었다. 시의회 의장 선거에 나서서 승리한다면 뉴욕 시에서는 시장 다음으로 제2인자가 되는 것이었다.[3]

치열한 선거전 끝에 화재시 비상탈출구가 없는 열악한 주거환경, 식료품 가격, 지하철 요금 5센트 등을 내걸고 시민연맹[4]뿐만 아니라 언론의 지원[5]을 받은 라과디아가 2,500표 차이로[6] 태머니가 내세운 로버트 모런(Robert L. Moran)을 이겼다. 공화당은 환호했고, 라과디아는 시의회 의장 임기가 시작되기 하루 전인 1919년 12월 31일에 하원의원직을 사임했다.

2년 동안의 시의회[7] 의장 임기는 라과디아가 시장이 되겠다는

1 뉴욕 타임스, 1919. 7. 24.
2 버틀러 문서, 1919. 8. 11.
3 그의 동기가 이것이었음을 알 수 있는 가장 좋은 위치에 있었던 인물은 당시 그의 비서였다가 훗날 그의 아내가 되는 마리 피셔 라과디아이다(라과디아 부인과의 인터뷰, 1956. 8).
4 뉴욕 타임스, 1919. 10. 26.
5 뉴욕 타임스, 1919. 11. 3.
6 라과디아가 145,108표, 모런이 142,501표, 사회당 후보 제임스 오닐(James Oneal)은 45,112표를 얻었다(뉴욕 타임스, 1919. 11. 26).
7 당시 뉴욕 시의회는 평판이 좋지 못했다. 1901년 제정된 주법에 따라 양원제의 시의회는 폐지되고 새로운 의회가 태어났으나 이렇다 할 업적을 내지 못해 악명이 높았다. 재정을 결정하는 권한을 갖지 못한 것이 한 원인이었다. 시의회의 공화당 소속 의원은 라과디아를 포함하여 26명, 사회당 소속이 4명, 이 숫자로는 37명의 민주당 소속 의원들의 벽을 넘을 수 없었다[쇼(Frederick Shaw), *The History of the New York City Legislature*(뉴욕, 1954), 15, 27].

야망을 키워간 시기였을 뿐만 아니라, 그 특유의 시끌벅적한 소동으로 가득찬 시기이기도 했다. 언제나 그랬듯이 그에게 공화당이란 명패는 중요한 게 아니었다. 그는 태머니파인 감사관 찰스 크레이그(Charles Craig)[8]와는 늘 충돌했지만(한번은 어떤 회의에서 크레이그가 시장에게 라과디아가 입을 다물도록 그의 머리를 의사봉으로 내려치라는 부탁을 한 적이 있었다) 민주당 소속의 시장 존 하일런(John Hylan)과는 사이가 좋았다. 공화당 조직은 라과디아에 대해 갈수록 의심을 품기 시작했다. 그는 처음에는 약간 변덕스러운 인물로 보였으나 유태계와 이탈리아계의 표를 공화당 쪽으로 끌고 오는 흡인력을 갖고 있었다. 그는 서서히 정치적인 골칫거리가 되어갔다.[9] 그는 공화당이 장악한 주의회가 선거를 통해 선출된 사회당 의원 다섯 명을 축출한 것에 대해 비난했고, 지하철 요금 5센트제를 복원하지 않는다고 공화당 소속 주지사 네이선 밀러(Nathan Miller)를 비난했으며, 올버니로 올라가서는 집세 인하를 요구하는 세입자들의 집회에 참석하여 환호하는 군중들에게 자신이 주 수도로 찾아온 이유는 "지주들을 찬양하기 위해서가 아니라 그들을 매장하기 위해서"라고 말했다.[10]

8 그들은 서로 "거짓말쟁이"라고 욕하는 경우가 허다했다. 한번은 라과디아가 크레이그의 비서와 육탄전 일보 직전까지 간 적이 있었다. 크레이그는 라과디아를 깡패라고 불렀고 라과디아와 하일런 시장이 공모하여 자신의 업무를 방해한다고 비난했다.

9 그는 전화 회사의 폭리에 철퇴를 가했고(뉴욕 타임스, 1920. 2. 7), 인터보로 고속지하철 회사 사장 오그스트 벨몬트의 연봉 5만 달러에 대해 의문을 제기했으며(뉴욕 타임스, 1920. 2. 26), 뉴욕 시의 신발제조공 파업을 지원했고[세이들(S. Seidel)이 라과디아에게 보낸 편지, 1920. 5. 11], 주지사 네이선 밀러를 지지한 주의회 의원들을 "나약하고 줏대도 없는" 사람들이라고 비난했다.

정당은 말 잘 안 듣는 이단아를 길들이는 나름의 오랜 노하우를 갖고 있다. 어느 날 밤 라과디아가 청년공화당원연맹의 초청을 받아 연설하기 위해 집회장으로 갔을 때 아무도 그에게 말을 걸지 않았고, 자리를 권하는 사람도 없었으며, 이내 의자들을 치우고 집회가 끝났음을 알렸다.[11] 공화당 조직은 시장 예비선거에서 지원을 요청한 라과디아에게 퇴짜를 놓았고, 그래서 그는 혼자 힘으로 당이 미는 후보와 싸워야 했다. 이전에는 그를 지지해 주었던 뉴욕 타임스도 등을 돌리고 그를 "말솜씨가 화려하고 재미있지만 가망이 없는" 후보라고 표현했다.[12] 예비선거 날에는 뉴욕의 옛날 방식의 선거운동이 벌어졌다. 퀸즈 지역의 한 민주당원이 관자노리에 총을 맞고 죽었다. 태머니 조직의 실력자들에게 맞섰던 이 당원은 곤봉으로 두들겨 맞은 후 총을 맞았다.[13] 유혈사태가 벌어지는 상황에서는 라과디아가 공화당의 공식후보에게 지는 것은 사소한 사건에 불과했다.

정치적 타격에다 개인적 타격까지 겹쳤다. 라과디아의 섬세하고 아름다운 젊은 아내 테아가 1920년 11월에 딸을 낳았고, 부부는 한동안 말할 수 없는 행복을 맛보았다. 부부는 가정생활의 기쁨을 작은 무리의 친구들, 즉 조각가 아틸리오 피치릴리와 오노리오 루오톨로, 라과디아와 함께 참전했던 바이올리니스트 앨버트 스폴딩, 뉴욕의 변호사 폴 윈델과 나누었으며, 엔리코 카루소(Enrico Caruso)도 가끔 이 그룹과 어울렸다. 이때가 그의 생애에 마지막 행복이라고 생각

10 뉴욕 타임스, 1920. 3. 24.
11 브루클린 이글, 1921. 4. 14.
12 1921. 8. 6.
13 뉴욕 타임스, 1921. 9. 14.

한 사람은 아무도 없었다. 그러나 치열한 선거전 한복판에서 적대자들의 공격에도 흔들리지 않고 있던 1921년 봄, 라과디아는 집안의 비극을 맞아 비틀거렸다. 그의 어린 딸 피오레타가 척수막염에 걸려 한 달 후에 죽었다. 비극은 여기서 멈추지 않았다. 그의 아내도 출산 후부터 건강이 좋지 않았다. 아내는 병원에 입원했다가 다시 뉴욕 주 북부의 요양소로 옮겼다. 의사들은 그녀의 병을 결핵으로 진단했다. 그녀는 집으로 돌아가 남편과 함께 있겠다고 고집했고, 집으로 돌아온 후 라과디아가 밤낮으로 아내의 병상을 지켰다. 그가 아내의 병상을 떠난 것은 메트로폴리탄 오페라 하우스에서 열린 엔리코 카루소 추모 음악제에 참석했을 때뿐이었다. 추모 음악회에서 돌아온 후에도 아내의 병상을 지켰으나 이틀 후에 테아는 죽었다.

시의회 의장으로서의 임기가 몇 주 남았을 때 라과디아는 절친한 친구 피치릴리와 함께 아바나로 열흘 동안의 휴가를 떠났다. 휴가에서 돌아온 그는 개인적인 슬픔을 가슴 깊이 묻고 예전처럼 힘찬 목소리를 되찾았고, 내면의 엔진은 고통을 통해 더욱 강력해진 듯 그는 다시 최고 속도로 달렸다.

1921년 12월 시의회 의장 임기가 끝날 때 라과디아는 고별사를 발표했다 : "뉴욕 시는 세계에서 가장 부유한 도시입니다. 그러나 모든 아이들이 제대로 먹고 모든 가정이 신선한 공기와 햇볕을 확보하며 모든 남편과 아내가 행복해지기 전에는 그렇게 말할 수 없습니다." 이 말에 주목한 뉴욕 이브닝 메일의 기자가 그를 인터뷰하며 물었다 : "당신에게 뉴욕 시의 하루 예산인 백만 달러가 주어진다면 말씀하신 것들을 뉴욕 시민에게 줄 수 있나요?" 라과디아는 지난 몇 주 동안의 슬픔 때문에 묻어두었던 감정을 쏟아내듯 격정적으로 답했

다. 또한 이때의 답변은 이후 10년 동안의 그의 활동을 예고하는 말이기도 했다 :

> 할 수 있냐고요! 첫째, 지저분한 임대주택 지역에서 5평방 마일을 잘라내어 내 귀여운 딸과 아름다운 아내처럼 사람들이 결핵에 걸려 죽지 않도록 … 사람들로 붐비는 동네에 "폐"를 만들겠습니다. 여기에 숨쉴 수 있는 공원, 저기에도 공원, 인구밀도를 기준으로 공원을 만들겠습니다. … 다음에는 우유 보급소입니다. 어디든지 필요한 곳에서 신선하고 값싼 우유를 살 수 있도록 만들어서 어머니들이 아이들에게 먹이도록 하겠습니다. 그 다음에는 학교입니다. 최소한 8학년까지 아이들이 제대로 먹고 건강하게 자라서 학교에 다니도록 하겠습니다. 그 다음에는 뉴욕 시의 모든 미망인들에게 연금을 지급하고 모든 아이들이 학교에 다닐 수 있도록 지원하겠습니다. 그 비용은 교도소 시설을 줄여서 조달하겠습니다 … .
>
> 영화에 대한 검열을 폐지하겠습니다. 보십시오! 왜 검열법의 뒷전에 있는 사람들이 키스 장면이 어느 정도 지속되어야 하는지, 악당이 총을 사용해야 하는지 아니면 도끼를 사용해야 하는지를 결정합니까? 그들이 걱정하는 것은 활동사진이야말로 이 시대의 가장 훌륭한 교육자란 사실입니다. 영화가 사람들에게 정부의 진실을 보여주고 대중의 권리와 행복을 가로막는 전쟁, 시민의 권리, 감옥과 공장과 임대 아파트 등 생활의 모든 면의 실상을 보여준다면 문제가 생길 겁니다. … 나는 더 많은 음악과 미술, 더 많은 전기와 신선한 공기, 그리고 헌법의 기초자들이 … "생명과 자유와 행복의 추구"라는 구절을 헌법에 집어넣었을 때 생각했던 모든 것들을 제공할 것입니다.[14]

14 뉴욕 이브닝 메일, 1921. 12.

많은 사람들은 그의 이러한 폭발적인 열정을 앞날이 어두운 정치가의 한풀이로 받아들였다. 웨스트체스터 글로브지는 사설에 라과디아의 정치적 묘비명을 실었다 : "현직에 있던 때의 라과디아의 권위는 다시는 돌아오지 않을 것이다. 전진하는 정당은 그 당 덕분에 공직을 차지한 사람이 당을 비난할 때 그 사람이 공직을 떠나면 그를 필요로 하지 않을 것이다. … 공화당은 살아남겠지만 그런 사람은 잊혀질 것이다.[15]

그러나 정치경력의 잔해들을 주워모아 서서히 일어설 준비를 하고 있던 라과디아에게 이 신문의 사설은 아무런 영향을 주지 않았다. 그의 시선은 지방정부를 떠나 다시 전국 무대를 바라보고 있었다.

15 림프스와 레이슨, *op. cit.*, 128.

Chapter. 5

"번영"의 시대에 의회에 복귀하다

1922년 새해를 축하하는 소란은 1920년대의 번영을 상징하는 전반적인 소음에 비하면 조용한 편이라고 할 수 있었다. 이 시대는 당시 유행한 음악의 흐름에 빗대어 "포효하는 20년대", "재즈의 시대"라고 불린다. 모두가 인정하는 바이지만 그 소음은 그저 번영의 기쁨을 쏟아내는 소리였다.[1] 1920년대에 취업률은 전례 없이 높은 기록을 보였다. 일자리가 없는 사람의 숫자는 1921년의 4,270,000명에서 1927년에는 2,055,000명으로 떨어졌다. 임금 또한 기록적인 수준으로 올라가 1919년에서 1928년 사이에 노동자들의 실질임금 지수가 105에서 135로 상승했다. 1920년대에는 부유한 농민의 숫자도 늘어났는데, 1929년이 되자 연간 소득이 2만 달러를 넘는 농가가 25,000호에 가까웠다.[2]

1 그러나 일부는 모든 풍요로운 생활에 상처를 남기는 폭력의 소리였다. 피츠제랄드(F. Scott Fitzgerald)는 이렇게 썼다 : "동급생 하나는 롱아일랜드에서 아내를 죽이고 자살했고 또 다른 동급생은 뉴욕의 고층 빌딩에서 '우연히' 뛰어내렸다. 한 친구는 시카고의 밀주 주점에서 살해당했고 또 한 친구는 뉴욕의 밀주 주점에서 죽도록 두들겨 맞고 프린스턴 클럽까지 기어와 죽었다. 어떤 동급생은 정신병원에 갇혔다가 그곳에서 미치광이의 도끼에 맞아 죽었다. 이런 파탄은 내가 일부러 찾아다니면서 본 게 아니다. 그들은 내 친

1925년에 하버드 대학의 토머스 닉슨 카버 교수는 부가 사회 전체에 확산되는 상황을 "경제의 혁명"이라고 표현했는데,[3] 그가 본 것은 자동차, 라디오, 냉장고의 구매 확대였다. 소비지출이 늘어났고 여가시간도 늘어났다. 사람들은 이런 돈과 시간으로 호기 있게 새로운 수영복을 샀고, 뎀프시와 터니의 시합을 보러갔으며, 불법 위스키를 마실 수 있었다. 시간과 돈이 없는 사람들은 쉬운 문장과 사진을 많이 싣는 뉴욕 데일리 뉴스(*Daily News*)와 트루 스토리 매거진(*True Story Magazine*)을 읽으면서 불만과 부러움이 뒤섞인 심정으로 다른 사람들이 즐기는 풍요의 어두운 면을 지켜보았다.

많은 미국인들이 실제로 번영의 혜택을 누리고 있었다. 전체 가구의 40%가 연간 2천 달러 이상의 소득을 올리고 있었고, 이들은 어느 도시에서나 상점의 진열장을 채우고 있는 새롭고 신기한 가정용 기기를 일시불이나 할부로 구입할 수 있었다. 전체 국민 소득의 15%를 차지하는 30만 5천 명을 위해서는 더 비싼 자동차와 보석, 모피의류, 끝없는 오락거리가 준비되어 있었다. 소비란 본질적으로 사람 눈에 잘 띄는 활동이고 방직공장의 10시간 노동보다는 떠들썩한 소란이 더 뉴스 가치가 있었기 때문에 (번영과 복지로 충만한) 1920년대의 활기는 경제활동 면에서 활발한 소비를 즐길 수 있는 사람들이

구였다. 뿐만 아니라 이런 일은 불황기에 일어난 게 아니라 호황기에 일어났다" ["Echoes of the Jazz Age", *Scribners*, XC(1931. 11), 459–465].

2 *Recent Social Trends : Report of the President's Research Committee on Social Trends*(뉴욕, 1933), II, 820 ; 세넌(Fred. A. Shannon), *America's Economic Growth*(뉴욕, 1940), 701.

3 *The Present Economic Revolution in the United States*(보스턴, 1925).

만들어낸 것이었다.

그러나 전반적인 자축 분위기, 기업가들의 멋진 연설, 환희의 소식을 쏟아내는 주식시세표 뒤쪽에는 광산과 공장, 빌리거나 저당 잡힌 농토에서 일하는 수백만의 미국인들이 있었다. 저녁이면 이런 사람들은 신문을 읽거나 아직 할부금을 다 갚지 못한 라디오를 들으면서, 간간히 물방울이 떨어지는 수도꼭지에 입을 갖다 대고 갈증을 풀듯이 모든 사람이 떠들고 있는 풍요의 맛을 볼 수 있을지도 모를 토요일 밤이 오기를 기다리고 있었다. 미국 인구의 대부분이(10년 후에 그렇게 된 것처럼) 일자리가 없고 빈곤하지는 않았으나 절약해도 불안정한 삶을 이어가고 있던 현실은 인구의 상층 절반이 즐기고 있던 고급스럽고 무절제하며 풍요로운 생활에 가려져 보이지 않았다.

1920년대의 경제상황을 면밀히 연구한 조지 소울은 생산과 이윤이 급속도로 증가하여 투기가 폭발했지만 "미국인 모두가 이런 흐름을 즐겼던 것은 아니란" 결론을 내리고 있다.[4] 이 시대의 번영에 대한 이런 일반적인 평가 속에는 두 가지 의미가 함축되어 있다. 하나는 20년대에 경제적 상황을 개선시킨 임금 소득자들조차도 배당 이익으로 살아가는 사람들이나 기업 경영자들을 결코 따라갈 수 없었다는 사실이다. 다른 하나는 인구의 대다수가 전반적인 번영의 혜택에서 비켜나 빈곤의 언저리 또는 빈곤 속에서 살아가고 있었다는 사실이다.[5]

4 소울, *op. cit.*, 5.

5 루이스 멈포드(Lewis Mumford)는 1920년대를 평가하면서 이렇게 언급했다 : "노동하는 대중의 처지를 고려한다면 자본주의는 보석으로 치장한 손을 뽐내는 거지와 같았다. 한두 사람은 진짜 부자였지만 나머지는 누더기

1920년대의 괄목할 만한 생산성 향상이 가져다 준 임금증가는 기업 이윤의 상승에 비할 바가 못 되었다. 1919–1928년 동안에 생산성은 40%나 증가했지만 실질소득은 26% 증가했고,[6] 따라서 "기업은 생산성 향상의 열매를 임금인상과 상품가격의 인하를 통해 임금 소득자나 소비자와 나누어 가지지 않았다." 그 결과 "산업의 보다 유리한 위치에 자리 잡고 있던 기업이나 이들을 지배하는 위치에 있던 대기업의 이윤이 거대하게 증가했다."[7] 1922–1929년 동안에 제조업의 1인당 실질임금은 연간 1.4% 증가한 반면에 주식 보유자의 소득은 연간 16.4% 증가했다.[8]

실질임금의 전반적인 상승은 이러한 상승이 전국의 임금 소득자에게 불평등하게 분배된 사실을 가리고 있었다. 전문 기능직 노조에 속한 숙련 노동자의 임금상승이 전체 임금상승의 주원인이었고, 대량생산 기업의 비조직 비숙련 노동자는 가족을 위한 생필품을 마련하는 데도 어려움을 겪고 있었다.[9] 1920년대의 반복적인 광산 노

를 걸치고 빵 부스러기를 움켜쥐고 있었다" [*Technics and Civilization*(뉴욕, 1934), 397–398]. 오스월드 게리슨 빌라드(Oswald Garrison Villard)는 이렇게 말했다 : "들어본 적이 없는 화려함과 전례가 없는 풍요 가운데서 미국인의 대부분은 생존선상 또는 그 아래에서 살아가고 있었을 뿐만 아니라 경제상황이 지속적으로 나빠지고 있었다" [*Fighting Years*(뉴욕, 1939), 498].

6 더글러스(Paul H. Douglas), *Real Wages in the United States 1890–1926*(보스턴, 1930), 391.

7 소울, *op. cit.*, 222, 283.

8 밀스(Frederick C. Mills), *Economic Tendencies in the United States*(뉴욕, 1932), 555. 같은 기간 동안에 실질임금 지수는 연간 2.1% 상승했는데, 이것은 임금총액이 더 늘어난 노동인구에게 분산되고 있었음을 의미한다(*ibid*).

9 덜레스(Foster Rhea Dulles)는 "이러한 물질적·사회적 소득이 노동자들 사

동자와 방직 노동자의 파업은 이 부문의 노동자들이 겪고 있던 어려움을 설명해 준다.

1920년대에 최소한 경제의 한 부문—농업—이 "병들어" 있었다는 점은 일반적으로 인정되어 왔다. 남부와 일부 서부지역의 농민들이 특히 어려움을 겪었다. 그러나 생존선 이하의 생활은 농업지역이나 남부에 국한된 것만은 아니었다. 예컨대 뉴욕의 하부 웨스트사이드의 상황은 다음과 같았다 :

> 1921년에서 1930년에 이르기까지 규모가 큰 공장의 노동자들, 화이트칼라 노동자들, 숙련직과 소규모 기업 노동자들은 약간의 차이는 있지만 주당 20달러에서 35달러의 임금을 받았다. … 이 지역 주민의 대부분인 이런 사람들이 받는 임금으로는 가족을 부양하기가 결코 쉽지 않았다. 부가적 수입이 없는 가구의 가장들은 가족에게 최소한의 생필품을 제공하기도 어려웠다. 일반적으로 한 주에 3달러에서 5달러에 불과하지만 주부들의 가내 부업이 최저선 생활의 지속 여부를 결정하는 요인인 경우가 보통이었다.[10)]

이에서 불균형하게 배분되었음은 너무나 분명하다"고 지적한다[*Labor in America*(뉴욕, 1949), 244]. "기업"과 "노동자"라는 전통적인 일반화는 각 집단 내부의 현저한 편차를 호도하는 경우가 많다. 20년대에는 노동하는 대중의 소득이 편차를 보였듯이 기업도 마찬가지였다. 이윤은 산업구조의 상층부에 집중되는 경향이 있었다. 1922–1923년 동안에 조사대상 집단에 포함된 기업의 2/3가 최소한 20%의 자본순익률을 보였는데 1928년이 되자 자본순익률이 20% 이상인 경우는 1/5에 지나지 않았다[엡스타인(Ralph C. Epstein), *Industrial Profits in the United States*(뉴욕, 1934), 239].

10 웨어, *op. cit.*, 72–73.

1920년대를 연구한 고전적 사회학 저작이라고 할 수 있는 린드 부부의 『미들타운』은 인디애나 주 먼시 시의 사례를 기초로 하여 평범한 노동자들은 이 시대의 번영에 동참하지 못하고 과중한 노동으로부터 자유롭지 못한 하루하루를 보내고 있음을 도표로 보여주고 있다. 미들타운 지역의 약 3만 명의 주민은 전국에 산재해 있는 수백 개 공업도시의 주민들과 다름없는 방식으로 살아가고 있었는데 "노동계급과 기업계급"이란 두 집단으로 분명하게 나누어졌다.

린드 부부는 이렇게 기록했다 : "겨울철 아침 6시 무렵에 미들타운 거리를 거닌다면 두 종류의 가정이 있음을 알아차리게 될 것이다. 불이 켜지지 않은 집은 사람들이 아직 잠들어 있고, 부엌에 불이 켜진 집에서는 그 집의 성인들이 하루의 일을 시작하기 위해 움직이고 있는 모습이 보인다."[11] 부모는 아이들을 위해 아침식사를 차려서 "가족의 편안한 재결합의 자리"를 만들어야 한다고 주장하는 사람은 이 시의 2/3 이상의 가정에서 "겨울철에 아버지는 어둠 속에서 일어나 회색 새벽빛을 바라보며 아침을 먹고 아이들이 등교하는 시각보다 한 시간에서 두 시간 15분 전에 일터에 가 있는 현실을 알지 못한다." 1924년에 미국 노동국이 밝힌 5인 가족의 연간 최저 생계비는 1,920달러였지만 먼시 시에서는 기혼 노동자의 85%가 이보다 적은 수입으로 살아가고 있었다.[12]

나라 전체로 보면 실업의 영향을 받는 노동인구는 아주 적어

11 로버트 린드와 헬렌 린드, *Middletown : A Study in American Culture*(뉴욕, 1929), 23, 53.

12 *Ibid.*, 85.

20년대 내내 실업인구는 2백만에서 3백만 사이를 유지했다. 그러나 1년 중에 한두 달 실업상태에 있을 수 있다는 점을 감안하면 2, 3백만보다 훨씬 많은 숫자가 일시적인 실업상태에 있었고, 짧은 기간 동안의 수입상실이라도 가족을 곤경에 빠트릴 수 있었다. 20년대가 진행되면서 실업률에는 미미하지만 악화되는 쪽으로의 변화가 나타났다. 이 시기의 경제를 대상으로 한 한 연구는 1929년 이전에도 실업률은 이미 증가하고 있었다고 지적한다.[13)]

여하튼 전후 번영이 본질적으로 제한적이라는 증거는 모든 인구가 함께한 것은 아니지만 20년대에 어디를 가나 목격할 수 있던 풍요로운 생활과 눈에 띄는 즐거움의 징후 속에 파묻혔고, 대중의 시선은 가난의 흔적으로부터 효과적으로 차단당했다.[14)] 이것은 현대 미국의 거의 모든 곳에서 보편적으로 볼 수 있는 풍경이었다. 한 줄로 늘어선 대리석을 붙인 고층건물과 호화로운 아파트가 뒤쪽 깊숙한 곳에 어지럽게 널려 있는 임대 아파트와 슬럼가의 모습을 가렸다. 화려한 표면을 걷어내고 빈곤의 안쪽을 들여다 보려는 사람들은 야유

13 밀스, *op. cit.*, 481. 1920년대 내내 루이스 브랜다이스(Louis D. Brandeis)는 서베이 그래픽(*Survey Graphic*)지의 편집자 폴 켈로그(Paul Kellogg)에게 실업상황에 관한 기사를 다루라고 권유했다. 1928년 3월 11일에 켈로그에게 보낸 편지에서 그는 이렇게 썼다 : "이제 실업문제가 대중의 관심이 되지 않을 수 없으니 서베이 그래픽지가 고용의 안정성을 강력하고 줄기차게 주장할 수 있지 않을까?" [메이슨(Alpheus T. Mason), *Brandeis—A Free Man's Life* (뉴욕, 1946), 587]. [브랜다이스(1856-1941)는 연방대법원 판사(1916-1939)로 금융 트러스트와 독과점 대기업에 비판적인 판결로 유명하다. "민중의 변호사", "사법계의 로빈후드"란 별명을 얻었다.] **역자 보충**

14 스콧 피츠제랄드는 이 시대를 이렇게 표현했다 : "빌려온 시대 … 인구의 상층 1/10은 무사태평과 화려함 속에서 코러스 걸처럼 부박하게 살고 있었던 시대" (*op. cit.*).

의 대상이 되거나 무시당했다. 멀리 커티스(Merle Curtis)는 관찰한 바를 다음과 같이 기록했다 :

> 사실상 인구의 상층 10%만 실질소득의 증가를 즐겼다. 이런 상황이면 당연히 나오게 마련인 항의의 목소리는 널리 또는 효과적으로 자신을 드러낼 수 없었다. 이것은 부분적으로는 주요 정당의 큰 전략의 결과였다. 또한 이것은 부분적으로는 대중의 여론을 조성하는 모든 주요 통로가 거대 출판기업에 점령당해 있었기 때문이었다.[15]

모든 목소리가 묻혀버린 것은 아니다. 너무나 설득력이 있고 너무나 강렬하며 너무나 줄기찼기 때문에 무시할 수 없는 몇몇 목소리가 있었다 : 싱클레어 루이스, 시어도어 드라이저, 존 도스 파소스, H. L. 멩켄, 오스월드 게리슨 빌라드, 루이스 멈포드 … 이런 사람들은 동시대인들에게 친절하거나 냉소적으로, 분노와 역설을 담아서 자신들의 생각을 들려주었다. 이들은 사회구조의 핵심을 헤집고 들어가 때로는 거칠게, 때로는 고상하게, 그러나 어떤 경우든 물신숭배와 정통교리의 신성화를 조롱했다.

드라이저와 루이스, 그리고 멩켄이 문학이라는 해부도를 들고 번영의 현란한 외피를 잘라냈다고 한다면 정치무대에서는 20년대의 진보파들이 보다 직접적인 공격을 시작했다. 상원에는 작지만 만만찮은 진보파 그룹이 있었는데, 몬태나 주 출신의 토머스 월슈와 버튼 휠러(Burton K. Wheeler), 위스컨신 주 출신의 로버트 라 폴레트와 어

15 *The Growth of American Thought*(뉴욕, 1943), 692–693.

빈 렌루트, 캘리포니아 주 출신의 하이럼 존슨, 아이다호 주 출신의 윌리엄 E. 보라, 아이오와 주 출신의 스미스 브룩하트, 그리고 네브래스카 주 출신의 조지 노리스 의원 등이 이 그룹에 속해 있었다. 하원에는 위스컨신 주 출신의 제임스 프리어와 빅터 버거, 미네소타 주 출신의 토머스 샬과 윌리엄 크베일 의원 등이 있었다. 이제 1922년이 되자 3년 동안의 공백기를 끝낸 피오렐로 라과디아가 이 진영에 합류하여 새로운 도금된 시대를 지배하는 부와 권력에 억눌려 있던 도시 세입자들의 부르짖음을 날카로운 목소리로 대변할 준비를 마쳤다.

1920년의 선거에서 진보파는 전국적인 세력으로서는 하강국면에 접어들고 있었다.[16] 몇몇 확신에 찬 그룹이 48인위원회[17]와 손을 잡고 농민-노동자당에 합류하여 기간산업의 국유화와 반제국주의를 정강으로 내걸고 팔리 크리스텐슨과 맥스 헤이스를 후보로 내세우려 했다. 그러나 진보진영의 거물들이 침묵하거나 주류 정당의 후보를 지지했다. 라 폴레트는 민주·공화 양당을 비난했지만 농민-노동자당이 자신의 노선에 비해서는 지나치게 급진적이라고 생각했다.[18] 최근에 공화당 진보파에 합류한 해롤드 아이크스(Harold Ickes)

16 배그비(Wesley Marvin Bagby), "Progressivism's Debacle : The Election of 1920"(박사학위 논문, 컬럼비아 대학, 1954) ; 크롤리(Herbert Croly), "The Eclipse of Progressivism", 뉴 리퍼블릭, XXIV(10. 27), 210-216, 1920.

17 48인 위원회는 1919년 중반에 "다양한 진보적 지식인들과 때가 되면 등장하는 개혁주의자들, 그리고 옛 진보당 좌파"의 모임이었다(쉬들러, *op. cit.*, 16). 구성원으로서는 홉킨스(J. A. H. Hopkins), 아서 가필드 헤이스(Arthur Garfield Hayes), 존 헤인스 홈스(John Haynes Holmes), 윌 듀란트(Will Durant) 같은 사람이 있었다.

는 공화당 대통령 후보인 하딩을 "쓸모없는 해파리"라 비난하고 민주당 후보 콕스를 지지했다.[19] 외교정책이 선거전의 주요 이슈가 되자 진보진영은 단결을 유지하기가 매우 어려웠다. 그래서 하이럼 존슨과 보라는 하딩의 내정 공약을 싫어하면서도 국제연맹 가입 반대를 내건 하딩의 지지를 선언했다.

1920년 선거에서 라과디아가 하딩을 지지한 것도 분열적 민족종서가 반영된 결과였다. 그는 민주당이 피우메 항 문제를 두고 이탈리아계의 기대를 만족시키지 못했고 윌슨이 주장한 자결주의를 우스갯거리로 만들었다고 생각했다. 1920년 9월, 이탈리아계 공화당원 연맹이 결성되었고 라과디아가 전국 의장으로 선출되었다. 이 연맹은 윌슨의 "피우메의 배신"을 이슈로 내걸고 하딩 지지운동을 시작했다. 23개 주에서 파견된 대표가 참석한 이 연맹의 대회에 하딩, 쿨리지, 그리고 헨리 캐봇 롯지가 축하 메시지를 보냈다.[20] 라과디아의 입장은 피우메 항 문제로 생긴 분노를 해소하면서 동시에 선거가 있는 해를 이용하여 언제나 불안했던 공화당과의 관계를 공고히 하는 것이었다.

1922년 3월, 라과디아는 뉴욕의 이탈리아계 사회의 유력인사들과 논의를 거쳐 이탈리아계 공화당 클럽 연맹을 조직한 후 그가 즐기는 주제의 연설을 하기 시작한다. 그는 뉴욕 시의 공익기업들이 과도한 이익을 추구한다고 비난했고, 특별히 뉴욕 시에 전기를 공급하

18 쉬들러, *op. cit.*, 44.
19 배그비, *op. cit.*, 567–569.
20 뉴욕 타임스, 1920. 9. 21. 몇몇 연구자들은 롯지가 매사추세츠에서 이탈리아계의 표가 늘어나고 있음을 의식하고 있었다고 한다.

는 회사를 지목했다.[21] 전몰자를 기념하기 위해 뉴욕 시의 "눈에 잘 띄는 장소에 석조 아치를 만들자"는 제안이 나오자 라과디아는 "기념학교"를 짓자는 반대 제안을 내놓았다. 그는 이 기념학교에 전 세계의 학생들을 불러모아 "모든 나라의 가장 촉망받는 젊은이들에게 전쟁의 쓸모없음을 가르치자"고 주장했다.[22] 그는 제1차 세계대전에 참가한 목적인 고결한 이상이 이루어지지 않았다고 주장했다.

이 무렵 라과디아가 뉴욕 시의 이탈리아계 표의 중요성을 인식하고 있었음은 말할 필요도 없다. 1920년의 인구조사 결과를 보면 뉴욕 인구의 1/3 이상이 출생지가 외국이었고, 외국 출생자 가운데서 1/5이 이탈리아계였다. 뉴욕의 이탈리아계 주민으로서 유권자 등록이 된 인구는 10만 명이 넘는 것으로 추산되었다.[23] 이탈리아계 공화당 클럽 연맹이 뉴욕 시 전역은 물론 뉴욕 주 북부에까지 조직을 갖추자 뉴욕 시의 정치지도자들은 라과디아를 의식하기 않을 수 없었다. 1922년 8월에 주지사 예비선거가 열렸을 때 공화당이 미는 주지사 후보 네이선 밀러는 라과디아의 장래 계획에 신경이 쓰였다.

두 사람의 불편한 관계는 허스트계 신문들이 라과디아를 공화당 주지사 후보감으로 언급하자 경쟁관계로 바뀌었다. 허스트는 자신의 동기가 사심이 없고 민주당 소속이든 공화당 소속이든 진보적인 인물이 주지사가 되면 좋겠다는 생각뿐이라고 말했다.[24] 그래

21 뉴욕 아메리칸, 1922. 3. 13.

22 뉴욕 데일리 뉴스, 1922. 5. 13.

23 전체 인구 5,620,048명 가운데서 국외 출생자가 1,989,216명, 이탈리아계는 338,247명으로서 뉴욕에서 단일 외국계로서는 가장 많은 유태인 다음이었다.

서 그는 라과디아를 공화당 주지사 후보로, 존 하일런을 민주당 주지사 후보로 뽑아야 한다고 주장했다. 일부 뉴욕의 정치평론가들은 허스트가 본인은 부인하지만 주지사가 되고 싶은 생각을 갖고 있었고, 라과디아를 공화당 주지사 후보로 지지한 것은 공화당 표를 분산시키려는 영리한 전략이라고 믿었다.[25]

한편 라과디아는 이런 기사를 실은 신문들을 향해 주지사 밀러가 "반동적인 공약"을 내걸고 다시 공화당 주지사 후보로 지명된다면 자신은 독립 후보로 나서겠다고 경고하고[26] 공화당 주 대회에 제시할 41개의 진보적인 공약을 밝혔다. 공약은 인민주의-진보주의의 이념을 잘 섞어놓은 것이었다. 그는 공약에서 직접 예비선거의 복원, 아동노동법, 여성 노동자 최저임금법, 교통요금 5센트, 노령보험의 실시를 주장했다. 10년 후에 노리스-라과디아법으로 구체화되는 이때의 공약을 통해 라과디아는 파업금지 명령을 제한하고 이를 어기면 법원의 판결을 받아야 한다고 주장했다. 또한 공약에서는 농업지역과 도시지역 주민 공통의 문제인 독과점 기업의 착취를 지적하고 긴급 임대료 구제법의 계속적인 시행을 주장했으며, 연간 소득 5천 달러 이하는 주세(州稅)를 부과하지 말아야 한다고 주장했다. 공약은 표현과 출판의 자유를 제약하는 법률을 비난하고 영화검열법과 교사들에 대한 애국심 검증법을 폐지해야 한다고 주장했다.[27]

이제 주지사 자리를 노린다는 사실이 분명해지자 반응도 신

24 뉴욕 타임스, 1922. 5. 24.
25 림프스와 레이슨, *op. cit.*, 132.
26 뉴욕 타임스, 1922. 5. 24.
27 공약 인쇄본, 라과디아 문서.

속하게 나타났다.[28] 신문에서는 그의 출마를 농담으로 받아들였지만(뉴욕 타임스는 그의 공약이 "고상하고 허스트식의 사고로 가득 차 있다"고 평했다),[29] 뉴욕 주의 공화당 지도부는 무시할 수가 없었다. 독립 후보는 공화당 표를 분산시켜 결국 민주당에게 선거를 갖다 바칠 수 있었다. 여기다 더하여 라과디아가 뉴욕 주 민주당위원회 의장 허버트 펠과 화기애애한 저녁식사를 했다는 사실이 알려지자 공화당 측은 긴장했다.[30] 뉴욕 데일리 뉴스의 편집장이자 이 시기의 정치적 사건을 자세히 관찰하고 있던 로웰 림프스는 주지사 선거에 출마하려던 라과디아의 태도에 대한 공화당 고위층의 반응을 다음과 같이 기록하고 있다:

> 지도부는 서둘러 회의를 소집했다. 그들이 라과디아의 정치적 부고를 너무 일찍 썼음이 분명해졌다. 그들은 라과디아의 전략적 입지를 알아차렸다. 그의 당선 가능성은 높지 않았지만 그가 독립 후보로 나선다면 밀러는 분명히 떨어질 것이고 국회의원 후보들도 동반 낙선할 것이다. 무언가 손을 써야만 했고, 샘 쾨니히가 그 일을 맡기로 했다.[31]

정치적 골칫거리를 해결하는 간편하고 오랫동안 효과가 입증

28 허스트 계열의 신문들은 예상했던 대로 호의적인 반응을 보였다(뉴욕 이브닝 저널, 1922. 8. 19). 월드지는 공화당 후보로 라과디아보다는 밀러를 선호했다(뉴욕 월드, 1922. 7. 24).

29 1922. 8. 31.

30 펠이 라과디아에게 보낸 편지, 1922. 8. 17, 라과디아 문서.

31 림프스와 레이슨, *op. cit.*, 133.

된 방법이 있었고, 그런 일에 고수인 쾨니히는 그 방법을 택했다. 그는 라과디아에게 매력적인 대안, 즉 의회복귀를 제안했다.[32] 태머니가 라과디아의 옛 지역구 제14선거구를 탈환했지만 맨해튼의 상부 이스트사이드의 제20선거구는 공화당 소속 아이작 시걸 하원의원이 판사직으로 나가 비어 있었고, 이곳은 유태인과 이탈리아계가 압도적인 지역이었다. 라과디아는 이 지역에서 언제나 요란한 환영을 받았다. 그는 쾨니히의 제안을 신중하게 검토했고, 그 지역 이탈리아계의 인기 있는 지도자인 에드워드 코르시(Edward Corsi)로부터 지지약속을 받은 후 제안을 받아들였다.

공화당 지도부가 그를 주지사 선거전에 뛰어들지 못하게 하려고 얼마나 노심초사하고 있는지 알고 있었던 라과디아는 한 가지 조건을 내걸었다. 그는 하원의원에 출마하되 공화당의 공식적인 공약은 완전히 무시하고 독자적인 공약을 내걸겠다고 요구했다. 쾨니히는 불쾌했지만 동의할 수밖에 없었다. 라과디아는 1922년 8월 22일에 공화당 후보 지명을 공식적으로 받아들였고 뉴욕 타임스는 이런 기사를 실었다 : "일부 예리한 법률가들은 쾨니히 씨가 허스트 씨의 기술적인 사주를 받아들인 것은 옛 뉴욕 주법에 따르면 기소감이라고 말했다."[33]

라과디아의 선거전은 이미 잘 준비되어 있었다. 그는 허스트

32 지방 정치인들에게 주정부와 지방정부의 공직은 불안정한 전국적 자리보다는 보다 안정되고 수지맞는 자리였다.

33 1922. 8. 31. 브루클린에서 발행되던 데일리 이글지는(1922. 8. 30) "지금부터 11월까지 라과디아는 밀러 지사를 공격하지 않을 것 같다"는 기사를 실었다.

계열의 신문 이브닝 저널[34]에 투고한 일련의 기고문을 통해 특유의 직설적 화법으로 하딩 행정부의 중요한 정책에 관한 자신의 의견을 밝히고 있었다. 그는 이민 제한을 비난했고, 제대군인에게 지원금 지급을 지지했으며, 대법원의 복지 관련 법의 무효화 판결을 비난했고, 주 검찰총장 도허티가 1922년의 철도 노동자 파업을 분쇄하기 위해 파업금지 명령을 동원한 일을 비난했으며, 같은 해에 일어난 광산 노동자의 파업을 지지했다.

1922년, 2천여 개의 제조업체가 32억 5천만 달러의 순이익을 실현했는데, 이는 자본금의 10%에 해당하는 금액이었다.[35] 그러나 1922년은 수백만 명의 아이들을 먹일 우유와 육류, 집세, 다가오는 겨울을 대비한 충분한 석탄을 마련하는 데 어려움을 겪은 해이기도 했다. 에밀 쿠에(Emile Coué)[36]의 추종자들이 짠 꽃무늬 커튼을 걷어 내고 자신의 목소리를 대중에게 전달하려 애쓰고 있던 라과디아는 이런 현실을 거듭하여 지적했다.[37]

34 기사 사본, 라과디아 문서. 특히 8월 17일, 25일, 29일, 9월 25일, 11월 6일과 1922년 8월 4일자의 기고문을 보라.

35 밀스, *op. cit.*, 486.

36 (1857–1926), 프랑스인, 약사, 심리학자. 그가 창안한 낙관적 자기 암시를 통한 심리치료법(일어나서와 잠자리에 들기 전에 "매일매일 모든 면에서 나는 나아지고 있다"는 말을 주문처럼 외우게 했다)은 "쿠에주의"로 알려져 있다.**역자 주**

37 1922년 8월 19일에 뉴욕 이브닝 저널에 기고한 글에서 라과디아는 이렇게 썼다 : "미국의 대중은 두 가지 과제를 해결하는 데 어려움을 겪고 있습니다. 시리얼, 햄과 달걀, 빵과 커피라는 미국식 아침은 식탁에서 완전히 사라졌습니다. 모든 일간 신문은 높은 생필품 가격의 부담을 피하려면 어떤 식단을 짜야 하는지를 알려주는 기사로 가득 차 있습니다. … 독점과 부당이익으로부터 식품을 지켜내는 것은 정부가 마땅히 해야 할 일입니다." 1922

하원의원 선거전의 시작부터 그는 자신이 공화당의 강령이 아니라 진보당의 강령을 따르고 있음을 분명히 밝혔다. 그는 오리건 주의 선진적인 정치개혁(주민발의, 주민소환, 주민투표)[38]을 강조하고, 뉴욕의 후진성을 지적했으며("뉴욕은 올해에 당원들만의 전당대회로 되돌아갔습니다. 말도 안 되는 얘기입니다"),[39] 공화당 평당원들의 반란을 칭찬하고,[40] 위스컨신 주에서 라 폴레트가 재지명된 것을 찬양하면서 이렇게 말했다 : "그는 항상 급진주의자로 알려져 왔습니다. 그런데 그가 지지하고 발의한 개혁적이고 앞을 내다보는 법안들의 3/4이 이 나라의 법이 되었습니다."[41]

라과디아는 뉴욕 월드지와의 인터뷰에서 이렇게 말했다 : "나는 애이브러험 링컨의 공화주의 정신을 지지합니다. 감히 말하건대 미시시피 강 이동의 평균적인 공화당 지도자들은 애이브러험 링컨에 대해서 헨리 포드가 탈무드에 대해서 아는 것만큼도 알지 못하는 것 같습니다. 나는 진보주의자입니다."[42]

제20선거구에서 라과디아와 맞선 후보는 민주당 주류인 헨리 프랭크(Henry Frank)와 사회당의 윌리엄 칼린(William Karlin)이었다. 라과디아는 선거전 초기에 진흙탕 튀기는 운동은 하지 않겠다고 선언했다. 그는 상대 후보들과 만난 후 그들이 "점잖은 신사"임을 알게

년 9월 14일에 기고한 글에서는 석탄 가격을 낮추어야 한다고 주장했다.

38 뉴욕 이브닝 저널, 1922. 9. 22.

39 뉴욕 이브닝 저널, 1922. 9. 26.

40 라과디아가 머피(J. P. Murphy)에게 보낸 편지, 1922. 8, 라과디아 문서.

41 뉴욕 이브닝 저널, 1922. 9. 11.

42 1922. 10. 1.

되었다고 말했다. 선거운동 기간 내내 라과디아와 칼린은 치열하게 경쟁하면서도 우호적인 관계를 유지했다. 라과디아는 뉴욕 월드지와의 인터뷰에서 "칼린 씨는 급진주의의 공약을 가지고 출마한 보수파이고 나는 보수파의 공약을 가지고 출마한 급진주의자"라고 말했다.[43] 칼린은 공화당 후보라면 개인적으로 내건 공약에도 불구하고 의회에서 노동자들을 대변할 수 없을 것이라고 주장했고, 두 사람은 이 문제를 두고 뉴 스타 카지노에서 열린 후보 토론회에서 우호적인 논쟁을 벌였다. 토론회의 사회자는 조지 소울이었다.[44]

그러나 민주당 후보 프랭크와의 관계는 선거전이 끝나갈 무렵이 되자 적대적이 되었다. 선거일이 다가오자 프랭크는 자신의 적수에게 쏠리는 지지를 보고 불안감을 느끼기 시작했다. 공화당의 하이럼 존슨뿐만 아니라 민주당 시장 하일런도 라과디아 지지를 선언했다.[45] 이탈리아계의 표는 따놓은 당상이었고 금주법 반대와 시민자유 운동을 하는 단체들도 라과디아 지지를 표명했다.[46] 뉴욕 아메리칸지와 뉴욕 이브닝 메일지가 그를 지지했고, 뉴욕 월드와 뉴욕 타임스도 그에게 호의적인 기사를 실었다.

프랭크의 선거참모들은 마지막 수단으로 지역의 다수표인 유태인들의 감성에 호소했다.[47] 그들의 첫 번째 행동은 유태인의 명절인 로슈 하샤나에 지역의 유태인 유권자 전원에게 축하 카드를 보내

43 *Ibid.*
44 할렘 홈 뉴스, 1922. 10. 25.
45 뉴욕 타임스, 1922. 10. 23. : 림프스와 레이슨, *op. cit.*, 138.
46 라과디아가 반광신 여성연맹에 보낸 편지, 1922. 9. 2, 라과디아 문서.
47 뉴욕 메일, 1922. 10. 21.

는 것이었다. 카드에는 "유태인위원회"라고만 서명되어 있었고 내용은 다음과 같았다 :

> 이 나라에서 유태인을 위해 가장 중요한 공직은 국회의원입니다. 우리의 피와 살은 바다 건너 저쪽의 형제들과 연결되어 있습니다. 오직 국회의원을 통해서만 우리는 그들을 구하러 갈 수 있습니다.
>
> 우리의 표를 바라는 후보는 셋입니다. 칼린은 무신론자이고 이탈리아계인 라과디아는 널리 알려진 반유태주의자입니다.
>
> 누구에게 투표할지 신중히 생각하십시오.
>
> 우리의 선택은 유태인의 정신을 가진 유태인, 우리에게 좋은 일을 해주는 헨리 프랭크입니다. 그러므로 우리의 친구이자 우리가 사랑하는 헨리 프랭크를 의회로 보내는 일은 여러분과 여러분 친구의 투표에 달려 있습니다.[48]

라과디아는 분노했다. 그는 선거운동원들이 숨가빠할 정도로 운동의 강도를 높였다. 언제나 믿음직한 비서 마리 피셔가 그가 이디시어로 불러주는 편지를 속기하면 이디시어로 인쇄되어 지역에 뿌려졌다. 프랭크에게 보내는 공개서한인 이 편지의 말미에는 다음과 같이 적혀 있었다 :

> 그러면 좋습니다. 귀하가 제기한 문제를 두고 대중들 앞에서 공개적으로 이디시어를 사용해 토론해 보자고 제안하는 바입니다. 토론은 귀하와 나 둘이서만 이디시어로 진행되어야 합니다. 토론의 주제는 제20선거구의 모든 주민을 대

48 림프스와 레이슨, *op. cit.*, 141–142.

표하기에 누가 가장 적합한 후보인가입니다 … .[49]

프랭크가 이디시어를 할 줄 모른다는 사실을 알고 있었던 라과디아는 이제 물러서 있을 것 같지 않은 프랭크의 수락을 기다렸다. 그 후 그는 유태인 거주지역을 돌아다니며 프랭크가 자신의 제안을 받아들이지 않은 데 대해 비난하는 가두연설을 세 차례 했다. 물론 연설은 이디시어로 했고 청중은 박수로 화답했다.[50]

프랭크는 늦게야 공개토론에 불참한 이유를 공개서한을 통해 설명했다 : "잘 알려진 반유태주의자인 귀하가 이디시어로 토론하자는 도전은 우리 지역의 유태인 선거자[원문대로 인용]에 대한 모독입니다." 라과디아는 이렇게 반박했다 : "나의 민주당 상대는 인종차별적 호소를 하고 있습니다. 그는 이 선거구의 유권자들에게 자신이 유태인이라고 해서 표를 달라고 부탁하고 있습니다. … 결론적으로 말해 그는 샤마스[이디시어로 유태교 회당의 문지기] 자리를 원합니까 아니면 국회의원으로 선출되기를 원합니까?"[51]

선거결과는 마지막 집계가 나올 때까지 두 후보의 가슴을 졸이게 하는 것이었다. 라과디아가 8,466표를 얻어 8,221표를 얻은 프랭크를 245표 차이로 눌렀고 칼린은 4,393표를 얻어 꼴찌가 되었다.[52] 이것은 라과디아가 간발의 차이로 승리한 두 번째 선거였다. 프랭크는 집계에 이의를 제기했으나 법원은 개표결과를 그대로 인정

49 *Ibid.*, 143-144.
50 뉴욕 메일, 1922. 10. 21.
51 림프스와 레이슨, *op. cit.*, 145.
52 뉴욕 타임스, 1922. 11. 9.

했다.[53]

이때의 선거에서 알 스미스는 올버니의 주지사 관저로 복귀했고, 민주당은 전국에 걸쳐 약진하여 상 · 하 양원에서 팽팽한 권력 균형이 이루어졌다. 뉴욕 타임스는 이렇게 예고했다 : "다음 상원에서는 라 폴레트 의원이 이끄는 진보-급진 그룹이 권력의 균형추 역할을 할 것이다. … 하딩 대통령이 유권자 직접투표에서 얻은 7백만의 표차는 쓸모가 없게 되었다. 행정부의 정책이 난관에 부닥칠 것임은 쉽게 예측할 수 있다."[54] 라 폴레트, 노리스, 보라, 존슨 등 상원의 기존 진보파 그룹에 새로 당선된 아이오와 출신의 스미스 브룩하트, 미네소타 출신의 헨릭 쉽스테드(Henrik Shipstead), 몬태나 출신의 버튼 휠러가 합류했다. 하원에서는 사회당의 메이어 런던이 의석을 잃었지만 의회로부터 두 번이나 제명당했던 같은 사회당의 빅터 버거가 위스컨신 주에서 당선되었다. 다시 한 번 의회에서 전투를 벌일 준비가 된 피오렐로 라과디아는 외롭지 않을 것 같았다.

53 *Ibid.*, 1922. 11. 15.

54 *Ibid.*, 1922. 11. 9. 쉬들러, *op. cit.*, 112는 선거가 "모호한 진보주의로의 이동"을 보여주었다고 표현하고 있다.

Chapter. 6

라과디아, 라 폴레트, 그리고 진보주의, 1922–1924년

1920년대의 미국이 안락과 풍요를 즐기고 있었다고 생각하는 사람들은 20년대 초반에 진보주의 운동이 단속적으로 폭발한 사실을 알면 당혹스럽지 않을 수 없을 것이다. 그 대표적인 사례가 1924년에 발생한 거의 종교적 열정에 가까운 라 폴레트 운동이다. 새로운 지역구의 거리를 누비며 유권자들의 일상을 살펴본 라과디아는 주민들에게 가득한 저항정신은 당연한 것임을 깨달았다.

제20선거구는 1911년에 공화당이 장악한 주의회의 술책으로 새로 설치된 곳이었다.[1] 이 선거구는 이스트 할렘이라고 알려진 뉴욕의 상부 이스트사이드, 5번 대로에서 시작하여 이스트 강에 이르는 지역, 99번가에서부터 120번가에 이르는 지역을 포함하고 있었다. 센트럴파크에 인접한 메디슨 대로와 5번 대로를 따라 늘어서 있는 이 지역 둘레의 호화로운 아파트와 호텔을 제외하면 압도적인 노동자 거주지역이었다.

1 이월드(Peter Kenneth Ewald), “Congressional Apportionment and New York State” (박사학위 논문, 뉴욕 대학, 1954), 168.

주민의 인종구성은 맨해튼 남쪽 끝에 상륙한 후 10년을 한 주기로 섬의 아래쪽 끝에서 시작하여 중간에 있는 부유한 주거지역은 건너뛰고 섬의 위쪽으로 옮겨간 이민자들의 발자국을 그대로 반영하고 있었다. 일부 유태인들은 처음 상륙하여 자리를 잡았던 하부 이스트사이드에서 이스트 할렘으로 옮겨왔고, 이탈리아인들이 그 뒤를 따라 멀베리 가와 체리 가로부터 110번가와 120번가 사이에 있는 2번 대로의 동쪽으로 옮겨와 "리틀 이탈리아"를 만들었다.[2] 그리니치빌리지의 이탈리아인들도 위쪽으로 옮겨오면서 흑인 빈민가인 할렘을 동쪽으로 우회하여 이 지역으로 들어왔다.[3] 아직까지 흑인들은 웨스트사이드에 남아 있었기 때문에 이스트 할렘의 주민은 거의 백인이었다. 유색인종으로서는 소규모의 푸에르토리코인 동네가 같은 가톨릭 신앙을 가진 이탈리아인 거주지역에 쉽게 섞여들었다.[4]

라과디아의 새 선거구는 조각보처럼 끼어 있는 그리니치빌리지를 빼면 빈곤이 보다 균질적이었다는 점 말고는 여러 면에서 이전의 제14선거구와 닮은 곳이었다. 그리니치빌리지의 집은 대체로 단층 또는 2층의 주택이었고, 좁고 굽은 길을 따라 늘어서 있었으며, 간혹 잘 치장한 아파트와 작은 호텔이나 나이트클럽이 중간에 끼어 있

2 *Ibid.*, 209.

3 웨어, *op. cit.*

4 미리엄 마크안토니오(Miriam Marcantonio)와의 인터뷰, 1956년 7월. 1934년 이후로 이 선거구를 대표한 하원의원 비토 마크안토니오(Vito Marcantonio)의 부인 미리엄은 1920년대 초에는 이 지역에 이탈리아인이 압도적으로 많았고 흑인은 없었다고 회상한다. 1956년 7월에 있었던 저자와의 인터뷰에서 마리 피셔 라과디아 부인도 이 지역의 인종분포가 이와 유사했다고 확인해 주었다.

었다. 반면에 이스트 할렘에는 거의 병영 같은 5, 6층짜리 지저분한 임대 아파트가 한 블록 한 블록 이어가면서 일직선으로 늘어서서 보다 많은 쓰레기를 내다버릴 수 있는 넓은 거리를 바라보고 있었다.

전후의 번영은 이스트 할렘의 주민 대부분을 비켜갔다. 이 지역의 거리에 나가본다면, 혹시 아파트의 복도로 들어가 삐걱거리는 계단을 딛고 작고 어질러진 방에 들어가 본다면, 그 좁은 공간에 아이들과 부모가 종종 할아버지 할머니까지 함께 겨울철에 석탄난로 주위에 모여 있는 모습을 본다면 번영은 이들과 관계없는 일이라는 것을 누구나 쉽게 알 수 있었을 것이다. 그 어느 때보다 많은 인구가 사용할 사치품이 대량으로 생산되고 있었지만 사치품이 무엇인지 모르는 수백만의 사람들이 있었다. 이렇게 잊혀진 시민의 한 사람으로서 제20선거구의 이스트 115번가에 살던 찰스 테세가 1922년의 선거운동 기간 중에 라과디아에게 다음과 같은 편지를 보내왔다 :

> 나는 미합중국의 시민이며 육군으로 복무했습니다. 프랑스 전선에서 돌아온 후 나는 제대로 된 직업을 갖지 못했습니다. 이것저것 조금씩 일했습니다. 우리 병사들이 애국심 덕분에 얻은 것은 아무것도 없습니다. 군대 가기 전에 가졌던 일자리조차도 되찾지 못했습니다. 너무 혐오스러워 누구에게도 투표하고 싶지 않습니다. 주머니에 1달러도 없는데 누가 투표하고 싶은 생각이 들겠습니까?[5]

이런 유권자들의 지지를 받아 민주당이나 공화당 조직에 맞서 독자적인 공약을 내걸고 당선되었다는 자부심을 갖고 있던 라과

5 테세가 라과디아에게 보낸 편지, 일자불명, 라과디아 문서.

디아는 자신 있게 진보파와 보조를 같이하기 시작했다. 1922년의 선거가 끝난 직후 라과디아는 민중입법봉사단(People's Legislative Service)이란 단체의 책임자 바실 맨리(Basil Manly)라는 사람으로부터 편지 한 통을 받았다.[6] 이 단체는 '수사슴' 당이 소멸한 후 진보운동의 불씨를 지켜온 소규모 저항집단이었다. 맨리는 라과디아에게 12월 1일에 워싱턴에서 열리는 진보주의자들의 집회에 참석해 줄 것을 요청했다. 맨리는 새로 구성될 의회에서는 진보파가 권력의 균형추 역할을 하게 될 것이라고 예측했다. "적절한 조직과 지원이 있으면 진보파는 반동적인 조치를 막을 수 있을 뿐만 아니라, 근본적이고 건설적인 입법활동을 주도할 수 있을 것입니다. 평생에 흔치 않은 기회입니다."[7] 라과디아의 비서 자격으로 마리 피셔가 의원이 관심을 갖고 있음을 확인해 주고 이후 연락을 유지하자는 회신을 보냈다.[8]

12월의 모임은 진보적 정치행동을 위한 회의[CPPA : Conference of Progressive Political Action. 이 단체는 1922년 2월에 15개 철도노동조합이 주축이 되어 비당파연맹(Non-Partisan League), 사회당, 48인위원회가 참여해 결성되었다]의 회원들이 다수 참석할 예정이었다. CPPA는 새로운 정당을 결성하지 않고 진보진영의 단결을 목표로 내세웠다.

6 민중입법봉사단은 1920년 12월에 워싱턴에서 열린 한 모임에서 결성되었다. 이 모임은 농민-노동자당, 비당파연맹, 전국농민협회와 기타 진보 그룹의 대표들이 의회 안팎의 진보진영에게 정보와 연구결과를 제공하자는 목적에서 조직했다. 바실 맨리는 산업관계위원회의 연구조사 부문 책임자였고 전국전시노동자이사회의 공동의장이었다(쉬들러, *op. cit.*, 52-53).

7 맨리가 라과디아에게 보낸 편지, 일자불명, 라과디아 문서.

8 라과디아가 맨리에게 보낸 편지, 1922. 11. 22, *ibid.*

1922년 12월 1일에 워싱턴에서 열린 모임에는 24명의 의원이 참석했고 상원의원 보라와 노리스가 연설을 했다. 라과디아는 오후 모임에 맞추어 도착하여 로버트 라 폴레트가 제안한 "정부가 갖고 있는 특권을 민중에게 돌려주는 것"이 모임의 목표라는 결의안의 채택에 찬성표를 던졌다.[9] 둘째 날 라과디아를 포함한 의원들은 시티클럽에서 이 모임에 참석한 2백여 명의 비정계인사들—『노동자』 잡지의 편집인 에드워드 키팅, 전국농민회의 이사 벤저민 마쉬(Benjamin Marsh), 저지 시의 조지 레코드, 뉴욕 시의 프레더릭 하우(Frederic Howe), 앤드류 푸루세스, 새뮤얼 곰퍼스, 에드워드 코스티건의 부인, 에이머스 핀초트, 로저 볼드윈, 허버트 크롤리 등—과 저녁식사를 같이 했다.[10] 저녁식사 모임은 라과디아가 주제했고 참석자들은 노리스, 휠러, 곰퍼스, 새뮤얼 운터마이어의 연설을 들었다.[11]

워싱턴 모임을 통해 라과디아는 더 강한 열정을 가지게 되었다. 그는 이 모임에서 자신이 혼자서 외로운 싸움을 벌이고 있는 게 아니며, 진보적 개혁운동의 전망이 어둡지 않다는 것을 알게 되었다. 한 주 후에 그가 뉴욕의 116번가 인스티투셔널 유태교 회당에서 한 연설의 제목은 "이 나라의 진보적 정신의 각성"이었다. 그는 청중들에게 다음과 같이 말했다 :

9 벨과 폴라 라 폴레트(Belle and Fola La Follette), *Robert M. La Follette*(뉴욕, 1953), II, 1067.

10 *Ibid*., 바실 맨리가 작성한 이 회의의 보고서(등사판), 라과디아 문서.

11 이때부터 알게 된 운터마이어는 라과디아가 파산법 개혁안을 만들 때 도움을 주게 된다.

> 온 나라에 진보적 정신의 각성이 일어나고 있다는 것은 바로 더 이상 참을 수 없게 된 상황에 맞서 단결된 저항운동이 시작되었음을 의미합니다. 이 운동의 내용은 설명하기에 복잡하거나 어렵지 않습니다. 착취는 편파적인 입법의 결과이고, 빈곤은 독점이라는 탐욕의 결과이며, 불만은 특권층이 정부를 장악한 결과입니다. 농민, 노동자, 민주주의를 믿는 사람들, 미국을 진정으로 사랑하는 사람들이 이런 것들을 타도하기 위해 뭉쳤습니다. 이것이 진보적 운동이 의미하는 전부입니다.[12]

그는 국가의 부와 민중의 경제적 상황이 일치하지 않음을 지적했다 :

> 이 풍요의 땅에서, 세계에서 자연자원이 가장 풍족한 이 나라에서, 다른 어떤 나라보다 인구밀도가 낮고 자신뿐만 아니라 세계 인구의 1/4을 먹여 살리기에 충분한 식량을 생산하는 미국에서 많은 인구가 노동하고 생산하지만 적절하고도 충분한 영양을 섭취하지 못하고 적절하고도 쾌적한 생활환경을 갖지 못한다면 무언가 정부가 잘못된 것이며, 그런 정부라면 지체없이 바로잡고 고쳐져야 합니다.
>
> 다음 국회의 진보적 그룹은 바로 잡으려는 의지를 갖고 있을 뿐만 아니라 그렇게 할 충분한 힘도 갖고 있습니다.

라과디아가 이 연설을 하고 있을 때 미국의 모든 주에서 온 대표 5백여 명이 참석한 진보적 정치행동을 위한 회의의 두 번째 모임

12 등사본, 라과디아 문서 ; 뉴욕 타임스, 1922. 12. 11.

이 클리블랜드에서 열리고 있었다. 이번 모임의 목적은 진보적 입법 활동의 추진계획을 수립하고 아울러 개혁입법을 좌절시킨 대법원의 결정을 비난하는 것이었다. 참석자들의 의견을 집합하여 위스컨신 주 출신의 제임스 프리어 의원이 1923년 1월에 하원 연설을 통해 발표했다. "가난한 사람은 법정다툼에서 부유한 사람과 평등한 권리를 누리지 못하고 있다는 사실은 우리의 수치입니다." 프리어는 법원이 법률을 위헌이라고 판정할 때는 몇 사람의 판사가 찬성해야 하는지를 결정할 수 있는 권한을 의회가 가져야 하며, 법원의 결정은 양원의 2/3가 반대하면 번복되어야 한다고 주장했다.[13] 프리어의 연설문을 받아본 라과디아는 기뻤다. 프리어에게 보낸 편지에서 그는 연설이 "걸작"이었다고 평하면서 진보파들이 봄에 다시 한 번 모이자고 제안했고, 같은 내용의 편지를 라 폴레트 의원에게도 보냈음을 알렸다.[14]

68대 의회가 개원하면 하원 의사규칙을 개정하는 힘든 싸움을 준비하기 위해 라과디아와 프리어는 뉴욕 출신의 해밀턴 피쉬 2세 의원과 편지로 의견을 교환하기 시작했다. 피쉬는 뉴욕의 이른바 "비단 양말을 신는 사람들"이 사는 선거구에서 당선되었으나 진보주의자라고 자처했으며(피쉬는 1912년의 '수사슴' 당원이었다), 이런 경력을 바탕으로 라과디아에게 선거전에서의 지지를 부탁했던 인물이었다. 두 사람의 목적은 공화당 전당대회에서 하원 의사규칙 개정안을 제시하는 데 피쉬를 끌어들이는 것이었다. 라과디아는 프리어에

13 의회 의사록, 67 : 4, 1923. 1. 27.
14 1923. 2. 21, 라과디아 문서.

게 이렇게 털어놓았다 : "'보수적인 동부' 출신이 개정안을 주도하는 게 아주 좋은 아이디어라고 생각합니다."[15] 이에 대해 프리어는 이렇게 회신했다 : "피쉬 의원이 역할을 해주기를 기대합니다. … 물론 진보파 의원들의 동의를 구해야 할 것이고, 피쉬 의원 주변에서 영향을 끼치는 사람들을 볼 때 그가 언제나 독자적으로 행동하기는 어렵겠지만 나는 그가 해낼 것이라 믿습니다."[16] 피쉬의 동참을 유도해내기 위해 라과디아는 그에게 1924년 선거에서 주지사에 출마하면 지지하겠다고 암시했다.[17]

진보진영 내부에서의 라과디아의 위치는 갈수록 높아졌다. 호텔 펜실베이니아에서 그를 주빈으로 초대한 만찬에는 7백 명이 참석하여 제임스 프리어, 스미스 브룩하트, 제임스 웰든 존슨의 연설을 들었다. 제임스 프리어는 여기서도 대법원의 결정을 비난하는 연설을 했다 : "의회와 이 나라가 다섯 명의 판사가 내리는 법률이 벌률이 아니라는 판정을 듣기 위해 공손하게 기다려야 합니다."[18] 연사들은 라과디아가 의원임기 동안 훨씬 진보적인 법안들을 통과시킬 것이라고 치켜세웠다.[19]

1923년의 봄과 여름 회기가 개시되기를 기다리는 동안 라과디아는 바쁘게 움직였다. 이 몇 달 동안의 그의 활동은 미국의 번영을 입증하는 일이 아니었다. 1923년 초에는 금주법과 육류가격의 앙

15 라과디아가 프리어에게 보낸 편지, 1923. 2. 3, 라과디아 문서.
16 프리어가 라과디아에게 보낸 편지, 1923. 2. 6, *ibid.*
17 림프스와 레이슨, *op. cit.*, 156.
18 연설문 인쇄본, 라과디아 문서.
19 뉴욕 타임스, 1923. 3. 11.

등에 불만을 표시하는 편지들이 그에게 밀려들었다. 지역구의 지도자들과 상의한 후 육류가격 상승에 항의하는 시위계획이 수립되었다. 시위는 이스트 할렘에서 시작되어 곧 시 전체로 퍼져나갔고, 그 결과 육류가격은 파운드당 5센트에서 10센트가 떨어졌다.[20] 육류시위가 있은 직후 할레마이트(*Harlemite*)지와의 인터뷰에서 라과디아는 기자에게 다음과 같이 말했다 :

> 원하신다면 나를 급진주의자라고 해도 좋고 다른 무엇으로 불러도 좋습니다만 내 선거구에서 밤낮으로 일하고도 가족들을 먹이기에 충분한 돈을 벌지 못하는 유권자가 있다면 뭔가 잘못된 겁니다. 이런 상황은 있어서는 안 되며, 나는 이런 상황을 바꾸기로 결심했습니다.[21]

그는 의회에서 고소득자에 대한 과세율을 높이는 싸움을 하겠다고 약속했다. 그가 지역구의 문제에 초점을 맞추지 않고 국가적인 입법에 관심을 가졌던 이유는 한 지역의 문제가 다른 지역의 문제와 독립되어 있지 않으며, 모두가 기본적으로 같은 문제를 갖고 있다는 사실을 인식했기 때문이었다. 지역구의 문제에만 집착하는 편협한 시각을 버려야 함을 증명하기 위해 그는 시드니 힐먼(Sidney Hillman)과 상의한 후 6월에 버팔로로 가 노조 인정과 블랙리스트의 폐기를 요구하는 피복노동자연맹의 집회에 참석했다.[22]

20 립프스와 레이슨, *op. cit.*, 151.
21 할레마이트, 1923. 4. 28, 라과디아 문서 가운데서.
22 뉴욕 콜(*Call*), 1923. 6. 14.

그의 지역구 세입자들은 높은 집세와 참기 어려운 주거환경과 끊임없이 싸워야 했다. 그래서 라과디아는 세입자들을 이끌고 주정부 주택위원회가 시청에서 연 청문회에 참석했다. 세입자들의 목표는 위원회에(이 위원회는 주지사 알 스미스가 설치했다) 주택문제가 심각함을 알리고 정부의 신속한 행동을 요구하는 것이었다. 청문회에서 두 사람의 가톨릭 신부 실리피니와 실베스트리가 자신들의 교구 내에 살고 있는 두 가정의 사례를 소개했다. 각기 9명과 8명의 식구인 두 가정은 방 두 칸짜리 임대 아파트에서 일부는 다락방과 석탄 창고에서 자고 있었다. 라과디아는 분노에 찬 목소리로 위원회를 향해 말했다 :

> 이 증언은 실상을 호도하여 위원회로 하여금 주택부족 문제는 없다고 믿게 하려는 학식 있는 대학 교수들, 과학적 전문가들, 진실을 왜곡하는 자들의 주장과는 선명하게 대비됩니다. 통계숫자만 가지고 아이들을 키울 수 없으며, 청사진만 가지고 집을 지어줄 수는 없으며, 이론만 가지고 보다 나은 환경을 제공할 수는 없습니다. 이제는 주택을 공공시설로서 규제해야 할 때입니다.[23]

주택위원회는 임대 아파트를 헐고 새로운 주택을 짓는 대책은 제시하지 않았지만 긴급 임대료법을 다시 시행해야 한다고 권고했다.

의회가 개원하기 전 몇 달 동안 진보파는 모임을 갖고 전후 보수주의의 높고 험한 산맥을 넘어가야 하는 힘든 과제를 풀어갈 아이

23 일자불명의 보도자료, 라과디아 문서.

디어를 교환하고 계획을 세우느라 분주한 시간을 보냈다. 3월과 4월 두 달 동안 라과디아, 핀초트, 조지 레코드, 오스월드 게리슨 빌라드와 그 밖의 여러 사람들이 참석한 "진보적인 토론 그룹"—이 명칭은 에이머스 핀초트가 붙인 것이다—의 모임이 잇달아 열렸다.[24] 5월, 라과디아는 라 폴레트로부터 월말에 시카고에서 열리는 진보주의자들의 모임에 참석해달라는 편지를 받았다. 라 폴레트는 이 편지에 친필로 이렇게 부기했다 : "이건 정말로 매우 중요한 일임. 꼭 참석바람."[25] 라과디아는 참석하겠다는 회신을 보냈다.

시카고 모임에 라과디아를 동행한 사람은 공화당이나 민주당 조직 모두에게 당혹스럽게도 뉴욕 시장 존 하일런이었다.[26] 브루클린 이글지는 라과디아의 대담한 행동을 눈을 크게 뜨고 지켜보았다 : "라 폴레트파 공화당 진보진영에 합류하고 얼마간은 당 조직에 맞서고 있으며 하일런 시장과 좋은 관계를 유지하고 있는 피오렐로 라과디아의 입장은 불타는 갑판 위에 서 있는 아이보다 더 고립무원이다 … ." 공화당의 주당위원회와 지구당위원회는 입술을 깨물고 분노를 삼키고 있었다. 뉴욕 이글지의 관측에 따르면 "그러나 선거 때면 이탈리아계 미국인의 표를 끌어오는 라과디아의 엄청난 영향력 때문에 누구도 감히 나서서 그를 주저앉히려는 사람은 없었다."[27]

뉴욕 시 민초들의 지지 덕분에 라과디아는 지역의 공화당 모임에 연사로 초청받았고, 그럴 때마다 그는 기회를 놓치지 않고 공화

24 에이머스 핀초트 문서, 의회도서관, 워싱턴 D. C.
25 1923. 5. 5, 라과디아 문서.
26 뉴욕 월드, 1923. 5. 23.
27 1923. 7. 9.

당 지도부를 공격했다. 공화당 주당위원회가 1923년에는 주의 전당 대회도 열지 않고 공약도 발표하지 않기로 결정하자 라과디아는 브루클린 지역의 지도자들 모임에 나와 경제상황이 공화당의 새로운 정책 제시를 요구하고 있다고 강조했다. 그는 "20년 전에는 생활비가 훨씬 적게 들었고 집세는 적당했습니다. 그 시절에는 식료품 품질도 좋았고, 값도 적당했으며, 아이들은 제대로 영양을 섭취했으므로 대중은 선거공약에 별로 신경을 쓰지 않았습니다"[28]라고 말했다. 라과디아는 이제는 시대가 바뀌었음을 강조하면서 다음과 같이 말했다 :

> 오늘날에는 임금, 육류가격, 의복, 교통비 등 대중의 일상생활에 직접적으로 영향을 미치는 것들을 생각하지 않을 수 없습니다. 무언가 잘못됐다는 것은 정치경제학자가 아니라도 알 수 있습니다. 남편이 매일매일 열심히 일하는 보통 주부들의 경우를 보십시오. 가장이 벌어오는 것으로는 주부가 해결해야 문제를 감당할 수 없고 그렇다고 남편이라고 해서 뾰족한 수가 있는 것도 아닙니다. 이럴 때 주부가 무언가 잘못되어 있다고 생각하는 것은 너무나 당연한 일입니다. 그런데 이런 실정을 누군가에게 설명한다면 선동가나 급진주의자로 몰립니다.[29]

이 무렵 위스컨신 주 출신의 하원의원 존 넬슨(John M. Nelson)

28 이 연설에서 주목해야 할 포인트는 두 가지이다. 하나는 라과디아가 이전의 진보의 시대와 1920년대를 "번영"이라는 기준으로 비교할 때 두 시기가 다 같이 보편적인 번영의 시대라고 평가하는 역사학자들과는 다른 관점을 제시했다는 점이다. 다른 하나는 지난 시절이 더 좋았다고 보는 라과디아의 낭만적인 시각이다.

29 브루클린 타임스, 1923. 6. 23.

이 하원의 진보파 대변인의 역할을 맡고 있었다. 넬슨의 제안으로 18명의 하원의원이 모여 사흘 동안 68대 의회의 전략을 논의했다. 라과디아는 이 논의에 참가한 동부지역 출신 의원의 한 사람이었다. 그는 모임이 끝난 후 언론과의 인터뷰에서 경제상황과 개혁운동의 관계를 설명하고, 1923-1924년의 진보주의의 폭발은 우연한 사건이 아니라 20년대의 "번영"이 공허하고 편중된 결과라는 점을 지적했다. 라과디아는 이렇게 말했다 : "진보주의 운동은 특정한 한 사람의 야망에서 비롯된 것이 아니며 인위적으로 만들어진 것도 아닙니다. 진보주의 운동은 이 나라에 만연한 경제적·정치적 상황의 필연적인 결과일 뿐입니다.[30]

같은 인터뷰에서 라과디아는 진보주의는 주로 서부지역 출신 의원들이 주도하고 있으므로 서부의 현상이라는 일반적인 평가를 단호하게 부정했다.[31] 그는 이렇게 말했다 :

> 진보 그룹이 단순히 서부의 주들이나 특히 농민들을 대변한다고 말하는 것만큼 잘못된 평가는 없을 것입니다. 지난 의회에서는 이들 서부 출신 의원들을 통해 수천수만의 동부 미국인들의 항의의 목소리가 표출되었습니다. 동부를 대표하는 의원들의 문제는 우리의 서부 출신 동료들이 그랬던 것처럼 민중과 긴밀

30 뉴욕 타임스, 1923. 11. 29.

31 진보운동을 연구한 학자들 가운데서 일부는 이 운동이 지역을 불문코 도시 주민의 불만을 반영한 사실을 무시한 채 운동 지도자들의 지역적 배경을 강조함으로써 운동의 본질을 지나치게 단순화한 오류를 범하고 있다. 지역을 기반으로 한 전통적인 접근방식은 전면에 등장한 지도부의 출신지역만 고려하고 소리 없는 지지자들의 목소리를 무시할 때만 유효하다.

하게 접촉하고 그럼으로써 방대한 노동 대중의 생각과 희망을 반영한 적이 별로 없다는 것입니다.[32]

라과디아는 서부의 농민과 동부의 노동자가 함께 겪고 있는 빈곤을 다음과 같이 지적했다 :

농민 관련 법이 동부의 소비자들에게는 피해를 준다는 생각은 잘못된 것입니다. … 그것은 생산자들을 먼 곳에 있는 소비자들로부터 고립시키며, 소비자와 생산자가 고통을 당하고 있을 때 그 중간에서 번영을 구가한 탐욕스러운 은행가들의 행위를 간과하는 인위적인 지역주의입니다.[33]

68대 의회가 개원을 준비하고 있던 1923년 12월은 워렌 하딩이 죽은 지 4개월 째였고, 백악관에는 캘빈 쿨리지가 앉아 있었다. 의회 회기가 시작되기 몇 주 전 라과디아는(미시간 주 출신의 로이 우드러프 의원의 초청으로) 워싱턴에서 열린 또 하나의 진보주의자들의 모임에 참석했다.[34] 이 모임에서 다음과 같은 입법활동 계획이 작성되었다 : 농민구제, 아동노동법 개정, 퇴역군인 지원, 철도요금 인하, 부당이득을 방지하기 위한 생필품의 국가통제, 파업금지명령권의 제한, 법원의 법률위헌심판권 제한, 대통령 예비선거, 전시의 재산징발, 전쟁물자 공급에서의 이윤추구 금지, 증권소득 면세 종결, 초과이윤세

32 뉴욕 타임스, 1923. 11. 29.
33 *Ibid.*
34 *Ibid.*

부활, 필리핀의 독립.[35] 하원의 진보파는 별도로 모임을 갖고 기자회견을 열었다 : "보수파는 눈을 비비며 잠에서 깨어나 이제 우리가 새로운 시대에 살고 있다는 사실을 깨닫게 될 것입니다."[36]

진보파 의원들은 하원 의사규칙이 개정되지 않는 한 그들이 세운 계획이 실현될 기회는 없을 것이라는 점을 알고 있었다. 한 예를 들건대, 하원 입법활동의 95%는 전원위원회를 통해 이루어졌는데 전원위원회에서는 기명투표를 하지 않았다. 더 중요한 것은 하원 의사규칙위원회의 과반수 일곱 명이면 개혁법안의 상정을 쉽게 봉쇄할 수 있다는 점이었다. 그래서 진보 그룹 의원들은 치밀한 계획에 따라 하원의장 선출을 저지함으로써 개원 첫 이틀 동안 하원을 소란스럽게 만들었다. 뉴욕 타임스는 걱정하는 기사를 실었다 : "그들은 이 소꿉장난을 언제까지 끌어갈까?"[37] 민주·공화 어느 당도 과반수 의석을 갖지 못한 상황에서 캐스팅 보트를 쥔 17명이 진보파인 위스컨신 주 출신의 헨리 알렌 쿠퍼에게 표를 던졌다.

이 곤경을 타파하기 위해 공화당의 원내 대표 니컬러스 롱워스(Nicholas Longworth)가 라과디아, 우드러프, 그리고 존 넬슨을 따로 만나기로 동의했다. 롱워스는 이들이 의장 자리에 관심이 있는 게 아니라 하원 의사규칙을 바꾸는 것이 목적임을 알고 있었다. 롱워스는 아이오와 주 출신의 프레더릭 질레트를 하원의장에 선출되도록 협조해 주면 회기 개시 후 30일 동안은 종전의 의사규칙을 적용하고 그

35 보도자료, 1923. 12. 2, 라과디아 문서.
36 뉴욕 타임스, 1923. 12. 2.
37 *Ibid.*, 1923. 12. 4.

후 합리적인 토론과 기명투표를 통해 의사규칙 개정문제를 논의하는 데 동의하겠다고 약속했다. 그러나 진보파의 반항이 보복당하지 않고 넘어가지는 않았다. 공화당 지도부는 교묘하게 이들을 중요 상임위에서 배제시켰다. 넬슨, 프리어와 함께 법사위원회에 참여하려던 라과디아의 계획[38]은 수포로 돌아갔다.

이어진 의사규칙 개정 토론에서 진보 그룹은 텍사스 출신 톰 코낼리 의원의 지원을 받아 의원 백 명의 발의가 있으면 법안을 전원위원회에 회부하지 않도록 한다는 조항을 삽입하기 위해 치열한 싸움을 벌였다. 이 문제를 두고 라과디아는 뉴욕 출신의 동료 의원이자 그와 프리어가 의사규칙 개정을 지지해 주리라는 희망을 갖고 여름 한철 동안 세심한 노력을 쏟았던 해밀턴 피쉬 2세와 날카롭게 대립했다. 피쉬는 전원위원회 심의 면제는 "소수의 횡포"라는 이유로 반대하고 공화당 지도부의 지침을 따랐다.[39] 캘리포니아 출신 월터 라인버거 의원이 피쉬의 주장을 지지하며 다음과 같이 발언했다 :

> 나는 우리 하원의 의사규칙을 급진적으로 개정하는 것을 찬성하지 않습니다. … 뿐만 아니라 하원에서 진보파—신이여 이 단어를 보호하소서—라고 자처하는 소수의 의원들은 전혀 진보적이지 않으며 과격할 따름입니다. 우리는 꾸미지 말고 있는 그대로 말해야 합니다.[40]

38 넬슨에게 보낸 편지, 1923. 4. 18과 12. 11, 라과디아 문서.
39 의회 의사록, 68 : 1, 1924. 1. 16, 1055.
40 *Ibid.*, 1063–1064.

진보파는 의사규칙에 사소한 변화를 주는 데는 성공했으나 의사규칙위원회의 막강한 권한은 그대로 유지되었다.

회기가 진행되면서[41] 라과디아는 이름만 공화당이란 사실이 점차로 분명해졌다. 라과디아가 제20선거구의 유권자들에게 보낸 편지에서 자신은 "하원 진보파"의 일원이 되었다고 밝히면서 공화당원이란 이름조차도 사용하지 않았다.[42] 전국 여성 공화당원 클럽은 라 폴레트 편에 선 그를 비난하는 전보를 보내왔다.[43] 뉴욕의 공화당 지도자 새뮤얼 버거는 뉴욕 시의 마리 앙토와네트 호텔에서 열린 여성 공화당원 모임에 참석하여 1924년 선거에서는 라과디아를 낙선시키자고 주장했다 : "그는 전혀 공화당원답지 않습니다. 소비에트 러시아의 대표가 공화당원이 될 수 없는 것만큼이나 그도 공화당원이 될 수 없습니다."[44] 공화당의 상처에 소금을 뿌리듯 라과디아는 태머니의 보스 찰스 머피의 사망소식을 듣고 그를 애도하는 감상적인 발언을 했다 : "그는 민중의 심장박동 소리를 들을 줄 아는 위대한 지도자였습니다. 오늘날 우리에게 필요한 지도자는 이런 사람입니다."[45]

주류 공화당 조직과의 결별을 예고하듯 라과디아는 공화당이

41 68차 의회에서 라과디아가 여러 가지 의제를 두고 투쟁한 경력에 관해서는 이하의 장에서 상세하게 언급되고 있다.
42 1924. 3. 7, 라과디아 문서.
43 뉴욕 타임스, 1924. 2. 22.
44 *Ibid.*, 1924. 3. 7.
45 *Ibid.*, 1924. 4. 25. 워너(M. R. Werner), *Tammany Hall*(뉴욕, 1928), 557은 오히려 이렇게 기록하고 있다 : "머피는 쩨쩨한 협박편지보다는 합법을 가장한 계약이 더 많은 돈을 모을 수 있음을 조직에 가르침으로써 태머니 홀의 철학을 수립하는 데 중요하고도 영속적인 기여를 했다." 그는 머피가 2백만 달러가 넘는 기금을 남겼음을 강조했다.

란 사원을 받치고 있는 중요한 기둥이라 할 니컬러스 머레이 버틀러에 대한 공격조차도 마다하지 않았다. 버틀러가 금주법에 대해 반대의사를 밝혔다는 말을 듣고 그는 흥미 없다는 듯 이렇게 말했다 : "버틀러 박사는 자신이 참여하는 운동마다 그 활동을 약화시켜 왔습니다. 그는 공화당을 대변하지도 않으며 최소한 내 지역구를 두고 말한다면 더욱 그렇습니다."[46] 그를 포함한 모반자들이 당에서 제명될 것이란 기사가 나온 후 라과디아는 지역구의 유권자들이 모인 대규모 집회에서 "어느 당이든 아무도 제명하지 못할 것"이라고 말했다.[47]

1924년 2월, 진보적 정치행동을 위한 회의의 세 번째 모임은 독립기념일이 들어 있는 주의 주말에 농민, 노동자, 개혁 그룹의 대표자들이 참석하는 전국대회를 연다고 발표했다. 클리블랜드에서 열린 이 모임은 열띤 연설과 노래로 양대 정당에 대한 불만을 표출했다. 케네스 맥케이(Kenneth C. MacKay)가 묘사한 바에 따르면 1924년의 진보파에는 온갖 종류의 사람들이 다 모여 있었다. 민중주의자, 토지단일세제주의자,[48] 사회주의자, 동부의 작가들, 서부의 농민들, 철도원, '수사슴' 당원들, 화폐불태환주의자들(Greenbackers),[49] 정치인들,

46 뉴욕 타임스, 1924. 5. 11.

47 *Ibid.*, 1924. 6. 16.

48 헨리 조지(Henry George : 1839-1897)가 주창한 세제. 모든 사람은 자신이 창조한 것을 소유할 권리가 있지만 자연(특히 토지)은 인류 공동의 소유라는 경제이념에서 출발하여 소유 토지의 가치를 기초로 한 과세가 가장 공정하고 효율적인 제도이며, 이를 통해 충분한 세수를 올릴 수 있으므로 나머지 세금은 폐지해야 한다는 주장. **역자 주**

49 남북전쟁 당시 대량으로 불태환 지폐를 발행한 제도를 유지해야 한다고 주장한 사람들. 이들은 'Greenback 당' (일명 독립당)을 결성하여 1874-1884년 동안 활동했다. 화폐의 대량유통으로 농산품 가격이 오르고, 따라서 부

대학생들, 몽상가와 기회주의자들이 전부 모여 있었다."[50]

물론 라과디아도 그 가운데 들어 있었다. 에드윈 마크햄(Edwin Markham)이 링컨을 찬양하는 긴 시를 낭독한 후 라과디아가 등단하여 자신은 "여러분에게 뉴욕에는 월스트리트 말고도 다른 거리와 다른 주장이 있음을 알리기 위해 참석했다"고 말했다. "나는 브로드웨이와 월스트리트가 A 대로와 116번가를 대변합니다."[51] 그의 마지막 말은 청중의 환호를 불러일으켰다 : "나는 당에 충성하기보다는 올바른 사람이 되고자 합니다!"[52]

대회는 라 폴레트를 대통령 후보로 추대하고 그에게 러닝메이트를 지명할 권한을 주었다(그는 몬태나 주 출신의 버튼 휠러를 선택했다). 진보파의 새로운 강령은 이전 인민주의와 '수사슴' 당의 정책을 짜맞춘 것이었지만 그보다는 앞서나간 것이었다. 개혁을 방해하는 대법원의 결정에 대한 불만은 법원의 법률위헌심판권을 폐지하고 판사를 직접선거를 통해 선출할 것을 요구하는 강령으로 반영되었다. 진보운동에 미치는 노동자들의 영향력은 파업금지 명령을 제한하고 노조결성과 단체협상의 권리를 보장하는 법을 제정한다는 강령으로 나타났다. 또한 강령에는 유권자의 직접지명과 직접선거를 통한 대통령 선출, 국민직접 발의와 국민투표제를 도입하자는 정치

채상환이 쉬워지는 혜택을 보는 농민들이 지지층이었다. 정부의 은행통제를 지지했다.**역자 주**

50 맥케이, *The Progressive Movement of 1924*(뉴욕, 1947), 12.

51 *Ibid.*, 115. 맥케이는 이 연설이 있고 나서 며칠 되지 않아 민주당은 브로드 앤드 월에 사무실을 가진 데이비스를 후보로 지명했다고 지적한다.

52 벨레와 폴라 라 폴레트, *op. cit.*, II, 1114.

구조의 변경안도 포함되었다. 관세인하와 그 밖의 농민지원 정책도 포함되었다. 제1차 세계대전 참전 여부를 둘러싸고 생겨난 진보진영 내부의 분열도 어느 정도 치유되었는데, 1917년에 개입을 주장했던 라과디아가 해외에서의 전쟁에 개입하기 전에 국민투표를 통해 결정해야 한다고 주장한 라 폴레트와 노리스에게 합류한 것이다. 강령은 또 철도와 수력발전소의 공적 소유와 정부가 연방준비제도를 보다 직접적으로 통제할 것을 요구했다. 결론을 말하자면 이 모든 정책은 라과디아가 열렬히 지지할 수 있는 것들이었다.[53)]

7월 말에 열린 민주당 전당대회에서 알 스미스와 윌리엄 맥아두의 지지자들이 타협 후보인 존 데이비스를 받아들였다. 데이비스는 웨스트버지니아 출신의 보수파로서 뉴욕에 진출하여 J. P. 모건과 그 밖의 몇 개 금융 대기업의 기업 변호사로 활약하는 인물이었다. 공화당은 캘빈 쿨리지를 후보로 지명했다. 쿨리지는 후보 수락 연설에서 "삶의 질은 국가의 부강함에 달려 있다는 게 상식"이라고 말했고, 이를 두고 뉴 리퍼블릭(*New Republic*)지는 "거창한 임무를 맡게 된 피그미의 말"이라고 평했다.[54)] 쿨리지가 대통령 후보로 선정되었다는 것은 공화당도 수많은 미국인들이 겪고 있는 경제적 어려움을 인식하지 못하기는 민주당과 마찬가지임을 의미했다. 새뮤얼 루벨은 "20년대를 통틀어 공화당은 분출하는 도시민중의 욕구를 인식하지 못했거나 무관심했다"고 평했다.[55)] 니컬러스 머레이 버틀러조차도

53 맥케이, *op. cit.*, 11. 강령에는 농민의 요구보다는 도시지역 조직 노동자들의 요구가 더 많이 반영되어 있었다. 그러므로 1920년대의 진보주의 운동이 서부 농업지역의 이익을 압도적으로 반영했다는 평가는 의문을 갖게 한다.

54 퓌스(Claude Fuess), *Calvin Coolidge*(보스턴, 1940), 348.

(그의 이유는 달랐지만) 공화당의 선택을 매우 못마땅하게 생각했다. 그는 다음과 같이 말했다 :

> 1924년의 전당대회는 경쟁력, 지적 능력, 용기 면에서 급격히 하락한 연속 세 차례 후보 선정의 시작이었다. 클리블랜드에서의 연설이나 … 한심하기 짝이 없는 긴 공약은 … 시간이 지나도 개선되지 않는 지적 황폐함을 드러냈다.[56]

진보당은 동북지역 전체를 커버할 수 있는 뉴욕에 본부를 차렸고, 라과디아와 길버트 로우(라 폴레트의 친구)가 본부 업무를 책임졌다.[57] 라과디아는 진보적 정치활동이 의원 선거에서 공화당의 지원을 받을 기회를 망가뜨릴 것을 알고 있었으나 그래도 도전할 준비를 했다. 그는 새뮤얼 쾨니히를 만났고, 쾨니히는 라과디아가 대통령 선거에서 쿨리지를 지지해 주면 당이 지원해 주겠다는 제안을 했다. 라과디아는 쾨니히의 제안에 답하는 편지에서 공식적으로 공화당과 결별하겠다고 말했다 :

> 당의 지명은 바람직하고 편리하겠지만 나는 당의 지명이나 그 어떤 지원 때문에 원칙을 희생시킬 수는 없습니다. … 클리블랜드에서 채택된 공화당의 공

55 루벨, *The Future of American Politics*(뉴욕, 1951), 79.
56 *Op. cit.*, I, 282.
57 뉴욕 타임스, 1924. 7. 27. 미국노동자연맹(AFL : American Federation of Labors)이 라 폴레트 지지를 선언했으나 노동자의 표를 끌어 모으지는 못했다. 개혁적 지식인들이 뉴욕에 있는 라 폴레트의 선거본부를 지배했다(쉬들러, *op. cit.*, 265–266).

> 약은 내가 대표하는 사람들에게 희망을 주지도 않고 호소력도 없습니다. … 의회에 제출된 많은 중요한 법안들 가운데서 … 내가 공화당 주류의 반동적인 입장을 지지하지 않았다고 지적하신다면 그것은 맞는 얘기입니다. 이 문제에 관해서는 나는 내 지역구의 유권자들에게 직접 설명할 생각입니다.[58]

공화당은 제20선거구에서 당선된 적이 있는 아이작 시걸을 내세워 라과디아와 맞서게 했고 헨리 프랭크가 다시 한 번 민주당 후보로 나섰다.

뉴욕의 미국 노동당은 사회주의자, 토지단일세제주의자, 농민-노동자당 추종자, 노동조합의 복합체였다. 노동당은 랜드 스쿨에서 집회를 갖고 제20선거구의 라과디아를 포함하여 진보당 후보 지지를 승인했다.[59] 사회당은 힐퀴트와 라과디아 사이의 개인적 견해 차이에도 불구하고 라과디아를 사회당 후보 대열에 포함시키기로 결정했고, 사회당의 주지사 후보 노먼 토머스(Norman Thomas)도 진보진영의 후보를 당선시키기 위해 공동으로 선거운동을 하기로 했다.[60]

라과디아는 제20선거구에서 라 폴레트 지지 후보로 선거전을 시작했다. 그는 젊고 유능한 변호사 마크안토니오의 지지를 확보하고 그를 법률보좌관으로 임명했다. 두 사람의 친분은 1921년 라과디아가 드위트 클린튼 고등학교에서 연설했을 때부터 시작되었다. 이

58 뉴욕 타임스, 1924. 8. 11.
59 *Ibid.*, 1924. 8. 12.
60 노먼 토머스와의 인터뷰, 구술사 프로젝트, 컬럼비아 대학. 이 무렵 토머스는 라과디아와 친분이 별로 없었다.

때 라과디아는 노령연금과 사회보장제도의 시행을 주장했고, 당시 이 학교 학생이던 마크안토니오는 그의 연설에 큰 감명을 받았다.[61]

1912년에 시어도어 루즈벨트를 지지했던 몇몇 사람들—제임스 가필드, 프랭크 녹스, 레이먼드 로빈—이 쿨리지 지지를 선언했다. 이들은 진보당 후보로서 선거운동을 벌이는 부담을 덜고자 라 폴레트의 입후보는 "급진주의 세력을 기반으로 하고 있다"고 비난하는 성명을 발표했다. 이들은 시어도어 루즈벨트가 라 폴레트를 "민주주의의 아주 못된 적"이라고 부른 적이 있다고 주장했다.[62] 라과디아, 조지 레코드, 해롤드 아이크스, 에이머스 핀초트, 제인 애덤스는 이들의 주장을 부정하고 라 폴레트에 대한 지지를 재확인했다. 라과디아는 라 폴레트가 순수하게 '수사슴' 당의 오래된 싸움을 이어가고 있음을 강조하기 위해 1912년의 공약과 1924년의 공약이 매우 유사함을 강조했다.[63]

진보진영의 선거운동의 절정은 메디슨 스퀘어 가든에서 열린 대규모 집회였다. 이 집회에는 입장료를 낸 14,000명이 자리를 가득 메웠고(입장료를 내는 정치집회는 이 집회 이전에는 사회당의 집회 한 차례밖에 없었다), 자리가 없어 공원 바깥에 모인 사람도 6천 명이나 되었다. 아서 가필드 헤이스(Arthur Garfield Hays)가 의장을 맡았고, 노먼이 민주당을 "방첩법을 만들고 잔인하고 불법적인 '빨갱이' 사냥을 벌인 당, 전쟁 사기꾼집단, 남부의 아동노동을 묵인하는 당, 노동자

61 아네트 루빈슈타인(Annette Rubinstein) 편저, *I Vote My Conscience*(뉴욕, 1956), 314. 이 책은 마크안토니오의 연설문집이다.
62 벨레와 폴라 라 폴레트, *Op. cit.*, II, 1121.
63 뉴욕 타임스, 1924. 9. 16.

탄압에 앞장선 파머의 당"이라 비난한 연설은 청중의 열렬한 박수를 받았다. 그는 또 공화당을 향해서는 "포브스와 폴과 도허티의 당, 게리 판사[64]의 당, 반노동자 대기업의 당"이라고 비난했다. 라 폴레트는 긴 연설을 통해(너무 긴 연설이어서 밤이 깊어가자 청중들이 나가려고 출입구 쪽으로 몰렸다) 대법원이 의회의 입법권을 침해했다고 비난했다. 라과디아는 뉴욕에서 진보진영의 승리를 예견하는 부분은 짧게 언급했다.[65]

진보당 후보들이 갖고 있던 중요한 핸디캡 가운데 하나는 진보당이—근로자당(Workers Party : 공산주의자)이 진보진영의 여러 회의에서 참석을 거부당했고 7월의 전당대회에서도 배제되었음에도 불구하고—볼셰비즘과 연결되어 있다는[66] 인상을 준다는 점이었다. 이름붙이기는 합법을 가장한 초법적인 협박에 버금가는 유효한 수단이었다.[67] 또 다른 핸디캡은 진보운동에서 중요한 위치를 차지하

64 Elbert Henry Gary는 판사 출신이면서 J. P. 모건, 앤드류 카네기, 찰스 슈워브를 끌어들여 1901년에 U. S. 철강 회사를 세우는 데 중심적인 역할을 했다. 철강 트러스트의 효시라는 평가를 받았다.**역자 주**

65 *Ibid.*, 1924. 9. 19.

66 세터데이 이브닝 포스트지의 기사는 이렇게 썼다 : "이 나라에서 벌어지고 있는 빨갱이들의 활동에 대한 최근 조사는 라 폴레트 상원의원이 자신은 이런 유형의 인간들과 관계가 없다고 아무리 부인해도 … 그들이 그의 진영에 합류하는 것을 막을 힘이 없어 보인다는 점을 확인시켜 준다. … 어떤 경우에도 그가 불러들인 사회주의자, 빨갱이, 각종 위원회, 그룹, 설익은 정당과 그리고 여기에 합류한 민주 · 공화 양당의 불만분자란 잡동사니는 쿨리지 대통령과 데이비스 후보의 선거전에는 물론이고 우리의 양당제도, 우리의 경제적 상황, 미국식 정부의 이론과 실천, 그리고 궁극적으로는 우리의 헌법을 엉망으로 만들 것이다"(맥케이, *op. cit.*, 166에서 인용).

67 맥케이는 이렇게 말하고 있다 : "1924년 선거에서 벌어진 사회적 · 경제적, 심지어 물리적인 협박의 깊이와 넓이를 생각하다면 이 선거가 우리 역사에

던 인물들 가운데 일부가 냉담하다는 점이었다. 아이다호 주 출신의 상원의원 보라와 네브래스카 출신의 노리스는 그들의 영향력이 미치는 지역에서 공화당 조직과 맞서는 데 있어서 뉴욕에서 라과디아가 그랬던 것만큼 열정적이지 않았다. 두 사람은 모두 자신의 선거전에만 집중했다.[68]

라과디아도 진보당에 합류한 이후로 만족한 것은 아니었다. 그는 강한 개성을 갖고 있었고, 그의 정치철학은 쉽게 타협을 받아들일 수 없었다. 진보당의 강령과 그의 개인적인 견해는 부분적으로는 합일점을 갖고 있었지만 그는 진보진영 지도자들의 독선을 쉽게 용납할 수 없었다. 진보당의 강령과 라과디아의 선거공약은 공통점이 많았음에도 불구하고 그는 진보진영 지도자들의 독선을 보고 절망했고, 그래서 에릭 골드먼[69]에게 라 폴레트, 휠러, 보라는 자기 비판을 할 줄 모르는 사람들이라는 생각을 털어놓았다.[70]

라과디아는 자신의 지역구에서 사회당과 진보당이라는 두 소

서 악명 높은 1828년과 1896년의 선거전과 같이 분류되어야 하지 않을까 하는 생각이 든다. 이때 벌어진 온갖 비방전은 거의 물리적 폭력에 가까웠다" (*op. cit.*, 170–171).

68 노리스는 라 폴레트를 지지한다고 말은 했지만 그를 위해 선거운동을 벌이지는 않았다. 보라는 쿨리지의 고매한 품성을 믿기 때문에 그를 지지한다고 말했다. 사실은 보라나 노리스는 제3당의 승리 가능성에 대해 회의적이었다. 노리스가 지역의 한 유권자에게 다른 기회에 보낸 편지를 보면 양당에 대해 별로 신뢰하지 않고 있었음을 보여 준다(노리스 문서, 의회도서관, 워싱턴, D.C.) 또한 클로디어스 존슨(Claudius Johnson), *Borah From Idaho* (뉴욕, 1936), 303을 보라.

69 골드먼, *op. cit.*, 315.

70 라과디아가 이 시기에 보낸 편지들을 보면 대체로 어느 정당에 소속되든 달가워하지 않은 듯한 인상을 준다.

수당의 후보로 출마했다는 점과 거대 양당의 후보들이 대거 당선되어 함께 의회로 진출할 가능성이 높다는 핸디캡을 안고 있었다. 그는 대통령 후보인 라 폴레트를 향한 공격뿐만 아니라 자신을 겨냥한 공격도 견뎌내야 했다. KKK단도 선거전에 뛰어들어 선거구민들에게 "청교도 미국인"이 나서서 라과디아를 떨어뜨리자고 호소하는 전단을 뿌렸다. 그러나 이런 방식의 운동은 유태인-이탈리아계가 압도적인 지역에서는 라과디아에게 흠집을 내기보다는 오히려 도움이 되었을 것이다.

그는 예전과 같이 맹렬한 선거운동을 벌였다. 해밀턴 피쉬 2세(언제나 선거 때가 되면 피쉬는 라과디아의 도움이 필요했으므로 두 사람의 관계는 호전되었다), 진 터니 같은 다양한 외부 인사들이 도움을 주었다. 비토 마크안토니오가 라과디아에게 충성을 맹세한 젊은 이탈리아계를 중심으로 "기본네"(Ghibonnes)[71]란 조직을 만들어 선거구에서 "소령"을 위한 분위기를 띄워올렸다.

투표일에 절반이 조금 넘는 유권자가 투표장에 나왔다. 쿨리지는 15,275,003표를 얻어 8,385,586표를 얻은 데이비스와 4,826,471표를 얻은 라 폴레트를 압도적인 표차로 제치고 대통령에 당선되었다. 라과디아는 8,753표를 얻어 프랭크(6,080표)와 시걸(5,956표)을 누르고 재선에 성공했다. 다른 진보파 후보들도 당선됐지만 의원 선거는 공화당이 휩쓸어 상원에서는 4석 차이로, 하원에서는 47석 차이로 다수당이 되었다. 이로써 진보파는 상원에서는 캐스팅 보트를

71 로웰 림프스는 이 말과 뜻이 가장 가까운 영어로서 "허풍쟁이"라고 번역했다.

쥘 수 있었으나 하원에서는 그렇지 못했다.[72] 라과디아는 의회 직원에게 자신을 사회당이 아니라 진보당 소속으로 분류하라고 주문했으나[73] 그의 요청은 무시되었다.

진보진영은 결정적인 타격을 받았다. 그러나 법적인 장애와 볼셰비즘이란 오명, 언론의 압도적인 반대 여론 조성에도 불구하고 양대 정당에 실망한 5백만에 가까운 유권자들이 진보진영에 표를 던졌다. 진보진영의 선거운동은 양대 정당의 지명을 받지 않아도 의회에 진출할 수 있음을 증명해 주었다. 뿐만 아니라 1924년의 진보주의 운동은 노동자-농민-사회주의 그룹이 각자의 독자적인 정치활동을 하면서도 중요한 연대를 이루어낼 수 있음을 처음으로 보여주었다. 그리고 무엇보다 중요한 것은 이번 선거가 수백만의 민중들에게 진보적 개혁의 이념과 정신을 일깨워 주었다는 점이다. 물론 이 정신은 곧 수그러들었지만 그래도 소멸되지 않고 살아남아 대공황이란 참혹한 시대에 다시 저항의 불꽃을 피워올려 보다 새롭고 성공적인 진보주의 운동의 거대한 흐름을 형성하게 된다.[74]

72 이 선거로 하원의 의석분포는 공화당 241석, 민주당 188석, 농민-노동자당 3석, 사회당 2석이 되었다.

73 뉴욕 타임스, 1924. 11. 20.

74 모리슨(Samuel Eliot Morison)과 커미저(Henry Steele Commager), *The Growth of the American Republic*(뉴욕, 1954), II, 357은 "1924년의 모반은 1930년대 '뉴딜'이 성공할 수 있는 철학적·법적 토대를 마련했다고 말할 수 있다"고 기술하고 있다.

Chapter. 7

토착주의와의 싸움, 쿨리지 시대

재즈의 시대는 또한 인종, 출신국, 종교적 편견의 시대이기도 했다. 이 시대는 스콥스 재판(Scopes trial)과 사코-반제티 사건(Sacco-Vanzetti case)이 있었던 시대이기도 하고 KKK가 활약한 시대이기도 했다. 이 시기에 이민의 급격한 감축을 유도하는 정책이 국법으로 정해졌고, "출신국"에 대한 편견이 과잉 애국주의자들의 집회장소를 떠나 국가의 법령집 안에 자리 잡았다.

이민 제한은 진보주의 운동의 특수한 약점을 드러낸 이슈였다. 많은 진보주의자들이 독점의 불의와 토착주의를 연결시켜 파악하지 못했다. 경제적 불평등을 소리 높여 비난하던 사람들도 국가적 우월주의 앞에는 침묵했다. 진보주의자 가운데서 새로운 이민 쿼터를 끈질기게, 그리고 소리 높여 반대한 사람은 그 자신이 도시지역의 최근 이민자 집단 출신인 피오렐로 라과디아 한 사람뿐이었다. 그는 이민문제와 관련하여 진보운동을 성숙한 단계로 끌어올리려고 노력했다. 그는 짧은 섬광을 자주 터뜨려 그때마다 '뉴딜'이라고 하는 진보운동의 후계자가 이 나라의 대도시에 집결한 대규모 이민자 집단에게 호소하여 지지를 얻어내게 되는 미래를 언뜻언뜻 보여주었다.

처음으로 이민 쿼터를 규정한 이민법이 제정된 1921년에 라과디아는 의회를 떠나 있었다. 이 법은 1910년 현재로 미국 내에 거주하고 있는 이민자의 출신국별 숫자의 3% 이내로 모든 나라에 연간 이민 쿼터를 할당하도록 규정했다. 이 문제에 관한 라과디아의 견해는 널리 알려져 있었다. 그의 견해에 대해 의문을 품는 사람이 있다면 1922년 여름에 라과디아가 뉴욕 이브닝 저널에 기고한 이민 제한을 날카롭게 비판한 기고문을 보면 그런 의문을 잠재울 수 있을 것이다. 1922년 11월의 선거를 통해 의회로 돌아온 라과디아는 1924년의 이민법을 둘러싼 논쟁의 열기가 정점에 이르렀을 때 토착주의를 겨냥하여 맹렬한 연속사격을 퍼부었다.

1923년 봄 제68차 의회가 소집되기까지는 이민 제한에 반대하는 입법활동을 할 수 없었던 라과디아는 현행법의 집행을 감시하는 일에 집중했다. 그는 엘리스 섬에서 근무하던 시절에 기술적인 이유로 이민을 거부당해 가족이 해체되는 잔인한 과정을 직접 목격했다. 1922년 당선 직후 그는 쥬세피나란 이름의 이탈리아에서 이민온 소녀의 편지를 받았다. 트라코마에 걸려 이민을 거부당한 이 소녀는 어머니와 함께 돌아갈 수 있도록 추방시기를 늦추어달라고 요청했으나 노동성이 청원을 거부하자 라과디아에게 도움을 청했다. 라과디아는 즉각 워싱턴의 노동성장관 데이비스(James J. Davis)에게 전보를 보냈다:

우리는 서로의 입장을 잘 알고 있음. 귀하와 귀하 부처는 무자비 비인도적 편협 편견에 사로잡혀 있음. 이민자를 대하는 태도 부당한 법해석은 온 시민의 비난대상임. … 이런 자세는 즉각 시정되어야 함. 본인은 이민자 무자비한 대우를 용납치 않을 것임. 본건 체류는 허락되어야 함. 이 무자비 비인도적 제도를

> 없애는 싸움을 시작할 것임. 본인은 다음 의회에서 의원직 수행 예정, 원만한 관계 희망하나 귀하가 싸우겠다면 워싱턴에 가서 원하는 그대로 끝까지 대응할 것임.[1]

데이비스는 자신은 법을 준수할 뿐이라는 쌀쌀한 회신을 보내왔다.

노동성으로부터 아무런 조처도 끌어낼 수 없자 라과디아는 지체없이 더 높은 선을 찾았다. 그는 플로리다에서 개인 요트로 휴가를 보내고 있던 워렌 하딩에게 연락을 취해 미국으로 오는 도중에 이민 쿼터가 소진되었다는 이유로 도착하자마자 엘리스 섬에서 추방을 기다리고 있는 유태인 3백 명의 곤경을 알려주었다. 라과디아는 이들 대부분이 그리스와 터키에서 왔기 때문에 본국으로 송환되면 위험에 빠질 우려가 있음을 강조했다. 그는 하딩에게 쿼터가 다시 열릴 때까지 이들의 추방을 연기할 것을 요구하는 전보를 보냈다 : “곤경에 빠진 이 수백 가정에게 인도주의와 자비의 이름으로 어떤 조치든 취해주실 것을 각하에게 호소하는 바입니다. 상황이 극도로 긴박하지 않았더라면 이번에 각하를 귀찮게 하지는 않았을 것입니다. 나는 각하께서 이 일에 관심을 가지고 이토록 많은 사람들을 파괴하고 곤경과 슬픔에 빠지게 하는 일을 막아주시기를 간청합니다.”[2] 하딩은 그의 청을 들어주었다.

1 1922. 11. 14, 라과디아 문서.

2 뉴욕 타임스, 1923. 3. 24. 또한 하딩에게 보낸 전보 사본, 라과디아 문서를 보라.

1923년 초, 레임덕 의회가 남유럽과 동유럽으로부터의 이민을 더욱 철저하게 제한하는 쪽으로 이민법을 개정하려는 논의를 시작했다. 라과디아는 공화당 하원 원내대표 프랭크 몬델에게 편지를 보내 이 법안을 지지하는 노동성이 "영국의 압력에 굴복하고 있다는 혐의"가 있다고 주장했다. 그는 다음과 같이 강조했다 :

> 제출된 개정안은 종교적 · 인종적 증오에서 나온 편견과 영국 기선 회사들의 이권이 결탁한 결과임은 의심의 여지가 없습니다. 법을 개정한다면 영국 기선 회사들이 완전히 장악하고 있는 북유럽 항구에 즉각적으로 승객들이 몰릴 것입니다.[3]

쿨리지 행정부의 입장은 이민 제한주의자들을 기쁘게 하고 라과디아를 분노케 했다. 쿨리지는 1924년의 선거운동에서 KKK의 활동에 대해 굳게 침묵을 지켰을 뿐만 아니라, 그의 러닝메이트 도스는 라과디아의 표현을 빌리자면 "약간 비난하는 듯하면서 그들을 찬양했다." 대통령이 의회에 보낸 첫 시정방침은 "미국은 미국답게 지켜져야 한다"고 강조했고, 이를 두고 이민 제한을 찬성하는 쪽에서는 문제를 "건설적인 방식으로" 풀어가고 있다고 평했다.[4]

68대 의회의 첫 회기에서 의사규칙에 관한 논쟁이 끝나자마자 하원은 이민위원회 위원장인 워싱턴 주 출신의 앨버트 존슨(Albert Johnson)이 후원하는 법안의 심의에 들어갔다. 이 법안의 목적은 이민

3 뉴욕 타임스, 1923. 2. 25.

4 개리스(Roy L. Garis), *Immigration Restriction*(뉴욕, 1928), 167–170.

쿼터를 산정하는 기준 연도를 1910년에서 1890년으로 바꾸는 것이었다. 1890년에는 동유럽과 남유럽에서 이민온 미국인의 숫자가 훨씬 적었기 때문에 이 법안이 통과된다면 이탈리아, 폴란드, 러시아, 발칸제국에서 오는 이민의 숫자를 크게 줄일 수 있었다. 뿐만 아니라 존슨 법안은 국가별 이민 허용 비율을 종전의 3%에서 2%로 낮추도록 요구하고 있었다. 논의가 시작될 때부터 라과디아는 반대 쪽의 선봉에 섰고 일리노이 주 출신의 아돌프 새버스(Adolph Sabath), 뉴욕 주 출신의 이매뉴얼 셀러(Emmanuel Celler)와 새뮤얼 딕스타인(Samuel Dickstein) 의원 등이 합류했다.

존슨 법안을 지지한 오리건 출신의 엘튼 왓킨스 의원은 "이 나라에는 외래인이 너무 많으며 … 우리는 더 많은 미국 혈통을 원한다"고 발언했다. 그의 뒤를 이어 미시건 주 출신의 크램튼 의원은 동료 의원들을 향해 이렇게 말했다 : "우리의 문제는 오늘날 뉴욕 시에는 아직도 그들이 떠나온 나라의 사상을 가슴에 품은 채 이 나라가 주는 기회를 이용하여 성공한 외래인들이 헌법을 부정하는 일에 앞장서고 있다는 점입니다." 그들은 라과디아가 던진 짤막한 질문을 외면하고 있었다 : "어느 시기를 기준으로 하든 이 나라는 이민자들이 만든 나라가 아닙니까?"[5]

출생국에 대한 자부심과 인종적 우월감이 논쟁이 진행될수록 확대되어 갔다. 미시건 주 출신의 허드슨 의원은 이렇게 말했다 : "우리는 교육과 환경이 인종에 대한 평가를 근본적으로 바꾸지 못한다는 사실을 서서히 깨닫게 되었습니다." 뉴욕 주 출신의 버트란드 스

5 의회 의사록, 68 : 1, 1924. 2. 2, 1896–1902.

넬은 여기에 더하여 이렇게 발언했다 : "이 나라는 … 거의 전적으로 북유럽과 서유럽 나라에서 온 사람들이 만들고 통합 · 발전시켰다는 것은 주장이 아니라 사실입니다."[6]

라과디아는 스넬의 발언을 반박했다 : "조상이 메이플라워 호를 타고 이곳에 온 동료 의원의 자부심은 이해할 만합니다만, 본의원의 선조 중 한 분이 동료 의원의 조상이 플리머스의 바위투성이 해안에 도착하기 2백 년 전에 이 대륙을 발견한 뛰어난 항해가였다는 사실에서 느끼는 자부심도 이해해 주시리라 믿습니다."[7]

이 논쟁에서 라과디아를 지지한 사람은 일리노이 출신의 새버스 의원과[8] 맨해튼의 딕스타인 의원이었다. 딕스타인은 길고도 힘찬 연설을 통해 이민을 지지했다. 그는 연설의 마지막에 제1차 세계대전에서 영웅적인 전투를 벌인 병사들의 무용담을 소개하고 그들의 이름을 일일이 열거했다 : 존 빌리츠코, 로니 모스코우, 알로이지 나고우스키, 아이작 라비노비츠, 에피파노 아파타토, 바실 콜론칙, 대니얼 모스코비츠, 안토니 스클라포니.[9]

뉴욕의 분위기는 당연히 좋지 않았다. 하원의 토론이 일단락된 후 라과디아는 서둘러 뉴욕으로 돌아가 브루클린 유태인 센터에서 열린 존슨 법안에 항의하는 집회에 참석했다. 청중은 집회장을 메우고도 거리에까지 넘쳐났다. 딕스타인, 셀러, 라과디아가 연설했다. 라과디아는 다음날 있을 표결에서 이 법안이 압도적인 찬성으로 통

6 *Ibid.*, 1924. 4. 5, 5641–5643.
7 *Ibid.*, 5657.
8 *Ibid.*, 5650–5651.
9 *Ibid.*, 5654–5657.

과될 것으로 예상된다고 말했다. 그는 이 법안의 통과가 가져올 결과를 지적했다 : "이 법안이 적용하려는 산식은 유태인과 이탈리아계를 차별하려는 의도를 드러내고 있습니다. 1890년의 인구조사 결과를 적용한다면 유태계 이민 쿼터는 연간 8만 명에서 4천 명 이하로 줄어들 것이고 이탈리아계는 4만 5천에서 3천으로 축소됩니다."[10)]

토론이 진행되는 동안 의회 방청석은 갈수록 사람들로 찼고 의원들의 발언은 갈수록 거칠어졌다. 라과디아는 법안에 반대하는 이유를 다음과 같이 밝혔다 :

> 이 법안은 이 나라의 경제적 조건과 맞지 않고, 편견과 오만의 결과이며, 앵글로-색슨 우월주의란 망상에 사로잡힌 사람들이 … 부추기고 만들어내고 밀어붙이는 것이기 때문에 비과학적입니다.[11)]

그와 캔자스 출신의 틴처 의원 사이에 오간 논쟁을 보면 틴처 의원의 발언에서 전형적인 토착주의를 찾아볼 수 있다 :

> **틴처** : 이 의사당은 진정으로 미국적으로 사고하고 행동해야 하는 곳입니다(박수). 그것이 우리가 의원으로 선출된 이유입니다. 문을 활짝 열어두면 지금 우리가 예를 들고 있는 그런 지역구가 자꾸 늘어나 언젠가는 의원들 가운데서 누군가 일어나 "의장님" 이탈리아어나 다른 언어로 말씀해 주셔야 되겠는데요 … 라고 발언하게 될 것입니다.

10 뉴욕 타임스, 1924. 3. 3.
11 의회 의사록, 68 : 1, 1924. 4. 8, 5886-5890.

라과디아 : 그러면 의장께서 받아들일까요?

틴처 : 아, 안녕하세요, 의원께서 나설 줄 알았습니다.

라과디아 : 동료 의원께서는 자신이 무슨 말을 하고 있는지 잘 모르시는 것 같습니다.

틴처 : 이슈가 무언지는 잘 알고 있습니다. 한쪽에는 맥주, 볼셰비즘, 동화되지 않는 정착, 그리고 아마도 다양한 국기가 있고 다른 쪽에는 헌법을 수호하는 정부, 별과 띠로 된 하나의 국기, 인민에 의한 인민을 위한 인민의 정부, 우리나라 미국이 있습니다.[12]

전체적으로 보아 이 법안에 대해 서부의 진보파 의원들은 침묵을 지켰다. 하나의 주목할 만한 예외라고 한다면 미네소타 출신의 크베일 의원이 이민 제한을 반대했다는 점이다. 그는 이렇게 발언했다 : "우리가 걱정해야 될 대상은 외국계 미국 시민이 아닌가 합니다. 이들은 급속하게 대두하는 새로운 인간형으로서 미국에서 태어났고, 사실상 무보수로 정부를 위해 봉사하고 있으며, 큰 목소리를 내며, 성조기를 흔들고, 100% 아이국심[원문대로 인용]을 가진 접목된 미국인입니다. 오늘날 미국을 위협하는 사람은 여러분들이 걱정하는 외국통에 외국어를 사용하는 미국인이 아니라 바로 이들입니다."[13]

하원뿐만 아니라 상원에서도 진보파는 노동자나 독점문제에서 보여주었던 호전성을 이민 제한 문제에서는 보여주지 않았다. 이 시기에 윌리엄 보라 상원의원이 보낸 서신들에서는 뜻 깊은 사실이

12 *Ibid.*, 5918–5920.

13 *Ibid.*

드러난다. 한 유권자는 보라 의원에게 보낸 편지에 이렇게 썼다 : "우리 가운데 섞여 있는 수백만의 사람들을 동화시키고 미국화시킬 수 있을 때까지 최소한 한 세대 동안은 이민이 완전히 중지되어야 합니다. … 남유럽과 동유럽으로부터 밀려오는 이민은 이제 더 이상 필요 없습니다. 남유럽과 동유럽으로부터 오는 이민은 틀림없이 미국의 혈통을 열등하게 만들 것입니다." 이에 대해 보라 의원의 회신은 이랬다 : "이민문제에 있어서 나는 귀하와 전적으로 견해를 같이 합니다."[14] 1924년의 이민법은 상원에서 62 : 6으로 통과되었다. 지도적인 진보파 의원 가운데 반대 표를 던진 사람은 하나도 없었다. 라 폴레트, 휠러, 렌루트는 표결에 불참했고 보라, 브루크하트, 존슨, 노리스, 월쉬는 찬성표를 던졌다.[15]

하원 표결이 있기 전날 밤 라과디아는 켄터키 출신의 프레드 빈슨(Fred Vinson) 의원과 치열한 논쟁을 벌였다. 빈슨은 라과디아가 뉴욕의 "이탈리아계 구역"을 이끌고 있다고 지적했다.[16] 라과디아는 이를 반박하면서 켄터키 산악지역 주민들의 문맹을 지적했다. 빈슨의 켄터키 출신 동료 의원이 격정적인 단어를 동원하여 블루리지 산맥의 유권자들을 변호했다 :

> 그들은 어머니의 젖을 빨면서 미국의 정신과 애국심을 받아들이며 아버지의 무릎 위에서 이 나라를 만든 희생과 투쟁을 배웁니다. 위대하고 정직하며

14 피어슨(M. L. Pearson)이 보라에게 보낸 편지, 1922. 11. 2, 보라 문서, 의회 도서관, 워싱턴.

15 의회 의사록, 68 : 1, 1924. 4. 18, 6649.

16 *Ibid.*, 1924. 4. 11, 6117-6118.

근면하고 법을 지키며 자유를 사랑하고 하나님을 섬기는 애국심으로 가득한 사람들에 대한 무례하고 악의적이며 모멸적인 비방에 유감을 표시합니다.[17]

라과디아는 마지막 순간에 이민 쿼터 산출 기준 연도를 1890년에서 1920년으로 바꾸자는 수정안을 냈지만 곧바로 부결되었다.[18] 쿨리지 행정부의 강력한 지원을 받아[19] 존슨 법안은 323 : 71로 하원을 통과했다.[20] 진보파 그룹에서 라과디아와 절친한 사이였던 위스컨신 출신의 제임스 프리어 의원이 찬성표를 던졌다. 크베일 의원은 토론에서는 토착주의를 비난했으나 압력에 굴복하여 역시 찬성표를 던졌다.[21]

1924년 법은 법의 제정 취지에 비춰보더라도 실패작이었음이 시간이 지날수록 분명해졌다. 1890년이란 새 기준을 적용하여 동유럽과 남유럽에 비해 서유럽과 북유럽에 여섯 배의 쿼터가 배정되었으나(1921년 법에서는 두 지역의 쿼터 비율이 4 : 5로 서유럽과 북유럽이

17 *Ibid.*, 1924. 4. 12, 6253.

18 *Ibid.*, 1924. 4. 12, 6245.

19 하원에서 논쟁이 벌어지고 있던 무렵 노동성 장관 데이비스는 자신이 받은 전문을 쿨리지 대통령에게 보고했다. 전문의 내용은 일본인 이민을 받아들이지 말라는 것이었으며, 데이비스는 이 전문이 표현하고 있는 정서를 이해한다며 쿨리지에게 이렇게 발했다 : "모든 체류 외국인의 연례 등록을 이 법에 따라 강화하겠습니다" (쿨리지 문서, 의회도서관, 워싱턴 D.C).

20 의회 의사록, 68 : 1, 1924. 4. 12, 6258.

21 토착주의 그룹이 이 법안에 반대한 의원들의 명단을 만들어 1924년 선거에서 낙선운동을 벌였다. *Fellow Forum*, 1924. 10. 18.은 그런 의원들의 명단을 나열하며 이렇게 썼다 : "피오렐로 라과디아는 1890년 인구조사를 기준으로 하자는 법안에 가장 적극적으로 반대한 의원 가운데 한 사람이다. … 라과디아를 낙선시키자."

많았다)[22] 실제에 있어서는 북유럽에서 온 이민은 쿼터를 다 채우지 못한 반면 남유럽과 동유럽에서 온 이민은 매년 쿼터를 다 채웠다. 이민 수가 급격하게 감소한 지 5년이 지난 1929년의 경제붕괴와 이어진 대규모 실업사태는 실업과 경제위기의 뿌리는 이민정책보다 훨씬 깊은 곳에 닿아 있음을 보여준다.[23] 동화과정을 더 수월하게 해준다는 이 법의 제정 취지를 보더라도, 오스카 핸들린이 지적했듯이 "이민 제한은 이민자들의 집단의식을 종결시킨 것이 아니라 오히려 강화해 주었다."[24]

제한 쿼터가 실시되고 이의를 제기할 수 있는 기회가 극도로 줄어들자 라과디아는 이 법으로 인해 생기는 고통을 덜어주는 수정안을 마련하는 데 집중했다. 1924년 12월, 그는 미국 시민이나 시민권 신청자의 가족에게는 쿼터를 적용하지 않는다는 수정안을 제출했다.[25] 상원에서는 뉴욕 주에서 새로 당선된 제임스 워즈워스 의원이 유사한 내용의 법안을 준비하고 있었다. 이민 제한 완화를 지지하는 목소리가 의사당 안팎에서 나왔다. 하원의원 오그덴 밀스(Ogden Mills)는 이민자 가족의 재결합을 지지하는 발언을 했다가 수많은 인종차별적 내용의 편지를 받았다.[26] 1925년 전국 사회운동회의 연차 회의는 새 이민법에 대한 비판 의견을 긍정적으로 받아들였다.[27] 리버티

22 헛친슨(Edward P. Hutchinson), "Immigration Policy Since World War I", *The Annals*, CCLXII(1949. 3.), 15-21.
23 버나드(William S. Bernard) 편저, *American Immigration Policy*(뉴욕, 1950), 55-97.
24 핸들린(Oscar Handlin), *The Uprooted*(보스턴, 1951), 295.
25 의회 의사록, 68 : 2, 1924. 12. 6, 247.
26 오그덴 밀스 문서, 의회도서관, 워싱턴, D.C.

매거진의 편집자 윌리엄 하드는 법을 엄격하고 문자 그대로 해석한 결과 추방당한 두 이민 가족의(라과디아가 제공한) 비극적인 사례를 기사로 실었다.[28]

그런나 이런 노력만으로는 1920년대에 전국을 뒤덮고 있던 앵글로-색슨 우월주의의 무거운 공기를 걷어내기에는 부족했다. 미국 혁명의 아들들 같은 단체가 라과디아의 수정안을 반대하는 활동을 선도했다.[29] 시카고 트리뷴지는 라과디아가 "외국인의 정신을 갖고 있으며", "미국의 문제를 이탈리아 색깔이 들어간 색안경을 끼고 본다. … 이 나라에서 몇 세대가 더 지나가기 전에는 나라의 이익과 국제관계를 둘러싼 남녀노소의 사상과 주장은 그들의 혈통에 따라 판정할 수밖에 없다"는 기사를 실었다.[30]

1927년 초, 라과디아는 18세 이상 20세 이하인 미국 시민의 자녀는 이민 쿼터의 적용을 받지 않는다는 법안을 하원에서 통과시키는 데 성공했지만 회기가 며칠 남지 않았기 때문에 이 법안은 상원에서 자동 폐기되었다.[31] 다음 해 토착주의자들과 노동조합 조직의 분노에 찬 편지가 쇄도하는 가운데서도[32] 라과디아는 이 법안을 다시 제출하였고, 1924년 법안의 발의자인 워싱턴 주 출신 존슨 의원은 의

27 *National Conference of Social Work* 회보(시카고, 1925), 605.
28 라과디아가 마리 피셔에게 보낸 전문, 1926. 3. 6, 라과디아 문서.
29 1926년의 팸플릿, 라과디아 문서.
30 1926. 1. 16.
31 라과디아가 볼레티노 델라 세라(*Bolletino Della Sera*)지에 보낸 전문, 1927. 3. 2, 라과디아 문서.
32 시카고 중앙노조는 1927년 11월 21일 라괴디아에게 보낸 편지에서 존슨 법안에 반대하는 것은 "미국 노동자의 최고 이익에 반하는 행위"라고 했다.

회 발언을 통해 다음과 같이 비난했다 :

> 나는 이 기회를 빌려 … 체류 외국인에 대해 어떤 증오의 감정도 갖고 있지 않지만 미합중국 내에서 끊임없이 외국인적 주장을 퍼뜨리는 외국인적 정신을 갖고 있는 사람들에 대해서는 강한 경멸감을 갖고 있음을 밝혀두고자 하며, 그런 사람이라면 하원 의석에 앉아 있다 하더라도 동조할 수 없습니다.[33]

1928년 봄, 라과디아는 코넥티컷의 한 시민이 보낸 편지에 답하면서 유감스럽게도 "현재 하원의 분위기로는 이민법의 개정에 반대하는 사람이 다수"라고 말했다.[34]

여하튼 라과디아는 이민 제한을 주장하는 사람들의 논리적 모순을 지적하는 노력을 계속했다. 외국인 계약노동자법을 어기고 수천 명의 멕시코 노동자들을 수입하는 행위는 유럽 이민자들을 받아들여서는 안 된다고 목소리를 높이는 사람들의 "탐욕스런 착취"라고 비난하는 라과디아의 연설을 하원은 묵묵히 듣고만 있었다.[35] 그는 작위만 있고 한 푼의 돈도 없는 귀족들이 유럽에서 쫓겨나 미국으로 몰려와 작위에 대해 경외심을 갖고 있는 미국의 백만장자들로부터 환대받는 행태를 향해 거의 욕설에 가까운 비난을 퍼부었다. 그는 심지어 이들 "쫓겨나고, 직업도 없으며, 무능한 대공과 공작들"이 미국을 왕조로 바꾸려는 음모를 꾸미고 있다고 비난했다.[36]

33 의회 의사록, 1928. 1. 9, 1252.
34 라과디아가 윌리엄 레나토레에게 보낸 편지, 1928. 3. 24, 라과디아 문서.
35 의회 의사록 68 : 2, 1925. 1. 27, 2533.
36 뉴욕 타임스, 1925. 1. 16. 타임 매거진은 이러한 라과디아의 비난을 소개하

1924년 법에 따른 철저한 이민 제한도 미국인의 "앵글로-색슨적" 특성을 신봉하는 사람들에게는 만족스러운 것이 못 됐다. 그들은 바람직하지 않은 사람들이 미국에 많이 들어와 범죄와 질병과 혁명을 퍼뜨리고 있다고 주장했다. 그래서 1926년 봄에는 체류 외국인을 출신국으로 돌려보내는 요건을 규정한 외국인 추방법안이 우후죽순처럼 제출되었다. 그 중에 하나가 맨러브 법안(Manlove Act)이었는데, 이 법안은 미국에 5년 이상 거주한 40세 이하의 체류 외국인으로서 시민권을 신청하지 않은 사람에게는 1년 이내에 시민권을 신청하지 않으면 추방하도록 규정하고 있었다.[37] 하원 이민위원회 위원장 앨버트 존슨이 따로 마련해둔 추방법안이 있었기 때문에 이 법안은 주목을 받지 못했다. 20쪽에 이르는 존슨의 추방법안이 하원의 열띤 토론의 대상이 되었다.

1926년의 추방법안은 1924년 법의 추방조항을 크게 확대했을 뿐이었다. 입국한 지 5년 이내인 체류 외국인으로서 정신이상, "주기적 알코올 중독", 정부 구호대상, "체질적 정신열등"의 요건에 해당할 때 입국시에 이런 증상이 없었음을 체류 외국인 본인의 책임으로 증명하지 못하면 추방한다는 조항의 5년 이내가 7년 이내로 늘어났다. 또한 이 법안은 1년 이상의 징역형에 해당하는 범죄를 저지른 체류 외국인의 추방 가능한 체류기한을 5년 이내에서 10년 이내로 늘려놓았다. 존슨은 의회 발언에서 이렇게 말했다 : "동료 의원 여러

면서(1925. 1. 26.) 그를 "목소리가 체구보다 두 배나 큰 … 미소짓고, 가무잡잡하며, 자신감에 찬 뉴욕의 꼬마 사회주의자"라고 혹평했다.

37 의회 의사록 69 : 1, 1926. 4. 6.

분, 이 법은 사악한 법이 아닙니다."[38] 그러나 라과디아, 빅터 버거, 새버스, 딕스타인과 몇몇 의원들은 동의하지 않았고, 버거는 이 법에 따르면 정치적인 이유로 감옥에 간 사람도 추방될 수 있다고 지적했다.[39]

추방법안을 빨리 통과시키기 위해 하원은 2/3 찬성 표결로 수정안의 제출을 금지하고 발언시간도 40분 이내로 제한했다. 라과디아는 어렵게 발언권을 얻어 격앙된 목소리로 말했다 : "감히 말하건대 농업위원회에서 올라온 가축 관련 법안이라 할지라도 이런 식으로 다루지는 않을 것입니다." 그는 추방조항은 이 나라에 들어온 지 9년이 되었더라도 시위에 참석하여 피켓을 들었다가 체포되면 추방대상이 될 수 있기 때문에 노동자에 대한 위협수단으로 악용될 수 있음을 지적했다. 뿐만 아니라 이단적인 견해 때문에 체포된 사람도 이 법의 적용대상이 될 수 있었다. 라과디아는 "표현의 자유가 억압되고 불관용의 물결이 이 나라를 휩쓸고 있는 오늘날, 단순히 견해를 말했다고 해서 법정에 서고 1년형을 선고받으면 추방될 수 있다"고 지적했다. 이런 주장을 증명하기 위해 그는 뉴저지의 한 시청 계단에서 헌법을 낭독했다가 1년 이상의 징역형을 선고받은 뉴욕 시민의 최근 사례를 제시했다.[40] 그러나 법안은 통과되었다.

쿨리지 행정부의 마지막 2년 동안 라과디아는 비시민권자의 자유를 억압하는 또 다른 법안의 통과를 저지하는 데 몰두했다. 1926

38 *Ibid.*, 1926. 7. 7, 10861.
39 *Ibid.*, 10818.
40 *Ibid.*, 10861–10863.

년에 텍사스 출신의 블랜튼 의원이 체류 외국인의 등록을 규정한 법안을 제출했다. 이 법안은 하원의 소수 의원들이 2년에 걸친 힘겨운 싸움을 벌여 통과를 저지시켰다. 그러자 노동성이 독자적으로 모든 체류 외국인에게 신분증을 소지하게 하는 조처를 시행했다. 라과디아는 행정명령을 철회시킬 수는 없었지만 노동성 장관 데이비스에게 신랄한 내용의 전보를 보내 노동성의 조치가 "난폭하고 부당하다"고 비난했다 :

> 평생 동안 이민자 표시를 달고 다니라는 이 명령은 KKK단의 주장을 받아들인 결과임. 이 명령은 철회되어야 함. 나는 모르는 일이고 부하들이 알아서 한 일이라고 하시지 말 것. … 그런 이중적인 태도는 반드시 폭로될 것임.[41]

노동운동 진영을 동원하여 데이비스를 압박하기 위해 라과디아는 AFL(American Federation of Labour : 미국노동자연맹) 의장 윌리엄 그린(William Green)에게 체류 외국인 등록 카드를 달고 다니라는 명령은 "모든 노동자들을 신분을 확정한다는 명분으로 심문과 괴롭힘에 노출시킬 것"이라는 전문을 보냈다.[42] 그린은 몇 주가 지나서야 보낸 회신에서 AFL은 체류 외국인 등록을 반대하지만 신분증을 소지하라는 명령이 주민의 등록을 요구하는 일반적인 원칙에서 벗어난 것이 아니라고 생각한다고 말했다.[43] 이 문제를 두고 도움이 절실

41 1928. 6. 26, 라과디아 문서.
42 *Ibid.*, 1928. 7. 12.
43 *Ibid.*, 1928. 7. 12.

했던 라과디아는 오랜 친구인 노동자지의 편집자 에드워드 키팅에게 다음과 같은 편지를 보냈다 :

> 의회가 여러 차례 거부했음에도 불구하고 이민자 등록 제도를 시행하겠다는 것은 제조업 협회의 음모에 불과하며, 노조에 가입하지 않으면 채용할 수 없도록 한 클로저드 샵 제도를 무너뜨려 값싼 노동력을 확보하고 노동자들을 상시적으로 협박하려는 수단에 불과하다.[44)]

데이비스는 이 제도는 이민자들 자신에게 유리한 것이며, 불법적인 이민을 막고자 하는 의도밖에 없다며 강행하려 했다.

1924년 법은 체류 외국인의 출신국가를 기준으로 하는 것이 아니라 전체 인구의 출신국가를 기준으로 하고 1927년부터 시행하겠다는 내용을 담고 있었다. 라과디아와 이민 제한 법을 반대하는 의원들은 "출신국가"라는 기준을 물고 늘어져 이념적인 공격을 퍼부었다. 커런트 히스토리(*Current History*)지는 1928년 11월 호에서 "출신국별 쿼터제도"란 제목으로 서로 대립하는 작가 데이비드 오어보우와 라과디아의 기고문을 실었다. 오어보우는 다음과 같이 경고했다 :

> 우리는 지금 여기서 허리띠를 졸라매고 싸울 준비를 해야 합니다. 위기가 눈앞에 와 있습니다. … 이민 제한이라는 방벽을 지키지 못하면 미국은 동화되지 않고 조화를 이루지도 못하는 인종이 섞여드는 것을 막을 능력이 없음을 노출하

44 *Ibid.*, 1928. 7. 13.

게 될 것입니다. 과거의 위대한 국가들이 쇠퇴하고 멸망한 원인이 바로 이것입니다.

라과디아는 이 계획이 "증오심을 먹고 자란 편협한 사고가 만든 작품"이라고 반박했다. 뉴욕 월드지도 새로운 제도를 비판하며 이렇게 썼다 : "이 제도의 과학적 근거는 모호한 반면 혼란과 불편, 인종적 갈등과 질시가 부활하는 원인이 될 것임은 분명하다."[45] 이민을 급속히 줄이자는 정책을 지지하는 사람들조차도 이 법의 실효성에 대해서 의문을 가졌다.[46]

출신국별 쿼터 배분 계획은 2년 동안 연기되었지만 쿼터제 실시를 요구하는 압력은 더욱 거세졌다. 소수의 인기 없는 인권운동 단체들이 이런 압력에 맞서 싸울 때 부유하고 힘 있는 단체들은 법의 시행을 요구하는 편지와 전보의 포화를 의회를 향해 퍼부었다. 재향군인회 전국 의장 폴 맥너트는 1929년 초에 상원과 하원의 핵심 인물들에게 편지를 보내 재향군인회는 출신국별 쿼터제가 7월 1일 이전에 실시되기를 원하며, 이 요구는 재향군인회 대의원 1천 명이 모인

45 1929. 4. 25.
46 상무성 장관 허버트 후버는 1890년 인구조사를 쿼터의 기준으로 하는 안을 선호했다[마이어스(William Starr Myers)와 뉴턴(Walter H. Newton), *The Hoover Administration*(뉴욕, 1936), 376]. 쿼터 배분을 결정하기 위해 설치된 위원회의 위원이자 내각 구성원인 제임스 데이비스, 프랭크 켈로그(Frank Kellog), 후버는 대통령에게 제출한 위원회의 보고서에서 "우리의 견해로는 기준으로 활용되는 통계적 · 역사적 정보는 이런 계산 전체의 신뢰성과 의도하는 목표의 기초로서 심각한 의문을 제기한다"고 말했다[*Current History*, XXIX(1928. 11), 223-230].

대회에서 만장일치로 가결되었음을 강조했다.[47] 1929년 후버 대통령은 출신국별 쿼터제의 시행을 명령했다. 라과디아는 1920년대의 토착주의 물결을 거슬러 헤엄치느라 힘을 쏟았으나 역부족이었다.

47 1929. 2. 19, 라과디아 문서.

Chapter. 8

빨갱이 사냥이란 유산

제1차 세계대전으로 생겨난 반급진파 히스테리는 종전이 되어도 사라지지 않았다. 1920년대에 미국이란 뜰에는 "애국"단체의 꽃이 만발했다.[1] 이 시대는 교과서 숙청, 교사의 충성서약, KKK 활동, 시민의 자유를 제약하는 법원의 결정이 봇물을 이룬 때였다. 로버트 머레이(Robert K. Murray)는 20년대는 전후 '빨갱이 소동'의 찌꺼기인 "사상적 일치의 강요, 조직 노동자에 대한 의심, 체류 외국인에 대한 불관용, 소비에트 러시아에 대한 증오"가 넘쳐난 시대라고 요약했다.[2] 이 모든 것들의 정점은 미국 역사에서 가장 높이 평가받는 인권운동의 사례이면서 동시에 토착주의, 반급진주의, 살인, 위증이 기묘하게 뒤섞인 한 편의 희극인 사코-반제티 사건이라 할 것이다.

1920년대 중반에 "100% 미국인들"이 작성한 공격대상 인물 명단에서 피오렐로 라과디아는 돋보이는 자리에 이름이 올라 있었다.[3]

1 로버트 머레이, *Red Scare : A Study in National Hysteria*(미네아폴리스, 1955), 264.

2 *Ibid.*

라과디아는 이민 제한을 철폐하려 줄기차게 노력했을 뿐만 아니라 이 시대를 휩쓴 호전적 애국주의, 반급진주의, 반흑인 정서의 희생자들 곁에는 언제나 그가 있었다. 그는 애국주의와 번영이라고 하는 위선의 배합을 꿰뚫어 보았고, 20년대의 함성 속에는 풍요로움에 따라오기 마련인 자연스러운 환호뿐만 아니라 불만을 가진 사람들의 항의의 목소리를 지워버리려는 계산된 소음도 들어 있음을 간파했다.

표현의 자유에 대한 라과디아의 관심은 그가 의회에 처음으로 진출한 첫 달에 방첩법의 제정에 반대한 데서 분명하게 드러났다. 뉴욕 시의회 의장으로 있을 때는 뉴욕 주의회가 러스크법(Lusk Act)을 적용하여 사회당 의원들을 추방하자 강력하게 항의했다. 1922년 의원 선거 때는 뉴욕 주의회가 통과시킨 영화검열법을 비난하는 글을 이브닝 저널에 기고했다. 이 기고문에서 라과디아는 이후 의회활동을 통해 일관되게 지켜나간 인권에 대한 자신의 입장을 밝혔는데, 그것은 표현의 자유의 "경제학적 해석"이라고 부를 수 있을 것이다. 다시 말해 라과디아는 이단자의 인권과 경제적 불평등 사이에는 뗄 수 없는 관계가 있다고 보았다. 경제적 불평등을 제거하기 위해서는 인권의 보호가 필수적이었다. 그는 다음과 같이 썼다 :

> 검열제도는 억압의 시녀이다. 검열제도는 생각을 제어하는 수단이며 … 모든 검열제도는 불공정한 경제적 조건에 맞서는 사상의 교환과 항의의 표현을 좌절시키려는 목적을 가진 사람들이 언제나 유용하게 이용해 왔다.[4]

3 햅굿(Norman Hapgood) 편저, *Professional Patriots*(뉴욕, 1927), 197.
4 뉴욕 이브닝 저널, 1922. 8. 3.

영화 검열제도의 진정한 목적은 중요한 경제현실을 폭로하는 영화의 제작을 막는 데 있다고 그는 주장했다 :

> 수백만의 미국인들에게 이 나라가 생산하는 식량의 양과 소수가 그것을 독점하여 창고에 쌓아놓고 값이 오르도록 조작하는 실상을 영화로 보여준다고 생각해 보자. 가격이 어떻게 인위적으로 결정되는지, 수많은 사람들이 일용할 최소한의 양식도 구할 수 없는데 품질 좋은 식량이 얼마나 많이 썩어 없어지는지를 영화를 통해 알게 된다고 생각해 보자. 석탄의 생산과 소비과정을 보여주는 영화를 생각해 보자. 석탄은 어디서 누가 캐내어 어디로 운송되는지, 얼마나 많은 부분이 그것을 생산한 노동자의 몫으로 돌아가고 얼마나 많은 부분이 그것을 생산하는 데 노동으로나 그 어떤 방식으로든 아무런 기여를 하지도 않았고 광산으로부터 수천 마일 떨어진 곳에서 아무런 위험도 겪지 않았던 사람들의 몫으로 돌아가는지를 영화가 가르쳐 준다고 생각해 보자. 대중을 착취하여 이익을 보는 사람들이 지배하는 소수의 집회에서 어떻게 공직자가 뽑히는지를 보여주는 영화를 생각해 보자.

라과디아는 주의회에서 교사들의 충성심을 검증하는 법안이 통과되자 분노했다. "어떤 시민도 자신의 정치적 신념이나 경제문제에 관한 인식이나 필요한 정부 개혁방향에 관한 견해를 검증받도록 강요당해서는 안 됩니다. … 교사 한 사람은 장성 세 사람이나 장관 두 사람보다 더 가치 있는 존재입니다."[5]

그로부터 몇 년 후, 제69대 의회가 워싱턴 D.C. 지역의 학교에

5 *Ibid.*, 1922. 8. 22.

산 법안을 심의할 때 텍사스 출신의 블랜튼 의원이 이렇게 발언했다 : "여러분들이 아들을 대학에 보낼 때 미국의 대학에서 무엇을 가르치고 있는지 미리 알아보시라고 말씀드리고 싶습니다." 라과디아는 자리를 박차고 일어나 다음과 같이 반박했다 :

> 정치사나 행정제도를 배울 때 정부에 대해 비판적인 생각을 갖는 것은 당연합니다. 우리 정부의 형태를 비판하는 것이 중대한 범죄행위가 된다면 에이브러햄 링컨도 유죄일 것입니다. … 우리는 정부가 내세우는 이론을 묵묵히 추종할 수는 없습니다. … 시대가 바뀌면 우리의 정부도 바뀌어야 합니다. … 지금은 사상이나 그 어떤 것에 대해서도 불관용의 물결이 휩쓸고 있는 것 같습니다. … 우리 아이들은 학교에서 안전합니다. 아이들은 학교에서 생각하는 법을 배우고 있습니다. 그들이 자라나면 정부를 감독할 수 있을 것이고, 변화된 환경에 맞는 법과 삶에 필요한 좋은 것들과 행복을 보다 평등하게 분배하는 법을 만들 것입니다.[6)]

라과디아는 대중도 의원인 자신과 마찬가지로 현존하는 경제제도를 비판할 수 있는 권리를 가져야 한다고 주장했을 뿐만 아니라, 자유롭게 자신이 동의하지 않는 사람의 의견을 표시할 권리도 옹호했다. 뉴욕 시 세입세출이사회에서 라과디아의 옛 적수였던 찰스 크레이그가 연방법원 판사의 행태를 비난했다가 바로 그 판사로부터 60일간의 구금형을 선고받았다. 이 사건은 대법원에까지 올라갔다. 대법원장 태프트가 원심판결을 지지하는 다수의견을 썼고 홈즈 판

6 의회 의사록, 69 : 1, 1926. 3. 16, 5748.

사와 브랜다이스 판사는 소수의견을 냈다. 라과디아는 즉각 일어나 크레이그를 옹호했다. 그는 크레이그 판결의 집행을 막는 법안을 하원에 제출하겠다고 선언했다. 시정부의 관리는 법원을 자유롭게 비판할 수 있어야 한다고 그는 주장했다.[7] 이와 유사한 사건으로서 국무장관 켈로그가 영국의 공산당 소속 의원 샤푸르지 사크라트발라의 미국 입국을 거부하자 라과디아는 프랭크 월쉬, 새뮤얼 운트마이어와 손잡고 입국금지 조치를 철회하라고 요구했다. 그는 켈로그의 결정을 "어리석은 사람이 저지른 어리석은 행동"이라고 불렀다.[8]

제1차 세계대전 종전 후 미국에서 새로 결성된 수많은 애국주의 단체 가운데 하나가 세계대전 참전기사단(Military Order of World War)이었다. 1927년, 맨해튼의 스타이브샌트 고등학교에서 열린 미국시민자유연맹(American Civil Liberty Union) 집회의 연설내용을 둘러싸고 라과디아와 기사단이 정면으로 부딪쳤다. 라과디아는 이 집회의 연사 가운데 한 사람이었다. 시민자유연맹은 공립학교를 집회장소로 사용하기 위해 교육위원회를 상대로 1년 동안이나 싸움을 벌였다. 시민자유연맹 의장인 유니언 신학대학장 해리 워드가 집회를 시작하면서 이 사실을 공개한 후 첫 연사인 개신교 목사 찰스 래스럽을 소개했다. 등단한 래스럽은 청중에게 다음과 같이 말했다 :

> 사람들이 뉴욕 시에서 어떻게 살아가는지를 생각할 때면 나는 마음이 아픕니다. 내가 이따금씩 방문하는 한 가정은 작은 방 네 개짜리 월세 아파트에서

7 뉴욕 타임스, 1923. 11. 20.
8 *Ibid.*, 1925. 9. 29.

부부와 어린 세 아이가 함께 삽니다. 나는 이 가정을 방문할 때마다 … 세상이 잘못되었다고 느낍니다. … 아버지는 가족을 부양할 만큼 돈을 벌려고 애쓰고 있습니다. … 이런 가정을 볼 때 나는 탄광지역의 주택을 떠올리면서 그 집들과 탄광 소유주가 사는 궁궐 같은 진짜 이탈리아식 저택을 비교하지 않을 수 없습니다. … 나는 건강하게 살 수 있을 만큼 밝고 신선한 공기가 들어오는 깨끗한 집이 더 많아지기를 바랍니다. 나는 결혼하는 부부가 그들 자신을 위해서 뿐만 아니라 태어날 아이들을 위해서도 충분한 방이 있는 그런 집을 갖기를 바랍니다.[9]

세계대전 참전기사단은 배포한 보도자료에서 래스럽의 연설을 인용하면서 대문자로 된 논평을 덧붙였다 : **"계급의식을 고취하고 책임을 개인에게 돌리기보다는 '사회제도'를 탓하는 사회주의의 교리에 주목해야 한다."**[10]

라과디아는 이 집회에서 최근 대법원의 사법적 심사 사례를 지적했는데, 기사단은 그의 연설내용도 주목해야 한다며 역시 대문자로 된 논평을 붙였다 : **"대법원과 헌법에 대한 공격, 표현의 자유와 특히 '정부의 위원회 형식'을 강조한 점에 주목해야 한다. 그가 말한 위원회 형식은 소비에트 러시아가 채택한 인민위원회 방식과 유사하다."** 시민자유연맹의 간부 모리스 에른스트(Morris L. Ernst)에게 보낸 편지에서 라과디아는 자신의 발언에 대한 왜곡을 지적하고 다음과 같이 말했다 :

9　세계대전 참전기사단이 배포한 보도자료, 1927. 6, 라과디아 문서.
10　*Ibid.*

> 나의 발언을 발췌하고 편집하여 연역적으로 추론한 인물은 예술적인 경지에 이른 거짓말쟁이일 뿐만 아니라, 이렇게 말해도 되는지 모르겠지만, 솔직하고 냉정함이 특징인 군대식 용어를 사용하여 명쾌하게 표현하자면 일상에서 늘 만나는 그저 그런 개자식일 뿐입니다. 내 생각이 충분히 전달되었기를 바랍니다.[11]

이 시기에 사코-반제티 사건이 점차로 전국적인 관심을 모아갔다. 사코-반제티 변론위원회가 라과디아에게 접촉해 왔을 때 "숙련된 제화공"인 사코와 "가난한 생선행상" 반제티는 2년 동안이나 감옥에 갇혀 있었다(두 사람은 1921년에 저지른 무장강도와 살인혐의로 매사추세츠 주 데드햄의 법정에서 타이어 판사로부터 유죄판결을 받았다). 라과디아는 공판에서 두 사람을 변론했던 무어 변호사와 얘기를 나눈 후 보스턴으로 날아가 반제티를 만났다. 그는 반제티의 태도가 혼란스러움을 알았다. 훗날 그는 이날의 면담에서 반제티는 방 안을 왔다갔다하면서 그와 그의 친구에게 씌어진 "계급전쟁"의 혐의를 부인하는 말만 했기 때문에 진실된 정보를 얻을 수 없었다고 말했다.[12] 여

11 *Ibid.*, 1927. 6 ; 또한 뉴욕 타임스, 1927. 6. 10.을 보라.

12 쿠에노(Ernesto Cuneo), *Life With Fiorello*(뉴욕, 1955), 107은 이렇게 기록하고 있다 : "나는 라과디아에게 사코-반제티 사건에서 적극적인 역할을 맡은 적이 있느냐고 물었다. … 그는 감옥으로 가 두 사람을 만나 얘기를 들은 적은 있지만 그의 질문에 대한 직접적인 답변은 듣지 못했다고 말했다. 그는 사코가 감방의 창살을 붙잡고 그의 뒤쪽을 노려보면서 이런 말을 되풀이 했다고 묘사했다 : '세상은 나의 피로 깨끗해질 거야.' 이때의 일은 라과디아에게 즐겁지 않은 추억임이 분명했고, 그래서 나는 이 일을 다시는 묻지 않았다."

하튼 라과디아는 두 사람이 공정한 재판을 받지 못했음을 확신하게 되었고, 그래서 새로운 증거를 기초로 재심을 요구하는 서류를 작성하는 일을 돕기로 약속했다.[13] 새로운 공판을 요청하는 재정신청은 결국 타이어 판사에 의해 기각되었고, 유죄판결 이후 제출되었던 다른 세 건의 재정신청도 기각되었다.[14] 1926-1927년에 셀레스티노 마데이로스란 인물의 자백을 바탕으로 새로운 공판을 열어줄 것을 요구했으나 처음에는 타이어 판사에 의해, 다음에는 매사추세츠 주 대법원의 결정에 의해 기각되었다. 1927년 4월, 두 피고에게 사형이 선고되었다.

형 집행일이 8월로 확정되자 전국은 흥분과 분노한 여론으로 들끓었다. 외국의 저명인사들이 이 사건은 외국인이며 아나키스트인 두 사람을 겨냥한 보복행위라며 항의운동을 시작했다. 7월, 사면권 행사를 요구하는 압력에 시달리던 매사추세츠 주지사 풀러(Fuller)는 이 문제에 대한 결정을 도와줄 자문위원회를 구성하고 저명인사들을 위원으로 지명했다.[15] 풀러 지사의 정의감을 믿었던 라과디아는

13 라과디아가 제시하려고 했던 자료는 이런 것들이었다 : 검찰 측이 제시한 두 목격자의 증언을 부정하는 증거, 사코와 반제티는 무장 강도행위를 하지 않았다는 한 현장 목격자의 증언, 검찰 측의 핵심 증인인 카를로스 굿리지는 실제로 경찰의 수배를 받고 있는 범죄자였고, 검찰에서 증언하던 그 시점에는 두 차례나 유죄판결을 받은 적이 있는 범죄자였다는 사실의 폭로, 경비원을 죽였다는 총알이 사코의 총에서 발사된 것이 아님을 밝혀줄 수 있을 것으로 믿어지는 현미경 사진(보도자료, 1923. 6. 11, 라과디아 문서).

14 주긴(Louis Joughin)과 모건(Edmund M. Morgan), *The Legacy of Sacco and Vanzetti*(뉴욕, 1948), 3-25.

15 브라운(Haywood Broun)은 후에 한 칼럼을 통해 저널리즘 역사에 있어서 고전으로 평가받는 통렬한 비판의 글을 남겼다 : "만약 이것이 사형(私刑)이라면 생선행상과 그의 직공 친구는 최소한 자신들이 만찬예복을 입은 사

"그는 편협과 편견으로부터 자유로운 사람이며 공정하고도 완벽하게 조사할 것"이라고 말했다.[16)]

결국 풀러 지사는 위원회의 권고에 따라 선고의 변경을 거부했다. 마지막 순간에 재판관할권을 판정해달라는 요청도 연방법원에서 기각되자 형 집행일을 불과 며칠 남겨두고 사코와 반제티의 변호인들은 여론을 불러일으키려는 필사적인 노력을 기울였다. 긴장은 거의 폭발 직전이었다. 경찰은 특별대를 조직하여 지하철, 철도, 기선 터미널을 감시했다. 주요 건물 주변과 주요 공직자들의 집에는 특별 경비대가 배치되었다. "아퀴타니아" 호를 타고 이탈리아에서 오는 반제티의 여동생이 도착하는 맨해튼의 웨스트 14번가 부두에는 정복을 입은 경찰 분견대가 파견되었다. 라과디아는 처형 전날 밤 맨해튼의 커뮤니티 처치에서 열리는 사회주의자들이 조직한 항의 집회에서 연사로 나서기로 동의했다.[17)] 집회가 열렸고, 연사들의 연설 후 폭력사태는 발생하지 않았으며, 청중은 조용히 해산했다. 1927년 8월 23일, 자정이 몇 분 지난 시각에 사코와 반제티는 전기의자에 앉았다.

장례위원회가 구성되었고, 사코와 반제티의 유골을 운반하는 장례행렬이 맨해튼을 지나갈 계획이었지만 경찰국장 워렌이 "불충

람들과 학위복을 걸친 사람들의 손에 목숨을 빼앗긴다고 그들의 영혼을 위로할 수 있을 것이다."

16 뉴욕 월드, 1927. 7. 8. 이 사건을 자세히 연구한 한 학자는 라과디아는 풀러 지사가 빅터 버거와 그 밖의 진보주의자들에게 강한 반감을 갖고 있다는 점을 깨달았어야 했다고 지적했다(주긴과 모건, *op. cit.*, 299).

17 뉴욕 이브닝 그래픽, 1927. 8. 19.

분한 정보"를 근거로 집회허가를 거부했다. 라과디아는 장례위원회의 두 위원에게 편지를 써주었고, 이들은 편지를 경찰국장에게 전달했다. 편지는 라과디아가 동원할 수 있는 가장 고상한 단어를 동원하여 경찰의 태도를 비꼬았다 :

> 찰스 해리슨 씨와 클라리나 미첼슨 여사 두 분을 소개드리기 위해 이 편지를 쓰는 바입니다. 두 분은 사코와 반제티의 유골을 모실 장례식 준비를 맡고 계십니다. 알고 계시리라 믿습니다만, 루이기아 반제티 양이 오빠 되시는 분의 유골을 이탈리아로 모시고 갑니다. 반제티 양이 고향으로 돌아가자면 당연히 뉴욕을 거쳐 가야 합니다. 저는 확신합니다만 어떤 형태, 어떤 방식, 어떤 모양이든 최소한의 무질서도 발생하지 않을 것입니다. 저는 사람들의 정서를 어느 정도는 알고 있다고 믿으며, 장례절차가 목적에 맞게 엄숙하고 예의바르게 진행될 것임을 귀하께 보장해 드릴 수 있습니다. 이런 집회의 허가를 거부하신다면 뉴욕 시의 전체 시민들뿐만 아니라 전 세계의 시민들로부터도 오해를 사실 것입니다. 이 일에 관하여 귀하께서 호의적인 배려를 해주실 것으로 확신합니다.[18]

회신은 수석 감찰관 라헤이의 이름으로 작성되었다 : "바르톨로메오 반제티의 유골을 운반하는 애도자들의 행진은 월요일은 물론 다른 요일에도 뉴욕의 시가지를 지나갈 수 없습니다."[19] 사코-반제티 사건은 표면상으로는 이렇게 끝났다.

사코-반제티 사건을 처리하면서 깊은 절망을 맛본 후에도 라

18 뉴욕 타임스, 1927. 8. 27.
19 뉴욕 데일리 뉴스, 1927. 8. 27.

과디아는 이단자들의 권리가 손상을 입는다고 생각되는 일이 있을 때마다 계속하여 목소리를 높였다. 그는 1928년 말에 필라델피아에서 열린 미국 정치 및 사회과학학회(American Academy of Political and Social Science)의 모임에 초청받아 참석했다. 그는 "미국의 표현의 자유"라는 주제로 토론을 이끌면서 표현의 자유라는 절차적 권리와 세계 평화라는 실제적 이슈가 긴밀한 연관성을 갖고 있음을 강조했다 :

> 우리 공화국의 미래를 위해서 표현의 자유를 제약해야 한다면 우리에게 미래는 없습니다. 공직자를 비판할 수 있는 권리는 그것 자체로서 건전할 뿐만 아니라 공화국을 위해서도 필요한 것입니다. … 전쟁은 어리석은 짓이고, 불필요하며, 전쟁은 잔인한 것이라고 말할 권리가 내게 없단 말입니까? 평화운동을 반대하는 사람이 있다면 내게 데려 오십시오. 그러면 그 사람은 전선으로부터 100마일 이내에는 있어본 적이 없음을 증명해 보이겠습니다. 군비축소를 반대하는 사람이 있다면 내게 데려 오십시오. 그러면 내가 전쟁 모리배들을 보여주겠습니다.[20]

1929년 여름, 대법원은 미합중국을 방위하기 위해 무기를 들겠다는 서약을 거부한 로시카 슈빔머에게 시민권을 거부한 정부의 조치는 정당하다고 결정했다.[21] 라과디아는 그녀가 자신의 사상을 표현할 수 있는 권리를 옹호했을 뿐만 아니라 그 사상 자체의 정당성을 지지했다. 뉴욕 이브닝 그래픽지에 기고한 글에서 그는 다음과 같

20 뉴욕 타임스, 1927. 11. 17.
21 슈빔머 대 미합중국, 279 U. S. 644(1929).

이 말했다 :

> 로시카 슈빔머는 미국 시민이 될 수 있는 특권을 거부당했습니다. … 군수품 제조업자들, 전쟁 모리배들, 직업적 호전주의자들은 그녀를 비웃겠지만 전쟁 모리배들의 이름이 20세기 범죄자들의 명부에 오를 때 그녀의 이름은 역사에 명예롭게 기록되어 미래 세대에게 전해질 것입니다. 미합중국 대법원은 로시카 슈빔머 양이 다른 사람을 죽이기 위해 수류탄을 던지거나 다른 인간의 신체를 총검으로 찌르겠다는 서약을 거부했기 때문에 미국 시민이 될 자격이 없다는 연방판사의 결정을 지지했습니다.[22]

그는 이 기회를 이용하여 불과 몇 달 전에 미국의 주도로 40개국이 국가 정책으로서의 전쟁을 부정하는 켈로그-브리앙 조약(Kellog-Brian Pact)에 서명한 사실에 비추어 볼 때 법원의 결정이 얼마나 모순된 것인지를 지적했다.

1920년대의 불관용은 상당부분이 흑인들을 직접 겨냥하고 있었다. 1915년에 조직을 재정비한 KKK단은 1920년 이후로 강력한 세력이 되었고, 20년대 중반에 이르자 4, 5백만 명의 미국인이 가입한 것으로 알려졌다.[23] 제1차 세계대전이 끝날 무렵 이 단체는 "본토박이 백인 기독교도들이 단결하여 미국적 제도와 백인종의 우월성을 보존하기 위해 일치된 활동을 추구하는 것"이 목표라고 선언했다.[24]

22 이브닝 그래픽에 게재된 일자불명 칼럼의 사본, 1929. 6, 라과디아 문서.
23 슬로슨(Preston Slosson), *The Great Crusade and After, 1914-1928*(뉴욕, 1930), 307-308.
24 프랭클린(John Hope Franklin), *From Slavery to Freedom*(뉴욕, 1956), 471.

1919년 후반에 미국을 휩쓴 인종폭동의 광기 속에서 최소한 70명의 흑인이 린치를 당했다. 1925년, 디트로이트에서는 백인 거주지역으로 이사온 흑인 의사의 집을 공격하는 과정에서 살해당한 백인의 살인범에 대한 재판으로 온 도시가 들끓고 있었다. 많은 흑인들은 민주주의를 지킨다던 전쟁도 차별과 분리와 폭력을 종식시키지 못한 슬픈 현실을 지적했다.[25]

피오렐로 라과디아는 하원 발언대에서 토착주의자들의 국외 출생자들에 대한 공격을 여러 차례 비난했듯이 반흑인 정서에 대해서도 그때 못지않게 날카로운 반응을 보였다. 1928년 여름, 의회는 워싱턴 D.C.의 하워드 대학교에 대한 예산배정 문제를 두고 논쟁을 벌이고 있었다. 이 학교는 해방노예국이 1867년에 설립한 흑인 대학으로서 설립 이후로 연방정부의 예산지원을 받아왔다. 남부 중심지역 출신의 몇몇 의원들이 예산배정에 반대 의견을 밝혔다. 미시시피 출신의 로우리 의원은 하워드 대학에 대한 연방정부의 지원이 정당화될 수 있는 사유가 있는지 의심스럽다고 발언했고, 앨라배마 출신의 아먼 의원은 법안이 "차별적"이라고 주장했다. 사우스캐롤라이나 출신의 존 맥스웨인 의원은 흑인을 위한 고등교육에 의문을 표시했다. 그는 이렇게 말했다 : "유색인종이 운동에서 뛰어나야 한다면 그건 쉽게 이해할 수 있습니다. 그런데 지금 여기서 우리가 논하고 있는 것은 두뇌교육입니다." 다른 의원들은 흑인 유권자들이 이 법안을 통과시키라고 의원들에게 과도한 정치적 압력을 가하고 있다고 비난했다. 이 때문에 라과디아는 논쟁에 뛰어들었다. 그는 정치적 압력이

25 *Ibid.*

분명히 개입되어 있으며, 그래서 기쁘다고 반박했다. 그는 다음과 같이 말했다 :

> 유색 시민들에게 주는 나의 충고는 정치에 개입하라는 것이며, 그래야만 헌법에 따라 보장된 그들의 권리를 온전하게 찾을 수 있다는 것입니다. … 이론적인 평등만으로는 충분하지 않습니다. … 유색 시민들이 압력을 가한다고 비난할 것이 아니라 그들을 찬양해야 합니다. 그들은 그것을 백인들에게서 배웠을 뿐입니다. 지금의 경우 정치적 압력은 고결하며, 유용하고 이타적인 목적을 위해 행사되고 있습니다.[26)]

일부 의원들의 반흑인 정서가 다시 한 번 공개적으로 드러나는 사건이 일어났다. 1929년 봄, 시카고에서 새로 당선된 오스카 드프리스트(Oscar De Priest) 의원이 의사당에 들어올 준비를 했다. 몇몇 남부 출신 의원들이 흑인 의원의 사무실이 그들의 방 옆에 배치되는 것을 불쾌하게 느낀다는 뜻을 밝혔다. 라과디아는 즉각 니컬러스 롱워스에게 전문을 보내 이렇게 말했다 : "그가 내 옆방으로 왔으면 좋겠습니다."[27)]

라과디아가 1929년 뉴욕 시장 선거의 후보로 거론될 때 할렘의 흑인 유권자들은 이 일을 기억하고 있었다. 그는 132번가 베스-엘 아프리카계 감리교회에서 열린 집회에 연사로 초청받았고, 이 기회를 이용하여 태머니가 인종차별주의를 옹호한다고 준엄하게 꾸짖

26 의회 의사록, 69 : 1, 1926. 7. 1, 12585.
27 뉴욕 이브닝 저널, 1929. 4. 10.

었다. 그는 또한 연방판사 마르티노를 비판하는 발언을 했다. 마르티노는 아칸소 주 출신으로서 뉴욕을 관할하는 연방판사였는데, 한 주 전에 브루클린 법원의 배심원단이 흑인 피고를 석방하자 이를 비난했다. 라과디아는 흑인이 대부분인 청중을 향해 이렇게 말했다 : "우리는 짐 크로우[28]법이나 짐 크로우 판사가 이곳에 있는 것을 용납하지 않을 것입니다. 이 땅의 민주주의와 평등한 기회보다는 KKK단의 정신이나 변경 주민들의 무지를 더 신뢰하는 어떤 판사나 공직자도 이곳에 있어서는 안 됩니다."[29] 청중은 라과디아에게 박수보다 더 귀한 것—그의 시장출마 지지로 보답했다.

28 짐 크로우(Jim Crow)는 풍자극의 흑인 주인공 이름이다. 1876년 이후부터 민권법이 발효된 1965년 이전까지 제정되고 시행된 흑인차별법을 통칭하여 짐 크로우법이라고 한다. **역자 주**

29 뉴욕 타임스, 1929. 7. 29.

Chapter. 9

새로운 외교정책을 지향하다

1920년대에 라과디아가 도시 이민자 집단의 배경을 가지고 토착주의를 거부함으로써 진보운동과 '뉴딜' 사이에 가교를 놓았다고 한다면, 다른 한편으로는 라틴아메리카에 대한 "선린"정책과 유럽문제에 대한 적극적인 개입이란 면에서 프랭클린 루즈벨트 외교의 선구자이기도 했다.[1] 그는 달러를 배경으로 한 것이든 총검을 직접적인 수단으로 한 것이든 라틴아메리카에서의 경제적 제국주의를 반대했고, 미국이 지구의 다른 곳(특히 아일랜드)에서 벌어지는 해방운동을 지원하라고 촉구했으며, 전쟁을 예방하는 목적이라면 모든 국제조약에 빠짐없이 참여해야 한다고 강력하게 주장했다.

1920년대 미국의 "고립주의"는 20년대의 "번영"과 마찬가지

1 루벨, *op. cit.*, 140–141은 제1, 2차 세계대전 사이의 "좌파 경제학과 고립주의의 동맹"에 관해 언급하고 있다. 루벨은 "고립주의"라는 용어의 타당성에 대해 유보적인 입장을 갖고 있다. 그의 연구에 의하면 일부 진보파 정치인들이 고립주의적 노선을 추구했던 것은 사실이지만 라과디아는 그런 사람들과는 달랐다고 한다. 이것은 다른 분야에서도 그랬지만 진보운동은 "획일적"이지 않았으며, 따라서 운동의 구성요소를 자세하게 분류해 보아야 함을 암시한다.

로 지나치게 과장되어 온 면이 있다. 이 시기를 연구하는 학자들은 미국이 국제연맹과 국제재판소 가입을 거부한 점에 주목해 왔다.[2] 그러나 사실 미국은 제1차 세계대전을 통해 공업과 금융의 세계적 지도자로 떠올랐고, 따라서 각종 조약의 가입 여부에 관계없이 세계 경제에서 핵심적인 역할을 하게 된다.[3] 미국은 석탄, 석유, 선철의 세계 최대생산국이었고, 대부분의 유럽국가가 미국의 채무국이었으며, 미국이 투자한 기업은 세계 도처에 널려 있었다. 미국의 경제적 국수주의—미국은 전시채무의 상환을 요구하고[4] 관세장벽을 높이 쌓았다—는 고립주의의 반영이 아니라, 민주주의의 이상보다는 현금회수를 최고 가치로 하는 대외개입이란 행동준칙을 실행한 것에 지나

2 윌리엄스(William A. Williams), "The Legend of Isolationism in the 1920's", *Science and Society*, XVIII(1954년 겨울호)의 논지는 "1920-1942년의 미국 외교의 특징은 고립주의와는 한참 거리가 있는 다른 나라의 사태에 대한 분명하고도 확장된 개입(간섭)"이란 것이다. 그는 롯지와 보라 같은 국제연맹 가입 반대론자들의 논거는 고립주의가 아니라고 주장한다. 외교정책을 연구하는 학자들은 대체로 1922년의 워싱턴 군축회의의 반고립주의적 성격을 과소평가해 왔다. 그러나 찰스 에반스 휴즈(Charles Evans Hughes)의 전기 작가는 워싱턴 회의가 "미국이 베르사이유 조약의 비극적인 와해 이후 처음으로 국제회의에 복귀한 사례"라고 믿고 있다[퓨시(Merlo J. Pusey), *Charles Evans Hughes*(뉴욕, 1951), 522].

3 덜레스(Foster Rhea Dulles), *America's Rise to World Power*(뉴욕, 1954), 128은 이렇게 표현하고 있다 : "하딩 대통령이 '국제주의'를 혹평했다고 해서 미국이 새로운 강대국으로 떠오른 의미가 일소되는 것은 아니다."

4 1920년대를 통틀어 국무성은 민간부문의 타국에 대한 대부에 강한 영향력을 행사했는데, 주목적은 전쟁채무의 상환을 압박하는 것이었지만 어떤 지역(예컨대 카리브 해)에서는 "정치적 안정"을 확보하는 것이 목적이었다. 페이스(Herbert Feis)는 이 시기 외교정책의 특징을 이렇게 요약하고 있다 : "우리는 쪼들리는 전 세계를 상대로 은행가 역할을 했다. 민간자본이 금고노릇을 맡았고 미국 정부는 대출업무를 관리했다" [*The Diplomacy of the Dollar, 1919-1932*(볼티모어, 1950), 4-25].

지 않았다.

윌슨은 민족자결을 주장했지만 미국은 버진 제도를 전쟁 중에 사들이고, 쿠바에서는 해군기지를 획득했으며, 파나마공화국·니카라과·아이티·도미니카공화국 같은 나라들을 "사실상의 보호령"으로 통제하는 등 카리브 해의 패권국이 되었다.[5] 뿐만 아니라 극동에서 미국의 영향력은 알류샨 열도에서 시작하여 하와이를 거쳐 서태평양을 건너 필리핀에까지 미쳤다. 미국이 20년대에 정말로 "고립주의" 국가였다고 한다면 이 용어는 유럽과의 관계에 적용될 때만 의미를 가질 것이다.[6] 세계무대에서의 전반적인 위상으로 볼 때 미국은 1930년대 초에 라인홀트 니부어가 말했듯이 "서툰 제국주의"였다.[7]

이 시기에 라틴아메리카에서는 불개입을 주장하고 유럽에서는 개입을 요구했던 라과디아의 입장은 전통적인 "개입주의"와 "고립주의"라는 이분법적 관념으로는 쉽게 설명되지 않는다. 그는 과정이나 수단을 중시하지 않고 목적이 무엇인지에 관심을 가졌다. 그래서 그는 개입의 목적이 민주적인 독립국가를 만드는 것인지, 개별적인 사례마다 개입하거나 개입을 중단했을 때 그런 결과를 가져올 수 있는지를 엄격한 기준으로 삼았다.

라과디아가 제1차 세계대전 참전을 지지하고, 1917년에는 러

5 덜레스, *America's Rise*, 134.

6 이 경우에도 유럽에서는 미국의 행동을 요구하는 명백한 위기가 존재하지 않았다는 반론이 있을 수 있다. "개입"이란 상대적인 기준, 다시 말해 행동을 요구하는 위기의 정도와 관련지어서 보아야 보다 명확하게 이해될 수 있을 것이다.

7 "Awkward Imperialists", *Atlantic Monthly*, CXLV(1930. 5), 670–675.

시아의 혁명세력을 고무하고, 제1차 세계대전 중에는 중부 유럽의 혁명을 선동하려던 논거는 도덕적 개입주의였다. 이런 철학은 1920년대에 아일랜드에서 훌륭한 활동 근거를 찾아낸다. 1924년, 영국이 미국에서 출생한 아일랜드 민족운동 지도자 이먼 드 발레라(Eamon de Valera)를 투옥하자 그는 "문명사회에서" 재판 없이 드 발레라를 투옥한 행위는 "도덕과 관습에 반할 뿐만 아니라 자유를 사랑하는 사람들의 희망에 반하는 것"이라는 결의안을 하원에 제출했다. 그는 국무성이 영국 정부에 항의할 것을 요구했다.[8] 미국 전역에서 열린 아일랜드공화국의 승인을 촉구하는 미국인협회라는 단체의 대중 집회에서 보낸 감사 전보가 라과디아에게 몰려왔다. 뉴욕 주 로체스터에 살고 있던 드 발레라의 어머니는 라과디아에게 다음과 같은 편지를 보내왔다 :

> 존경하는 의원님. 나의 아들 이먼 드 발레라에게 보여주신 귀하의 자비에 감사의 인사를 드리지 않을 수가 없습니다. 내 아들이 감옥에서 쇠약해져 가고 있다는 의원님의 말씀은 맞습니다. 거기에 더하여 고문당하지 않기를 빌 뿐입니다. 불쌍한 나의 아들은 아일랜드를 사랑한 것 말고는 아무 짓도 한 게 없습니다. 의원님이 제출하신 결의안이 좋은 열매를 맺기 바랍니다. 가슴이 찢어지는 어미의 진심을 담아 의원님께 감사의 인사를 올립니다.[9]

8 하원 의사록, 208, 1924. 3. 5 ; 의회 연설문 복사본, 1924. 5. 21, 라과디아 문서.

9 1924. 3. 8, *ibid.*

이 어머니는 추신에 이렇게 썼다 : "당신은 사람다운 유일한 사람입니다."

몇 달이 지나도록 의회가 아무런 행동을 취하지 않자 라과디아는 다시 한 번 의회를 향해 이렇게 말했다 : "우리의 위대한 공화국은 독립을 얻기 위해 투쟁하는 사람들을 언제든지 도울 준비가 되어 있는 기록을 세계 역사에서 만들었습니다. 우리 미국인이 자유라는 대의에 동조하는 것은 어머니가 자식을 사랑하는 것만큼이나 자연스런 일입니다."[10] 할러데이 의원이 라과디아를 반박하고 나섰다. 두 의원 다음과 같은 설전을 벌였다 :

할러데이 의원 : 동료 의원께서는 미국 시민이 다른 나라로 가서 반란이나 내란을 선동하다가 그 나라의 대통령 후보가 되어 당선되든지 낙선하든지 간에 문제가 생겼을 때 미국 정부의 보호를 요구할 자격이 있다고 보십니까?

라과디아 의원 : 나는 … 외국의 압제를 타도하고 스스로 통치하려 한다면 세계 어느 곳에 있는 누구에게든지 지지를 보내는 것이 우리 의회가 해야 할 일이라고 생각합니다.[11]

국무성은 움직이지 않았다. 어쨌든 영국 정부는 드 발레라를 석방했으나 결국 1929년에 다시 투옥하게 된다. 라과디아는 뉴욕에서 열린 대규모 항의집회에 참석하여 다음과 같은 연설을 했다 :

10 의회 의사록, 68 : 1, 1924. 5. 21, 9119.
11 *Ibid.*

> 내가 오늘 밤 여러분과 함께한 것은 북부 6개 카운티밖에 지배하지 못하는 소위 아일랜드 "정부"가 인간의 존엄성을 무시하고 저지른 또 하나의 유린행위에 대해 항의하기 위해서입니다. … 자유에는 타협이란 것이 없습니다. … 아일랜드의 혁명가들과 내가 혁명가란 단어를 얼마나 사랑하는지 기억해 주십시오. 아일랜드의 혁명가들이 전쟁을 수행하기 위해 돈이 필요했을 때 미국의 민중은 호응했으며 … 이번에도 미국이 다시 한 번 호응하리라 확신합니다.[12]

아일랜드의 상황을 두고 큰 목소리로 항의했던 라과디아는 1922년에 권력을 잡은 이탈리아의 무솔리니 정권에 대해서는 그처럼 큰 목소리로 항의하지 않았다. 1920년대를 통틀어 많은 이탈리아계 미국인들이 총통의 민족주의에 호감을 가졌고, 그래서 뉴욕의 이탈리아계 사회는 파시스트 지지자파와 무솔리니 정부를 신랄하게 비난하는 파로 갈라졌다.[13] 라과디아는 이 시기에 자신의 입장이 무엇인지 분명하게 밝히지 않았다. 한 예를 들자면, 라과디아가 1924년에 드 발레라가 투옥되었을 때 보여주었던 강력한 관심은 같은 해에 이탈리아에서 사회당 소속 마테오티 의원이 살해되었을 때 보여준 태도와는 비견될 수가 없었다. 노먼 토머스는 "정치인으로서 라과디아는 이탈리아계의 표를 결코 잃고 싶지 않았고, 그렇기 때문에 기록을 살펴보면 이탈리아 파시즘을 진정으로 비난한 적이 한 번도 없다"

12 아이리쉬 월드, 1929. 2. 23, 라과디아 문서.
13 1927년 현충일에 뉴욕에서 발생한 친파시스트파와 반파시스트파 사이의 충돌에서 두 사람이 살해되었다[연방작가회의 프로젝트, *The Italians of New York*(뉴욕, 1938), 101].

고 말했다.[14] 마리 피셔 라과디아는 이와는 달리 라과디아가 처음부터 무솔리니를 반대했으며, 다른 사람들이 무솔리니가 이탈리아를 위해 좋은 일을 많이 했다고 말하면 그 사람을 나무랐다고 말했다.[15]

라과디아 부인의 얘기가 맞을지도 모르지만 그것을 입증할 수 있는 기록은 보이지 않는다. 최소한 그토록 많은 다른 이슈에서는 직설적이었던 라과디아가 이 문제에 관해서만큼은 신중한 태도를 유지했다는 결론을 내리는 것이 옳을 것 같다. 뉴욕의 이탈리아계 사회에서 친무솔리니파의 세력이 만만치 않다는 것을 그가 몰랐다고 하기는 어렵고, 공개적으로 파시스트 정권을 비판했을 때 얼마나 많은 표를 잃게 될지 계산하고 있었다고 보아야 할 것이다. 또한 유태인들 사이에서는 무솔리니에 대한 반감이 히틀러에 대한 적대감만큼 크지 않았다는 점도 그가 이탈리아 문제에 대해 침묵을 지킨 원인이었을 것이다. 라과디아를 변호하는 입장에서 말하자면, 당시에는 이탈리아 문제가 미국인에게는 중요 관심사가 되지 못했다는 점을 감안해야 할 것이다.

1920년대를 통틀어 미국은 유럽에 대한 개입에는 조심스러워 했지만 라틴아메리카에 대해서는 거리낌이 없었다. 쿨리지 행정부는 국제연합 가입에는 유보적이면서 카리브 해 지역의 미국의 투자와

14 노먼 토머스와의 인터뷰, 구술사 프로젝트, 컬럼비아 대학. 토머스는 라과디아가 "독일 나치즘에 대해서는 당당하게 비난했지만 파시스트가 아니면서도 이탈리아 파시즘에 대해서는 그렇지 못했다"고 말한다. 1935년 이탈리아가 에티오피아를 침공하자 토머스는 메디슨 스퀘어 가든에서 열린 이탈리아 후원 집회에 참석하려는 라과디아와 다투었다고 한다.

15 라과디아 부인과의 인터뷰, 1956. 8.

정치적인 영향력을 지키는 데는 단호하게 무력을 동원했다. 1924년이 되자 라틴아메리카 20개국 금융기관의 절반이 이러저러한 이유로 미국의 통제 아래 있었다.[16] 다른 수단으로는 미국 정부의 욕구가 충족되지 않을 때 해병대가 아이티, 도미니카공화국, 니카라과 같은 곳에 파견되었다. 쿨리지는 취임사에서 "미국은 피와 무력 위에 세워진 제국을 바라지 않습니다. … 미국이 파견하는 군단은 총칼로 무장하지 않고 십자가로 무장할 것"이라고 약속했지만[17] 피오렐로 라과디아는 실제상황은 전혀 다르다는 점을 잘 알고 있었다.

니카라과는 해병대 외교의 주무대였다. 파나마와 지리적으로 근접해 있고 니카라과 횡단 운하 건설의 계획이 자주 거론되고 있었기 때문에 이 나라는 국무성의 주요 관심지역이었을 뿐만 아니라, 미국 기업들은 이곳의 열대과일 농장과 목재생산에 많은 투자를 해놓고 있었다. 1909년 미국은 반군세력을 지원하기 시작했고, 진보적인 젤라야(Zelaya)의 자유당 정부를 붕괴시킨 이후 들어선 불안정한 보수세력의 역대 정부를 은행대출과 해병대를 번갈아 사용해 가며 지켜주는 양키 개입방식이 자리를 잡았다.[18]

16 베일리(Bailey), *Diplomatic History*, 711.

17 클로드 퓌스(Claude Fuess), *Calvin Coolidge*(보스턴, 1940), 362.

18 1909년, 반란군을 돕던 미국인 두 명이 켈라야 정부에 의해 처형되었다. 1911년, 미국은 전함을 보내 니카라과 해안을 순시하면서 자유당 정부를 위협했다. 또한 이해에 국무성은 니카라과에서 활동하고 있던 미국 은행들을 움직였다. 1912년, 8척의 미국 전함이 자유당 정부를 붕괴시키고 들어선 디아즈 대통령을 축출하려던 시도를 좌절시켰다. 다음해에 미국은 3백만 달러를 제공하고 독점적 운하건설권과 해군기지를 보유하는 조약을 맺었다. 엘리후 루트(Elihu Root)는 1915년에 "우리가 조약을 맺고 있던 정부는 사실상 니카라과에 주둔하고 있는 미합중국 해병대란 존재 때문에 유지되

1925년 해병 파견대가 철수하자 자유당 지지세력이 무장활동을 개시했다. 미해병대의 친정부적인 지원활동에도 불구하고 반군이 마나과로 진격해 오자 니카라과에서 "열대과일과 목재를 생산하던 미국 기업들이 매일매일 국무성에 항의했다."[19] 1927년 1월 8일, 미해병대는 니카라과의 수도를 지킬 수 있는 전략요충지인 로마 요새에 주둔하라는 명령을 받았고, 이틀 후에 쿨리지 대통령은 의회에 다음과 같은 특별 메시지를 보냈다 :

> 니카라과건 다른 어떤 중미 국가건 그 나라의 내정에 미합중국이 개입할 의사가 없다는 점을 나는 분명히 밝힙니다. 그렇지만 현 시점에서는 우리가 니카라과의 좋은 정부와 질서를 유지해야 할 명백하고도 특별한 이해관계를 갖고 있다는 점을 밝혀두지 않을 수 없습니다.[20]

1927년 2월 20일, 5천 명의 미국 군대가 니카라과에 상륙했고 며칠 후 미국은 디아즈(Diaz) 정부에 3천 정의 소총, 2백 정의 기관총, 3백

고 있었다"고 평가했다. 1912년부터 1925년까지 미국 해병대 파견대가 정부를 감시했다[외교협회(Council on Foreign Relations), *Survey of American Foreign Relations*(뉴헤이븐, 1929), 167-197].
[엘리후 루트는 윌리엄 맥킨리 대통령과 시어도어 루즈벨트 대통령 내각에서 전쟁성 장관을 지냈다(1899-1901, 1905-1909)] **역자 보충**

19 *Ibid.*, 192.

20 바틀렛(Ruhl J. Bartlett), *The Record of American Diplomacy*(뉴욕, 1954), 546. 스튜어트(Graham H. Stuart), *Latin America and the United States*(뉴욕, 1955), 332는 이렇게 기록하고 있다 : "군대가 상륙하자 처음에는 순전히 미국인들의 생명과 재산을 지키는 것이 목적이라고 발표했지만 미국인들의 생명과 재산이 위협받고 있다는 증거는 별로 없었다."

만 발의 탄약을 제공했다.[21]

라과디아도 해병대만큼 재빨리 움직였다. 그는 국무성에 편지를 보내고 언론에 보도자료를 배포하며 의회 발언대에 서는 등 이 문제와 관련하여 유권자들과 부단히 교신했다. 이 모든 전선에서 그의 외침은 한결같았다 : 미국 군대는 니카라과로부터 철수해야 한다.[22] 상원에서는 윌리엄 보라 의원이 비슷한 활동을 벌였다.[23]

국무장관 프랭크 켈로그는 상원 외교위원회에 나와 니카라과에서 공산주의자들의 영향이 미국의 개입을 유발했다고 진술했다. 뉴욕 이브닝 그래픽지로부터 이 진술에 대한 비평을 요청받은 라과디아는 그런 설명은 "시답잖은" 것이라고 말했다. 그는 니카라과에서 공산주의자들이 활동하고 있다는 증거가 없다고 말하고 이렇게 덧붙였다 : "니카라과에서 미국인의 생명과 재산을 보호하기 위해 지금처럼 엄청난 해군과 해병대 병력이 그곳에 주둔하고 있을 필요가 없다. 내게 뉴욕 경찰 50명만 붙여주면 완벽한 보호를 보증할 수 있다."[24] 라과디아는 한 유권자에게 보낸 편지에서 켈로그가 이보다 앞서 11월부터 여러 통신사에 부탁하여 공산주의자들이 활동하고 있다는 얘기를 언론에 뿌려놓았다고 말했다(AP통신만 그런 보도를 내보

21 정부 간행물인 *Relations between the United States and Nicaragua*(워싱턴, 1928), 43은 이렇게 밝히고 있다 : "조처를 취함에 있어서 미합중국 정부는 기존 제도의 타도가 목적인 혁명운동에 포위된 합법적인 정부들에게 격려와 도덕적 지원을 제공하는 통상적 정책을 따랐다."

22 뉴욕 이브닝 그래픽, 1927. 1. 14.

23 이보다 2년 전, 보라는 먼로 독트린은 "우리에게 … 타국의 영토를 침범하고 정부를 분해시키고 다른 정부를 세우는 권리를 주지 않는다"는 글을 발표했다[*Collier's*, LXXV(1925. 1. 31), 25].

24 1927. 1. 13, 라과디아 문서.

냈다).[25] 라과디아가 이런 비난을 공개하자 국무성은 부인했고, 라과디아가 켈로그와 논의하는 과정에서 니카라과에 군대를 보내지 않을 것 같은 인상을 받았다고 말하자 켈로그는 라과디아와의 만남 자체를 부인했다.[26]

뉴욕 데일리 미러지의 편집자 에밀 고브로가 니카라과 문제에 대한 라과디아의 입장을 널리 알려주었다. 해병대가 파견된 직후 라과디아는 데일리 미러지에 전보를 보내 이런 행동은 "석유로 손이 얼룩진 탐욕스런 사람들, 마음 속에는 이기심만 가득한 사람들, 남쪽의 형제 공화국과 우리나라를 무력분쟁 속에 끌어들이려는 사람들의 손에 놀아난 것"이라고 말했다.[27]

1927년 4월, 전국적인 비판의 포화에 놀란 쿨리지는 스팀슨(Henry L. Stimson) 대령에게 니카라과의 두 적대세력 사이에 평화회담을 주선하라는 명령을 내렸다.[28] 스팀슨은 반군 지도자 몬카다를 "큰 가시나무 아래서" 만나 30분 만에 평화조건에 합의했다고 보고해 왔다.[29] 그 조건 속에는 1929년에 미국의 감시 하에서 선거를 치르고 정부의 13개 부처 중 6개 부처의 장관은 자유당에게 할애하며 미국은 니카라과에 해병대를 주둔시킨다는 내용이 포함되어 있었다.[30]

25 1929년 1. 19일자 편지, 라과디아 문서.
26 라과디아가 켈로그에게 보낸 편지, *ibid.*
27 *Ibid.*
28 여기서 1920년대의 "고립주의"가 국제적인 책임 회피를 의미한다든지, 개입주의에 대한 반동으로 등장한 찬양할 만한 평화주의의 반영이라는 평가가 얼마나 허황된 것인지 지적해야 옳을 것 같다.
29 쿨리지 문서, 의회도서관, 워싱턴 D.C.
30 몬카다가 협상에 응하기로 결심했던 주요인은 미국의 압도적인 무력에 맞서기 어렵다는 판단 때문이었다. 협상조건을 수락하면서 그는 이렇게 말했

이와 같은 합의가 발표된 후에도 라과디아는 해병대가 선거를 감시한다는 조건에 대해 선거감시가 필요하다면 민간인을 보내야 한다며 비난을 멈추지 않았다. 1927년 10월 5일에 그는 국무성에 다음과 같은 편지를 보냈다 :

> 이 정부가 외교적 훈련으로 오염되지 않았으며 권총과 기관총이나 포탄을 지니지 않은, 경험이 풍부하고 진실하며 불편부당한 미국인으로 감시단을 구성하면 안 될까요? 이상하게도 저 남쪽 니카라과에서는 소수가 보호를 받고 있지만 정작 위협과 방해를 받지 않고 투표하고 싶어하는 것은 다수입니다. 해군의 금실 모자 테나 육군의 박차 달린 군화로는 민주적인 정부를 성공적으로 탄생시킬 공정하고 불편부당한 선거에 대한 믿음을 보장할 수 없습니다.[31]

라과디아를 조심스럽게 대해왔던 켈로그는 이번에도 제안을 고려해 보겠다고 답변했다. 몇 달이 지난 후 해병대의 도움을 받아 육군 장성이 선거감시단을 지휘한다는 보도가 나오자 라과디아는 켈로그에게 다시 편지를 보냈다 : "장관님, 보통선거와 비밀투표는 해병대 제복과 총 끝에 장착한 대검과는 절대로 모순됨을 귀하에게 설명드리도록 허락해 주십시오. 이 두 가지는 조화를 이룰 수 없습니다."[32]

다 : "나는 비인간적인 사람이 아니다. 숭고하고 고귀한 대의 때문에 나는 합법적인 세력을 지키는 제일선에 서고자 했다. 그러나 나는 이 나라에게 우리의 자유를 위해 애국의 피를 모조리 쏟으라고 권하고 싶지 않다. 새로운 희생을 치르더라도 우리의 자유는 거대한 무력 앞에 무릎을 꿇게 될 것이고, 이 나라는 북미 독수리의 발톱 안에 더 깊이 붙잡힐 것이기 때문이다" (외교협회, *op. cit.*, 195).

31 뉴욕 타임스, 1927. 10. 10.

반면에 스팀슨은 “허약하고 고립무원인 중미의 국가를 사심 없이 도우려는” 미국의 노력에 대해 “수치스러워해야 할 이유가 없다”고 생각했다. 미국이 니카라과의 주권을 침해하지 않았다는 그의 주장은 모든 조치가 니카라과 정부의 요청을 따른 것이라는 믿음을 바탕으로 하고 있었다.[33)]

1929년 선거에서 자유당이 니카라과의 권력을 잡았고, 이때부터 미국과의 관계는 이상적인 상태는 아니었지만 어느 정도 개선되었다. 쿨리지 행정부 마지막 시기의 “선린”정책의 미약한 징조로서 나타난 이러한 관계개선을 두고 흔히 대통령과 국무성의 현명한 판단 때문이란 평가만 있을 뿐, 라과디아와 그 밖의 진보파의 건전한 비판의 공적은 지금까지 평가받은 적이 없다.

쿨리지 행정부가 집권하고 있던 동안에 멕시코와의 관계도 결정적인 단계에 이르렀다. 멕시코의 신헌법은 모든 광물과 석유자원을 국가 소유로 선포했다. 그 결과 미국은 1917년 이전에 취득한 미국의 권리는 철폐되지 않는다는 합의가 이루어지게 되는 1923년

32 의회 의사록, 70 : 1, 1928. 3. 23, 5251-5153. 의사당의 다른 한쪽에서 조지 노리스도 행정부의 대니카라과 정책을 맹렬히 비난했다. 그는 유권자에게 보낸 편지에서 이렇게 썼다 : “사실상 원래 우리가 권력을 쥐어주었던 정부를 유지시켜 주기 위해 우리는 니카라과에 가 있습니다. 내가 아는 한 우리는 니카라과 민중들로부터 정당하고 합법적이며 도덕적인 동의를 받지 않은 채 그곳에 가 있습니다”(노리스가 세이너에게 보낸 편지, 1028. 2. 14, 노리스 문서, 의회도서관, 워싱턴 D.C).

33 스팀슨, *American Policy in Nicaragua*(뉴욕, 1927), 116, 127. 미국은 니카라과에 대해´의도는 좋았으나 정책의 실행과정에서 실수를 저질렀다는 제3의 시각도 있다. 미국은 니카라과의 행동을 감독하면서 니카라과의 정치적 독립을 해치지 않는다는 양립할 수 없는 두 과제를 수행하려 했다는 주장이다[데니(Harold N. Denny), *Dollars for Bullets*(뉴욕, 1929), 384-391].

까지 멕시코 공화국을 승인하지 않았다. 1924년에 카예스는 대통령이 되자 헌법의 몰수조항을 소급하여 적용하겠다고 선언했다. 미국의 반응은 다음과 같았다 :

> 외부세계, 특히 미국은 혁명의 목적에 대해 전반적으로 호감을 갖지 않았고 심지어 비우호적이기까지 했다. 미국은 멕시코 정부의 정책이 미국의 석유와 광물 및 농업자원에 대한 기득권을 위협할 뿐만 아니라, 16세기 이후로 서방세계의 규범으로 자리 잡은 경제적 국제주의와도 정면으로 배치되는 방식으로 재산권과 계약상의 권리를 재규정하고 제한하는 것으로 받아들였다.[34]

1927년 1월 12일, 국무장관 켈로그가 상원에 출석하여 볼셰비키의 영향력이 멕시코에서 작동하고 있다고 말하자 신문들은 미국의 개입을 언급하기 시작했다.[35] 의회 내 진보파의 반응도 신속했다. 라과디아는 멕시코와의 전쟁을 들먹이는 이면에는 석유가 있다고 주장했고, 보라는 멕시코와 협상으로 채굴권 문제를 해결하라고 요구했으며, 노리스는 국무장관에게 1917년 이전에 멕시코에서 획득한 석유채굴권에 관한 정보 제공을 요구하는 결의안을 통과시켰다(1927. 2. 3).[36] 미시시피 출신의 존 랜킨 의원은 하원에서 멕시코에서 활동하는 666개의 미국 기업 가운데 멕시코 법을 따르지 않겠다는 기업은 22개에 불과하고, 그나마 이들도 대부분이 티팟 돔 스캔들[37]에 관

34 클라인, *op. cit.*, 194.
35 베일리, *Diplomatic History*, 713.
36 1927. 2. 3일자 노리스 결의안의 사본, 라과디아 문서.
37 티팟 돔(Tea Pot Dome)은 와이오밍 주의 국유지에 있는 유전지대. 태프트

련된 싱클레어와 두헤니 계열의 회사와 동일한 회사라는 사실을 강조했다. 라과디아는 랜킨의 비난을 지지했다.[38)]

쿨리지 행정부가 정책을 숙고하는 동안에도 진보파 의원들은 압박을 계속했다. 라과디아는 이브닝 그래픽지에 전보를 보냈다 : "미국과 멕시코의 관계를 파탄내려고 안달하는 이익집단이 있다. 그들은 바로 석유 회사들이며, 이기적이고 더러운 목적을 달성하는 데 도움이 된다면 누구든 이용하려 들 것이다."[39)] 조지 노리스는 이보다는 좀 늦게 자신의 입장을 유권자에게 밝혔다 : "우리는 혁명의 권리는 그 무엇보다도 신성한 권리임을 망각해서는 안 됩니다. 바로 우리 정부도 혁명 덕분에 생겨났습니다. … 외국의 혁명에 개입해서는 안 됩니다."[40)]

진보파 의원들의 이와 같은 비판이 1927년 9월에 멕시코와 평화적으로 문제를 해결하도록 솜씨 있고 사고가 유연한 드와이트 모로우(Dwight Morrow)를 파견한 쿨리지의 결정에 얼마나 많은 영향을 주었는지 정확하게 분석하기는 어렵다. 여하튼 진보파 의원들의 비판이 이 무렵 쿨리지 대통령의 결정에 영향을 미친 여러 요인들 가운데서 중요한 위치를 차지했다고 보는 것이 합리적일 것이다.

대통령 때에 해군용 유전으로 지정되었다. 하딩 때통령 때에 관할 부처가 해군성에서 내무성으로 바뀐 후 싱클레어 석유 회사에 임대되었다. 같은 방식으로 캘리포니아 엘크 힐스 유전은 에드워드 두헤니에게 임대되었다. 두 유전은 모두 경쟁 입찰을 거치지 않았고 내무장관 폴(Albert Fall)이 거액의 돈을 받았다. 워터게이트 사건이 있기 전에는 역사상 최고의 부패추문이었다. 하딩 사후에 전모가 밝혀졌다.**역자 주**

38 의회 의사록, 69 : 2, 1927. 2. 2, 2826.

39 1927. 3. 3, 라과디아 문서.

40 1929. 3. 22일에 발송한 편지, 노리스 문서.

라과디아는 아이티에서의 미국의 활동에 대해서도 비판했다. 아이티는 1915년에 미해병대가 상륙한 이후로 보호령에 가까운 상태에 놓여 있었다.[41] 뉴욕 이브닝 그래픽지에 기고한 일련의 글을 통해 라과디아는 15년 동안의 미국 점령의 결과를 평가했다. 농무성과 공공보건국이 아이티에서 여러 가지 도움이 되는 개혁을 이루어냈음은 인정하면서도 라과디아는 아이티인들이 여전히 "개입의 통증"을 느끼고 있다고 생각했으며, 그러므로 개입을 끝내야 한다고 주장했다. 그는 "억압을 지속하면서 미국 기업 소유의 플랜테이션의 개발을 방치한다면 이 섬의 불행한 민중에 대한 착취는 끝나지 않을 것"이라고 말했다.[42] 진보파 의원들도, 그 중에서 특히 보라 의원이 미국의 아이티 개입을 강하게 비판했다.[43] 그러나 아이티로부터 미군을 철수하는 구체적인 조치는 후버 행정부에 와서야 취해졌다.

라과디아의 카리브 해 연안국에 대한 불개입 주장은 범위를 넓혀 푸에르토리코에까지 확장되었다. 그는 제70대 의회에 푸에르토리코의 총독을 주민 직접투표로 선출하는 법안을 제출하였고 푸에르토리코 상·하원으로부터 감사의 전보를 받았다.[44] 라과디아는 푸에르토리코의 공직자들에게 이 법안은 "완전한 자치로 가는 첫걸음"

41 스튜어트, *op. cit.*, 283.

42 스튜어트, *op. cit.*, ch. xiii는 보건과 위생방면에서는 복지정책을 펴면서 정치적 자유를 억압하고 불법적인 체포와 자의적인 처형을 방치하는 미국의 모순된 정책을 확인하고 있다.

43 보라는 이 문제를 두고 1920년대 내내 싸웠다. 1922. 6. 28일에 유권자들에게 보낸 편지, 아이티인들이 보내온 감사 편지, 상원에서 반제국주의 연설을 한 후 네이션지의 편집자 그뤼닝(Ernst Gruening)이 보내온 찬사 편지를 보라. 보라 문서.

44 1928. 3. 20일자 전보, 라과디아 문서.

이라고 말했다.[45] 라과디아의 지역구인 제20선거구에서 소수집단인 푸에르토리코인의 목소리가 이 문제에 있어서 라과디아의 호전성에 영향을 미쳤을 것임은 의심의 여지가 없다. 이 시기에 지역구를 관리하던 비토 마크안토니오가 푸에르토리코인의 집세문제를 해결해 주고 지역구의 상황을 라과디아에게 충실하게 전달해 주는 역할을 맡았다. 라과디아는 115번가에서 열린 푸에르토리코협회의 집회에 참석하여 미국 설탕 회사들에 대한 세금우대를 허용하는 법안의 통과를 막도록 하겠다고 약속했다. 그는 청중들에게 이렇게 말했다 : "내가 보기에 푸에르토리코에서 활동하는 설탕 회사들이 지나치게 이윤을 올리는 것 같고, 나는 푸에르토리코 원주민들을 착취로부터 보호하는 데 지대한 관심을 갖고 있습니다."[46]

그는 하원 도서(島嶼)문제위원회에서 주민선거를 통한 푸에르토리코 총독 선출 법안의 제안 이유를 설명했고 위원들은 치밀한 질문을 던졌다 :

후퍼 의원 : 연방정부가 푸에르토리코에 어떤 형태로든 심한 간섭을 하고 있다고 생각하십니까?

라과디아 의원 : … 푸에르토리코 사람들의 입장에서 생각해 보십시오. 아무리 가볍게 손을 댄다 하더라도 선택의 여지가 없거나 동의하지 않은 사람들에게는 사실상 심한 간섭입니다 … .

레이건 의원 : 우리가 푸에르토리코 섬에 이런 특권을 허용하면 필리핀 제도의

45 1928. 3. 17일자 전보, *ibid.*

46 1928. 3. 20일자 편지, *ibid.*

1,200만 인구의 문제가 뒤따라옵니다.

라과디아 의원 : 나라면 필리핀에 완전한 독립을 주겠습니다. 그 사람들에게 그렇게 약속하지 않았습니까? …

키스 의원 : 푸에르토리코는 미국의 통치 하에서 잘 해나오지 않았습니까?

라과디아 의원 : 맞습니다. 돈만을 생각한다면 그렇습니다만 인간으로서의 자유는 어떻게 할 겁니까?[47]

법안은 위원회에서 사장되었고 쿨리지 행정부도 어떤 것이든 현상의 변화에는 냉담했기 때문에[48] 푸에르토리코에 보다 많은 자치를 허용하자는 라과디아의 희망은 프랭클린 루즈벨트가 집권하고 나서야 이루어졌다.

필리핀의 독립에 많은 관심을 갖고 있었던 라과디아는 당시 필리핀 상원의장 마누엘 퀘손(Manuel Quezon)과 오랫동안 교분을 유지했다. 1928년 초, 퀘손은 라과디아에게 하원에 계류 중인 필리핀 의회의 권한을 축소하려는 존스법 개정안에 대해 경고했다. 라과디아는 그에게 개정안의 통과를 저지하는 데 앞장서겠다고 약속했다.[49] 그해 여름 케손이 라과디아에게 몇 가지 선물을 보내왔고, 라과디아는 답신에서 미서전쟁 이후 미국의 지배에 항거한 필리핀의 반란을 이끈 에밀리오 아귀날도의 아들과 나눈 대화를 소개했다 :

47 하원 도서문제위원회 청문회 속기록 사본, 1928. 5. 16, 라과디아 문서.
48 쿨리지는 푸에르토리코 총독 타우너(Towner)에게 "푸에르토리코는 미국의 다른 속주에 비해 내정문제에서 훨씬 많은 수준의 주권을 갖고 있다"고 말했다(스튜어트, *op. cit.*, 243).
49 퀘손이 라과디아에게 보낸 편지, 1928. 2. 23, 라과디아 문서.

> 나와 젊은 아귀날도가 며칠 전 밤에 나눈 대화의 내용을 아시면 틀림없이 기뻐하실 겁니다. 아시겠지만 그는 육군사관학교를 자퇴하고 헤리먼 은행에 일자리를 잡았습니다. 젊은이는 조심하느라 그랬던 걸로 믿습니다만 매우 보수적으로 보이려고 애썼습니다. 그날 밤 헤어질 무렵 나는 이 청년이 필리핀 독립을 열렬히 지지하도록 바꾸어 놓았습니다.[50]

1928년 8월 27일에 국가정책의 수단으로서 전쟁을 부인하는 켈로그-브리앙 조약이 체결될 수 있었던 것은 평화주의자, 진보파, 그리고 국제관계에 식견이 있는 보수파들의 압력과 선동이 큰 영향을 미친 결과였다. 특히 윌리엄 보라, 니컬러스 머레이 버틀러, 피오렐로 라과디아 의원과 제임스 쇼트웰 교수가 중요한 기여를 했는데, 앞의 세 사람은 조약의 아이디어를 지지하도록 여론을 일으키는 역할을 맡았고, 쇼트웰 교수는 프랑스 외무장관 브리앙이 주도적으로 나서도록 설득했다.[51]

라과디아는 종전 후 미국을 휩쓸었던 전쟁혐오의 물결에 동조했고, 1923년 초에 브루클린 법대생들을 상대로 한 강연에서 이렇게

50 라과디아가 퀘손에게 보낸 편지, 1928. 6. 22, *ibid.*

51 로버트 페럴(Robert H. Ferell)은 "두 열렬한 자원 외교관—버틀러와 쇼트웰—의 공이 크다"고 본다. 두 사람은 1926년과 1927년에 각기 차례대로 브리앙에게 조약의 아이디어를 설득했다[*Peace in Our Time*(뉴헤이븐, 1952), 66-67, 85]. 페럴은 조약을 프랑스의 패권의지와 미국의 순진함이 조합된 결과로 보며, 그래서 그는 보라, 스티븐 와이즈(Stephen Wise), 제인 애덤스(Jane Addams) 등으로 대표되는 미국인들을 이 조약이 전쟁을 막을 것으로 믿었던 "단순한 사람들"이라고 부른다(*ibid.*, 118, 163).

말했다 : "나는 역사에 100% 평화주의자로 기록되기를 원합니다. 나는 한 전쟁에 참전했으며, 그래서 나의 조국이 또 하나의 전쟁에 휘말리지 않도록 내가 가진 모든 힘을 다 쏟을 생각입니다."[52] 이와 비슷한 시기에 라과디아는 이런 글을 썼다 : "지금이 … 미국 민중이 한 세기 동안 지속된 발칸의 분쟁에 이 나라를 끌어들이려는 호전주의자들, 쓰레기들, 그리고 전쟁 모리배들을 용납하지 않는다고 분명하게 말할 때이다. … 유럽의 비틀거리는 군주들과 착취계급은 전쟁을 환영할 것이다. … 새로운 전쟁은 영국과 프랑스의 은행가에게는 또 한 번의 재고정리를 의미하며 전쟁 모리배들에게는 더 많은 이윤을 의미한다."[53]

1924년 5월, 라과디아와 보라는 대통령에게 강대국의 지도자들을 초청하여 "제도로서의 전쟁을 불법화하는" 회의를 열도록 촉구하는 결의안을 각기 하원과 상원에 제출했다.[54] 보라-라과디아 공동결의안은 훗날 체결되는 켈로그-브리앙 조약의 내용을 훨씬 뛰어넘어 이 회의에서 "모든 나라가 참여하여 전쟁을 공공의 범죄로 규정하고 자국민 가운데서 전쟁의 단서를 제공하거나 선동하는 자와 전쟁 모리배를 기소하고 처벌하는 의무를 지는 협약이나 조약을 체결하라"고 촉구했다.[55] 근본적으로 진보파는 전쟁의 경제적 동기를 매우 중시했다. 그들은 단순히 조약만으로는 전쟁을 끝낼 수 없고 전쟁의 경제적 뿌리를 제거하는 급진적인 조치가 있어야 한다고 믿었다.

52 브루클린 이글, 1923. 3. 17.
53 일자불명의 라과디아 연설문 사본, 라과디아 문서.
54 뉴욕 타임스, 1924. 5. 18.
55 1924. 5. 17일에 발의한 하원 공동결의안 사본, 라과디아 문서.

이러한 인식을 갖고 있던 진보파의 주요 인물들은 궁극적으로 파리 조약으로 구체화된 선언과는 다른 생각을 갖고 있었다. 라과디아는 상원이 파리 조약을 비준하려던 1928년 12월에 이런 생각을 밝혔다. 그는 비준을 지지하면서도 강대국들이 무모한 군비경쟁을 하고 있는 상황에서는 이런 선언은 무력한 것이라는 점을 지적했다. 그는 다음과 같이 썼다 :

> 국무장관이 의회에 이 위대한 평화의 조처를 통과시켜 주어야 한다고 강력하게 요구하고 있는 사이에 해군장관은 막대한 무기를 위한 예산을 요청하고 있다. … 두 입장은 융합될 수 없는 것이다. 우리가 평화를 원한다면, 강대한 미국이 세계에서 평화운동의 주도자가 되려 한다면 막대한 추가 군비를 정당화하는 논리는 설득력이 없다. … 파괴적인 세계대전을 불러온 것은 군비경쟁이었다.[56)]

라과디아는 그해 내내 해군의 군비확장 계획에 맞서 싸웠다. 세 명의 목사가 대(大)해군 계획을 저지해달라는 호소의 편지를 보내오자 그는 회신에서 다음과 같이 썼다 :

> 확대된 해군계획 법안을 반대하고, 맞서 싸울 것이며, 반대표를 던질 것이란 점은 확신하셔도 좋습니다. 나는 여러분의 주장에 동조하며, 나 역시 기독교인들이 자신들의 국내문제와 국제문제에 기독교 교리를 똑같이 적용하는 날을 보게 되기를 희망합니다. 나는 우리의 질산염 공장이 비료공장으로 바뀌고 우리

56 뉴욕 이브닝 그래픽, 1928. 12. 13.

군대의 탱크가 트랙터로 변하는 날이 오기를 고대하고 있습니다.[57]

그는 의사당 안에서 이 약속을 지켰다. 의회 발언을 통해 그는 전쟁 준비를 위한 거대한 지출에는 반대하지만, 미시시피 계곡의 홍수를 통제하기 위한 전쟁이 선포된다면 그 전쟁은 "인도주의를 지키는 전쟁"이므로 전쟁비용이 3억 달러나 4억 달러가 되더라도 찬성표를 던지겠다고 말했다.[58]

라과디아는 국제기구에 대해 강한 믿음을 갖고 있었다. 그는 미국이 국제정의 상설법정(Permanent Court of International Justice)에 참여해야 한다는 결의안을 지지한 하원의원 가운데 한 사람이었다.[59] 또한 그는 20세기 초부터 국제 협조를 내걸고 출발했으나 그때껏 조직에 성공하지 못한 의회연맹(Interparliamentary Union)의 열렬한 지지자였다. 1928년 여름, 라과디아는 독일로 건너가 꽃으로 덮인 독일 의회에서(이때부터 5년 후 이곳은 철십자 깃발로 장식된다) 37개국의 대표 600명이 참석한 가운데 평화의 열쇠는 군비축소 계획이며, 이 계획은 군사전문가들이 아니라 "평화전문가들"이 집행해야 한다는 연설을 독일어로 했다. 그는 청중들에게 그의 옛 우상이던 시어도어 루즈벨트가 살아 있었다면 분노했을 연설을 했다 : "약한 해군이 강한 우정을 만듭니다."[60] "거친 기병"(Rough Rider)[61]의 정신은 더 이상 진

57 라과디아가 홀(Hall) 목사에게 보낸 편지, 1928. 1, 라과디아 문서.
58 의회 의사록, 1928. 5. 16, 5025.
59 *Ibid.*, 1925. 3. 3, 5413. 진보파 의원들은 이 문제를 두고 분열되었다. 위스컨신 출신 존 넬슨은 결의안에 반대했고, 같은 위스컨신 출신 쿠퍼는 지지했으며, 미네소타의 진보파 의원 크베일과 샬은 기권했다.

보주의의 물결과 합류할 수 없었다.

60 뉴욕 타임스, 1928. 8. 24.

61 미서전쟁 때 시어도어 루즈벨트가 지휘했던 자원 기병대의 별명.**역자 주**

Chapter. 10

1920년대의 전력 국유화를 위한 싸움

1933년의 테네시계곡개발청(TVA : Tennessee Valley Authority) 설립—이때부터 성취한 업적은 너무나 기념비적이어서 한 경제학자는 이를 두고 "사회적 부활"[1]이라고 불렀다—은 1920년대에 정치적 정지작업이 선행되지 않았더라면 절대로 불가능한 일이었다. 그런 정지작업 중의 하나가 테네시 계곡의 머슬 쇼울스 댐과 공장을 민간기업에 불하하려는 정책을 좌절시킨 것이었다. 다른 하나는 테네시 계곡과 콜로라도 강을 이용한 전력생산 계획을 세워 여론을 조성하고 관련법을 제정하여 정부가 운영하도록 한 것이었다. 이 두 가지는 대부분 두 의원, 상원의 조지 노리스와 하원의 피오렐로 라과디아의 끈질긴 노력의 공로라 할 것이다.

나무 한 그루 없이 황폐한 앨라배마의 머슬 쇼울스는 테네시 강이 지나가는 지역이며 홍수와 가뭄이 번갈아 찾아오는 곳이었다. 정부는 제1차 세계대전 중에 화약생산을 늘리기 위해 이곳에 댐을 짓고 두 개의 질산염 공장을 세웠다.[2] 전쟁이 끝나자 의회는 그때까

1 미첼(Broadus Mitchell), *Depression Decade*(뉴욕, 1947), 340.

2 1916년에 제정된 국가방위법 124조에 의해 이 사업이 승인되었다. 허바드

지 1억 5천만 달러가 투입된 이 사업에 예산투입을 중지했고, 아직 완성되지 않은 댐 공사는 중단되었다. 이 사업의 거대한 가능성을 간파한 몇몇 민간기업이 개발권을 달라고 신청했다. 1924년 무렵에 개발권 확보 경쟁에서 선두에 선 기업은 헨리 포드 컴퍼니였다. 이후 2년 동안 포드의 회사에 개발권을 주려는 행정부와 이를 반대하는 의회 내 소수의 완강한 의원 그룹 사이에 전투가 벌어졌다.[3)]

쿨리지 행정부의 입장은 처음부터 민간개발을 선호하는 것이었다. 테네시 주민이 보내온 편지에 대한 답장에서 대통령 비서실장은 이렇게 말했다 : "포드 씨는 여전히 머슬 쇼울스 개발권을 불하받을 생각을 갖고 있고, 이 사업권이 정부와 포드 씨 양쪽을 만족시킬 수 있는 조건으로 그에게 돌아갈 가능성이 많습니다."[4)] 이 편지가 발송된 지 몇 주 후에 쿨리지는 의회에 이곳의 정부 재산 매각을 승인해달라고 요청하면서 가격은 그렇게 중요한 문제가 아니라고 말했다.[5)] 이에 함께 테네시 강의 댐과 발전설비를 백 년 동안 임차하고 머슬 쇼울스의 질산염 생산공장을 매입하겠다는 포드의 제안을 수락할 수 있는 권한을 전쟁성 장관에게 부여하는 정부 발의 법안이 상원에 제출되었다.

노리스가 상원에서 이 계획을 저지하는 싸움을 벌였고,[6)] 하원

(Preston Hubbard), "The Muscle Shoals Controversy" (박사학위 논문, 밴더빌트 대학, 1955), 2를 보라.

3 의회 밖에서는 기포드 핀초트(Gifford Pinchot)가 민간 불하계획에 대한 가장 열렬한 반대자였다. *ibid.*, 53.

4 1923. 11. 15일자 편지, 쿨리지 문서.

5 *Ibid.*

6 전쟁성 장관 윅스에게 이 문제에 관한 입장을 묻는 날카로운 질문을 던진

에서는 라과디아가 반대운동을 주도하며 1924년 3월 초에 있었던 닷새 동안의 토론에서 포드의 제안을 공격했다. 라과디아는 위원회에 제출된 법안(H. R. 518)의 내용이 포드의 계획과 한 자도 다르지 않다고 지적했다. 그는 하원의원들에게 이렇게 말했다 : “이 법안의 작성자가 포드임은 부인할 수 없습니다. 포드는 여러분에게 한 자도 고치지 말고 통과시키라고 요구하고 있습니다.” 이 법안을 지지하는 농장주연합(American Farm Bureau Federation)의 편지에 대한 답신에서 라과디아는 이 법안이 농민들에게 값싼 비료를 보장해 주지 않을 것이며, 농민을 위한 값싼 비료는 농무성에서 생산하도록 해야 한다고 주장했다. 라과디아는 포드가 총 투자비 1억 달러에 대해 8%의 이익을 보장받았지만 실질적인 초기 투자는 1,500만 달러에 지나지 않으므로 사실상 이익률은 초기 투자의 50%에 이른다고 지적했다. “부당이득을 말한다면 바로 여러분의 코밑에서 이루어지고 있습니다. … 동료 의원 여러분은 돈에 굴복하고 있습니다. … 이 법안이 통과되면 의사당 벽에 걸려 있는 성조기는 거대한 달러 표시로 바뀌어야 할 것입니다. … 생각해 보십시오, 의원 여러분. 이 제안에 비하면 티팟 돔 스캔들은 좀도둑에 불과합니다.”[7)]

라과디아는 자신의 주장을 보강하기 하기 위해 널리 알려진 포드의 반유태인 활동[8)]을 들고 나왔다. 그는 포드를 “마음 속에 …

노리스는 윅스로부터 임대기간을 50년으로 줄이고 경쟁 입찰을 찬성한다는 답변을 끌어냈다(윅스가 노리스에게 보낸 편지, 1924. 1. 30, 라과디아 문서). 1922. 11. 11일에 노리스는 정부 주도로 머슬 쇼울스에서 다목적 개발사업을 벌이도록 하는 법안을 제출했다(허바드, *op. cit.*, 122).

7 의회 의사록, 1924. 3. 26, 3706-3709.

역사와 문학과 종교에 관한 무지에서 나온 … 증오심이 가득한 인물"이며, "헨리 포드처럼 부와 무지가 합쳐지면 사악한 인물이 미국의 유태인뿐만 아니라 전 세계의 유태인을 상대로 포학한 전쟁을 벌이는 일이 가능해진다"고 말했다.[9] 전국의 유태계 신문과 단체가 즉각 라과디아를 지지했다.[10] 이스라엘라이트(*Israelite*)지의 편집자에게 보내는 답신에서 라과디아는 행정부가 포드의 반유태인 활동을 조처해야 한다고 강조하면서 이렇게 썼다 : "이 시점에서 포드 씨에 대한 공식적인 입장을 밝히기를 기대하는 것은 전혀 쓸모없고 불필요한 짓이라고 생각합니다." 그는 행정부 관료들과 포드 사이에 있었던 "최근의 회동과 발언, 그리고 상호 찬양의 행태"를 지적했다.[11]

그와 함께 참전했음이 분명하지만 이제는 포드의 제안에 반대하는 그에게 분노를 느끼는 한 뉴욕 시민이 다음과 같은 편지를 보내왔다 :

당신과 워싱턴에 있는 당신의 동료들은 도대체 어떻게 된 사람들입니까?

8 마이어스(Gustave Myers), *History of Bigotry in the United States*(뉴욕, 1943), 333–369는 포드의 활동을 논하고 있는데(333쪽에서) 이렇게 말한다 : "KKK 단의 활동을 보면 가장 부유하고 걸출한 미국 사업가의 재정적 도움과 그가 소유한 출판기업의 도움을 받아 유태인만을 대상으로 집중적이고 강력한 선동활동을 벌인 시기가 있다." 그가 지목하는 것은 포드 소유의 주간지 디어본 인디펜던트와 이 신문이 출판한 "Protocols of the Wise Men of Zion"이란 위작이다. 1927년에 포드는 유태인에 관한 자신의 발언을 취소했지만 1942년이 되자 강력한 반유태인 발언을 하기 시작했다(*ibid.*, 367).

9 의회 의사록, 1924. 3. 6, 3708.

10 더 데이지, 1924. 3. 8.

11 라과디아가 아이작 와이즈에게 보낸 편지, 1924. 4. 30, 라과디아 문서.

당신들은 갑자기 정신이 나갔거나 격무의 부담 때문에 서서히 … 몸도 마음도 병들어 가고 있는 것 아닙니까? … 헨리 포드의 머슬 쇼울스 사업 제안을 반대하는 당신의 어제 의회 연설문을 방금 읽었습니다. … 바보 같은 연설로 당신의 훌륭한 직무를 망치지 말기 바랍니다. … 그는 머슬 쇼울즈의 상황을 제대로 해결할 수 있는 유일한 인물이며, 월스트리트가 포드의 계획을 지지하는 것은 증권 중개 기회가 늘어나기 때문입니다.[12]

라과디아의 답신은 다음과 같았다 :

흥분하지 마십시오. … 나는 당신이 머슬 쇼울스에 관해 어떤 정보를 갖고 있는지는 모르나 공직생활 20년 동안에 이처럼 뻔뻔스러운 제안을 본 적이 없습니다. … 월스트리트로 말할 것 같으면 친구여, 뉴욕의 나에 대한 비난은 지금껏 전부가 월스트리트의 큰 손들이 촉발하고 사주하고 돈을 댄 것이며, 바로 이들이 헨리 포드를 좋아하지 않으면서도 포드의 제안이 수용되기를 바라는 것은 … 그렇게 된다면 이 나라의 자연자원이 공익설비를 운영하는 기업에 의해 착취될 수 있는 선례가 수립될 것이기 때문입니다.

라과디아는 포드의 제안만이 아니라 테네시 계곡에서 비료와 전력을 생산하려는 모든 민간기업의 제안에 반대한다는 점을 의회에서 분명히 밝혔다. 그는 이렇게 말했다 : "나는 앨라배마 전력 회사의

12 라과디아와 에스티(R. N. Estey) 사이의 교신, 1924. 3. 7, *ibid.* 포드의 월스트리트에 대한 비판과 그의 반전활동 때문에 일부 진보파 의원들은 그를 지지했고, 심지어 1924년 선거에서 대통령 후보로 거론하기도 했다(허바드, *op. cit.*, 172).

제안[13]을 지지하지 않으며, 나는 미합중국 정부를 제외한 어떤 개인이나 기업도 이 거대한 공장을 운영하는 것을 지지하지 않습니다."[14] 전력과 질산염 생산설비를 정부가 소유해야 한다는 입장을 더욱 설득력 있게 강조하기 위해 라과디아는 자연자원의 민간 소유와 공적인 통제가 어떻게 다른 결과를 낳는지 비교했다 :

> 머슬 쇼울스의 운영계획을 두고 참고로 할 수 있는 두 가지 기술적인 성취의 사례가 나이아가라 수력발전소와 파나마 운하입니다. 나이아가라 발전소는 탐욕스럽고 이기적인 기업들이 특혜적인 입법의 지원을 받아 거머쥔 것이며, 자연이 인간에게 준 이 선물은 이런 기업들의 배당금으로 변했고, 그 배당금을 대느라 사람들은 전기와 바뀐 물의 흐름 때문에 과다한 비용을 지불하고 있습니다. 반면에 파나마 운하는 정부 운영의 훌륭한 기념비로 서 있습니다.[15]

라과디아가 법안의 통과를 저지하기 위해 닷새 동안의 힘겨운 논쟁을 벌이는 동안 법안을 통과시키려는 하원의원들의 인내심은 갈수록 바닥이 드러났다. 1924년 3월 10일, 하원은 마침내 표결을 통해 모든 수정안에 관한 토론을 종결시켰다. 그래도 라과디아가 일어나 또 하나의 수정안을 제출하자 하원 의사당 곳곳에서 "표결! 표결! 표결!"이란 고함소리가 터져나왔다. 여기에 굴하지 않고 라과디아는 외쳤다 : "여러분은 마음껏 표결을 소리칠 권리가 있습니다. 원

13 1924년 1월에 앨라배마 전력 회사와 8개의 남부지역 전력 회사가 연합하여 머슬 쇼울스 사업 제안서를 제출했다(허바드, *op. cit.*, 182).

14 의회 의사록, 1924. 3. 6, 3704.

15 *Ibid.*, 1924. 3. 10, 3838.

하신다면 나의 수정안을 웃음거리로 만들 수도 있습니다. 그러나 하원에서 이 법안을 통과시키기 위해 길을 닦고 그 길 위로 무리지어 몰려간 여러분의 행위를 후회할 날이 언젠가는 올 것입니다."[16]

이날 법안은 하원을 통과했다. 그러나 상원에서는 조지 노리스가 앞장선 완강한 반대 그룹이 법안의 통과를 막았다. 노리스, 브룩하트와 그 밖의 진보파 의원들이 장악한 상원 농업위원회는 4월에 머슬 쇼울스에 관한 광범위한 청문회를 열었고, 동시에 대통령 선거에서 쿨리지-포드 팀을 후보로 내세운다는 "거래설"을 조사하기 시작했다.[17] 청문회에 나온 전문가들은 한결같이 머슬 쇼울스는 비료생산에 부적합하며 민간 불하계획은 포드의 제안에 맞춘 것이라고 인정했다. 뿐만 아니라 전기를 충분히 확보하게 될 포드의 회사들과 경쟁을 두려워하는 남부 제조업자들의 반대가 완강하고도 널리 퍼져 있음이 청문회를 통해 드러났다. 그 결과 포드의 제안은 누구도 애도하지 않는 가운데 상원위원회에 사장되었다.[18] 대신에 노리스가 대체 제안—머슬 쇼울스 시설의 정부 소유와 운영—을 내놓았고, 회기 내내 통과를 위해 싸움을 벌였다. 그는 상원을 향해 이렇게 말했다:

16 *Ibid.*, 1924. 3. 10, 3904–3905.

17 1923년 12월에 포드와 쿨리지가 백악관에서 만났고, 그 후 쿨리지는 머슬 쇼울스의 시설과 개발권을 민간에 매각한다는 내용의 대통령 교서를 의회에 보냈다. 매각의 조건은 포드의 제안에 맞춘 것이었다. 1923. 12. 19, 포드가 대통령 출마의사를 철회하고 쿨리지 지지를 선언하자 두 사람 사이에 거래가 있었다는 소문이 나돌았다(허바드, *op. cit.*, 172–175).

18 *Ibid.*, 205–225.

> 오마하의 전깃불과 남부의 전깃불이 공급되는 선로를 거슬러 올라가면 둘 다가 월스트리트에서 합쳐집니다. … 상원의원 여러분, 우리는 오늘만을 위해 입법활동을 하는 게 아닙니다. 우리는 역사에 이정표를 놓고 있습니다. 그 이정표는 우리나라만의 것이 아니라 문명 전체의 이정표입니다. 우리는 이번 표결을 통해 이 법안이 인간의 진보와 더 많은 사람들의 행복, 더 위대한 민주주의의 표지가 될지, 아니면 우리 자신을 비하하고 우리의 번영을 독과점 기업들의 손에 맡기는 시발점이 될 것인지를 행동으로 보여줄 것입니다.[19]

노리스 법안에 대한 토론이 상원에서 진행되고 있는 동안 라과디아는 하원에서 정부 소유를 거듭 강조했다 :

> 수력발전을 누가 통제할 것인지 의회에서 조만간 결정해야 합니다. 신이 준 선물을 미국의 민중들에게 돌려주고, 그것을 민간기업의 이윤을 위해서가 아니라 모든 사람들의 즐거움을 위해 사용하도록 하는 결정은 빠르면 빠를수록 이 나라의 민중을 위해서는 더 좋은 일이 될 것입니다. 머뭇거려서는 안 됩니다. 나는 머슬 쇼울스의 정부 운영을 오늘 바로 기록에 남길 준비가 되어 있습니다.[20]

머슬 쇼울스 설비의 민간불하를 지지하는 사람들은 이 방안이 농민들에게 혜택을 준다고 주장했지만 라과디아는 이것이야말로 나라의 농업생산자들을 속이는 방안이라고 주장했다.[21] 그는 비료생

19 노리스의 연설문, 1924. 12. 17, 라과디아 문서.
20 의회 의사록, 68 : 2, 1925. 1. 27, 2542–2543.

산은 머슬 쇼울스 프로젝트의 부수적인 효과일 뿐 전력생산이 가장 중요한 목적임을 지적했다. 그는 이렇게 주장했다 : "머슬 쇼울스는 전력생산이 우선이며 질산염 공장은 부수적인 것입니다. 스스로를 바보로 만들 필요가 없으며, 더욱이나 농민들을 계속 속여서는 안 됩니다."

머슬 쇼울스 프로젝트의 원래 목적은 전시에 화약을 생산하는 것이었다. 전쟁이 끝나자 농업용 비료생산이 주요 이슈가 되었다. 1924년이 되자 애초에는 질산염 생산에 필요한 전력을 제공할 목적에서 시작되었던 전력생산 자체가 머슬 쇼울스를 둘러싼 논란의 핵심이 되었다. 노리스 위원회가 그해 개최한 청문회는 포드가 표면상으로는 비료에 관심이 있다고 하나 실제로는 전력생산이 주된 관심사라고 지적했다. 1921년과 1924년 사이에 미국에서는 각 주를 연결하는 방대한 전력공급 시스템이 갖추어지면서 "실질적인 전기혁명"이 일어났다. 이리하여 1925년 초가 되자 머슬 쇼울스 개발계획의 주된 쟁점은 전력생산으로 옮겨갔다.[22]

노리스 법안이 상원에 상정되면서 포드 제안이 폐기되자 쿨리지는 1925년 3월에 조사단을 설치하였고, 이 조사단은 양원 합동위원회를 구성하여 불하대상 기업을 결정하게 하자는 법안을 내놓

21 *Ibid.*, 1925. 3. 2, 5181. 농장주 연합은 농민들이 비료와 전기를 값싸게 구매할 수 있도록 해준다며 법안의 통과를 요구했다(라과디아 문서). 전국농민위원회(Farmers National Council) 위원장 벤저민 마쉬(Benjamin C. Marsh)는 청문회에서 포드의 제안을 반대하고 노리스 법안을 지지하는 증언을 했다. 농민위원회는 농업 노동자의 1/3에 해당하는 80만 명의 회원을 갖고 있다고 주장했다(허바드, *op. cit.*, 191).

22 허바드, *op.* cit., 233–238.

았다. 라과디아, 노리스, 그리고 두 사람에게 동조하는 의원들은 그래도 누그러지지 않았다. 라과디아는 이렇게 말했다 : “사랑과 자선, 또는 애국심을 사업목적으로 하는 기업은 없습니다. 불하받는 기업은 돈을 벌려고 할 것이고, 돈은 농민과 소비자로부터 나옵니다. 불하받는 기업은 돈을 벌고 농민들이 대가를 치를 것입니다.”[23]

1926년 말이 되자 댐과 공장설비를 민간에 불하한다는 계획은 완전히 좌절되었다. 포드가 제안을 철회하자 양원 합동위원회 설치 구상도 의미가 없어졌고 노리스 법안이 관심의 초점이 되었다. 뿐만 아니라 1926년 선거는 의회에서 농업지역 출신 의원 그룹의 위상을 강화시켜 주었고, 이 그룹이 의회 내 친전력 국유화 그룹의 중심이었다.[24] 이렇게 하여 1928년 초에 노리스와 라과디아가 머슬 쇼울스를 전기와 비료 둘 다 생산하는 정부 주도 개발을 촉구하는 양원 합동결의안을 제출할 수 있는 길이 열렸다.[25] 라과디아는 하원 군사위원회에서 이 법안에 대해 증언하면서 다음과 같이 말했다 :

> 존경하는 위원장님, 이 문제와 관련하여 철저하게 솔직해졌으면 좋겠습니다. 머슬 쇼울스는 이 나라에서 가장 큰 전력생산 설비이며, 그래서 구미가 당기

23 의회 의사록, 69 : 1, 1925. 3. 11, 5438–5439.

24 허바드, *op. cit.*, 233–238.

25 합동결의안의 제2장은 정부가 전력을 “주, 카운티, 시 · 읍 자치단체, 사업참여자, 개인”에게 팔도록 요구했고, 그래서 뉴욕 주지사 알 스미스는 정부가 중간 판매자인 전력 회사에 팔도록 하는 타협안을 제시했다. 라과디아는 위원회에서 이렇게 발언했다 : “나는 이 위원회나 의회, 정부 그 누구도 결의안 제2장이 요구하는 광범위한 역할을 맡을 준비가 되어 있지 않음을 압니다. 그러나 조건은 이 나라가 깨끗한 물을 공급하는 시스템에 적용하고 있는 것과 같이 하면 될 것입니다”(합동결의안 사본, 라과디아 문서).

는 곳입니다. … 그렇다면 왜 정부가 무한한 가치를 지닌 재산을 버려야 합니까? 머슬 쇼울스를 지배하는 자가 그곳에서 생산되는 전력이 공급되는 범위 안에 있는 모든 산업을 절대적으로 지배하게 될 것입니다. 의회가 그런 권력을 소수의 개인 집단에게 줄 수는 없습니다.

나는 정부가 직접 사업을 운영해야 한다거나 정부가 사업을 감독해야 한다, 정부가 민간기업이 해야 할 사업을 빼앗아 와야 한다는 말을 주저하지 않겠습니다. 그런 건 아무래도 좋습니다. 나나 여러분 모두가 기억하다시피 자치단체가 자체의 물공급 시스템을 갖추는 것을 사회주의적이라고 생각했던 때가 있었습니다. … 동료 의원 여러분, 시대가 변하고 있습니다.

… 내가 제출한 결의안은 정부가 발전설비를 갖고 있도록 요구합니다. 그 발전소는 미합중국 전체에서 모범이 될 것이며, 그러면 이 나라에서 새로운 시대가 시작될 것입니다. 자치단체가 민간기업으로부터 물공급 사업을 가져왔듯이, 또 주정부가 민간기업으로부터 물공급 사업을 가져왔듯이 마침내 주정부나 연방정부가 이 나라 전체의 수력발전 사업을 맡게 될 것입니다.[26]

라과디아는 민간기업들이 전력사업에서 밀려나게 될 것이라는 위원들의 심각한 우려에도 흔들리지 않았다. 다음과 같은 논쟁이 벌어졌다 :

랜슬리 의원 : … 동료 의원은 특별히 정부를 지목하여 전력사업에 뛰어들라고 말하는 겁니까?

라과디아 의원 : 물론 그렇습니다.

26 청문회 사본, 1928. 2. 7, 라과디아 문서.

랜슬리 의원 : 그것은 정부가 모든 경쟁상대를 불구로 만든다는 것을 의미한다는 사실을 아십니까?

라과디아 의원 : 압니다.

랜슬리 의원 : 그렇다면 전력사업에서는 누구도 정부와 경쟁할 수 없습니다.

라과디아 의원 : 맞습니다.

법안 가운데서 "비료"라는 용어를 "질산염 제품"으로 수정하자는 제안이 나오자 이 제안이 정부가 비료 생산을 막으려는 비료 회사들의 속임수라고 생각한 라과디아는 분노했다. 그는 이에 대해 분명하게 밝혔다 : "동료 의원 여러분께 말씀드리고 싶은 것은 전력 회사 트러스트를 위해 일하는 로비스트나 비료 회사 트러스트를 위해 일하는 로비스트의 행태를 볼 때 세상에서 가장 오래된 직업은 특정 성(性)에만 국한되지 않는다는 점입니다."[27]

1928년 3월 13일, 노리스 법안은 48 : 25로 상원을 통과했다. 농업지역인 남부와 서부 출신 상원의원들이 일치하여 법안을 지지했다.[28] 농업지역 그룹이 친전력 국유화 성향이어서가 아니라 친전력 성향이었기 때문이었다. 농업지역 그룹의 친전력 성향에다 의회 내 진보세력의 끈질긴 설득이 주효했고, 여기에다 반대편에 서 있던 머슬 쇼울스 지역을 장악하려는 다양한 기업집단의 이해관계가 분열되어 있었으며, 농업지역 그룹이 지역개발의 기회를 놓치지 않기 위해 노리스-라과디아 법안을 지지했던 것이다. 이런 이해관계에서

27 의회 의사록, 70 : 1, 1928. 5. 16, 8879.
28 허바드, *op. cit.*, 379.

생겨난 남부 민주당과 서부 공화당의 제휴가 법안을 통과시키기에 충분한 동력이 되었다.

이쯤 되자 머슬 쇼울스 개발은 테네시 계곡 전체를 대상으로 한 종합적인 개발계획과 연계되지 않으면 최대한의 성과를 낼 수 없다는 점이 분명해졌다. 그러나 노리스는 전술적 관점에서 법안의 대상을 머슬 쇼울스로 한정했다. 공익사업의 파급력은 막대했기 때문이었다. 이 무렵 열 곳의 대형 발전소가 미국 전체 전력의 75%를 공급하고 있었다. 거대한 인설(Insull) 지주 회사 왕국 하나가 자산가치가 5억 달러에 이르는 발전소 두 곳을 소유하고 미국 전체 전력의 1/8을 생산하고 있었다.[29]

하원은 펜실베이니아 출신 모린 의원이 제출한 라과디아 법안의 대체안을 251 : 165로 통과시킴으로써 행동을 개시했다. 농업지역 그룹은 이때도 집단적인 결속력을 과시했다.[30] 회기 종료 사흘을 앞두고 노리스-모린 법안은 대통령의 서명을 위해 백악관으로 송부되었다. 쿨리지 대통령은 법안의 발효를 강조하기 위해 백악관을 찾은 보라 의원의 호소를 참을성 있게 들은 후 거부권을 행사했다.[31] 노

29 소울, *op. cit.*, 184-185.

30 이때의 법안 통과는 1927년까지 의회 내에서 강력했던 반전력 국유화 분위기를 고려한다면 놀라운 것이기는 하지만 1928년은 선거가 있는 해이고, 연방공정거래위원회(Federal Trade Commission)의 전력기업 조사활동은 널리 알려져 있었다. 주 35를 보라.

31 클로드 퓌스는 쿨리지의 대통령으로서의 업무수행 태도가 "대체로 부정적이었고 … 안전제일의 지도자였지 머리가 돌아가는 인물은 아니었다"고 평한다. 어빙 스톤(Irving Stone)은 다른 말로 표현한다 : "칼빈 쿨리지는 최소한의 정부가 가장 좋은 정부라고 믿었다. 그는 역대 대통령 가운데서 최소한의 대통령이 되기를 소망했고 소망을 이루었다" [레이턴(Isabel Leighton)

리스와 라과디아는 회기 중이 아니면 거부권을 행사할 수 없다며 항의했으나[32] 논란은 그것으로 끝났다.[33]

라과디아는 이때의 좌절 때문에 물러서지 않았다. 공정거래위원회는 교과내용 재편[34]과 언론통제를 시도한[35] 증거를 거의 매일 밝혀냈고, 라과디아는 이를 널리 알리는 데 힘을 쏟았다. 그는 버밍엄에서 열린 전국전력협회(National Electric Light Association) 총회에서 전력 회사 간부가 한 발언("비용은 걱정할 필요가 없다. 어차피 대중이 비용을 지불할 테니까")을 집요하게 물고 늘어졌다.[36] 상원에서 월슈 의원

편저, *The Aspirin Age*(뉴욕 , 1949), 130].

32 뉴욕 타임스, 1928. 6. 8.

33 다음해에 대법원은 이때의 거부권 행사가 유효하다고 결정했다.

34 그뤼닝, *The Public Pays*(뉴욕, 1931), 82–107.

35 *Ibid.*, 160–210. 전력 회사들은 정부의 발전자원 소유를 반대하는 대대적인 캠페인을 벌이고 있었다. 1927년에 몬태나 출신 토머스 월쉬 상원의원이 지주 회사들의 전력사업 지배와 전력 회사들이 여론에 영향을 미치려는 시도를 조사하자는 결의안을 내놓았다. 월쉬는 "자본금 합계가 거의 100억 달러에 달하는 기업들의 … 유례 없는 막강한 로비"의 진상을 밝혀내고자 했다. 상원은 조사업무를 연방공정거래위원회에 넘기면 월쉬 결의안이 퇴색될 것이라 생각했으나 공정거래위원회는 철저한 조사를 벌여 민간 전력 회사에 유리하도록 여론형성에 영향을 미치려는 시도가 있다는 놀라운 사실을 밝혀냈다. 밝혀진 내용은 이렇다 : 새뮤얼 인설(Samuel Insull)은 일찍이 1921년에 전국전력협회(National Electric Light Association) 공공정책위원회에서 대학교육을 강화하는 캠페인이 필요하다고 역설했다. 오하이오 대학교의 학장 한 사람이 연봉 1만 5천 달러에 활동비는 실비로 지급하는 조건으로 채용되어 협회의 교육기관협력위원회를 지휘했다. 이때부터 협회는 다양한 교육기관에서 실시하고 있는 공익사업 교과과정에 관한 보고서를 받고 있었다. 전력협회의 지원으로 펜실베이니아 주립대학교에 설치된 이 과정의 책임자이자 공정거래위원회의 자문위원이었던 한 인물은 이런 의견서를 제출했다 : "나는 공익사업 교과과정에 '이윤'이란 말이 빈번히 사용되는 것은 바람직한 일이 아니라고 생각합니다. 공익사업이란 어떤 의미에서는 이윤이 나지 않기 때문입니다" (*ibid.*, 7–53).

이 인터내셔널 제지 전력 회사가 신문사들과 어느 정도의 재정적 이해관계를 갖고 있는지 조사하자는 제안을 내놓았고, 하원에서는 라과디아가 공익설비를 운영하는 회사는 신문사를 인수하지 못하도록 하는 세 개의 법안을 제출했다.[37]

라과디아는 가스 사업과 전력사업의 합병을 추진하고 있던 뉴욕 시의 전력 트러스트의 활동을 집중적으로 공격했다. 그는 뉴욕 이브닝 그래픽지에 기고한 글에서 "전력 트러스트의 탐욕, 민중을 착취하는 법을 만들려는 노골적인 로비활동, 교육제도와 교과내용을 뜯어 고쳐 학생들의 정신을 왜곡하고 오도하려는 뒤가 구린 수작"을 폭로했다.[38]

정부로 하여금 콜로라도 강에 보울더 댐을 건설하도록 하는 스윙-존슨 법안의 심의가 진행되던 1927-1928년에 전력 국유화 이슈가 다시 대두되었다. 극서지역의 수천 명 기업인들은 이 법안을 지지한 반면[39] 전력 회사는 정부 계획을 반대했다. 유타 출신의 하원의원 레더우드는 이 사업이 "홍수조절과 관개(灌漑)로 포장된 전력생산 프로젝트이며 … 위험하고 부정직하며 건전하지 못한 제안"이라고 비난했다.[40] 라과디아는 하원 연설에서 댐 건설계획에 대한 "야비하고 이기적인 반대"에 대해 다음과 같이 비난했다 :

36 *Ibid.*, 235.
37 뉴욕 타임스 1929. 5. 7.
38 일자불명의 이브닝 그래픽 기사, 라과디아 문서,
39 캘리포니아 투자가들이 라과디아에게 보내온 전보, 1927. 2. 24 ; 캘리포니아 제조업자들이 라과디아에게 보내온 수백 통의 편지, 라과디아 문서.
40 *Ibid.*

> 이 프로젝트는 파나마 운하를 능가합니다. 이것은 이 시대 문명의 기념비가 될 것입니다. … 보울더 댐에서 수천 마일 떨어진 뉴욕에서 온 당신이 무엇 때문에 관심을 갖느냐는 질문이 당연히 나올 겁니다. 그래서 그 이유를 말씀드리겠습니다. 우리는 동부의 전력 트러스트의 착취로 고통받고 있기 때문이며, 보울더 댐 프로젝트가 전력을 얼마나 값싸게 생산할 수 있는지를 보여줄 수 있기 때문입니다. 자연이 어떻게 이용될 수 있으며 전력을 저렴한 비용으로 생산할 수 있음을 보여준다면 전력 트러스트의 지배는 붕괴되고 … 나라 전체가 구원받게 될 것입니다.[41)]

라과디아는 이때 전력생산과 공급이 공유화된 캐나다 온타리오 주 주민들이 지불하는 전력비는 뉴욕의 소비자들이 지불하는 전력비의 절반밖에 되지 않음을 숫자로 보여주고[42)] 다음과 같이 말했다 :

> 한번 생각 보십시오! 전능하신 하나님께서 고맙게도 이 나라의 민중들에게 주신 수력이라는 자연의 선물을 이용하면 전력 회사들의 착취를 걱정하지 않고도 모든 가정에서 적은 비용으로 불을 밝히고 난방을 하며 밥을 짓고 빨래를 할 수 있는데, 이런 시대에 우리는 전기를 생산하기 위해 석탄을 수백 마일 떨어진 도시로 운송하고 있습니다. 나는 전력 회사들의 배당금보다는 여성들의 복지에 더 많은 관심을 갖고 있습니다.[43)]

41 의회 의사록, 69 : 2, 1927. 2. 25, 4845.
42 National Popular Government League의 회보, 1927. 2. 24, 라과디아 문서.

보울더 댐은 위원회에 계류된 채 진전을 보지 못하고 있었고, 라과디아는 하원 의사규칙을 개혁해야 할 근거로서 이런 상황을 지적했다. 그는 동료 의원들을 향해 이렇게 말했다 : "나는 이 하원에서 우리가 적용받고 있는 지독한 규칙의 약점을 이용하여 어느 누구와도 손잡고 의사진행을 방해할 만반의 준비가 되어 있으며, 법안을 다시 심의할 때까지 의회 내 파업을 할 확고한 의지를 갖고 있습니다."[44] 그러나 그의 제안에 대해 누구도 반응을 보이지 않았다.

스윙-존슨 법안을 반대하는 압력이 높아갔다. 뉴욕 상공회의소는 "정부 주도의 사업이 기업을 고사시킨다"고 비난하는 성명을 만장일치로 채택했다.[45] 뉴욕 선지의 사설은 전력공급 이슈에 너무 집착하지 말고 법안의 내용 가운데서 분쟁의 소지가 적은 홍수통제 분야를 집중 논의하라고 권고했다.[46] 뉴욕 월드지는 알 스미스 지사의 아이디어를 바탕으로 정부 소유의 원칙은 유지하되 민간기업을 중간 매개로 활용하는 타협안을 제시했다.[47]

찬·반 양쪽이 끝까지 싸울 태세를 갖춘 가운데 1928년 5월 라과디아는 하원 발언대에 나와 그의 의원경력을 통틀어 가장 감동적인 연설을 했다.[48] 그는 기술적 어려움을 들어 반대하는 주장을 일축하면서 이렇게 말했다 : "이와 같은 소심함, 두려움, 의문, 그리고

43 의회 의사록, 69 : 2, 1927. 2. 25, 4845.
44 *Ibid.*, 1927. 2. 25, 4846.
45 라과디아 문서, 1928. 5. 3.
46 1928. 4. 16.
47 1927. 12. 27.
48 의회 의사록, 70 : 1, 1928. 5. 24, 9773-9777.

이런 불길한 예감은 위대한 사업의 초기단계에서는 언제나 따라오기 마련입니다." 헌법은 의회에 행정부의 시정방향을 감독하는 권한을 부여하고 있지만 그 권한에는 전력을 생산하고 공급하도록 지시하는 것까지 포함하지 않는다는 논리로 보울더 댐 계획을 반대하는 주장이 제기되었다.[49] 라과디아의 답변은 이랬다 : "이 하원에서 의원으로 봉사하고 있는 사람이라면 논리적이고 건전하며 경제적인 이유를 동원할 수 없을 때면 언제나 반대하는 수단이 합헌성을 들먹이는 것임을 알게 될 것입니다." 훗날 '뉴딜' 정책을 둘러싸고 벌어진 논쟁에서도 똑같은 논리로 반박하게 되지만 이때도 라과디아는 이렇게 반박했다 : "헌법상의 제한이란 반드시 변화된 상황에 맞추어 해석되어야 합니다. 법이 어떠해야 하는지는 모든 세대가 그 시대에 맞게 말할 수 있도록 남겨두어야 합니다."

그는 보울더 댐 프로젝트가 완성되었을 때 어떤 모습일지 동료 의원들의 상상을 환기시켰다 :

> 이 거대한 계곡에 높이 600피트가 넘는 댐이 세워져서 어마어마한 자연 저수지가 만들어진 모습을 상상해 보십시오. 그냥 버려지던 강물을 길들여 해마다 수백만 마력의 전력이 생산되고, 이 전력이 수백 마일을 흘러가 가정마다 활기와 안락함을 주고 공장의 기계들을 돌아가게 할 것입니다. … 웅장한 물줄기가 일 년 내내 일정하게 흘러내려 이 지역 산업의 동맥역할을 한다고 생각해 보십

49 후에 코네티컷 강 분지 개발사업에서도 같은 논리로 주정부의 권리가 우선이라는 주장이 제기되었으나 결과는 "상습적인 패배"였다[로이히텐버그, *Flood Control Politics*(케임브리지, 1953), 257].

시오. 지금은 홍수에 시달리는 임페리얼 계곡이 안정될 것이며 … 이 포로젝트는 감동적입니다.

그리고 그는 세계 역사상 "가장 사악하고 야비하며 타락한 로비"에 대해 통렬한 비난을 퍼부었다. 그는 15개의 회사가 국가 전체의 가스와 전력생산의 80%를 장악하고 있다고 비난했다.[50] 동료 의원들이 상체를 앞으로 기울이고 방청석을 가득 메운 청중들이 귀를 세우고 있는 가운데 라과디아는 로비활동의 증거물들—전력협회가 교육계 인사들과 각종 기관에 뿌린 수표의 사진—을 치켜들었다. 그는 학교에 공익설비 연구과정을 설치하는 계획을 폭로한 협회 간부의 편지를 읽어내려 갔다 : "계획은 통상적으로 집행되었다. 우리는 실제 과정 개설은 학교 측에서 교수들이 자발적으로 제안하고 협회는 이를 수용하는 모양을 갖추도록 세심한 준비작업을 했다. 나머지는 일사천리로 진행되었다." 라과디아는 협회의 이익을 반영하도록 교재가 제작된 실상을 보여주고 이렇게 말했다 : "기부금이란 방식의 이와 같은 뇌물, 교과서를 조작하는 이런 수단을 통해 협회는 학생들을 비도덕적인 본교 출신의 불법적 동문으로 만들려 했습니다"(웃음소리와 박수).

법안이 통과되고 1928년 12월에 쿨리지 대통령이 서명함으로써 정부가 보울더 댐을 건설할 수 있는 근거는 마련되었지만 발전소

50 훗날 상원 금융통화위원회의 조사자료에 따르면 1930년 현재 다섯 개의 지주 회사가 보유한 자산의 합계가 25억 달러였다[페코라(Ferdinand Pecora), *Wall Street under Oath*(뉴욕, 1939), 227].

를 정부가 운영할 것인지 아니면 민간기업이 운영할 것인지를 결정하는 권한은 내무장관에게 넘겨졌다. TVA의 시대가 오려면 아직 몇 년을 더 기다려야 했다.

Chapter. 11

새로운 도금 시대의 "나머지 절반"

캘빈 쿨리지는 1929년에 출판된 자서전에서 그의 행정부는 "기업을 고무하고, 유사 이래 최고의 임금상승을 가능케 했으며, 미국인의 가정에 일찍이 경험한 적이 없는 최대의 경제적 혜택을 가져다 주었고, 나라 전체에 전례가 없는 번영을 주었다"고 썼다.[1]

그러나 피오렐로 라과디아는 그런 1920년대 내내 높은 식료품 가격과 집세에 맞서기 위해, 임금 노동자들의 파업할 권리를 지키기 위해, 과세를 통한 부의 재분배를 실현하기 위해, 보다 나은 생활을 좇는 국가적 질주에 참여할 수 없었던 사람들에게 정부가 보편적인 구제를 하도록 하기 위해 시간과 정력의 대부분을 쏟아야 했다. 이런 모순이 형성되는 과정에서 그의 사회경제적 철학은 더욱 굳건해지고 보다 구체적인 모습을 갖추게 되었으며, 자유방임주의가 위대한 승리를 구가하던 시대에 도전적이고도 조금의 주저함도 없이 복지국가란 이념을 지향했다.

라과디아가 68대 의회에 진출한 직후인 1924년 초, 하원은 제

1 *Autobiography*(뉴욕, 1929), 183.

1차 세계대전 중 임대료 앙등을 막기 위해 워싱턴 지역에 실시했던 임대료 통제법의 시한을 연장하는 방안을 논의하기 시작했다. 오하이오 출신 벡(James T. Begg) 하원의원 같은 "거친 개인주의"[2]의 옹호자들은 임대료 통제법안이 발의될 때부터 격렬하게 반대했다. 그는 다음과 같이 말했다 :

> 뉴욕의 거리에서 연설하던 눈매가 무서운 볼셰비키조차도 이보다 더 야만적인 교리를 옹호하지는 않았습니다. … 미국이 파국을 맞게 된다면 그 원인은 … 보잘것없는 바탕에서 시작하여 근검과 절약과 경제적 관리를 통해 무언가를 이룬 사람들과 방탕과 낭비에 젖어 모든 것을 다 써버리고 오늘은 아무것도 가지고 있지 못한 사람들의 대립입니다.[3]

1924년에 뉴욕의 임대료 통제법에 관한 하원 청문회에서 라과디아는 그와 같은 주장은 마음대로 임대료를 정할 수 있는 "헌법적 권리"을 보호해달라는 지주들의 주장과 똑같은 것이라고 반박했다. 그들은 대학교수들과 법률전문가들까지 동원해 임대료 통제를 저지하려 했다. 라과디아는 다음과 같이 말했다 :

2 서부 개척 시기에 형성된 미국식 거친 개인주의(rugged individualism)는 경제적 성취를 중시하는 경쟁심을 의미했다. 강인함과 유동성을 중시하는 미국식 개인주의가 미국 민주주의의 기반이라고 해석한 사람이 토크빌이었다. 유럽의 귀족적 지식인들은 미국식 개인주의를 거칠고 천박하다고 비하했다. 그러나 강인함과 유동성은 전통을 거부하고 실질을 숭상하며 낙관주의와 진보주의를 특징으로 하는 미국적 국민성을 낳았다고 평가하는 사람도 있다. **역자 주**

3 의회 의사록, 68 : 1, 1924. 4. 28, 7387.

그렇지만 동료 의원 여러분, 아무리 전문가를 동원하고 아무리 교수들을 동원해도, 아무리 그들의 법률적 재능을 동원해도 주급을 받아 가족을 부양해야 하는 사람이 수입의 대부분을 집세로 내도록 강요당하고 나서 남은 돈으로는 자식들을 제대로 돌보고 먹일 수 없는 현실을 극복할 수 있는 논리는 없습니다. 이것이 뉴욕 시의 상황이며 이것이 워싱턴 D.C.의 상황입니다.

지주들이 세입자들로부터 한 방울의 기름이라도 더 짜내려고 마음먹고 있는 한, 지주들이 집세를 올릴 권리를 고집하는 한, 그리고 이것을 제약할 수 있는 수단이 지주들 자신의 탐욕뿐이라면 … 비상사태가 존재하는 것이며, 나 한 사람만이라도 주저없이, 전에도 주장한 바 있지만 우리가 대중의 식량과 보건과 교통과 안전을 챙기듯이 규제책을 마련해 그들의 몸 누일 곳을 보호해 주는 것이 정부의 의무 중 한 부분이라고 말하겠습니다.[4]

법안은 통과되었지만 1년이 지나자 기한을 연장하는 문제가 대두했고, 라과디아는 뉴욕 생명보험 회사의 법률고문으로부터 임대료 통제에 반대하는 표를 던져줄 것을 요청하는 편지를 받았다. 법률고문은 만약 법안이 통과되면 회사는 워싱턴 지역에서 담보물 주택에는 투자하지 않겠다고 경고했다. 또한 그는 자신의 책상 위에 9만 달러의 대출을 요청하는 서류가 올라와 있지만 의회가 법안을 처리할 때까지 행동을 미루고 있다고 말했다.[5] 라과디아는 이렇게 회신했다 :

4 *Ibid.*, 7391–7392.
5 해리 보텀(Harry Bottome)이 라과디아에게 보낸 편지, 1925. 1. 28, 라과디아 문서.

"임대료 통제법 시행이 전국으로 확대된다는 근거 없고 악의에 찬 조직적인 선전활동의 한 부분을 맡을지는 전적으로 귀하께서 스스로 결정하실 일입니다." 또한 라과디아는 담보대출을 볼모로 하여 워싱턴 지역에서 장래의 투자는 중단하겠다는 계산은 "얼굴을 가린 협박"이며, 이런 사실을 대중에게 폭로하겠다고 약속했다.[6)]

뉴욕 시의 부동산위원회가 "지금까지 발의된 것 중에서 가장 급진적"이라며 임대료 통제법안에 반대표를 던져달라고 요청하자 라과디아는 다음과 같이 답변했다 :

> 여러분이 보내주신 비망록에 담긴 주장을 잘 읽었습니다. 그것은 주택난에 기대어 돈을 벌어온 뉴욕의 지주들이 늘 널어놓는 푸념과 아첨 섞인 호소와 똑같습니다. … 우리 의원들이 이 법안을 지지하도록 격려해 주는 데는 뉴욕 시 지주들의 항의만한 것이 없습니다. 부탁드리건대 여러분의 훌륭한 일을 계속하십시오.

쿨리지는 임대료 통제법을 지지했고, 이를 두고 라과디아는 "지금까지 그의 행정부가 한 일 중에서 가장 뛰어난 것"이라고 평했다.[7)]

1920년대에는 사회복지와 관련해서는 이렇다 할 입법 실적이 없었지만 경제구제 대책으로서는 맥네리-하우건 계획(McNary-Haugen plan)이 거의 통과될 뻔했다.[8)] 이 계획의 주요 내용은 국내에서

6 뉴욕 타임스, 1925. 1. 30.
7 1925. 1. 8일에 보낸 편지, 라과디아 문서.

농산물 가격을 높게 유지하기 위해 과잉 생산품을 정부가 구매하여 해외시장에 투매한다는 것이었다. 이런 제안이 의회에 상정될 때마다 라과디아는 한 번도 빠짐없이 농민 지원책으로는 부적절함을 지적했다.[9] 더 나아가 그는 농민들이 낮은 농산물 가격 때문에 고통받고 있을 때 소비자들은 높은 가격을 지불하고 있고, 이 문제를 해결하기 위해서는 맥네리-하우건 계획보다는 더 근본적인 대책이 필요하다고 주장했다.

1924년 5월, 라과디아는 하원 토론에서 맥네리-하우건 계획에 관해 중요한 연설을 했다. 이때는 그가 공화당과 결별하고 진보당에 합류하기 직전이었다. 신문에서나 그에게 오는 편지에서나 의사당 안에서도 그는 급진주의자로 불리고 있었고, 그는 이 기회를 빌려 자신의 입장을 밝히기로 결심했다.

> 동료 의원 여러분, 어떤 의미로 보든 나는 진보주의자입니다. 내 친구들 중 어떤 사람은 때때로 나를 급진주의자라고 부릅니다. 그것이 터무니없는 식품 소매가격과 농민들이 받는 형편없는 농산물 가격 사이의 절망을 야기한 모든 조건에 대해 급진적인 해법을 추구한다는 것을 의미한다면 나는 급진주의자라 불

8 맥네리-하우건 법안은 다섯 개가 있었는데 1924년에서 1928년까지 매년 하나씩 상정되었다. 마지막 두 법안은 상·하 양원을 통과했으나 쿨리지가 거부권을 행사했다. 이와 관련해서는 베네딕트(Murray R. Benedict), *Farm Policies of the United States 1790-1950*(뉴욕, 1953)이 자세히 다루고 있다.

9 베네딕트는 맥네리-하우건 법안을 상세히 연구한 후 중대한 결함을 갖고 있기는 했으나 농민들이 당면한 위기를 누그러뜨리는 데는 도움이 되었을 것이라고 결론짓고 있다(*op. cit.*, 236). 블랙(John D. Black), *Agricultural Reform in the United States*(뉴욕, 1929), 232-254는 이 제안을 긍정적으로 평가한다.

려도 전혀 놀라지 않겠습니다. … 가격을 조작하는 매점매석, 대출기간 조기종결로 농민을 농토에서 몰아내고 우리 도시의 공립학교에서 제대로 먹고 입지도 못한 아이들이 넘쳐나도록 만드는 독과점이 존재한다는 것은 무언가 대단히 급진적으로 잘못되어 있음을 반증합니다.[10]

표피적인 농민구제 대책으로는 문제가 해결될 수 없음을 지적한 라과디아는 자신이 생각하는 농민과 소비자 모두를 고통스럽게 하는 문제의 근원으로서 "사악하고 불공정하며 불균등한 경제제도"를 지적했다. 이런 경제제도는 농민이나 소비자에게는 아무 도움이 안 되고 다만 은행, 철도 회사, 중개인만 만족시킬 뿐이었다. 그는 이렇게 말했다 : "뒤늦게야 의회는 농민들을 괴롭히는 악을 제거하지 않은 채 농민들을 구제하는 대책을 세우려 하고 있습니다."[11]

그는 이어서 "수고하지도 않고 생산하지도 않는 산업의 말단 부분이 기여한 것에 비해 과도하고도 비대칭적인 몫을 누리고 있으며", 맥네리-하우건 법안은 농산물 가격을 상승시켜 소비자의 어려움을 가중시킬 뿐 가스 트러스트, 농기구 제조 트러스트, 피혁가공업 트러스트로부터 농민과 소비자를 지켜주지 못한다고 지적했다. 그는 소리 높여 외쳤다 : "여러분은 반쪽만 보고 있다는 사실을 모르십니까?" 라과디아는 정말로 필요한 것은 국가가 수송과 마케팅, 금융을 감독하는 일이라고 주장했다. 법체계는 현대 산업 시스템의 발전을 따라가지 못했다. "여러분은 달러를 보호하느라 생산자를 외면했습

10 의회 의사록, 68 : 1, 1924. 5. 23, 9351–9352.
11 *Ibid.*

니다. 여러분은 재산권을 보호하느라 인간을 잊어버렸습니다. 그 결과 무자비한 착취체계가 합법화되었습니다. 이제 진정한 변화가 필요한 시기가 다가오고 있습니다."[12]

이 연설은 인민주의-진보주의의 유언장이자 '뉴딜' 이념의 강력한 예고편이었으며, 사회주의 이론의 분명한 밑바닥 흐름이었다. 이 연설은 진보주의 운동 내부에는 황금의 경쟁 시대로 돌아가려는 일파가 있는가 하면, 다른 한쪽에는 경제구조를 총체적으로 조정하려는 일파가 있음을 드러냈다. 1920년대에 라과디아가 했던 모든 연설과 활동을 종합적으로 살펴본다면 이 연설은 (호프스타터가 말했듯이) 윌슨 시대의 "온건하고 사려 깊은" 동부식 진보주의 운동이 그 운동을 1920년대에 대변하는 인물에 의해 과감하고도 전투적인 진보주의 운동으로 전환되었음을 알려주는 신호였다.[13]

동료 의원들은 라과디아의 연설에서 짙은 사회주의의 색채를 보았다. 캔자스 출신의 하원의원 틴처가 라과디아에게 농민과 소비자의 문제를 해결할 방안을 갖고 있느냐고 묻자 그는 망설임 없이 이렇게 답했다 : "이 나라의 모든 수송수단, 모든 대형 곡물창고를 통제하고 중개인과 은행업을 없애면 됩니다." 이에 대해 틴처는 이렇게 말했다 : "내가 괜한 오해를 하고 있었군요. 나는 하원에서 버거 의원

12 *Ibid.*

13 호프스타터, *The Age of Reform*(뉴욕, 1955), 163은 제1차 세계대전 전의 동부 진보주의는 "사회구조의 급격한 변화를 추구하지 않았고, 다만 변화를 바라는 대중의 욕구를 온건한 … 통로로 유도하는 책임감 있는 엘리트층을 형성하는 데 주력했다"고 평가한다. 1920년대에도 동부 진보주의의 요소가 강하게 남아 있었음은 의심의 여지가 없지만, 이 교양 있는 보수파의 주장은 종종 제20선거구에서 온 하원의원이 일으킨 소용돌이 속에 파묻혀 버렸다.

이 소속된 당을 대표하는 의원은 버거 의원 한 사람뿐인 줄 알았습니다."[14] (그가 말한 사람은 사회당의 빅터 버거 의원이었다.)

식품가격에 깊은 관심을 갖고 있던 라과디아는 쿨리지 행정부 기간 동안 맥네리-하우건 법안을 둘러싼 논쟁에 적극 참여했다. 1926년 봄과 1927년 초에도 라과디아는 이 법안의 수정안을 제출했다. 수정안은 그 자신이 하원 발언에서 말했듯이 전시에 시행된 기초식품 통제법의 제4절—가격을 올리거나 공급 제한, 매점매석, 농산품에 대한 부당한 수수료 부가행위를 하는 자는 최고 5년의 징역형과 5천 달러의 벌금에 처함—의 축소판이었다. 라과디아는 이 법이 빵과 육류의 가격을 과도하게 올리는 트러스트의 활동을 막을 것이라고 강조했다. 그는 "수정안의 유일한 목적은 사기꾼, 모리배, 독과점기업, 식품투기꾼과 시세조작자들로부터 소비자를 보호하는 것"이라고 말했다.[15] 아이오와 출신의 하우건 의원은 수정안에 반대했고, 수정안은 즉석에서 표결에 들어가 부결되었다. 1년 후에 라과디아는 다시 같은 수정안을 제출했고 역시 부결되었다.

그럼에도 불구하고 라과디아는 농민과 소비자는 다 같이 독과점의 희생자란 주장을 굽히지 않았고, 중서부 출신 의원들이 지지하는 농민구제 법안에 대해 지역적 이해가 다르다며 반대하는 의원들에 동조하지 않았다. 이 문제를 두고 그는 같은 뉴욕 출신의 해밀턴 피쉬 2세 의원과 충돌했다. 피쉬는 맥네리-하우건 법안을 지지하는 의원은 유권자를 배신하고 있다는 발언을 하였고, 라과디아는 피

14 의회 의사록, 68 : 1, 1924. 5. 22, 9204.
15 *Ibid.*, 69 : 1, 1926. 5. 20, 9778.

쉬가 노동자들을 대변할 줄 모르는 "단거리 진보주의자"라고 반박했다. 라과디아는 이렇게 말했다 : "그가 견고한 참호 속에 들어앉아 농민의 부담을 가중시키는 보험 회사들을 대변하는지는 모르나 뉴욕시의 노동하는 대중들을 대변할 수는 없습니다."[16] 이 논쟁이 있은 며칠 후 라과디아는 연방농업청(Federal Farm Board) 설치 법안에 찬성표를 던졌고 피쉬는 반대표를 던졌다.[17]

1925년 초 공동 마케팅 법안(Cooperative Marketing bill)을 두고 토론이 벌어졌을 때 라과디아는 엄청난 양의 빵, 육류, 감자, 우유를 생산하는 나라에서 이런 생필품 가격이 너무 높아 도시 노동자들이 가족을 먹이기에 필요한 만큼을 살 수 없는 역설적인 상황을 지적했다. 나아가 그는 이런 높은 가격에서 농민에게 돌아가는 몫은 극히 일부밖에 되지 않는다고 강조했다. "주식시세표를 든 손이 쟁기를 잡은 손보다 더 많은 돈을 벌고 있습니다." 또한 그는 "우리의 경제제도가 재조정되어야 함을 인정할 수 있는 용기"를 가지라고 요구했다.[18]

1925년 플로리다에서는 현기증이 날 정도의 부동산 붐이 일었는데, 골프를 칠 수 있는 충분한 여가시간(과 돈)을 가진 미국인이 약 2백만 명이 되었고, 이들은 한 사람이 연간 50만 달러를 이 게임을 즐기는 데 지출했다. 또한 1925년은 이 무렵에 중상층 계급 사치의 상징이 되어버린 컨트리클럽에 끼일 형편이 안 되는 중하층 계급의 사람들이 거대한 운동경기장으로 몰려가 레드 그레인지나 잭 뎀프

16 *Ibid.*, 69 : 2, 1927. 2. 14, 4063.
17 *Ibid.*, 69 : 2, 1927. 2. 17, 4099.
18 논평 등사본, 1925. 2. 26, 라과디아 문서.

시나 베이브 루스의 경기를 보았던 해이기도 하다.[19] 그러나 1925년 여름과 가을, 라과디아와 수십만의 뉴욕 시민들은 육류가격을 걱정하고 있었다.

1925년 8월에 육류가격이 파운드당 9–10센트나 뛰어오르자 뉴욕 시 전체의 세입자 단체, 지역 단체, 시민운동 단체가 참여한 위원회가 라과디아에게 육류시장을 조사하고 조처를 주도해 줄 것을 요청했다.[20] 지역 지도자들이 라과디아의 사무실에 모여 육류파업에 대해 논의했다.[21] 라과디아는 맨해튼과 브롱크스 지역 식료품 소매상 협회와 접촉하여 육류파업에 동참해 줄 것을 요청했다.[22] 뉴욕 시 전체에서 협력을 제안하는 편지가 쇄도했다.[23] 라과디아의 요청을 받은 상원의원 코플랜드(Royal S. Copeland)가 1925년 9월 10일에 열린 항의 집회를 주재했고, 집회가 끝난 후 이런 보도자료가 배포되었다 : "집회 참석자 전원은 현재의 육류가격은 가난한 사람들에게 감당할 수 없는 부담이라는 데 동의했다. 저렴한 육류제품은 뉴욕 시의 주민들 대부분이 소비하는 것이다. 현재의 가격으로는 시민들이 도저히 육류를 구매할 수 없다."[24] 코플랜드가 뉴욕에서 집회를 주재하고 있는 동안 라과디아는 시카고로 가서 육류 포장판매업자들을 만났으나 만족할 만한 결과를 얻지 못했다.[25]

19 앨런(Frederick Lewis Allen), *Only Yesterday*(뉴욕, 1931), 233–234.
20 라과디아가 맥캔(McCann)에게 보낸 편지, 1925. 9. 2, 라과디아 문서.
21 1925. 8. 27일자 편지, *ibid.*
22 1925. 8. 30일자 편지, *ibid.*
23 존 그라츠(John Gratz)가 라과디아에게 보낸 편지, 1925. 9, *ibid.*
24 보도자료, 1925. 9. 10, *ibid.*
25 보도자료, 1925. 9. 11, *ibid.*

그는 가축 사육지역의 의원들에게 전보를 보내 축산농민들이 오른 육류값 덕분에 이익을 보고 있지 않다는 자신의 주장을 확인해 달라고 요청했다. 톰 코낼리 의원은 자신의 지역구에 가뭄이 덮쳐 축산업이 심각한 침체에 빠져 있다고 알려왔다. 텍사스의 맨스필드 의원은 미국에서 가장 큰 육류 포장판매업자가 암소를 파운드당 1.5센트에 사가고 있음을 확인해 주는 판매대장을 보내주었다. 이 무렵 뉴욕의 소비자들은 허리고기는 파운드당 28센트, 햄버거용 고기는 13센트를 지불하고 있었다.[26] 맨스필드는 현지의 살아 있는 소 판매가격은 너무 형편없어서 사육농가가 가축을 키울 수 없는 형편이라고 알려주었다. 라과디아는 이런 정보를 언론에 제공하면서 "뉴욕 시는 육류 폭리가 멈추지 않으면 과일, 채소, 생선의 도시가 될 것"이라고 말했다.[27]

조사를 요청한 라과디아의 편지에 대한 답신에서 농무장관 윌리엄 자딘(William Jardine)은 이렇게 말했다 : "귀하께서 요청하신 주제로 조사를 벌이자면 많은 시간과 비용이 필요합니다. 우리가 그런 조사를 벌일 위치에 있지 않음을 유감스럽게 생각합니다."[28] 장관은 육류를 경제적으로 이용하는 방법을 담은 농무성 회보를 동봉해 왔고 라과디아는 뜨끔한 답신을 보냈다 :

내가 도움을 요청했더니 장관께서는 책자를 보내주셨습니다. 뉴욕 시민들

26 판매대장, 1925. 9. 5, *ibid.*
27 뉴욕 타임스, 1925. 9. 5.
28 라과디아 문서, 1925. 10.6.

은 농무성 회보에 기대어 자식들을 먹일 수가 없습니다. … 보내주신 회보는 … 이 거대한 도시의 임대 아파트에 사는 사람들에게는 아무 쓸모가 없습니다. 뉴욕의 주부들은 고통스러운 경험을 통해 육류를 어떻게 경제적으로 이용할 수 있는지 터득하고 있습니다. 우리가 귀하의 부처에 바라는 것은 … 미국 정부가 나서서 이 도시의 열심히 일하는 시민들이 적절한 영양을 섭취할 수 없도록 만든 모리배들에게 압력을 가해달라는 것입니다.[29)]

파업 위협은 실현되지 않았으나 라과디아는 높은 육류가격에 대한 항의운동을 계속해 나갔다. 의회가 농무성 내에 공동 마케팅을 담당할 부서를 설치할 근거를 만드는 법안을 논의하자 라과디아가 발언에 나섰다 : "위원장님, 그리고 동료 의원 여러분, 지금 하원은 농민을 우롱하는 익숙한 실내 스포츠를 하고 있습니다만 나는 이 기회를 빌려 소비자를 위해 몇 말씀만 드리겠습니다." 그는 다시 한 번 중간 수집상, 수수료를 받는 상인, 은행가, 철도 회사, 통조림 회사, 식품 독과점 기업을 비난하고 식품공급 시스템의 근본적인 변화를 요구했다. 그는 자신이 공화당과 결별한 대가로 주류부정거래위원회에 배정되었음을 지적하면서 이렇게 말했다 : "나는 술보다는 식품에 더 관심이 많습니다."[30)]

그는 발언에서 지난 해 여름 뉴욕의 육류가격이 어땠는지를 소개하고 농무성에 도움을 요청한 사실을 밝혔다. "이것이 내가 받은 도움입니다." 그는 육류의 경제적 이용을 가르쳐 주는 농무성 회보를

29 라과디아가 자딘에게 보낸 편지, 1925. 10. 14, *ibid.*
30 의회 의사록, 69 : 1, 1926. 1. 26, 2772–2773.

흔들어 보였고, 동료 의원들은 폭소를 터뜨렸다. 농무성은 그에게 『양고기를 이용한 다이어트』란 소책자도 함께 보내주었는데, 그는 그런 책자가 있어도 뉴욕 주민의 90%는 양고기를 살 형편이 못 된다고 말했다.

"여기 여러분께 보여드리려고 가져온 게 있습니다 … ." 라과디아는 이렇게 말하고 조끼 주머니에서 양고기 한 덩이를 끄집어냈다. 그는 뉴욕에서는 이 고기 한 덩이를 살려면 30센트를 주어야 한다고 설명해 주었다. 그는 이어서 다른 주머니에서 스테이크 한 덩이를 꺼내 보여주면서 이렇게 말했다 : "이것은 1달러 75센트짜리 스테이크입니다." 다시 그는 또 다른 주머니에서 로스트 한 덩이를 꺼내 이렇게 덧붙였다 : "이건 로스트입니다. 3달러나 되는 로스트입니다. 노동자 가족이 어떻게 이런 크기의 로스트를 사는 데 3달러를 쓸 수가 있겠습니까?" 라과디아는 가축을 방목하여 키우는 농민은 1파운드에 2센트에서 5.5센트를 받는데 소비자는 75-80센트를 지불하고 있는 현실을 지적했다. 그는 이것이 독과점 포장판매 회사들이 정당화될 수 없는 막대한 이윤을 챙기고 있으며, 적절한 이윤이 보장되면서도 가격을 대폭 낮출 수 있는 여지가 있다고 결론지었다.[31]

미국 육류포장판매업자기구(Institute of American Meat Packers)가 라과디아가 제시한 숫자에 대해 의문을 제기하자 그는 다음과 같이 반박했다 :

귀 단체에서 내게 보낸 두 차례의 편지는 포장판매업자들의 교만함을 보

31 *Ibid.*, 1926. 1. 30, 3052, 3053.

여주고 있습니다. 내가 시카고에 가서 그쪽 사람들과 만나 한 얘기를 지금 다시 들려드리겠습니다. 포장판매업자들은 뉴욕의 육류 소매가격을 25%에서 33.5% 정도 낮출 수 있는 힘을 갖고 있습니다. 며칠 사이에 뉴욕 시민들은 육류 섭취를 중단할 계획입니다. 그렇게 되면 우리는 공정한 가격을 찾아낼 수 있을 것 같습니다.[32]

라과디아가 제시한 숫자가 항상 정확했던 것은 아니다. 포장판매업자들이 가격을 40% 낮출 수 있다고 말한 적도 있고, 어떤 때는 25%를 제시하기도 했다. 이 때문에 비난하는 사람이 있으면 그는 애써 무시해 버렸다. 제시하는 숫자가 항상 정확했던 것은 아니지만 그는 자신의 기본논리가 옳다고 믿었다.[33]

쿨리지 집권시기 동안 라과디아는 "빵 트러스트"(이 명칭은 라과디아가 붙여준 것이다)와 연속적인 싸움을 벌였다.[34] 그는 "빵의 왕"

32 라과디아가 노먼 드레이퍼(Norman Draper)에게 보낸 편지, 1926. 3. 26, 라과디아 문서.

33 정부 통계는 라과디아가 제시한 로스트 1파운드에 약 30센트와는 맞지 않았다. 정부 통계에 따르면 갈비 로스트 1파운드 가격은 1923년 21.8센트, 1927년 38.6센트, 1928년 44.2센트이다[미국 정부 노동성, 노동통계국, *Retail Prices 1890–1928*(워싱턴, 1929), 116–117].

34 인민주의와 진보주의 운동이 가장 강력한 화력을 집중한 이슈가 있다고 한다면(물론 그 강도란 행동이 아니고 말로 표현하는 것인 경우가 많았지만) 그것은 트러스트의 부정행위였다. 그 성과는 미미했지만 열기가 다른 곳으로 옮아가 1920년대 미국의 전반적인 개혁분위기가 형성되는 데 도움을 주었음은 부인할 수 없다. 이 시기에 쿨리지 행정부의 무기력함은 유명했다. 반트러스트법은 엄격하게 집행되지 않았고, 1925–1929년 동안 이 법이 적용된 사례는 75건에 불과했다. 연방 공정거래위원회는 "고발된 사례도 비공개로 처리한다는 방침을 고수했으며, 원상복구나 중지명령은 최소화했고, 주로 거래관습심의회에 넘겼는데, 이곳에서는 기업계의 자율규정이

윌리엄 와드가 소유한 와드 그룹이 이 업계의 선두 3개 제빵 회사를 지배하고 있다고 비난했고, 연방공정거래위원회가 자산 합계 4억 달러인 이 그룹에 대한 조사를 거부하자 충격을 표시했다. (1924년에 상원이 조사명령을 내렸다.) 바실 맨리가 이끄는 민중입법봉사단이 하원 의원들을 압박하는 운동을 벌여 라과디아를 도왔고, 상원에서는 버튼 휠러와 몇몇 진보파 의원들이 행동을 요구했다.[35)]

라과디아는 맨해튼의 여러 지역 지도자들에게 편지를 보내 "이 나라에서 거대한 빵 트러스트가 형성되는 것을 막는 싸움을 벌이는 데 관련 정보가 필요하다"며 빵가격, 빵의 규격, 가격변동 상황에 관한 정보를 요청했다.[36)] 또한 그는 1926년 2월 1일에 영세한 빵가게 주인들에게 데이터를 요청하는 편지를 보내면서 공정거래위원회에 와드 식품 회사가 거래를 제약하는 트러스트인지 여부를 결정해달

기준이 되었다." 목재 회사의 고문 변호사인 험프리(W. E. Humphrey)가 공정거래위원으로 임명되자 친정부 인사가 다수가 되어 반트러스트법의 집행을 완화하는 쪽으로 위원회가 운영되었다. 공정거래위원회가 법무장관에게 권고안을 제출한 몇 안 되는 경우에도 법무장관은 조처를 취하지 않았다(소울, *op. cit.*, 134–138).
1920년대 말에 이르자 200개의 대형 비은행 기업이 미국 전체 기업 자산의 거의 절반에 해당하는 820억 달러의 자산을 결합했고, 전체 비은행 기업 소득의 43.2%를 실현했다. 이 거대 기업 200개는 미국 전체 기업 숫자의 0.07%에 불과했다. 1919–1929년 사이에 이 200개 기업의 자산은 437억 달러에서 810억 달러로 늘어났다[벌리(Adlof A. Berle)와 민스(Gardiner C. Means), *The Modern Corporation and Private Property*(뉴욕, 1937), 29–33]. 수천 개의 기업이 합병으로 사라졌고 지주 회사 제국이 경제를 지배하게 되었다. 1929년 초, 9개의 지주 회사가 이 중 93개 기업을 지배하고 있었다(소울, *op. cit.*, 143).

35 휠러가 작성한 논평 사본, 1926. 2. 10, 라과디아 문서.

36 라과디아가 심코비치(Simkovitch) 부인에게 보낸 편지, 1926. 2. 15, *ibid*.

라고 요구하는 결의안과, 법무성에게는 이 회사에 대해 어떤 조처를 취했는지를 묻는 두 개의 결의안을 준비하고 있음을 알려주었다.[37] 결의안은 해당 상임위원회에서 사장되었고, 롱워스 하원의장은 결의안을 상임위원회를 거치지 않고 바로 상정하려는 라과디아의 동의안은 규칙위반이라는 의장명령을 계속 유지시켰다.[38] 카네기 홀에서 열린 대규모 집회에서 라과디아는 이렇게 말했다 : "빵의 독점은 위법일 뿐만 아니라 잔혹한 행위이며 죄악입니다. 식품시세 조작자들의 탐욕은 어디서 멈출까요? 대중이 가장 기본적인 생필품에서 착취당하고 있다면 그것은 분명히 이 나라의 위기입니다."[39]

법무성은 압력에 밀려 조처를 취하지 않을 수 없었고, 연방법원은 1926년 4월, 자산 20억 달러의 와드 식품 회사를 해체하는 동의명령(consent decree)을 내렸다.[40] 그런데 와드는 해체된 회사들에 대한 지배력을 계속 유지했다. 치열한 싸움을 벌여도 미미한 승리만 거둘 뿐이라는 반트러스트 운동의 역사적 도식이 이번에도 적용되었다.

1920년대에 노동조합 가입자 수가 500만에서 350만으로 줄어든 것은[41] 노동조합이 직종별로 통합되었고 이에 따라 노동환경이 개선된 결과였다. 그러나 대량생산 기업에서 일하는 수백만의 노동자는 여전히 조직되지 않았고, 그들의 볼품없는 임금은 늘어난 노동

37 뉴욕 헤럴드 트리뷴, 1926. 2. 1.
38 뉴욕 타임스, 1926. 2. 12.
39 보도자료, 1926. 3. 31, 라과디아 문서.
40 민중입법봉사단 회보, 1926. 5. 11, *ibid.*
41 소울, *op. cit.*, 227.

귀족들의 임금에 묻혀 평균으로 계산되면 전체 통계는 개선된 모양으로 나타났다. 뿐만 아니라 조직 노동자들 사이에서도 번영의 과실은 불균등하게 분배되었고, 그 결과 특히 방직업 분야에서는 20년대 내내 파업기간이 늘어나고 파업강도도 강해졌다. 이 시기의 피오렐로 라과디아의 의회활동을 따라가 보면 노동인구의 상당한 부분이 전반적인 복지의 향상 가운데서도 고통을 겪고 있었다는 생생한 증거를 발견하게 된다.

1922년의 탄광과 철도 파업에서 금지명령을 날카롭게 비난했던 라과디아는 20년대 내내 그의 거슬리는 목소리가 필요하다고 생각되는 곳이면 분야를 가리지 않고 노동운동 현장에 모습을 드러냈다. 그는 1926년의 뉴욕 피복 노동자 파업 때는 파업의 전초선에 섰는가 하면 메디슨 스퀘어 가든에서 열린 금지명령 항의 집회에도 나타났고,[42] 몇 달 후에는 종이상자 제조 노동자들의 파업을 지원했다. 그는 미국인 선원들의 자리를 메우려는 "납치된" 중국인 파업 파괴자들의 동원을 비난했고,[43] 풀먼 철도 회사의 식당차 사환 노조결성 방해를 공격했다.[44] 그는 정부가 고용한 노동자들의 임금인상을 위해 싸웠고,[45] 심지어 "야구노예"를 비난하고 야구선수들의 노조결성을 요구함으로써 신문에 스포츠 면이 따로 만들어지는 계기를 마련했다.[46] 하원 행정위원회에 나가 증언을 통해 라과디아는 정부에 고

42 뉴욕 타임스, 1926. 9. 21.
43 *Ibid.*, 1927. 7. 16.
44 *Ibid.*, 1927. 7. 16.
45 뉴욕 이브닝 저널, 19025. 5. 4.
46 1925. 2. 2일에 만든 전단, 라과디아 문서.

용된 연봉 1,200달러에 불과한 여성 노동자가 주말에 교회에도 못 가고 집안에서 밀린 빨래를 해야 하는 실상을 소개했다. "사람들은 앤드류 멜런이 위대한 금융가라고 말하지만 동료 의원 여러분, 연봉 1,200달러를 갖고서도 가족들을 깨끗하고 품위 있게 입히는 여성이야말로 진정한 금융가입니다."[47]

1925년 8월에 펜실베이니아 탄광 광부들이 파업을 일으키자 라과디아는 뉴욕 이브닝 그래픽지에 기고한 칼럼에서 기포드 핀초트 지사의 타협안을 거부한 "광산주들의 오만하고 뻔뻔스러우며 계획적인" 태도를 비난했다. 그는 그래서 정부가 광산을 소유해야 한다고 주장하면서 다음과 같이 말했다 :

> 해결책은 하나뿐인 것 같다. 이 나라는 풍부한 석탄으로 축복받았다. 이것은 인간의 발명이 아니며 신이 아메리카의 민중에게 주신 선물이다. 석탄을 대지의 내장으로부터 들어내어 인류에게 유용하게 쓰이도록 하는 데는 인간의 노동력만 들어간다. 아메리카의 모든 민중은 석탄에 관심을 갖고 있다. 정부는 바로 지금 개입하여 석탄을 둘러싼 불화를 해결해야 하며, 지체없이 현재 채굴 중인 탄전의 매장량을 조사하고 궁극적으로는 하나님께서 아메리카 민중 전체의 복지를 위해 사용되도록 주신 것이 분명한 선물을 정부가 소유하는 조치를 취해야 한다.[48]

47 워싱턴 뉴스, 1928. 3. 20.
48 뉴욕 이브닝 그래픽, 1925. 12. 2. 그는 1년 전에도 똑같은 해법을 의회에서 주장했다(의회 의사록, 68 : 1, 1924. 1. 3, 520).

파업은 1926년 2월에 끝났지만 라과디아는 의회에서 기회가 있을 때마다 석탄자원은 하나님이 미국 민중에게 준 선물이므로 국유화해야 한다고 주장했다.[49]

2년 후인 1928년 2월에 또 하나의 파업이 발생하여 펜실베이니아 탄전지대를 마비시키자(이때의 파업은 임금삭감에 항의하는 것이었다)[50] 라과디아는 뉴욕 뉴스지의 편집자 로웰 림프스의 초청을 받아 파업지역을 찾았다. 파업참가자, 그들의 아내와 아이들을 면담한 후 라과디아의 분노는 비등점에 이르렀다. 그는 여기서도 금지명령이 발동되고 있음을 보았다. 노인들, 여인들, 소녀들이 연방법원의 금지명령에 항의하는 피켓을 들었다가 주 경찰에 체포되었다.[51] 광부들의 판잣집 안에서 아이들이 침대 밑으로 숨는 모습을 지켜본 라과디아는(바로 그 전날 파업파괴자들이 350명의 아이들이 빠져나가기 직전인 브라우턴의 학교 창문을 통해 여러 차례 일제사격을 퍼부었다)[52] 기자들에게 다음과 같이 말했다 :

> 이곳 탄광 사업주들과 그들이 고용한 사병(私兵), 그리고 경찰이 불운한 파업자들에 보여주었던 그토록 의도적이고 세심한 잔혹행위는 일찍이 본 적이 없습니다. 기자 여러분, 사업주들이 사병과 사설감옥을 동원하여 광부들을 불법

49 의회 의사록, 69 : 1, 1926. 7. 17, 11472.
50 이 시기에 역청탄 업계는 다른 에너지 자원과의 어려운 경쟁 탓에 일반적으로 "병든 산업"으로 인식되고 있었고, 사업주는 노동자의 임금을 삭감하는 방법으로 문제를 해결하려 했다(덜레스, *Labor in America*, 247).
51 피츠버그 선-텔리그래프, 1928. 2. 4.
52 뉴욕 데일리 뉴스, 1928. 2. 3.

적으로 감금하고 가혹한 폭력을 가하는 상황을 상상해 보십시오! … 나는 지금까지 정의와 자유, 법과 질서가 지배하는 미국 정신을 찬양해 왔습니다만 이곳의 광부들과 그 가족들은 그런 것들의 그림자도 보지 못했습니다. … 내가 의회에서 발언하게 될 내용은 방화벽이라도 막지 못할 것입니다.[53]

라과디아를 뒤이어 탄광지역을 찾아온 상원의원 버튼 휠러는 기자들에게 다음과 같이 말했다 :

막대한 재산을 가진 재무장관 앤드류 멜런이 자신의 뒤뜰이라고 할 수 있는 이곳에서 내가 수없이 목격한 경악스러운 빈곤과 고통을 구제하지 않았다는 사실은 나로서는 생각조차 하기 어렵습니다. 하루종일 나는 탄광 회사에 의해 집에서 쫓겨난 여인들의 가슴 아픈 얘기를 들었습니다. 나는 빵을 달라고 소리치는 아이들의 눈물어린 호소를 들었습니다. 나는 사설 경찰로부터 잔인하게 구타당한 광부들의 얘기를 듣고 놀라지 않을 수 없었습니다. 그것은 충격적이고도 고통스러운 경험이었습니다.

25년 동안 나는 수많은 산업분규를 봐왔습니다. 그 중에서 22년 동안 나는 고향의 탄광촌을 찾았습니다. 그렇지만 이곳처럼 참혹한 상황은 본 적이 없습니다. … 오늘 밤 워싱턴으로 돌아갑니다만 나는 행동, 그것도 즉각적인 행동을 요구할 결심을 하고 떠납니다.[54]

53 피츠버그 선-텔리그래프, 1928. 2. 4. 라과디아는 하원에 파업의 실상을 조사하도록 요구하는 결의안의 통과를 요구하는 전보를 보냈다. 그는 파업파괴에 동원된 한 광부가 그의 동료 한 사람과 함께 탄전지대 경찰로부터 1인당 25달러를 받고 광부 숙소를 향해 사격했음을 시인하는 서명된 진술서를 제시했다(의회 의사록, 70 : 1, 1928. 2. 4, 2470).

그 사이에 상원에서는 하이럼 존슨이 파업의 진상조사를 요구하는 결의안을 제출했고, 라과디아와 펜실베이니아 출신 케이시 의원은 하원의 행동을 요구했다.[55)]

라과디아는 사진과 진술서 한 묶음을 손에 들고 펜실베이니아 석탄파업에 관한 장시간의 연설을 했다.[56)] 그는 이 기회를 이용하여 노동쟁의에서 금지명령이 악용되고 있음을 비난하고 이번 경우 변호사 고용, 파업수당 지급, 심지어 찬송가를 부르는 것까지도 금지되었다고 지적했다. 몇 달 후 이 파업에 관해 네이션지에 기고한 글에서 라과디아는 정부가 "개입해야 하며, 나아가 석탄, 석유, 수자원, 가스 같은 자연자원은 국유화해야 한다"고 주장했다.[57)]

쿨리지는 임기 내내 균형예산과 감세(특히 고소득층에 대한) 정책에 편집광처럼 집착했는데, 라과디아는 줄기차게 저소득층의 세부담을 덜어주어야 한다고 주장했다. 이런 신념 때문에 라과디아는 뉴욕의 임대 아파트 밀집지역 출신의 말투가 퉁명스러운 의원이자 미국 부호 중의 한 사람인 재무장관 앤드류 멜런과 거의 20년대 내내

54 뉴욕 데일리 뉴스, 1928. 2. 6.

55 뉴욕 타임스, 1928. 2. 9.

56 의회 의사록, 70 : 1, 1928. 2. 8, 2734-2737.

57 "The Government Must Act", *The Nation* CXXVI(1928. 4. 4), 378-379. 상원 주간통상위원회는 석탄업계의 분규에 대한 조사를 진행해 왔고, 탄광 노동자와 사업주의 상반된 증언을 담은 3,414쪽의 보고서를 내고 조사활동을 종결했다. 여하튼 전반적인 문제가 있다는 증거는 충분했고, 위원장 제임스 왓슨(James E. Watson)이 탄광 사업자의 주간 통상을 허가제로 하는 내용의 법안을 제출했는데, 이 법안은 사업자의 합병을 가능하게 하고 노동자의 단결권과 단체교섭권을 인정했다. 그러나 이 법안은 결국 유야무야됐다[콜먼(McAlister Coleman), *Men and Coal*(뉴욕, 1943), 132-135].

부딪쳤다.

가냘픈 체구에 일흔 살의 멜런은 윌리엄 앨런 화이트의 표현에 따르면 "쿨리지 대통령의 악역 천사"였으며, 그가 소유한 엄청난 부는 "쿨리지에게는 복음이었다." 재무장관으로서 그는 "거룩한 흰색 대리석 궁전 안에 자리 잡은 상공회의소의 수호천사"였다.[58] 세계에서 가장 부유한 인물 가운데 한 사람이었던 멜런은 자신의 공적 임무는 부를 보전하고 보호하는 것이라는 논리와 확신을 가지고 있었다.[59] 방대한 멜런 제국은 석탄, 콜라, 가스, 석유, 알루미늄 회사를 거느리고 있었다. 멜런의 전기 작가는 "어떤 크로이소스[60]도 그토록 많은 상품과 서비스에 과세하지 않았다"고 표현했다. 전시 계약은 이미 상당했던 멜런의 재산을 크게 불려놓았고, 한때는 20억 달러에 이르렀다.[61] 100여 개의 멜런 소유 회사는 자산 2억 5천만 달러의 은행 유니언 트러스트를 중심으로 연결되어 있었다.

1921년에 하원 예산결산위원회와 상원 재정위원회에 제출한 멜런의 첫 번째 보고서는 전시 초과이윤세의 철폐와 소득 누진세율 상한을 73%에서 40%로 낮추도록 건의하고 있었다. 그리고 연간 소득 6만 6천 달러 이하는 세금감면에서 제외되었다. 멜런은 세수 결손을 메우기 위해 인지세의 상향조정, 2센트짜리 우편엽서 발행, 동력 운송수단에 대한 면허세 부과를 제안했다. 로버트 라 폴레트 의원이

58 화이트(William Allen White), *A Puritan in Babylon*(뉴욕, 1938), 395–396.
59 애덤스(Samuel Hopkins Adams), *Incredible Era*(보스턴, 1939), 227.
60 Croesus. 고대 그리스 리디아 왕국의 국왕. 최초로 금화를 만든 왕으로 알려져 있다. 영미권에서는 부의 상징으로 통하는 인물이다.**역자 주**
61 오코너(Harvey O'Conner), *Mellon's Millions*(뉴욕, 1933), xi–xv.

그의 제안을 공격하자 재무장관은 다음과 같이 답변했다 :

> 이 나라에서는 에너지와 창의성을 가진 사람이라면 누구나 원하는 것을 가질 수 있습니다. 그러나 자신의 소득 가운데서 당연히 받아야 할 부분을 부정하는 법이나 세제 때문에 창의성이 제약을 받는다면 사람들은 스스로 분발하지 않을 것이며, 그렇다면 이 나라의 위대함을 지속시켜 줄 에너지는 사라질 것입니다.[62]

멜런이 쏟아낸 아이디어를 받아들여 의회는 초과이윤세를 철폐하고 누진세율 상한을 50%로 낮추었다.

라과디아가 의회에 복귀한 지 몇 달 후인 1923년 11월 10일, 소득 누진세율 상한을 50%에서 25%로 낮추는 "멜런 계획"이 제출되었다. 연간 소득 8천 달러 이하는 세율을 8%에서 6%로 낮추고 4천 달러 이하는 4%에서 3%로 낮추도록 되어 있었다.[63] 민주당 지도부가 누진세율 상한을 44%를 대안으로 제시했으나 행정부는 25%안을 양보하지 않자 하원에서는 지루한 논쟁이 지속되었다.

교착상태 속에서 라과디아는 발언대에 나서서 저소득층에 대한 과세가 더 중요하다고 주장했다. 그는 8천 달러 이하는 4%, 4천 달러 이하는 2%로 낮추자는 제안을 내놓았다(라과디아의 입장에서 보자면 상당히 온건한 제안이라고 할 수 있었는데, 당시의 의회 세력분포로 보아 4천 달러 이하에 소득세를 완전히 면제하기는 불가능하다고 판단했기 때

62 *Ibid.*, 126-128.
63 *Ibid.*, 131.

문이다). 그는 과세문제를 근본적인 원칙에 비추어 논의해야 한다고 주장하면서 "사회적 과세"라는 개념을 제시했다. 이것은 그가 치밀하게 계산하여 생각해낸 부의 재분배 수단이었다. 그는 하원을 향해 다음과 같이 주장했다 :

> 여러분은 소득에 대한 과세를 논하면서 25%니 35%니 40%니 논란을 벌이고 있습니다만 이건 과세도 아니고 과학적이지도 않으며 누진세도 아닙니다. 내가 지지하고 싶은 것은 사회적 과세입니다. 나는 감히 사회적 과세를 믿는다고 말하겠습니다. 이것은 우리 공화국의 발전과 일치합니다. 이 점을 솔직히 인정합시다. … 부가 소수의 손에 집중된 위험이 분명히 존재합니다. 오늘날 우리는 거대한 부의 결과인 국가적 추문을 목격하고 있습니다. [그는 티팟 돔 추문을 지칭하고 있었다.][64]

라과디아는 기업활동을 장려하기 위한 감세를 해야 한다는 멜런의 아이디어는 역사적으로 입증된 거짓이라고 말했다. 그는 부유한 자가 진정으로 위험을 감수한 적이 없고, 부유한 자는 자신이 진입하기 전에 정부를 포함하여 다른 사람이 위험한 모험을 먼저 해주기를 바라며, 그런 후에도 주주라는 기업 배후의 존재들은 기업의 실재적 재산으로 보장되는 증권이란 것을 가지고 위험을 피하려 한다고 지적했다.[65]

64 의회 의사록, 68 : 1, 1924. 2. 16, 2609–2603.

65 반면에 멜런은 이렇게 말했다 : "나는 과세를 어떤 납세자 계층에게는 보상이고 다른 납세자 계층에게는 처벌이라고 생각해 본 적이 없다" [앤드류 멜런, *Taxation : The People's Business*(뉴욕, 1924), 11]. 멜런은 부유층에 대한

"멜런 계획"을 지지했던 오그덴 밀스(Ogden Mills)가 여성 공화당원 클럽의 회원인 한 속기사에게 보낸 편지에 대한 회신에서 이 속기사는 멜런 계획을 지지해 주어 감사하다는 뜻을 밝히면서 그녀가 라과디아로부터 받은 편지내용을 소개했다. 라과디아는 정중하지만 비꼬는 투로 이렇게 썼다 : "나는 귀하는 물론 귀하와 함께 일하는 분들이 연간 소득 20만 달러 이상의 과세에 대해 고민하는 이유를 쉽게 이해할 수 있습니다. 한때 속기사로 일했던 나는 20만 달러가 넘는 연소득 때문에 고민했던 경험을 잊을 수가 없습니다."[66)]

하원은 마침내 소수의 진보파 의원들의 반대를 물리치고 멜런 계획을 통과시켰다. 민주당은 공화당의 의석 수에 굴복했다. 상원에서는 진보-민주당 연합이 대체법안을 상정했고, 결국 결과는 누진세율 상한 40%에다 상속세율을 25%에서 40%로 올린 것이었다. 상속세율의 인상을 불만스러워했던 멜런은 "상속세를 과도하게 올린 것은 러시아의 혁명가들이 하는 수법과 전혀 다름이 없다"고 말했다.[67)]

완강한 반대로 "멜런 계획"에 물타기를 하기는 했지만 결과는

고율 과세는 궁극적으로 부담이 소비자에게 전가된다고 말했다. 그의 이론은 어떤 의미에서는 반전된 "trickle-down" 이론이라 할 수 있다(*ibid.*, 21).
(Trickle-down Theory : 상품의 보급은 상부 계층에서부터 하부 계층으로 파급되어 간다는 소비자 행동에 관한 고전적 이론이지만 대기업에 대한 우대정책이 결과적으로 중소기업이나 소비자에게도 혜택으로 돌아간다는 주장으로 원용되고 있다.) **역자 주**

66 라과디아가 클라라 아터스(Clara Artus) 양에게 보낸 편지, 1924. 2. 18, 오그덴 밀스 문서, 의회도서관, 워싱턴, D.C.

67 오코너, *op. cit.*, 135-136.

고소득층에 대한 과세완화를 요구하는 사람들의 승리였다. 멜런은 해밀턴 이후로 가장 뛰어난 재무장관이란 찬양과 환호를 받았다. 니컬러스 머레이 버틀러는 기쁜 마음으로 공화당 지도자 새뮤얼 쾨니히에게 편지를 보냈다 : "토요일 저녁에 피츠버그에서 열린 멜런 장관의 승리를 축하하는 만찬에 참석했다가 방금 돌아왔습니다. 만찬은 상공회의소가 주최했는데, 상상할 수 있는 모든 웅대함이 모두 동원된 것이었습니다. … 정말 훌륭한 모임이었습니다."[68]

멜런식 철학에 대한 라과디아의 공격은 의사당 안에만 국한되지 않았다. 뉴욕 재판구를 관할하는 연방판사 조지 잉글리쉬(George English)가 뉴저지 센트럴 철도 회사의 간부에게(이 사람은 100만 달러가 넘는 정부 돈을 횡령한 혐의로 기소되었다) 징역형 없는 벌금형 12, 500달러를 선고하자 라과디아는 분노했다. 그는 기자들에게 다음과 같이 말했다 :

> 나라 전체가 머리 숙여[이날은 현충일이었다] 나라를 위해 가장 귀한 것을 바친 분들에게 감사와 기도를 올리는 오늘, 우리는 어쩌면 압력을 받았는지 모르겠습니다만 심장 약한 판사가 "심장이 좋지 않다"는 이유로 혐오스러운 모리배를 감옥으로 보내지 않는 선고를 들었습니다. … 조이스란 이 인물은 약한 심장을 가지고서도 백만 달러를 훔쳤는데 강한 심장을 가졌더라면 무슨 짓을 했겠습니까?[69]

68 1924. 4. 14, 버틀러 문서.
69 뉴욕 타임스, 1924. 5. 31.

1925년 10월, 멜런은 고소득자에 대한 누진세율의 상한선을 20%로 낮추고 저소득자에 대한 세율의 하한선을 5%로 하고 사실상 상속세와 증여세를 폐지하는 세법 개정안을 의회에 제출했다. 하원 예산결산위원회는 만장일치로 이 계획을 지지했고 라과디아는 즉시 공격을 시작했다. 그는 지난번에는 "멜런 계획"을 반대했던 텍사스 출신 존 가너(John Garner) 의원이 이번에는 찬성으로 돌아선 데 대해 놀라움을 표시했다. 그는 소득세 누진제의 목적은 소수의 가문에 부가 집중되는 것을 막는 것임을 다시 한 번 강조했다. 라과디아는 이렇게 말했다 : "내가 바라는 것은 부의 파괴가 아니라 빈곤의 일소입니다." 그는 쿨리지가 의회에 보낸 연두교서에서 도움이 필요한 과부와 고아들에게 자선을 베풀라고 호소한 반면에, 그의 재무장관은 1924년에 각기 4백만 달러 이상의 소득을 올린 일곱 사람에게 합계 7,961,165달러의 세금 감면조치를 해준 일을 조롱했다.[70]

멜런의 새로운 프로그램은 개별 납세자가 낸 세금의 내역을 공개하도록 한 조항도 삭제했다. 의회 토론에서 라과디아는 이 부분을 신랄하게 공격했고,[71] 오그덴 밀스는 날카로운 지적으로 라과디아의 발언내용 중 과장된 일부를 철회하게끔 만들었다.

노동자 밀집 지역 출신의 몇몇 동료 의원들이 라과디아의 "멜런 계획" 비판을 지원해 주었다. 매사추세츠 출신 윌리엄 코너리 의원은 하원에서 다음과 같이 발언했다 :

70 보도자료, 1925. 12. 10, 라과디아 문서.
71 의회 의사록, 69 : 1, 1925. 12. 15, 889.

> 린의 제화공장, 로렌스의 제재소, 피바디의 가죽공장에서 일하는 나의 유권자들이, 이른바 공화당이 가져온 번영의 시대라는 오늘날 일거리가 없어 한 주에 3일만 일하고 있는 그들이 내가 이 법안을 지지했다고 생각하게 만들지는 않을 작정입니다. 로렌스의 노동자들은 한 주일 내내 일한다는 게 어떤지를 모릅니다. 멜런 세법개정안의 조항들을 자세히 들여다 보면 멜런 씨 자신은 소득세를 80만 달러 절감할 수 있고 그의 동생은 60만 달러를 절감할 수 있게 되어 있는데, 나는 지지할 수가 없습니다.[72]

결국 법안통과를 서두르던 의회는 표결로 토론을 종결했다. 라과디아는 언제나 그랬듯이 분노를 억누르고 조용한 표정으로 일어나 토론 제한을 항의했다 : "… 그리고 최대한 유머러스하고 젊잖게 표현하겠습니다만 이런 식으로 토론을 종결하면 그때부터는 싸움이 시작될 것입니다. 우리는 만장일치로 찬성하자는 동의가 나올 때마다 반대할 수 있는 정족수를 확보할 것입니다."[73] 결국 세법개정안은 멜런의 원안 내용의 핵심을 그대로 유지한 데 더하여 행정부가 요청한 것보다 누진세율을 훨씬 더 낮추고 355 : 28이란 압도적인 표차로 하원을 통과했다.[74] 라과디아와 미네소타 출신 진보당 의원 크베일, 위스컨신 출신의 넬슨과 셰이퍼 의원 등 소수가 반대표를 던졌다. 이리하여 1926년 초에 "멜런 계획"은 법이 되었다.

72 *Ibid.*, 1925. 12. 17, 1031–1032.
73 *Ibid.*
74 *Ibid.*, 1926. 2. 23, 4443.

2년 후 멜런은 다시 한 번 고소득층에 대한 감세법안을 제안했다. 라과디아는 연간 소득 150만 달러 이상에는 누진세율 30%를 적용하는 수정안으로 역습하였으나 하원은 신속하게 수정안을 물리쳤다.[75] 며칠 후 멜런의 제안이 366 : 24로 가결되었을 때 반대표를 던진 사람은 라과디아, 넬슨, 크베일 의원이었으며, 이번에는 위스컨신 출신의 프리어 의원이 합류했다.[76]

쿨리지가 백악관을 떠날 준비를 하고 있을 때 기업계는 멜런 프로그램이 작동한 6년을 되돌아보며 만족감을 느꼈다. 연간 소득이 5천 달러인 사람은 감세정책 덕분에 세후 기준으로 1%의 세금을 절감할 수 있었다. 반면에 고소득자의 감세혜택은 소득이 많을수록 누적적으로 늘어나 연간 소득이 100만 달러인 경우 세후 기준으로 31%의 세금을 절감할 수 있었다. 1920년대가 저물 무렵 인구의 5%가 국민 소득의 25%를 차지했다.[77] 부의 불균형한 분배에 맞섰던 라과디아의 싸움은 멜런과 번영이란 대포 앞에서 허망하게 무너졌다.

1920년대의 복지 이슈는 대중의 관심을 고도로 집중시킨 금주법을 둘러싼 논쟁에 묻혀 모두 뒷전으로 밀려났다. 뉴욕 타임스의 기사를 보면, 이 신문은 이 시대의 중요한 경제문제에 관한 라과디아의 견해를 소개한 것보다 상대적으로 더 많은 지면을 그의 금주법에 대한 견해를 알리는 데 할애했다. 그러나 라과디아 자신이 금주법 폐지를 위해 의회 안팎에서 벌인 활동은 그가 부당이득, 물가, 세금, 노

75 *Ibid.*, 1927. 12. 12, 500.
76 *Ibid.*, 1927. 12. 15, 717–718.
77 소울, *op. cit.*, 317.

동문제 등에 쏟았던 시간과 열정에는 비할 바가 못 된다. 라과디아의 금주법에 대한 비판이 그의 대기업에 대한 비판보다 더 널리 알려진 원인은 호프스타터의 표현을 빌리자면 "진정한 개혁을 대체하기 위해 소아적 안목으로 선택한 의사(擬似) 개혁"이었기 때문이다.[78] 금주법은 촌극에 불과했으나 언론이 집중적으로 조명하자 본무대는 어둠 속으로 사라지고 촌극이 주목의 대상이 되어버렸다.

그렇다고 해서 금주법 소동이 모두 시시한 촌극은 아니었다. 그 속에는 법을 동원하여 개인적인 습관을 강제하려는 청교도주의적 개혁 이상의 의미가 내포되어 있었다. 한 예를 들자면, 금주법으로 인해 재계에 휘둘리는 정부의 부패라는 이슈가 노출되었다. 라과디아는 1925년 2월에 의회 발언을 통해 다음과 같이 말했다 :

> 동료 의원 여러분, 눈앞에 벌어지고 있는 상황을 두고 눈을 감는다고 해서 무슨 소용이 있습니까? 이 나라로 밀수입되는 술의 양은 엄청납니다. 술을 밀수하는 데 선단이 동원되고 방대한 은행 조직이 개입하여 수백만 달러의 돈이 움직이고 있는데, 이런 일은 법을 집행해야 할 기관의 묵인 없이는 이루어질 수 없다는 것은 자명한 사실입니다.[79]

라과디아는 법무성을 지목했고, 프랭클린 닷지라는 "정예" 요원이 20만 달러에 상당하는 술을 압류하여 개인적 용도로 빼돌린 후 술을 빼앗긴 조지 리머스란 사람은 법무부를 움직여 기소한 사례를 폭로

78 *Age of Reform*, 287.
79 의회 의사록, 68 : 2, 1925. 2. 7, 3257.

했다. 라과디아는 법을 집행하기에 가장 적합한 범죄현장이 바로 법무부라고 주장했다.[80] 1927년 초, 하원에서의 긴 연설을 통해 그는 정부 요원들이 뉴욕에서는 위스키를 파는 브리지-휘스트 클럽을 운영하고, 버지니아 노포크에서는 위스키를 파는 도박장을 운영하고, 노스캐롤라이나 엘리자베스 시티에서는 위스키 양조장을 운영하는 사례를 폭로했다.[81]

금주법에는 계급과 경제적인 이슈가 내포되어 있었고, 라과디아는 이를 재빨리 간파했다. 그는 대서양을 오가는 호화 여객선이 유럽의 최고급 술을 밀수입하여 뉴욕의 돈 많은 고객들에게 공급하고 있다고 밝혔다. 브로드웨이 32번지에 있는 거래조직이 이 사업을 운영하고 있었는데, 한 주 동안의 거래규모가 50만 달러였다. 라과디아가 폭로한 내용에 따르면 밀수과정의 끝은 세관으로부터 통관증을 사서 붙이는 간편한 수법이었다.[82] 그는 하층계급 도시 이민자 집단이 법의 이름으로 박해받고 있을 때 부유계급의 남녀는 아무런 제약 없이 술을 마신다고 비난했다.

볼스테드법(Volstead Act)[83]의 부조리를 폭로하기 위해 라과디아는 공개적으로 두 가지 합법적인 음료를 섞어 불법인 하나의 주류

80 *Ibid.*, 69 : 1, 1926. 3. 24, 6175.

81 *Ibid.*, 69 : 2, 1927. 1. 20, 2018-2022.

82 뉴욕 월드, 1927. 12. 17. 한 달 후 그의 고발내용은 재무성 비밀요원의 수사결과 사실임이 밝혀졌다(뉴욕 텔리그램, 1928. 1. 14).

83 수정헌법 18조로 금주령 시대가 시작되었지만 "술"에 대한 정의도 명확치 않았고, 생산 및 판매, 보관 등에 관한 위법과정도 명확히 규정되지 않았으며, 음주목적 이외의 알코올 사용에 대한 예외 허용도 명확치 않아 법의 집행에 어려움이 있었다. 이런 미비점을 보완하기 위해 1919년에 제정된 법이다. **역자 주**

를 만드는 방법을 공개적으로 보여주었고, 뉴욕 타임스지가 이를 재미있게 보도했다 :

> 오늘 아침 9시, 라과디아 의원은 115번가 근처 레녹스 대로 95번지에 있는 잡화점에 들어가 맥아 엑기스(알코올 도수 3.5) 한 병과 니어-비어(알코올 도수 0.5의 맥주) 한 병을 살 것이다. 그는 가게 안에 있는 소다수 판매대에서 이 두 가지를 섞어 마실 것이다. 그런 후 그는 체포하러 올 때까지 기다릴 것이다.[84]

이런 어릿광대짓을 통해 라과디아는 여러 가지 근본적인 문제를 제기했다. 그런 문제 가운데 하나가 시민자유—경찰관에 의한 권리침해—였다. 1929년 봄, 한 하원의원이 의회 연설에서 볼스테드법을 위반한 시민을 총을 쏘아 죽게 한 경찰의 행위를 칭찬하는 연설을 하자 라과디아는 혐오감을 표시했다. 그는 "칭찬"이란 단어는 의회를 부끄럽게 하므로 속기록에서 삭제해 줄 것을 요구했다. 그는 금주법 위반 혐의자를 경찰이 총을 쏘아 죽게 만든 것은 경찰이 자신의 불법행위를 감추려는 연막이라고 비난했다. 그는 "일과시간의 절반은 운송 중인 불법 주류를 강탈하여 착복하고 나머지 절반의 시간은 금주법을 집행하는 데 쓰는 도둑이자 강도이며 살인자인 경관의 손에 자의적인 권력을 맡겨두어서는 안 된다"고 주장했다.[85]

라과디아는 의원으로서의 감시활동을 통해 제20선거구의 유

84 1926. 6. 17.
85 의회 의사록, 71 : 1, 1929. 5. 1, 754.

권자들과의 관계를 긴밀하게 유지했다. 일자리를 구하는 데 도움을 요청하고, 집세 인하조치를 마련해달라고 간청하고, 시민권 신청서류 작성을 도와달라는 편지가 수백 통씩 배달되어 왔다. 그는 많은 편지를 지역구에서 그를 보좌하는 비토 마크안토니오에게 보내 처리하게 하였고,[86] 또한 많은 편지는 자신이 직접 답장을 썼다. 이런 식으로 그는 지역과 개인적인 관계를 유지하면서 식품가격이나 집세의 동향, 그 밖의 생활조건에 관한 정보를 모았다.

라과디아는 지역 서민들의 문제, 특히 저소득 집단의 생계문제에 대해 지속적인 관심을 가졌다. 법원이 인터보로 고속지하철 회사가 요금을 7센트로 올린 조치를 인가하는 결정을 내리자[87] 라과디아는 이를 맹렬히 비난하고 연방법원이 "탐욕스러운 공공 서비스 회사"를 지원할 수 없게 하는 법안을 제출했다.[88] 그는 센트럴파크에 "배타적인 사람들을 위한 배타적인 클럽"이 들어선 것을 비난하면서 "그곳에서는 입맛 까다로운 사람들의 혀를 간질이는 멀리 열대지역에서 실어온 과일, 수입된 희귀 생선, 특선요리가 높은 가격으로 식단에 올라 있다. 네로가 불타는 로마를 바라보며 연회를 벌이고 노래를 부른 이후로 이처럼 민중의 권리와 안락과 감정을 모독한 사건은 없었다"고 말했다.[89]

평범한 사람들이 기초 생필품을 구하기 위해 고생하고 있을

86 미리엄 마크안토니오와의 인터뷰, 1956. 8 ; 또한 라과디아 문서의 포함된 여러 편지.

87 뉴욕 타임스, 1928. 5. 13.

88 *Ibid.*, 1928. 5. 21.

89 1928년도 뉴욕 그래픽지 기사 모음, 라과디아 문서.

때 한쪽에서는 거대한 부를 쌓아가고 있던 재즈 시대를 신랄하게 비판했던 라과디아는 다음과 같은 신문 기고문을 썼다 :

> 멜런 씨, 포드 씨, 로젠월드 씨, 슈와브 씨, 모건 씨와 그 밖의 여러 위대한 인물들은 거대한 부를 온전하게 지킬 뿐만 아니라 매년 늘려가고 있다. … 그러나 그들 중에서 30달러의 주급 봉투를 가지고 뉴욕의 월세 아파트에서 대여섯 명의 아이들을 키우면서 한 달 집세 30-35달러를 내고 아이들이 학교 갈 때면 제대로 먹이고 따뜻하게 입혀 보내며 터무니없는 가스와 전기요금을 내고 나서도 가족들을 위해 최소한 하루에 한 번은 육류요리를 준비하는 메기 플린 부인에게 더 나은 재정관리 기법을 가르쳐 줄 수 있는 사람은 누구인가?[90)]

1928년이 저물어 갈 무렵 라과디아는 뉴욕 아메리칸지의 기자와 함께 이 신문의 연례 구제기금 모금행사의 한 부분으로서 이 도시의 가난한 사람들이 사는 지역을 순례하며 취재했다. 그는 이런 기사를 썼다 : "나는 내가 목격한 것들을 대면할 준비가 되어 있지 않았음을 고백한다. 그런 빈곤이 실제로 존재한다는 사실은 거의 믿기 힘들다."[91)] 이 기사는 1929년을 떠나보내는 아쉬움을 쏟아내는 춤과 노래와 함성에 관한 기사 속에 묻혀버렸다.

90 *Ibid.*
91 뉴욕 아메리칸, 1929. 1. 1.

Chapter. 12

라과디아와 진보정치, 1924-1929년

일부 진보주의자들은, 멍켄(그는 진보주의자는 아니었다)이 말한 것처럼, 1924년의 라 폴레트의 패배는 미국인의 "문명국가의 시민으로서 기초적인 의무도 감당할 수 없는 천부적인 무자격"이 드러난 증거라고 생각했다.[1] 어떤 사람들은 5백만에 가까운 득표에서 희망을 보았으나 이내 실망과 피로에 빠져 중산층 번영의 시대에 중산층 진보주의자들의 특징인 선거 중간 시기의 무기력 상태로 돌아갔다. 또 일부에서는 분명하게든 모호하게든 풍요 가운데서 불만을 간파했기 때문에, 아니면 승리하든 패배하든 사라지지 않는 내면의 동력 때문에 투쟁의 깃발을 내려놓기를 거부한 사람들도 있었다. 라과디아를 포함한 의회 안팎의 소수 진보주의자들이 그런 일부였다.

무엇보다도 그들은 승리자들이 내리는 보복을 묵묵히, 그러나 효과적으로 이겨내야 했다. 1925년 1월, 하원에서 공화당 의원총회가 열렸을 때 13명의 진보파 의원들은 참석자 명단에 들어 있지 않았다.[2] 격렬한 논쟁 가운데 인디애나 출신 우드 의원은 추방자들이 "반

1 *Notes on Democracy*, 100-101.

성하는 기미를 보이지 않으면” 의원 총회에 받아들여서는 안 된다고 주장했다.[3] 이에 맞서 위스컨신 출신 프리어 의원은 니컬러스 롱워스의 장인이기도 한 시어도어 루즈벨트는 1912년에 공화당과 결별했지만 당으로부터 파문당하지는 않았다고 지적했다. 그러나 공화당은 방침을 바꾸지 않았다. 이것은 진보파들(그 중에는 공화당 소속 하원의원으로서는 최연장자인 헨리 앨런 쿠퍼도 들어 있었다)이 중요한 상임위원회에서 배제될 것임을 의미했다. 니컬러스 롱워스는 1925년 1월 30일 20분 동안의 하원 발언을 통해 아버지가 빗나간 아들을 꾸짖듯 모반자들을 나무라는 설교를 하면서 끝에 가서는 관대한 용서를 약속했다 : “우리는 그들이 돌아올 생각이 있다는 분명한 표시를 보여준다면, 그리고 공화당원으로서 자격을 증명한다면 지체없이 그들의 복귀를 환영할 것입니다.”[4]

라과디아는 겸손하게 반성하지도 않았고 오히려 선거 때 뉴욕의 공화당 주류들이 서둘러 찾아와 진보파의 공약을 수용했음을 상기시켰다. 그는 징벌을 내린 사람들에게 이렇게 경고했다 : “지금 여러분에게 분명히 알려드리지만 나는 뉴욕에서 싸울 것이고, 그들은 나를 당원 모임에 받아들이지 않을 수 있겠지만 그렇다면 내가 그들을 뉴욕 시청에서 몰아낼 것입니다. 존경하는 원내대표님, 우리에게

2 제외된 13명은 라과디아, 미네소타 출신 켈러(Keller), 노스다코타 출신 싱클레어(Sinclair), 쿠퍼, 베이트(Veight), 셰이퍼(Schafer), 넬슨, 램퍼트(Lampert), 베크(Beck), 브라운(Browne), 슈나이더(Schneider), 프리어, 피비(Peaby) (이들은 모두 위스컨신 출신이다) 등이었다(뉴욕 타임스, 1925. 1. 30).

3 *Ibid.*

4 의회 의사록, 68 : 2, 1925. 1. 30, 2712–2715.

도 나름의 유리한 조건이 있습니다." 동료 진보파 의원들을 향해서 라과디아는 이렇게 말했다 : "진보적인 친구들이 쓸데없는 걱정을 하지 않기를 바랍니다. 공화당원이란 사람들이 우리를 그들의 모임에 초청하지 않으면 우리도 그들을 우리 모임에 초청하지 않을 것입니다." 그는 선거 때 유권자들에게 보여주었던 입장에서 한 치도 물러서지 않을 것이며 라 폴레트를 지지한 것을 한순간도 후회하지 않는다고 하면서 공화당 승리자들을 향해서는 이렇게 조롱했다 : "당의 깃발을 따라 의사당에 끌려나온 존재감도 특색도 없는 하원의원들이 완전히 잊혀진 뒤에도 정치가로서, 경제학자로서, 그리고 입법가로서 라 폴레트 상원의원의 공적은 사라지지 않을 것입니다."[5]

1925년 2월, 6개월 전에 뜨거운 열정으로 라 폴레트-휠러 팀을 지명했던 그룹의 잔류자들이 우울한 모습으로 시카고에 모여 진보적 정치행동을 위한 회의를 해체한다고 선언했다. 유진 뎁스(Eugene Debs) — 그는 이 모임이 있은 지 몇 달 후에 생을 마감한다 — 는 참석한 대표들에게 희망을 잃지 말자며 이렇게 말했다 : "모든 역사의 진보는 소수가 이룩해낸 사실을 기억하십니까?"[6] 일부 대표들은 회의가 끝난 후에도 흩어지지 않고 남아 가을에 제3당을 만들 준비위원회를 구성했으나 이 구상은 결국 실현되지 못했다. 그래도 이 위원회는 생명을 이어가면서 1927년 말까지 전국의 진보 그룹과 끈질긴 연락망을 유지했다.[7] 한 예로 뉴욕에서는 1925년 봄에 아서 가필드

5 *Ibid.*, 1925. 1. 10, 1638.
6 맥케이, *op. cit.*, 234.
7 *Ibid.*, 238.

헤이스와 오스월드 게리슨 빌라드가 이끄는 진보주의자 대회가 열렸으나 별다른 성과는 없었다.[8)]

전국 단위와 주 단위의 운동은 근근히 생명을 유지했으나 몇몇 지역에서는 운동이 활력을 잃지 않았다. 그런 지역 가운데 하나가 제20선거구였다. 이곳에서는 1925년 2월과 3월에 "제20선거구 진보당" 집회가 열렸다.[9)] 그러나 이곳에서도 1924년 선거의 패배는 치유하기 어려운 상처를 남겨놓았다.

진보당과 사회당의 지원을 받아 선거운동을 벌이는 동안 라과디아는 주류 정당조직과 연결되지 않은 적극적인 활동가들로 구성된 지원 그룹을 만들어냈다. 비토 마크안토니오와 닉 살디베리(Nick Saldiveri)가 라과디아에 대한 개인적 충성심과 그가 추구하는 이념에 대한 동조를 바탕으로 이들 지지 그룹을 결속력이 강하고 기강이 엄격한 조직으로 키워냈다. 이들은 주류 정당조직에 대해 깊은 불신감을 갖고 있었다. 살디베리는 "우리 운동에 합류한 사람들에게 라과디아와 간부들이 하는 말은 마약과 같다"고 말했다.[10)]

1924년의 선거가 끝나고 라과디아가 워싱턴으로 복귀하자 주류 정당의 공인조직이 지역구로 들어와 지역 모임을 흡수하고 지역 책임자들을 임명했다. 살디베리는 라과디아에게 "모든 일은 … 중심가에 있는 조직으로부터 재가를 받아야 했다"고 토로했다. 살디베리와 그의 친구들은 "보이지 않는 힘이 돌리는 바퀴의 톱니"가 되고 싶

8 소집 통지서, 1925. 4. 22, 라과디아 문서.
9 *Ibid.*
10 살디베리가 라과디아에게 보낸 편지, 1925. 3. 2, *ibid.*

지 않았다.[11] 그래서 그들은 지역의 공인조직과 결별하고 비토 마크안토니오, 찰스 라피나, 루이스 피사—이들은 "세 사람의 반역자"란 애칭으로 불렸다—의 주도로 지역의 사회당 본부에서 독자적인 모임을 가지기 시작했다. 라과디아는 이들을 격려하고 마크안토니오에게는 앞으로의 모임에서는 "진보정당의 현 상황과 가능성" 같은 주제로 토론해 보라고 권했다.[12] 라과디아는 워싱턴에 있는 동안에는 마크안토니오에게 도움을 청하는 편지를 보내 지역주민들과의 접촉을 유지했다. "마크"—라과디아는 그를 이렇게 불렀다—는 이 시기에 뉴욕 법원에 회부된 수백 건의 세입자 관련 사건을 처리했다.[13]

1925년 3월, 107번가 스타 카지노에서 열린 라과디아의 연례 의회활동 보고회는 청중들로 초만원을 이루었다. 그는 쿨리지 행정부를 질타하면서 멜런은 마가복음 4장 25절을 신조로 삼고 있다고 비난했다 : "있는 자는 받을 것이요, 없는 자는 그 있는 것까지 빼앗기리라." 그는 쿨리지가 정부예산의 경제성을 얘기하면서 군비예산은 크게 늘린 모순을 지적했다. 그는 청중들이 특별히 관심을 갖는 주제인 이민문제를 거론하면서 이민법 완화를 거부한 의회를 비난했다. 그는 의회로 돌아가면 "소수에게 혜택을 주고 그 비용과 희생은 절대다수의 민중에게 떠안기는 다수당의 야만스러운 입법행위를 막겠다"고 약속했다.[14]

11 *Ibid.*
12 1925. 3. 4, *ibid.*
13 *Ibid.*
14 집회에서 배포된 보고서, 1925. 3. 25, 라과디아 문서. 또한 뉴욕 타임스, 1925. 3. 26.

그는 유권자들의 박수를 받을 수 있었고, 지역구에 진보당원 클럽을 조직할 수 있었으며, 의회에서 롱워스와 맞설 수 있었으나 정통적인 정치전술로 보자면 심각한 궁지에 몰려 있었다. 공화당에서는 쫓겨나고 진보당은 해체된 상황에서 1926년 선거에서 전국적 조직을 갖춘 정당의 지원 없이 혼자서 선거를 치러야 할 판이었다. 그가 위스컨신 출신 진보당 의원 존 넬슨, 뉴욕 출신 진보당 의원 J. A. H. 홉킨스(48인 위원회의 멤버, 당시에는 진보당 "임시위원회"의 의장)와 주고받은 편지를 보면 라과디아뿐만 아니라 의회 내의 진보적인 의원 전부가 같은 문제로 고민하고 있었음이 드러난다. 홉킨스는 의회 내의 모반파 의원들이 큰 목소리로 새로운 진보당(이 무렵 진보당은 홉킨스의 상상 속에서만 존재했다)에 충성한다는 "선언"을 하고 1926년과 1928년 선거에서도 진보당의 공약을 내세워 출마한다는 서약을 하자고 제안했다. 홉킨스는 "무릎을 꿇고 공화당으로 기어들어 간다"는 생각을 경멸했다. 그는 매번 중요한 시기마다 진보주의 운동의 발목을 잡은 것은 이런 비굴함이었다고 주장했다.[15]

넬슨은 이 시점에서 진보파 의원들이 새로운 당을 지킨다는 것은 "정치적 자살행위"가 될 것이라는 현실론을 주장했다. 그는 모든 친구들이 한결같이 대통령 선거가 없는 해에는 진보당 기치를 내걸면 선거에서 이길 수 없다고 충고한다고 말했다. 그는 "우리가 상원과 하원에서 의석을 잃으면 진보운동에 무슨 도움이 되겠는가?"라는 질문을 던졌다. 그는 홉킨스 자신이 처한 상황을 지적했다 :

15 홉킨스가 넬슨에게 보낸 편지, 1925. 5. 11, 라과디아 문서.

> 사랑하는 홉킨스여, 라과디아의 경우를 한번 생각해 보게. 그는 현재 활용 가능한 정당조직을 이용하지 않을 수 없네. 진보당 간판으로 출마한다면 틀림없이 패배할 걸세. 그런 이름의 정당조직은 있지도 않고, 매우 중요한 이슈가 있거나 전국적인 인지도를 가진 인물이 대통령 후보로 나선 상황이 아니라면 성공하기가 매우 어렵네. 현실적으로 생각하세. 움직이는 모래 위에 집을 짓는 허망한 꿈을 버리세.[16)]

넬슨의 논리대로라면, 라과디아가 "현실적인" 정치적 고려에 따라 최소한 일시적으로라도 공화당 주류와 타협했더라면 1925년 봄과 1926년 가을 사이의 라과디아의 정치적 행보는 아주 이상한 궤적을 보였을 것이다.

1925년 4월, 라과디아는 브루클린으로 가 아일랜드에서 일어난 부활절 폭동의 순교자들을 추모하는 행사에 참석했다. 사회자가 그를 소개하면서 "지금 여기에 우리와 같은 반란자 한 사람이 왔습니다. 그는 어느 누구든 자신의 주인으로 받아들이지 않는 인물로 이름이 난 사람입니다"라고 말했고, 참석자들은 긴 박수로 그를 맞았다.[17)] 열흘 후 그는 애스베리 파크 로터리 클럽 모임에 참석하여 민주당과 공화당을 싸잡아 비난하면서 이렇게 말했다 : "백만 달러 이상의 돈이 걸린 문제면 의회에서 당의 구분이 없어집니다. 그런 문제에서는 공화당과 민주당의 분명한 구분이 없습니다."[18)]

16 넬슨이 홉킨스에게 보낸 편지, 1925. 4. 24, *ibid.*
17 브루클린 데일리 타임스, 1925. 4. 13.

그해 9월 로버트 라 폴레트가 사망함에 따라 빈 의석을 채우는 선거에 출마한 로버트 라 폴레트 2세를 지원하기 위해 그는 위스컨신으로 갔다. 1925년 뉴욕 시의회 선거에 출마한 공화당 후보들이 보내온 수많은 지원요청 편지에 답신하면서 라과디아는 이렇게 썼다 : "공화당은 분명히 그들이 최근에 제명한 인물의 지지를 원하지 않을 것입니다."[19] 그는 공화당이 자신을 징벌할 수 있지만 자신도 뉴욕에서 공화당에게 상처를 줄 수 있다고 롱워스에게 경고했던 바를 충실하게 행동으로 보여주었다.

그는 1925년의 뉴욕 시장 선거에서 자신의 경고를 특별히 분명하게 실천했다. 민주당 후보 선출에서 태머니가 미는 상원의원 제임스 J. 워커가 허스트가 미는 존 하일런을 꺾었다. 라과디아는 독립후보로서 거론되고 있었으나 그는 지체없이 출마의사를 부인하면서 매우 예언적인 발언을 했다 : "어느 모로 보나 워커 의원이 당선될 것입니다. 뉴욕 시민들은 이 도시를 지배하는 공익기업들에 대한 진보적인 교육을 받게 될 것입니다. … 그리고 진정으로 '모두가 자기 몫을 가지는' 시정부가 어떤 것인지 보게 될 것입니다."[20] 뉴욕 타임스는 진보당 후보가 없는 상황에서는 태머니가 승리할 가능성이 매우 높다고 평가했다 : "라과디아는 나오지 않았지만 뒷전에서 미소짓고 있을 것이다. 제3당 후보가 없으면 민주당 후보도 미소짓지 않을 수 없을 것이다."[21]

18 애스베리 파크 이브닝 프레스, 1925. 4. 23.
19 라과디아가 휴 플라허티(Hugh F. Flaherty)에게 보낸 편지, 1925. 10. 22, 라과디아 문서.
20 보도자료, *ibid.*

라과디아는 시장 후보로 사회당의 노먼 토머스 지지 의사를 밝혔다. 그는 토머스에게 보낸 편지에서 이렇게 썼다 : "나는 귀하의 공약과 후보선정위원회의 결정을 전적으로 지지합니다. 귀하의 출마가 진보당과 자유당에게 줄 수 있는 최상의 정치교육 수단이란 의견에 동의합니다."[22] 투표일을 한 주 앞두고 그는 브루클린에서 열린 토머스 지지 집회에서 연설했다. 워커가 무난하게 당선되었다.

1926년 내내 라과디아는 존 넬슨과 J. A. H. 홉킨스, 그리고 그 밖의 진보당 지도자들과 꾸준히 접촉했다. 의회 내의 공화당 진보파를 결속시키려는 목적으로 "진보주의연구소"가 구성되었고 넬슨이 의장을, 라과디아가 서기를 맡았다. 라과디아는 뉴욕의 진보주의자들과 의회 내의 진보파를 연결시키려는 목적의 만찬회에 초대받았다. 이 자리에는 오스월드 게리슨 빌라드, 라 폴레트 2세, 휠러, 노리스, 보라, 프리어, 쉽스테드 의원도 초대 손님으로 참석했다.[23] 한편 1925년의 진보당 전국대회에서 구성되어 겨우 유지되고 있던 집행위원회는 보수정치에 대한 환멸이 점점 커져가고 있으니 희망을 갖자는 절망적인 메시지를 힘겹게 쏟아내고 있었다.[24]

1926년 여름, 라과디아는 스타 카지노를 가득 메운 유권자들 앞에서 활동보고를 했다 : "의회에서는 범죄의 물결이 넘실거립니다. KKK와 독점기업의 보스들이 지배하는 미합중국 입법부는 본분을

21 1925. 9. 22.
22 1925. 9. 22, 라과디아 문서.
23 길슨 가드너(Gilson Gardner)가 라과디아에게 보낸 편지, 1925. 2. 5, 라과디아 문서.
24 회보, 1926년 7. 1, 라과디아 문서

잃은 가짜입니다." 그는 석탄과 석유자원의 국유화를 요구하면서 이렇게 덧붙였다 : "이것을 급진주의라고 한다면 내 이름도 급진주의자의 명단에 올리십시오."[25]

이 집회에서 그의 발언 가운데 가장 중요한 의미를 갖는 것은 정당과 다가오는 선거에 관한 언급이었다. 그는 진보파와 보수파가 양대 정당 안에 모두 존재함을 지적하고 미국의 민주주의를 보존하기 위해서는 정당이 재구성되어야 한다고 주장했다. 그는 환호하는 청중을 향해 자신의 구상을 실현하기 위해 11월 선거에서는 독립 후보로 나서겠다고 선언했다.

라과디아는 표면적으로는 자신의 진보주의를 과시하기 위해 정치적 타협이라는 미묘한 전통을 경멸하는 듯한 태도를 보였다. 그러나 한 달 후 제20선거구의 공화당 후보는 지역 당위원회의 결정을 받아들여 사퇴했고, 공화당 후보 지명자 명단에는 라과디아의 이름만 남았다.[26] 놀라운 반전이었다. 어떠한 "건전한" 평가에 따르더라도, 어떠한 "현실적" 관점에서 보더라도 라과디아는 정치적 자살이란 벼랑 쪽으로 유유히 걸어가고 있었다. 그는 공화당의 지원을 거부해 왔고, 공화당의 후보 자리를 무시해 왔으며, 공화당의 정책을 매도해 왔고, 사회당과는 막역한 사이였으며, 기간산업의 국유화를 주장해 왔고, 완벽하고도 화날 정도로 침착하게 공화당 지도자들의 얼굴에 침을 뱉었다. 그런데 결정적인 순간에 공화당은 겉으로는 아무렇지도 않은 듯 그를 후보로 지명했다. 그리고 라과디아는 똑같은 정도

25 뉴욕 이브닝 그래픽, 1926. 7. 20.
26 뉴욕 타임스, 1926. 8. 25.

로 태연하게 그것을 받아들였다.

1924년부터 선거가 있던 1926년 사이에 그가 보여주었던 대담한 독립성은 그의 결연한 의지, 그의 내부에서 불타오르는 원칙주의가 아니면 설명이 되지 않는다. 이런 설명은 정확하기는 하지만 진실의 전부를 말해주지는 못할 것이다. 라과디아는 영리한 마크안토니오가 확실하게 장악한 독자적인 지역조직을 갖고 있었고, 그를 자신들과 같은 사람이라고 생각하는 이탈리아계, 유태계, 아일랜드계 세입자들의 열정적인 지지가 있었으며, 그래서 공화당의 지원이 있건 없건 승리를 자신할 수 있었다—이것이 진실이었다. 또한 그는 자신이 공화당을 필요로 하는 것보다는 공화당이 자신을 필요로 하는 정도가 더 크다는 점도 알고 있었다. 공화당은 라과디아를 매개로 하여 전국의 저소득 소수집단의 표를 끌어오고 싶었다.[27] 공화당이 라과디아를 후보로 내세우자 뉴욕 타임스는 그 배경을 다음과 같이 분석했다 :

> 그는 시의회 의장으로 출마한 이후로 번갈아가며 공화당을 현혹시키고 화나게 해왔다. 그들은 그를 한 번도 묶어둘 수가 없었다. 그는 불안정하고 변덕스러우며 바람처럼 파악하기 어려운 독립적인 인물이다. … 당이란 간판은 그에게 아무 의미가 없다. … 쾨니히 씨가 그를 받아들이지 않을 수 없는 까닭은 그

27 피어슨(Drew Pearson)과 앨런(Robert S. Allen), *Washington Merry-Go-Round* (뉴욕, 1931), 246은 이런 해석을 확인해 준다 : "1926년에는 어느 당도 그를 원하지 않았다. 그는 독립 후보로 나설 준비를 했지만 지역 선거에서 강한 압박을 받고 있던 공화당이 그를 설득하여 공화당 후보를 받아들이도록 했다."

를 위해서가 아니라 맨해튼의 할렘 지역에서 공화당 표를 끌어올리고 싶고 뉴욕 시에서 공화당 의원을 한 사람이라도 더 만들어내고 싶기 때문이다.[28]

라과디아의 입장에서 그것은 정치와 원칙의 멋진 결합이었고, 또한 그것이 먹혀들었다.

선거는 끝났다. 라과디아는 또 한 번 간발의 차이로 승리했다. 민주당 후보는 H. 워렌 허바드란 지역 지도자였고 표차는 63표였다.[29] 민주당은 뉴욕 주에서 중요한 성과를 거두었다. 알 스미스가 네 번 연속 주지사에 당선되었고 로버트 와그너(Robert Wagner)가 왓스워스를 꺾고 상원에 진출했다. 라과디아는 이제 유일한 뉴욕 시 출신 공화당 의원이 되었고, 기자들에게 "혼자서라도" 뉴욕 시 공화당 간부회의를 열수 있게 되었다고 말했다.[30]

선거를 마치고 하원으로 돌아온 라과디아에게서 공화당 후보가 되려고 "거래"를 했다는 기미는 전혀 찾아볼 수 없었다. 선거운동 기간 동안에 뉴욕 타임스지가 라과디아가 쿨리지 행정부를 지지하기로 약속했다는 보도를 했지만,[31] 그가 행정부의 정책을 계속해서 공격한 것을 보면 이 기사는 사실과 동떨어진 것이었다. 1927년 2월, 그는 의회 발언을 통해 사망한 라 폴레트 의원에게 찬사를 바치고 그가 벌였던 "특권과의 싸움"을 이어가겠다고 약속했다.[32] 한 달 후 그

28 1926. 8. 26
29 라과디아 9,121표, 허바드 9,058표, 사회당 답스베이지(Dobsevage) 1,049표.
30 뉴욕 타임스, 1926. 11. 3.
31 *Ibid.*, 1926. 8. 25.
32 의회 의사록 69 : 2, 1927. 2. 20, 4263.

는 스타 카지노에 모인 유권자들 앞에서 보울더 댐 계획의 통과를 방해하고 있는 상원을 비난하고, KKK가 이민법 개정을 막기 위해 의회에서 공공연한 활동을 하고 있음을 고발했으며, 행정부의 군비확장 계획을 날카롭게 비판했다.[33]

1927년 6월, 그는 더프 길폰드가 작성한 아메리칸 머큐리지의 특집기사에서 열렬한 찬사를 받았다. 이 잡지는 1920년대 내내 H. L. 멍켄의 의회를 비판하는 무자비한 필봉으로 이름을 얻고 있었다.[34] 길폰드는 라과디아를 "온통 회색인 풍경 가운데 하나의 녹색 반점"과 같은 인물이라고 평하고 위선으로 가득 찬 의원들이 으스대며 끊임없이 사용하는 "위대한"이란 단어를 듣다가 라과디아가 즐겨 쓰는 "더러운"이란 형용사를 접하면 상쾌한 기분이 든다고 썼다. 그는 의회 안에서의 라과디아의 모습을 다음과 같이 묘사했다 :

> 작고 동그란 체구에 활기찬 그가 의석 안팎을 튀는 공처럼 오가며 의장에게 발언권을 달라고 소리치면 졸고 있던 동료 의원들은 놀라서 눈을 뜬다. 발언권을 달라고 미친 듯이 손을 흔들어대는 그의 모습을 보면 선생님의 질문에 답할 기회를 달라고 졸라대는 아이를 연상케 한다. 그는 하원의 다른 어떤 의원보다도 더 많이 심의 중인 안건의 수정안을 제시한다. 그는 놀라울 정도로 입법과정에 관해 많은 지식을 갖고 있고, 대부분의 의원들이 놓치는 핵심을 파악한다.[35]

33 보도자료, 1927. 3. 17, 라과디아 문서.

34 멍켄, *Notes on Democracy*(뉴욕, 1926), 124는 하원을 "무능하고 주로 조무래기 법률가들과 소도시 은행가들이 모인 쓸모없는 집단이며 … 지적인 면에서, 정보와 품위 면에서 … 밀매업자들과 비교될 수 있다"고 표현하고 있다.

1927년 가을의 지방선거에서 그는 다시 한 번 공화당의 최근 지원을 무시한다. 그는 지방법원 판사 선거에서 사회당이 미는 제이콥 팬컨을 지지했다. "부동산을 소유하거나 임대 아파트를 운영하는 회사 가운데 제이콥 팬컨이란 이름이 들어가 있는 회사가 없다"는 점이 그를 지지하기에 충분한 이유였다.[36] (그의 문장에서는 복수와 단수가 구분 없이 섞여서 사용되고 있는데, 그래도 문장의 줄거리는 온전하게 전달되고 있다.) 지역 법원의 판사를 선출하는 데 공화당 인사를 지원해 달라는 요청을 받고 그는 이렇게 답변했다 : "코언이 임대법에 비추어 문제 없는 인물이고 판사라고 하면서 부동산 회사와 연결되어 있고 임대 아파트 관리인을 고용하고 있는 그런 쓰레기 같은 인물이 아니라면 기꺼이 지원하겠다."[37]

1924년 선거의 쓰라린 추억이 어느 정도 잊혀지고 세력이 팽팽하게 둘로 나누어진 새 하원이 들어선 1927년이 되자 70대 의회에서는 권력의 균형추를 쥐고 있는 소수파 의원들에게도 조심스럽게 기회를 주는 분위기가 생겨났다. 이런 상황에서 라과디아에게 내려졌던 고독한 격리조치가 해제되고 비교적 중요한 하원 법사위원회에서 활동할 기회가 주어졌다. 이런 조치와 1928년 1월의 라과디아의 행동 사이에 어떤 연관이 있는지는 분명히 알아낼 방법이 없다. 여하튼 이달의 그의 행동에서는 그가 정치적 영향력 행사라는 면에서는 엄격한 도덕주의자가 아니라는 점이 분명하게 드러난다. 1월

35 아메리칸 머큐리, XI(1927. 6), 152-158.
36 성명서, 1927. 9, 라과디아 문서.
37 1927. 9. 2. *ibid.*

12일, 그는 건국의 아버지들이 활동한 이래로 의회라는 조직을 잘 활용하는 의원이라면 할 수 있는 한 가지 일을 해냈다. 그는 미합중국 지방법원 뉴욕 남부 재판구의 판사 정원을 3명 더 늘리는 법안을 제출했다.[38] 그리고 다음날 그는 뉴욕 카운티 공화당 의장 쾨니히에게 아첨투의 편지를 보냈다 :

> 이건 우리 지역의 일입니다. … 태머니도 와그너 의원을 앞세워 상원에서 움직이고 있는 모양입니다. 오늘 덩치 크고 뻣뻣한 캐류가 찾아와 … 법안을 올리지 말아달라고 부탁했습니다. … 그럴 수 없다고 했습니다. 그는 만족스러운 사전조정이 이루어지지 않으면 법안에 반대하겠다고 말했습니다. 아마도 그들은 와그너가 판사 임명을 조정하도록 하려는 생각에서 그의 법안을 상원에서 먼저 처리하려는 것 같습니다. … 그동안에 뉴욕에서는 위원장께서 판사 정원을 늘려야 한다는 여론을 만들어 주시는 게 좋겠습니다. … 이번의 판사 자리 말고도 머지않아 몇 백 개의 자리가 더 만들어지기를 기대합니다. 오그덴 의원과는 어제 충분히 얘기를 나누었습니다. 그 내용은 만나서 말씀드리겠습니다.[39]

1년 후 판사 임명에 입김을 불어넣으려는 태머니의 지연술을 물리치고 판사 정원을 늘리는 법안이 통과되었다.[40]

라과디아는 이제 뉴욕에서 영향력 있는 공화당원 아서 리틀(Arthur W. Little) 대령의 편지를 받는 입장이 됐다. 리틀은 편지에서

38 문서번호 H. R. 9200, 1928. 1. 12, *ibid.*
39 1928. 1. 13, *ibid.*
40 라과디아가 찰스 터틀(Charles Tuttle)에게 보낸 전보, 1929. 1. 15, *ibid.*

"아시다시피 지금은 아무 일도 일어나지 않고 있지만 일은 만들어야 합니다. 이것은 1929년 선거에서 귀하를 시장 자리에 올리려는 나의 신호탄"이라고 썼다. 리틀은 1928년에 있을 공화당 대통령 후보 지명전에서 1920년에 후보군의 선두에 있었고 전임 일리노이 주지사인 프랭크 로우던을 내세울 계획을 갖고 있었다. 리틀은 뉴욕 대의원으로 공화당 전당대회에 나갈 수 있도록 라과디아가 도와주면 두 사람은 함께 후버에 맞선 로우던을 대통령 후보로 세울 수 있을 것이라고 제안했다. "로우던이 당선되면 귀하와 내가 백악관 내부에서 영향력이 없지 않을 것이란 충분한 근거가 있습니다." 여기서 말하는 백악관 "내부"란, 리틀이 라과디아에게 확약해 준 바에 따르면, 1929년 선거에서 라과디아를 공화당 뉴욕 시장 후보로 만드는 것이었다.[41] 라과디아가 이 계획을 따라갈 생각이 있었는지는 알 수 없다. 이 편지를 받은 직후 라과디아는 리틀을 만난 적이 있지만[42] 결국 로우던 붐은 일어나지 않았다.

라과디아와 공화당 사이의 불편하지만 서로를 필요로 하는 동반관계는 지속되었다. 그는 의회에서 쿨리지 행정부에 대한 혹평을 멈추지 않았고, 자신이 이슈를 선정하고 자신의 생각을 거리낌 없이 쏟아냈다. 그러면서도 그는 공동의 문제에 부닥치거나 조금의 양보로 반대를 누그러뜨릴 수 있다고 생각되는 문제에서는 공화당 지도부와의 협력을 마다하지 않았다. 제3당 후보가 나오지 않은 상태에서 1929년의 대통령 선거전이 시작되자[43] 민주당 후보 알 스미스의

41 리틀이 라과디아에게 보낸 편지, 1928. 1. 16, *ibid.*
42 라과디아가 리틀에게 보낸 전보, 1928. 1. 19, *ibid.*

정치적 견해가 공화당 후보 허버트 후버의 그것보다 라과디아의 견해에 훨씬 가까운 것은 누구나 알고 있었지만 그는 어느 쪽도 지지하지 않는 신중한 태도를 취했다. 그는 공화당이 자신이 제시한 공약 가운데 몇 가지를 수용하도록 요구했으나 성공하지 못했고, 결국 독자적인 공약을 내걸고 의원 선거운동을 벌였다.[44)]

선거운동을 통해 그는 모든 정치 그룹과의 교류를 유지했다. 프랭크 월쉬와 데이비드 나일스가 이끄는 알프레드 스미스를 지지하는 진보주의 연맹(Progressive League for Alfred E. Smith)을 대표하여 프레더릭 하우(Frederic C. Howe)가 그에게 이런 편지를 보내왔다 : "우리는 스미스 지사를 위해 조용히 움직이고 있으며 상당한 성과를 거두고 있습니다."[45)] 브루클린에서 출마한 사회당 후보는 라과디아로부터 지지 편지를 받았다.[46)] 라과디아와 공화당 과두 지도부의 관

43 1928년에 존 듀이(John Dewey)가 새로 결성된 독립정치행동연맹(League of Independent Political Action)을 이끌었고, 이 조직에는 경제학자 폴 더글러스(Paul Douglas)를 비롯한 지식인들이 참여하고 있었다. 그러나 이 조직은 1932년에 가서야 그해에 출마한 사회당 후보를 지지했고, 그 이전에는 대통령 선거전에서 적극적인 활동을 하지 않았다(맥케이, *op. cit.*, 255). 오스윌드 게리슨 빌라드, *Fighting Years*(뉴욕, 1939), 504는 라 폴레트의 죽음이 1928년에 진보당이 침묵했던 중요한 원인이었다고 평가한다.

44 뉴욕 타임스, 1928. 6. 12. 그는 공화당의 공약에 여섯 가지를 포함시키려 했다 : 금주법의 완화, 전력 독과점 기업에 대한 규제, 연방법원의 지역 공익시설에 대한 판결개입 금지, 전쟁의 불법화 선언, 푸에르토리코의 자치, 노동쟁의에서의 금지명령의 적용 제한.

45 이 연맹은 민주당의 외곽단체라는 냄새를 은연 중 풍기고 있었다. 하우의 편지는 뒤에 가서 그가 사과했지만—그는 민주당 전국위원회의 간부였다—민주당 전국위원회의 용지 위에다 진보연맹의 헤드라인을 넣어 쓴 것이었다(하우가 라과디아에게 보낸 편지, 라과디아 문서).

46 뉴욕 타임스, 1928. 11. 1.

계는 냉각되어 있었고, 그래서 그는 친구들에게 보낸 편지에서 공화당의 보수적인 정강 때문에 지역 공화당 후보들이 뉴욕에서 고전을 치르고 있다고 불평했다. 그는 공화당 전국위원회 간부 존 틸슨에게 이렇게 말했다 : "나는 내가 잘할 수 있는 일을 하려는데 워싱턴에 있는 빌어먹을 수많은 개새끼들 때문에 이곳 뉴욕에 있는 우리들의 일이 꼬이고 있어."[47]

후버의 대통령 후보 지명과 공화당의 금주법에 대한 입장에 실망한 니컬러스 머레이 버틀러는 오랜 불화를 털어버리고 제20선거구에서 라과디아의 입후보를 지지하며 다음과 같이 말했다 :

> 이 비이성과 불관용, 아집과 위선의 소용돌이 속에서 진정으로 진보적이고 다행스럽게도 편견의 굴레를 벗어난 공화당 후보가 미국의 원칙과 질서, 공화당의 역사적 교훈과 이상, 개인과 나라의 영원한 번영이라는 진실로 진보적인 정책을 홀로 대변하고 있음을 보는 것은 크나 큰 기쁨이다. 나는 라과디아 후보가 압도적인 표차로 승리하기를 진심으로 기대한다.[48]

라과디아는 주로 자신의 개인 조직에 의존해 선거를 치렀고 상대 민주당 후보를 1,200표 차이로 눌렀다.[49] 그는 버틀러에게 지원에 감사하는 편지를 보냈다.[50] 두 사람 사이는 그 어느 때보다 좋아졌고, 라

47 라과디아가 틸슨에게 보낸 편지, 1928. 10. 5, 라과디아 문서.
48 뉴욕 타임스, 1928. 11. 1.
49 민주당 후보 딕하이저(Dickheiser)는 10,878표를 얻었고 사회당 후보 캐스피(Caspe)는 377표를 얻었다(뉴욕 타임스, 1928. 11. 8).
50 1928. 11. 16, 버틀러 문서.

과디아는 워싱턴으로 돌아갔다.

의회가 짧은 크리스마스 휴가에 들어가자 라과디아는 1917년 이후로 12년 동안 그의 바쁜 활동을 보좌해 왔던 비서 마리 피셔와 조용히 약혼하고 1929년 2월 28일에 결혼식을 올렸다. 약혼과 결혼은 가장 가까운 친구들에게도 놀라운 일이었고,[51] 오랜 동지애와 신속한 구애의 합작품이었다. 루터교 목사이자 미네소타 출신 동료 의원인 크베일이 결혼식에서 주례를 맡았고, 새로 태어난 부부는 메디슨 대로 부근 19번가의 평범한 임대 아파트에 둥지를 틀었다. 이때부터 두 사람은 이곳과 워싱턴의 작은 아파트 사이를 오가는 생활을 하게 된다. 라과디아 부인이 된 마리는 비서 일을 그만둔 후 컬럼비아 대학에 적을 두고 새로 생긴 여유시간의 대부분을 독서에 쏟으면서 남편의 정치활동을 자문하는 일은 계속했다.[52]

1929년 봄, 라과디아의 분명한 격려 아래 11월에 있을 뉴욕 시장 선거에서 그의 공화당 후보 자리를 굳히려는 움직임이 태동했다. 일찌감치 4월부터 컬럼비아 공화당원 연맹이 주축이 된 위원회가 구성되어 그의 후보 지명 운동을 시작했다. 뉴욕 청년공화당원 클럽, 킹스 카운티 이탈리아계 미국인 공화당원 클럽, 브루클린 카운티 주민위원회 등 여러 분야에서 라과디아 지지 의사를 밝혔다. 쾨니히도 갈수록 라과디아의 출마에 호의적인 입장으로 변해갔다. 이유는 분명했다. 라과디아가 승리 가능성이 가장 높은 인물이었기 때문이다. 이탈리아계와 기타 소수민족 그룹의 라과디아에 대한 지지는 엄청났다.[53]

51 뉴욕 타임스, 1929. 3. 1.
52 림프스와 레이슨, *op. cit.*, 273–276 ; 뉴욕 이브닝 저널, 1929. 4. 10.

쾨니히는 모범적인 보수 후보를 찾으려 백방으로 노력했으나[54] 성과가 없자 라과디아를 지지하기로 결심했다. 연례적으로 당 조직에 반기를 들던 보수주의자 윌리엄 베넷[55]이 잠시 반기를 들었으나 오래 가지 않았다. 1929년 8월 1일, 공화당 뉴욕 시당은 비공식적인 대회를 열어 라과디아를 공화당 시장 후보로 지명했다. 쾨니히는 그의 지명을 축복하면서 이번 결정은 "평당원과 일반시민의 희망을 대변한 것"이라고 말했다.[56]

후보 지명은 후보 지명이고 공화당이 실제로 지원할 것인지는 다른 문제였다.[57] 대부분의 공화당원에게 라과디아는 여전히 하나의 저주였고, 그래서 그들은 라과디아의 선거운동에 나서거나 후원금을 낼 수가 없었다.[58] 선거과정을 지켜보았던 에드 플린은 "사회주의에 아무런 관심도 없는 수많은 사람들이 진짜 사회당 후보보다 라과디아에 대해 더 많은 두려움과 의심을 품고 있는 모습을 지켜본다는 것은 흥미로운 일이었다"고 말했다.[59]

53 컬럼비안 리프블리칸, 1929. 6, 라과디아 문서 가운데서.

54 뉴욕 텔리그램, 1929. 2. 8.

55 라과디아는 베넷이 진심으로 후보가 되려는 생각이 있었던 게 아니라 기자들과의 술자리에서 분위기에 휩쓸려 성명서에 서명했다고 말한다(*Making of an Insurgent*, 79).

56 뉴욕 타임스, 1929. 8. 2. 후에 쾨니히는 이렇게 말했다 : "내가 라과디아를 지명했다고 해서 사방으로부터 욕을 먹었고, 한 중요한 인사는 우리가 당을 모욕하고 있다고 말했다"(구술사 프로젝트, 컬럼비아 대학).

57 훗날 새뮤얼 쾨니히는 "라과디아는 1929년 선거에서 혼자 힘으로 선거를 치렀다"고 말했다(*ibid*). 프랭크 프라이델(Frank Freidel)은 라과디아가 "금주법과 부패밖에 내세울 게 없는 미련하고 무능한 공화당 조직에 실망했다"고 말한다[*Franklin D. Roosevelt : The Triumph*(보스턴, 1956), 91–92].

58 *Ibid*.

라과디아는 공화당원이면서 진보적 정치철학 때문에 공화당 내 보수적인 당원들로부터는 지지를 받지 못했고 진보진영에서는 공화당의 후보라 하여 그를 멀리했다. 진보진영이 그에게 냉담했던 또 하나의 이유는 사회당에 노먼 토머스라고 하는 유능하고 득표력이 있는 후보가 있었기 때문이었다. 네이션지는 라과디아를 "독립적이고 용기 있으며 진정한 진보주의의 대변자"라고 찬양하면서도 "공화당이란 정당은 태머니 홀보다 조금도 나을 게 없고 오히려 훨씬 무능하기 때문에" 토머스를 지지한다고 밝혔다.[60)]

1929년에 라과디아의 승리에 있어서 가장 큰 장애요인은 상대당의 후보가 다른 사람이 아닌 현직 시장 제임스 워커라는 점이었다. 47살인 라과디아보다 한 살 많고 태머니와 관련이 있는 아일랜드계 집안에서 태어난 워커는 정치의 사다리를 민첩하게 올라온 인물이었다. 그는 법대를 나온 후 찰스 머피의 직접 지도 아래 주 하원의원을 거쳐 주 상원의원이 되었다. 주의회에서 그는 당의 방침에 충실하게 투표했고 두터운 인맥을 쌓았다.[61)]

이처럼 라과디아는 많은 핸디캡을 안고 선거운동을 해야 했지만 승리를 위해 최선을 다했다. 그는 뉴욕 시의 끝에서 끝까지 쉴 새 없이 누비고 다녔고, 슬럼가의 주민들에게 가장 절박한 이슈인 식

59 플린(Edward Flynn), *You're the Boss*(뉴욕, 1947), 55.
60 1929. 10. 23.
61 노먼 토머스와 폴 블랜샤드(Paul Blanshard), *What's the Matter with New York*(뉴욕, 1932), 150-160. 그로버 훼일런(Grover Whalen)(그는 후에 토머스에 의해 경찰국장에 임명된다)는 토머스에 대해 이렇게 말했다 : "얼마나 매력적인 인물인지 … 만나보면 좋아하지 않을 수가 없다"[훼일런, *Mr. New York : The Autobiography of Grove Whalen*(뉴욕, 1955), 133].

품, 주거, 교육, 공원시설, 일조권, 그리고 부패한 정치를 집중적으로 거론했다. 그는 뉴욕 시의 식품문제를 깊이 있게 연구한 후 모든 동네 주민들에게 이를 알렸다. 그는 식품 공급체계가 혼돈과 낭비의 복마전임을 폭로했다. 식품은 농가에서 출발하여 수집상을 거쳐 도매상으로, 도매상으로부터 다시 중도매상과 소매상을 거쳐 마지막으로 소비자들에게 도달했고, 그 결과는 높은 가격이었다. 1912년에 게이너 시장의 명령으로 구성된 위원회가 이런 상황을 조사하여 보고서를 내면서 대형 터미널 시장을 개설하도록 권고했다(위원회는 시금치 1배럴의 유통경로를 추적하여 농가에서 소비자의 손에 이르는 동안에 9번 상하차를 되풀이한다는 사실을 확인했다). 하일런 시장 때에 브롱크스 터미널 시장이 지어져 화물차와 증기선이 생산지로부터 직접 생산물을 싣고 와 적당한 저장소에 부려놓으면 소매상이 바로 구매할 수 있게 되었다. 그런데 라과디아는 워커가 이런 시장을 개설하는 데 아무런 역할도 하지 않았고 새로운 시장을 열 계획도 갖고 있지 않다고 비난했다. 그는 청중들에게 뉴욕 시민은 힘들게 번 1달러 가운데서 42센트를 식품비로 지급하고 있음을 상기시켰다.[62]

라과디아는 슬럼으로 뒤덮인 브루클린의 베드포드-스타이브샌트 지역을 찾아가 연설하면서 "햇볕도 들지 않고 화재에 무방비 상태이며 어둡고 지저분한 공동 화장실을 사용해야 하는 수천 채의 가옥은 세계에서 가장 부유하다는 도시의 영원한 수치"라고 지적했다. 그는 워커가 임대주택의 조건을 개선하려는 복합 주거시설 법안에 반대했고, 법안이 통과된 후에도 워커가 설치한 협력위원회는 법

62 연설문 사본, 일자불명, 라과디아 문서.

정에서 부동산 회사 편에 서서 이 법을 공격했다고 지적했다.[63] 그는 청중에게 주거문제와 관련하여 "워커 시정부는 무감각과 냉담, 악의적인 업무태만이란 점에서 역대 시정부 가운데서 최고의 기록을 세웠다"고 비난했다.[64]

노먼 토머스와 라과디아는 둘 다 태머니 홀을 무자비하게 공격했다. 두 사람은 태머니 홀의 부패와 독직의 오랜 역사는 워커 시정부에까지 이어지고 있다고 비난했다. 그들은 주지사 프랭클린 D. 루즈벨트가 지사의 권한으로 뉴욕 시를 조사하여 부패를 청소해야 한다고 주장했는데, 이런 주장 가운데는 루즈벨트도 태머니와 관련이 있다는 암시가 담겨 있었다. 여하튼 루즈벨트는 아무런 조치를 취하지 않았고, 토머스와 라과디아도 더 이상 압박하지 않아 두 사람의 공격은 "맹렬하지만 결론 없이" 끝났다.[65]

선거운동 막바지에 라과디아는 아일랜드계 청중 앞에서 초조한 속내를 드러냈다. 그는 워커의 선거본부에 암스트롱이란 "영국 귀족 부인"이 앉아 있고 워커의 아파트에는 친필 서명이 든 영국 황태자의 사진이 걸려 있다고 지적했다. (워커의 아일랜드공화국에 대한 불신을 부각시키는 데 이보다 좋은 증거가 있을까?) 평소에는 중요한 이슈

63 1929. 10. 15, *ibid.*
64 연설문 사본, 1929. 10. 16, *ibid.*
65 프라이델, *op. cit.*, 91–92. 프라이델은 루즈벨트가 라과디아와 토머스가 구체적인 사례를 제시하면 조치를 취하겠다고 말했다고 한다. 프라이델은 두 사람이 애초의 비난 이외에 증거를 제시하지 않았기 때문에 루즈벨트는 아무런 행동도 하지 않는 것이 "정치적으로 안전하다"고 판단했다고 본다. 물론 "정치적으로 안전하다"고 해서 윤리적 문제가 대두되지 않는 것은 아니다.

에 집중하던 라과디아가 이때는 워커의 옷 잘 입는다는 평판을 헐뜯는 저질스러운 행태를 보였다. 그는 아일랜드공화국 연맹이란 단체의 회원들 앞에서 다음과 같이 말했다 :

> 미국 신사의 기준으로 볼 때 그는 옷 잘 입는 인물이 아닙니다. 그는 옷을 요란스럽게 입습니다. 그의 옷차림은 갑자기 부자가 된 정치적 벼락출세자의 고약한 취향과 허영심을 그대로 보여줍니다. … 그의 요란스러운 옷차림은 영국의 바람둥이, 파리의 기둥서방의 차림 그대로입니다.[66]

워커도 똑같이, 그러나 고상한 조롱으로 응수했다 : "반대의 평판을 들을 수 있도록 평소의 버릇대로 자주 목욕하고, 내 과도한 욕심처럼 속옷을 자주 갈아입어야 되겠습니다. 그리고 내 단골 양복점에도 잘 부탁해 놓아야 되겠습니다."[67]

나흘 후 개인적인 신상 비방이 소강상태로 접어들자 라과디아는 허스트계의 뉴욕 아메리칸지가 워커의 요청을 받아 그의 경력을 검증한 몇 년 전의 사설을 청중들에게 읽어주었다. 이 신문은 문제의 사설에서는 워커를 반대했으나 지금은 워커를 지지하는 쪽으로 돌아서 있었다. 사설은 다음과 같았다 :

> 냄새나는 지미 워커, 당신이 말하는 경력이란 게 뭔가? 올버니에서의 웅

66 연설문, 1929. 10. 26, 라과디아 문서.
67 진 파울러(Gene Fowler), *Beau James : The Life and Time of Jimmy Walker*(뉴욕, 1949), 246.

장한 연설을 말하는가? 아니면 뉴욕 법정에서 냄새나는 육류 판매업자들을 변호해 준 기록을 말하는가? 교통요금을 5센트로 묶어두겠다고 해놓고 지키지 않은 약속을 말하는가? 아니면 버스 회사들에게 슬그머니 10센트 요금을 허가해 주려던 법안을 상정한 것을 말하는가? 어느 기록을 말하는가, 냄새나는 지미?[68)]

이런 수법은 분명히 라과디아에게 도움이 되지 않았다.[69)] 투표함이 열렸을 때 865,549표를 얻은 워커가 368, 384표를 얻은 라과디아를 압도적인 표차로 이겼다. 토머스는 174, 931표를 얻었다. 뉴욕 타임스는 이렇게 평가했다 : "라과디아를 포함하여 그 누구도 워커의 재선을 놀라워하지 않았다. 할 수 있는 예측이라고 한다면 어떤 인물도 워커의 자리를 넘볼 수 없다는 것이었다."[70)]

라과디아는 의회로 돌아갔다. 뉴욕 시장 선거가 있기 한 주 전에 주식시장이 붕괴되었다. 당시에는 알아챈 사람이 별로 없었지만 미국은 새로운 시대로 접어들고 있었다.

68 1925. 9. 11.

69 선거운동 과정에서 라과디아와 공약을 공유했고 날카로운 토론도 벌였던 노먼 토머스는 이렇게 말했다 : "1929년의 그의 선거운동은 결코 본받을 만한 것이 아니었다. … 라과디아는 그답지 않은 선거운동을 했다" (노먼 토머스와의 인터뷰, 구술사 프로젝트, 컬럼비아 대학).

70 1929. 11. 6.

Chapter. 13

굶주림 대 민간기업

1929년의 추락과 뒤이은 불황을 맞아 기업과 정부의 지도자들은 처음에는 너무 충격적이라 믿지 않았고, 좀 있다가는 근거 없는 낙관론으로 자위하다가, 다음에는 인색하게나마 인정하고, 결국은 느릿느릿 대책을 찾기 시작했다. 월스트리트가 붕괴하자 대통령과 그의 각료들, 그리고 주요 금융가들은 폭풍우는 곧 지나갈 것이니까 용기와 자신감만 가지면 된다고 생각했다.[1] 어둠 속에서 두려움을 이기려 호각을 불어대듯 뉴욕 시장 지미 워커는 극장주들에게 재미있는 영화만 상영해달라고 요청했고, 트루 스토리 매거진 같은 잡지도 임금 생활자들에게 외상으로 사치품을 사라고 권유했으며, 11월에는 "행복한 시절이 다시 왔네"라는 노래가 유행했다.[2]

1920년대 내내 지진의 신호를 감지하고 있던 라과디아와 진보주의자들이 볼 때 1929년 10월의 대격변은 금융계에서 생각하듯

1 워싱턴에서는 후버가 재무장관 자리에 유임시킨 앤드류 멜런이 기자들에게 새해에도 "꾸준한 성장"이 예상된다고 말했고, 대통령도 기업들은 새해에 "큰 기대"를 가져도 좋을 것이라고 말했다.

2 딕슨 웩터(Dixon Wecter), *The Age of the Great Depression*(뉴욕, 1948), 12–13.

온통 번영 일색인 상황에서 어느 날 갑자기 등장한 이해하기 어려운 사건이 아니었다.[3] 뿐만 아니라 그들은 증권거래소가 갖고 있는 도구만큼 정교하지는 않지만 오히려 그보다는 더 실질적으로 경제적 혼란의 정도를 측정할 수 있는 통로를 갖고 있었다. 상황의 심각성을 호소하는 유권자들의 편지가 갈수록 늘어나고 있었다. 월스트리트에서 주식가격이 폭락한 첫날 라과디아는 지역구에 사는 한 여인이 보낸 편지를 읽고 있었다 :

> 부탁드립니다. 남편은 지난 4주 동안 일하러 나가지 못했고 아이가 일곱인데 일할 수 있는 아이는 하나도 없습니다. 집세도 생활비도 어찌 해볼 도리가 없습니다. 라과디아 의원님, 우리 스스로 일어설 수 있게 남편에게 어떤 일자리든 좀 찾아봐 주십시오. 남편은 무슨 일이든 마다하지 않는 사람입니다.[4]

3 라과디아가 받은 불만을 쏟아놓는 수많은 편지들은 대부분 시장이 붕괴하기 이전부터 일자리를 잃은 사람들이 보내온 것이었다. 한 예를 들자면, 라과디아가 10월에 받은 어떤 편지는 3년째 일자리를 갖지 못한 한 가장의 네 아이들이 아버지의 일자리를 구해달라고 부탁하는 것이었다(1929. 10. 27, 라과디아 문서). 헨리 가(街)의 "창문"을 통해서 세상을 지켜보던 릴리언 왈드(Lillian Wald) 같은 이는 경제적 재난의 징조가 갈수록 늘어나고 있음을 감지하고 있었다. 그녀는 1928년에서 1929년으로 넘어가는 겨울에 탁아소에 맡겨진 아이들이 우유를 마시면서 하는 얘기를 기록해 놓고 있다. 한 사내 아이가 커서 목수가 되겠다고 말하자 옆에 있던 아이가 천진하게 말했다 : "왈드 선생님, 우리 아버지는 목순데 아무 일거리도 없던데요" [*Windows on Henry Street*(보스턴, 1924), 227–228]. 이스트사이드의 전반적인 상황은 1929년 2월이 되자 왈드가 운영하던 사회복지관에서 특별 대책회의를 해야 할 만큼 심각했다(*ibid*).

4 1929. 10. 21일자 편지, 라과디아 문서.

후버 대통령은 대중에게는 확신에 찬 발표를 했으나 곧 상황이 심각하다고 판단했다. 1929년 11월 21일 기업계 지도자들을 백악관으로 초청하여 경제적인 관점에서 뿐만 아니라 인도적인 관점에서도 고용과 임금수준은 유지되어야 한다고 강조했다. 같은 날 오후 그는 미국노동자연맹(AFL)과 철도노조의 지도자들을 만나 임금인상 요구를 자제해달라고 당부했다.[5)]

구매력을 유지하기 위해서는 자발적인 행동만으로는 만족스러운 성과를 낼 수 없다는 사실이 이내 명백해졌다. 기업들은 운영을 상당한 정도로 축소해야 하는 상황에서 고용을 확대하겠다는 약속을 지킬 수가 없었다. 임금을 깎지 않겠다는 약속이 도처에서 깨어지고 있는데도 고율의 배당은 2년째 이어졌다.[6)] 11월, 후버는 전국의 주지사와 시장에게 공공사업의 확대를 요청하는 전보를 보냈지만 이번의 반응은 "성실하지만 모호했다."[7)]

1929년 11월과 12월 두 달 동안 후버는 주로 자발적 조치들을 강조하고 뉴욕 주지사 루즈벨트는 이보다 더 소극적인 태토를[8)] 유지

5 12월 3일에 의회에 보낸 후버의 첫 번째 연두교서는 "통제되지 않은 투기"가 농산품 가격의 폭락과 실업의 폭증을 불러왔다고 말했고, 주정부와 민간기업 지도자들에게 생산적인 활동을 강화하도록 당부했음을 강조했다. 또한 그는 공공사업의 확대, 은행제도의 개혁, 경제적 목적에 맞는 정부조직의 개편을 제시했다[마이어스(W. S. Myers)와 뉴턴(W. H. Newton), *The Hoover Administration*(뉴욕, 1936), 26–27].

6 미첼, *op. cit.*, 84.

7 *Ibid.*, 85. 뉴욕 주지사 프랭클린 루즈벨트는 답신에서 주의회에 공공사업의 확대를 요청했지만 "세금을 늘리지 않고는 예산확보가 어렵다"고 말했다(마이어스와 뉴턴, *op. cit.*, 29).

8 루즈벨트가 1930. 1. 1일 주의회에 보낸 연례 시정방침은 "실업의 확산과 대중 궁핍의 심화에 대해서는 한마디도 언급하지 않았고", 길거리에 자선

하고 있을 때 라과디아는 백방으로 뛰어다니며 과거의 불황에 관한 자료를 모으고 장기적인 관점에서 실업을 방지할 수 있는 입법계획을 세우고 있었다. 그는 영국의 실업보험 제도를 연구하고 연방정부의 지원을 받아 주정부가 공공사업을 확대하는 방안을 만들기 시작했다.[9)]

그의 사무실에는 도움을 요청하는 유권자들의 편지가 쉴 새 없이 쏟아져 들어왔다. 113번가의 한 세입자는 편지에서 다음과 같이 썼다 :

> 내 형편이 좋지 않음은 아실 것입니다. 나는 정부에서 주는 보조금에 의지해 왔는데 그것도 이제 끊어졌습니다. 일하지 못한 지가 거의 일곱 달이 됐습니다. 어떻게든 도와주시기 바랍니다. … 먹이고 입혀야 할 아이가 넷이나 됩니다. … 여덟 살인 딸애는 아파서 누워 있습니다. 집세는 두 달이나 밀렸고 쫓겨날까 두렵습니다.[10)]

값싼 노트에 이탈리아어나 영어로 쓴 편지가 쏟아져 들어왔고, 라과디아는 나라 전체가 위기에 처해 있어 일자리를 찾을 수가 없다는 힘없는 답신을 보내야 했다.[11)]

단체들의 무료급식소가 등장하고 도움을 요청하는 편지가 홍수처럼 쏟아져 들어오자 비로소 신속하게 움직이기 시작했다[벨루쉬(Bernard Bellush), *Franklin D. Roosevelt as Governor of New York*(뉴욕, 1955), 128].

9 월링(W. E. Walling)에게 보낸 편지, 1929. 12. 3, 라과디아 문서.

10 1930. 2. 14일자 편지, 라과디아 문서.

11 거리 급식소가 더 자주 등장하고 쫓겨난 세입 가정의 가구가 인도에 쌓인 모습이 더 자주 목격되는 등 뉴욕 시의 상황이 악화되자 급진주의자들은

프랭클린 루즈벨트의 지시에 따라 실시된 실직자 조사결과 일부 공장지역에서는 실업률이 75%에 이르렀다. 10월 이후로 공장의 고용률은 10% 하락했다. 루즈벨트는 앞으로의 실업문제에 대처하기 위해 기업-노동자 공동위원회를 구성했다.[12] 그는 불황이 지속되리라고는 생각하지 않았지만 장래의 경제적 어려움에 대비한 예방적 입법이 중요하다고 판단했다.[13] 후버의 성명과 유사한 내용을 담은 성명을 통해 루즈벨트는 실업률을 낮추기 위해 뉴욕 주 기업가들의 "호의"를 촉구했다.[14]

한편 미국 역사상 처음으로 실시된 1930년 4월의 실업률 조사결과는 맨해튼 지역에서만 18만 명의 실직자가 있다는 사실이 밝혀졌지만[15] 실업의 무서운 증가속도 때문에 이런 통계수치는 발표되자마자 무의미해졌다. 아홉 달 후에 실시된 특별조사는 6백만 명의 실직자를 보여주었다.[16]

1930년 초, 라과디아는 뉴욕 출신 로버트 와그너 상원의원이 발의하여 상원을 이미 통과한 몇 가지 법안과 관련하여 하원도 행동

재빨리 이것이 자본주의 체제의 붕괴를 알리는 증거라고 주장했다. 공산주의와 연결된 노조단결연맹(Trade Union Unity League)은 1930. 3. 6일에 대규모 시위를 벌이자고 촉구하면서 공공사업 확대, 실업보험 실시, 세입자 강제퇴거 금지, "혁명적 노동자" 정부를 요구했다(*ibid*).

12 벨루쉬, *op. cit.*, 129.

13 *Ibid.*

14 *Ibid.*

15 미합중국 상무성 인구조사국, *Fifteenth Census of the United States : 1930, Unemployment*(워싱턴, 1932), II, 2, 379.

16 웩터, *op. cit.*, 18-19. 1930년 1월의 인구조사가 실업률을 어느 정도로 저평가했는지는 미첼, *op. cit.*, 92에서 상세하게 언급하고 있다.

을 취하도록 하기 위해 열심히 뛰어다녔다. 이 법안들이 제시한 대책 가운데 하나는 일자리와 구직자들을 연결시켜 주는 무료 국영 직업 소개소를 지방정부가 운영한다는 것이었다. 힘든 싸움을 거쳐 이 법안을 하원 법사위원회에 상정한[17] 라과디아는 다시 법안의 통과를 위한 운동을 벌였다. 전국제조업자협회(National Association of Manufacturers)가 이 법안이 주의 권리를 침해한다며 반대하자 라과디아는 홍수통제, 농민구제, 공중보건 서비스같이 연방정부의 활동이 주의 경계 내에서 수행되고 있는 사례를 들어 반박했다. 그는 하원 발언을 통해 거대 기업의 새로운 시대가 경제를 전국화하였으므로 연방정부 몫의 활동이 이제는 지방정부의 고유활동으로 받아들여져야 한다고 주장했다. 그는 다음과 같이 말했다 :

> 유감스럽게도 주의 권리는 지금까지 진보적인 입법을 막는 무기로 너무 자주 사용되어 왔습니다. 이번 경우에도 많은 노동착취자들이 실업을 통제하고 일소하기 위해 필요한 입법을 막으려고 주의 권리와 헌법을 내세워 목소리를 높이고 있을 것입니다. … 한 주 안의 실업은 모든 주와 관계되는 일입니다. 나는 취업과 실업문제를 다루는 것이 정부의 가장 중요한 기능이라고 믿습니다.[18]

17 위원장 그레이엄(George Graham)의 소수의견은 이랬다 : "워싱턴에 또 하나의 부처를 만들어 많은 직원을 고용하고 권한을 집중시키는 것은 주의 권리에 대한 지나친 제약이므로 반대한다." 피어슨과 앨런, *op. cit.*, 247에 따르면 공화당 내 진보파 의원들이 이탈하여 공화당의 다수 지위를 무너뜨리겠다고 위협했기 때문에 법안 상정이 가능했다고 한다.

18 의회 의사록 71 : 2, 1930. 6. 10, 10407–10411.

이 발언을 통해 라과디아는 수년 동안 주장해 왔던 대로 새로운 상황에 맞게 경제체제가 개편되어야 함을 다시 강조했다. "전염병을 예방해야 하는 것과 마찬가지로 오늘날 이 시대의 실업은 막아야 합니다."[19]

여하튼 라과디아는 주정부가 한 세기 이상 맡아왔던 일을 연방정부가 맡아야 한다는 주장은 헌법논리 때문에 이 나라가 받아들일 준비가 되어 있지 않다고 판단했다. 헌법을 수정하는 일이 쉽지 않다는 점을 고려하여 그는 대신에 주지사 회의를 소집하여 아동노동, 노령연금, 실업보험, 최저임금과 노동시간 등의 문제와 관련하여 주의회 입법의 통일성을 확보하는 방안을 제시했다.[20]

국립 취업알선 기관을 설치하자는 와그너 법안을 놓고 하원에서 논쟁이 벌어지고 있는 동안에 하원 법사위원회에서는 경제위기를 예방하기 위해 장기적인 공공사업 계획을 만들어 대통령에게 보고하는 상설 자문위원회를 구성하자는 와그너 의원이 발의한 또 다른 법안을 심의하고 있었다. 앤드류 멜런은 법사위원장에게 보낸 편지에서 재무성에 넘어온 공공사업 계획을 언급하면서 "우리의 현재 재원으로서는 진행 중인 공공사업을 최대한 유지하는 수준 이상을 하기 어렵다. 그러므로 현재 구상하고 있는 것 이외에 새로운 공사를 선제적으로 구상한다는 것은 우리의 현재 재원으로는 실현 가능성이 없다"고 말했다.[21]

19 *Ibid.*
20 *Ibid.*
21 앤드류 멜런이 조지 그레이엄에게 보낸 편지, 1930. 6. 13. 라과디아 문서.

행정부의 이런 주장 때문에 와그너 공공사업 법안은 상임위원회를 거치면서 전국제조업자협회가 지지할 수 있을 정도로 핵심이 거세되어 버렸다. 위원회의 다수 의견에 불만을 가졌던 브루클린 출신 이매뉴얼 셀러 의원은 수정안이 법안의 심장을 도려냈다고 말했다. 그는 "이 수정안에는 현재의 실업과 기업의 불황을 축소 은폐하려는 의도가 그대로 담겨 있다. 대통령과 각료들이 번영이 멀지 않은 곳에 있다고 한마디씩 할 때마다 그 주장이 조항에 포함되었고, 그때마다 실업문제와 기업의 대립관계는 깊어졌다"고 말했다. 그는 선제적 공공사업 계획을 요구하는 이 법안의 핵심 부분은 제거되었다고 주장했다. 그는 후버 대통령이 여러 차례 공공사업에 우호적인 입장을 밝혔으나 정작 행동이 절박하게 필요한 시점에서 이전의 입장을 부정하는 점에 주목하라고 지적했다.[22]

라과디아도 셀러의 의견을 지지하고 수정안이 "법안의 목적을 불구로 만들고 파괴할 것"이란 자신의 소수의견을 내놓았다.[23] 그는 경제적인 안정을 위해 장기적인 계획을 세우는 것은 전쟁에 대비하여 치밀한 계획을 세우는 것과 같다고 비유했다. "전쟁성이 결코 일어나지 않을지도 모를 전쟁에 대비하여 자세한 계획을 수립하는 것 이상으로 찾아올 것이 분명한 산업의 불황에 대비하여 선제적 구제계획을 세우는 것이 중요하다."[24]

정부와 여러 민간단체들이 경제적 혼란의 심각성을 확신하지

22 셀러 의원의 소수의견, *ibid.*
23 라과디아 의원의 소수의견, *ibid.*
24 노동자(*Labor*)지, 1930. 6. 24.

못하는 한 와그너 법안이 전폭적인 지지를 받기는 기대하기 어려웠다. 노동자연맹 의장 윌리엄 그린(William Green)은 와그너 법안을 둘러싸고 의회에서 논쟁이 벌어지고 있을 때에 후버 대통령에게 고용상황은 "분명히 고무적인 방향으로 개선되고 있다"고 알려주었다.[25] 그리고 의회는 공공사업 예산을 약간 증가시킨 후 1930년 7월에 휴회에 들어갔다. 다음달에 윌리엄 그린은 후버의 정책이 안정 효과를 보이기 시작했다는 좀더 낙관적인 성명을 발표했다.[26]

1930년 여름이 끝나갈 무렵[27] 라과디아는 재선 선거운동을 계획하기 시작했다. 태머니의 새로운 보스 존 F. 커리는 제20선거구에서 라과디아와 맞설 민주당 후보로 젊은 이탈리아계 빈센트 아울레타를 내세워 사람들을 놀라게 할 작정이었다.[28] 커리는 아직도 1929년 시장 선거에서 워커가 라과디아를 꺾은 즐거운 추억에 잠겨 있었고, 태머니의 제1공적인 라과디아를 의회에서도 축출한 수 있다는 확신을 갖고 있었다.

그러나 1930년 가을, 모반자의 운은 불황으로 인해 상승세를 타고 있었다. 증가하는 실업에 대처하는 후버의 노력은 갈수록 힘이 떨어졌고 위기는 깊어갔다. 그의 대중적 인기도 떨어져 1930년 5월이 되자 연방대법관 루이스 브랜다이스가 노먼 햅굿에게 보낸 편지

25 마이어스와 뉴턴, *op. cit.*, 39.

26 *Ibid.*, 42.

27 라과디아는 여름의 대부분을 영국 정부 노동성에 요청하여 받은 실업보험에 관한 자료를 바탕으로 실업보험 제도에 관한 구상을 하는 데 보냈다. 그 후 그는 의회연맹의 대표 자격으로 런던으로 가면서 아내 마리도 동행하여 두 번째 허니문을 즐겼다.

28 뉴욕 이브닝 저널, 1830. 2. 23.

에서 “정치적으로 미국적이란 것은 1929년 5월 이후로 크게 선회했다”고 말할 지경이었다.[29]

뉴욕 주 공화당은 수정헌법 제18조에 반대해야 한다고 주장해 왔던 니컬러스 머레이 버틀러의 지원에 힘을 얻은[30] 라과디아는 금주법에 관해서는 당의 방침에 맞서 독립 후보로 나설 준비를 마쳤다고 선언했다. 그러나 굳이 그럴 필요는 없었다. 날마다 인기가 떨어지고 있던 공화당 조직은 라과디아를 절대로 놓칠 수가 없었다. 뿐만 아니라 공화당은 라과디아가 공화당과 민주당 양쪽의 주요 그룹으로부터 지지를 받고 있다는 사실을 의식하고 있었다. 뉴욕 타임스는 워커 시장 정부의 부패가 라과다아의 선견지명과 의회로 나가야 할 적격성을 입증해 준다고 지적했다. 이 신문은 “라과디아 하원의원은 지금 뉴욕 시를 향해 다른 누구보다도 ‘내가 그렇게 될 거라고 하지 않았소?’ 라고 말할 수 있는 자격을 가진 인물이다. 최근 드러난 시정부의 부패는 … 작년 시장 선거에서 라과디아 씨가 거침없이 퍼부었던 비난을 완벽하게 정당화해 주는 것 같다”고 논평했다.[31]

금주법이 선거의 중요한 이슈가 되었다. 니컬러스 머레이 버틀러와 라과디아는 연초부터 금주법의 폐지전략에 관해 의견을 나누었다.[32] 금주법 존폐 이슈는 당의 경계를 넘었고, 민주당의 로버트

29 메이슨, *op. cit.*, 600.

30 라과디아가 버틀러에게 보낸 편지, 1939. 9. 20, 버틀러 문서.

31 1930. 8. 30.

32 버틀러가 라과디아에게 보낸 편지, 1929. 12. 24과 1930. 1. 21 ; 라과디아가 버틀러에게 보낸 편지, 1930. 1. 24 ; 버틀러가 라과디아에게 보낸 편지, 1930. 1. 27, 버틀러 문서. 1930년이 되자 금주론자들의 입장을 더 이상 유지할 수 없는 중요한 상황변화가 나타났다. 금주법에 대한 전반적인 무시, 주의회

와그너 의원 같은 사람은 금주법 폐지를 주장하는 라과디아를 적극 지지했다.[33] 헤이우드 브라운(Heywood Broun) 같은 이는 금주법 폐지를 위한 라과디아의 의회활동을 찬양하면서 "언젠가 미합중국이 볼스테드주의를 타파하려고 끈질기고 치밀하게 노력했던 라과디아 의원에게 찬사를 바칠 날이 올 것"이라고 말했다.[34] 라과디아는 의회 토론과정에서 일반적인 범죄와 금주법 위반행위는 차원이 다른 문제임을 지속적으로 강조했다. "생래적으로 잘못된 행위, 도덕적으로 비열한 행위, 부패행위는 8천 년 동안 합법적인 행위였다가 지금은 법령에 의해 금지된 행위와는 구분되어야 합니다."[35]

늘어나는 실직자와 강제 퇴거에 대한 뉴욕 노동자들의 불만이 쌓여가고 경기하강을 막으려는 정부의 정책이 별로 효력을 보이지 못하는 상황에서 선거전이 시작되었다. 수많은 가정이 식량도 난방연료도 마련하지 못한 채 겨울이 다가오고 있었다. 국제사과선적협회(International Apple Shippers Association)가 일자리를 잃은 사람들에

의 후속입법 불비, 연방정부 단속기구의 소극적 태도 등이 그런 요인들이었다[메르츠(Charles Merz), *The Dry Decade*(뉴욕, 1930)].

33 위싱턴 헤럴드, 1930. 1. 6.

34 워싱턴 데일리 뉴스, 1930. 1. 10. 볼스테드법을 폐지하기 위한 라과디아의 의회 내에서의 활동에 관해 한 기자는 이렇게 썼다 : "의회 토론에서 그는 꽃이 아니라 싸움닭이었다. 연설 도중에 강조해야 할 부분에서 그는 팔을 피스톤처럼 흔들면서 쏜살같이 말했다" (*ibid.*, 1930. 1. 29).

35 의회 의사록, 71 : 2, 930. 2. 15, 3732–3735. 가을에 선거전이 시작되자 라과디아는 니컬러스 머레이 버틀러에게 공화당 후보들은 수정헌법 18조를 공개적으로 부정해야 한다고 제안했다. 버틀러의 대답은 이랬다 : "당신의 제안에 박수를 보냅니다. … 반대운동이 제대로 길을 찾아가고 있고 당신처럼 조금만 더 힘을 보태면 일은 끝날 것입니다" (라과디아가 버틀러에게, 1930. 9. 3 ; 버틀러가 라과디아에게, 1930. 9. 4일에 보낸 편지, 버틀러 문서).

게 5센트에 사과를 팔 수 있도록 외상으로 사과를 제공하겠다고 발표하자 신청자들이 줄을 이었고, 11월까지 6천 명이 뉴욕의 거리에서 사과를 팔았다.[36]

높은 물가와 모리배들의 부당행위에 맞선 라과디아의 싸움, 민중의 생활을 보호하라는 그의 끈질긴 요구와 호소를 많은 유권자들이 기억하고 있었다. 의회 마지막 회기에 라과디아는 결과는 좋지 않았지만 일자리를 잃은 사람들을 지원하려는 와그너 법안을 통과시키기 위해 강력한 싸움을 벌였다. 뉴욕 이브닝 저널지는 7월에 끝난 8개월 동안의 회기에서 라과디아가 970회의 발언을 하였음을 밝히고 그의 활동을 이렇게 소개했다 : "워싱턴에서 중요한 사교 모임이 있는 날 밤 다른 공직자들은 아내를 대동하고 참석할 때 라과디아는 의회도서관에서 책 속에 파묻혀 진실을 캐고 있었다." 하나의 구상 또는 하나의 법안이 거부되면 라과디아는 곧바로 다른 것을 내놓았다. 어떤 구상은 장기적인 관점에서 경제제도를 재조정하려는 것도 있었고 일부는 순간적인 임시변통의 대책도 있었다.[37]

선거가 다가오자 뉴욕 데일리 미러지는 라과디아 지지 의사를 밝혔다 :

36 웩터, *op. cit.*, 18-19.

37 후자의 대책 가운데서 언론으로부터 악의적인 조롱을 받은 것도 있었다. 일자리를 가진 사람이면 모두 일자리가 없는 사람에게 옷을 한 벌 사주고 그 사람이 나중에 일자리를 갖게 되면 일자리가 없는 한 사람에게 다시 옷을 한 벌 사준다는 제안이 그런 경우였다. 이를 극적으로 연출하기 위해 라과디아는 할렘 하우스의 가게에서 옷을 한 벌 사 일자리가 없는 이웃에게 주는 사진을 찍었다(뉴욕 데일리 뉴스, 1930. 9. 20).

> 라과디아 씨가 패배한다면 뉴욕 시민들에게는 비극이 될 것이다. 그는 우리 주를 대변하는 유일하고도 진정한 진보 정치인이며 의회 내에서도 몇 안 되는 진보적 의원의 한 사람이다. 그는 약탈적인 부와 식량 모리배와 모든 종류의 독직(瀆職)에 맞서 꾸준히 감시해 왔다. … 그는 부패에 물들 수 없는 인물이다. 라과디아는 의회 내에서 걸출하고 진실로 설득력 있는 반금주법 진영 지도자의 한 사람이다. … 시민들이여, 이 쓸모 있는 공복이 패배하지 않도록 도웁시다.[38]

메디슨 대로와 106번가 사이의 빈 상점에 자리한 선거사무실에서 라과디아는 언제나 그랬듯이 모든 일에 치밀한 주의를 기울여 선거운동을 지휘했다. 에드워드 코르시, 비토 마크안토니오, 그리고 마리 피셔가 라과디아를 도와 조직의 결속을 유지하고 조직을 움직여 선거 전날밤에 집집마다 라과디아 지지 포스트와 플래카드를 내걸게 하고 밤새워 거리 유세를 벌였다.[39]

라과디아는 아울레타를 분명한 표차로 이겼다(9,934표 : 8,217표).[40] 민주당이 지역에서나 전국적으로나 압도적으로 이긴 가운데서 당선된 라과디아의 승리는 특별히 값진 것이었다. 프랭클린 루즈벨트는 70만 표 차이로 주지사에 재선되었고, 전국적으로 많은 민주당 후보가 공화당 후보의 의석을 빼앗아 하원에서 집권당인 공화당의 의석은 민주당보다 단 두 석이 많게 되었다. 뉴욕 타임스지는 머

38 1930. 10. 24.
39 림프스와 레이슨, *op. cit.*, 329–330.
40 뉴욕 타임스, 1930. 11. 5. 사회당 후보 프랭크 포스(Frank Porce)는 849표를 얻었다.

리기사에 이렇게 썼다 : "서로 꼼짝할 수 없는 새 의회. 곤경에 빠진 양당 지도자들. 예상되는 의정 혼란."[41]

어쨌든 새로운 의회는 다음해가 되어야 문을 열 것인데 12월의 차가운 바람은 불고 있었고, 전국의 대도시에서는 빵 배급을 타려는 사람들이 줄을 이루고 있었다. 라과디아의 책상 위에는 도움을 요청하는 편지와 나름대로의 위기 해결책을 제시하는 편지가 쌓여갔다. 어떤 사람은 실업을 줄일 수 있는 수학공식을 제시했고, 또 어떤 이는 우체국을 통해 구매 쿠폰을 발급하자는 아이디어를 내놓고 이렇게 말했다 : "환상으로 보일지 모르지만 무명의 정치경제학도인 내가 이 심각한 문제를 해결했습니다." 이보다는 좀 덜 낙관적인 한 사람은 장래의 수입을 담보로 하여 노동자들에게 정부가 대출을 해주자는 방안을 제시했다.[42]

그래도 이들 편지의 일부는 라과디아의 마음을 움직였기 때문에 그는 71대 의회의 레임덕 회기에 불황이 매우 심각하며 즉각적이고 과감한 조치가 필요하다는 긴 연설을 했다. 그는 국가가 외적의 위협을 받으면 모든 힘을 동원하여 맞서는 것이 당연하다고 말했다. "그런데 우리는 이 의사당 안에 앉아 공화국의 안보를 위협할 수도 있을 만큼 심각한 실업사태를 마주하여 어찌할 바를 모르고 절망과 무기력에 빠져 있습니다."[43]

라과디아는 일시적인 대책으로는 경제제도 자체에 깊은 뿌리

41 *Ibid.*, 1930. 11. 9.
42 1930. 11. 10, 20, 12. 10일자 편지, 라과디아 문서.
43 의회 의사록, 71 : 3, 1930. 12. 3, 135–137.

를 둔 경제적 위기를 해결할 수 없다고 주장했다. 어떠한 위기가 오더라도 그에 앞서서 고용과 구매력을 높은 수준으로 유지하기 위한 항구적인 공공사업 프로그램이 필요했다. 그는 고도로 산업화된 사회가 되면서 불가피해진 상호 의존성을 바탕으로 "주의 권리"에 관한 주장을 재차 공격했다. 또 다른 장기적 해법으로서 그는 노동시간 단축을 주장했다. 많은 노동운동 조직이 아직 주 40시간 노동을 실현하기 위해 싸우고 있는 상황에서 라과디아는 과감하게도 주 30시간 노동을 기준으로 제시했다. 으레 있을 반론을 예상하고 라과디아는 노동시간의 단축이 게으름을 조장하는 것이 아니라, 노동시간이 줄어들면 노동자들은 교육과 리크리에이션, 그리고 여행의 기회를 갖게 될 것이고, 그러면 더 많은 일자리가 생겨날 수 있다고 주장했다. 일부에서 자신 있게 말하듯이 경제적 위기는 내버려 두면 저절로 해법이 나오는 것이 아니라고 라과디아는 경고하면서 즉각 전국의 주지사 회의를 열어야 한다고 강조했다.[44]

후버가 1930년 12월 3일에 의회에 보낸 두 번째 연두교서는 불황의 원인을 주로 미국 바깥의 힘에 돌리면서 다음 회계 연도의 공공사업 예산을 6억 5천만 달러로 늘리겠다고 밝혔다. 그 전해의 공공사업 예산은 5억 2천만 달러였다. 그러나 후버는 "엄정한 경제"를 강조하면서 가뭄피해를 입은 농업지역에서 보고된 개인적인 재난은 적십자가 나서서 구호할 수 있을 것이라고 말했다.[45]

라과디아는 의회 연설에서 행정부 공공사업 예산의 부적정성

44 뉴욕 월드, 1930. 12. 4.
45 마이어스와 뉴턴, *op. cit.*, 57-58.

을 지적했다. 그는 그 예산으로는 뉴욕에서 그래도 어느 정도 지속될 수 있는 일자리는 겨우 천여 개밖에 만들어내지 못할 것이라고 말했다. 한 동료 의원이 예산에 포함된 해군의 군사지출도 일자리를 늘리지 않느냐고 지적하자 라과디아는 분노하며 반박했다 : "원하시는 게 뭡니까? 또 전쟁이 일어나 사람들이 좀더 죽어 없어지기를 원하십니까? 동료 의원의 실업대책은 그건지 모르겠으나 내가 생각하는 대책은 그런 게 아닙니다."[46]

2주 후 그는 다시 일어나 자신이 제출한 실업보험 법안이 통과되어야 한다고 강조했다. 헌법에 따라 정부는 과세할 권한을 갖고 있으므로 모든 피고용자가 1주일에 5센트를 내고 고용자는 10센트를 내서 기금을 만들고 그 기금에서 실업수당을 지급할 수 있다는 게 이 법안의 논리와 구상이었다. 라과디아 법안은 정규 임금 노동자뿐만 아니라 농업 노동자와 계절 노동자에게도 실업수당을 적용하려 했다(이 점에서 이 법안은 1935년에 통과된 사회보장 대책법보다 앞서 있었다). 라과디아는 동료 의원들에게 이렇게 말했다 : "내가 제안한 법안에 대해 비판도 있을 것이고 나를 급진적이라 부를 수도 있을 것입니다. 나는 그런 욕을 먹을 각오가 되어 있습니다."[47]

그가 기다렸던 비난은 새 해가 시작된 직후 시카고 트리뷴지의 혹독한 사설로 나타났다. 이 신문은 연방정부가 "장래에 대두할 빈곤과 기아와 결핍"을 제거해야 한다는 라과디아의 주장에 대해 비웃으며 다음과 같이 말했다 :

46 의회 의사록, 71 : 3, 1930. 12. 9, 433-434.
47 *Ibid.*, 1930. 12. 16, 894.

그런 주장에 열렬한 박수를 보낼 사람들은 바로 모스크바에 있다. 그런 궤변은 과거에도 그랬듯이 지금처럼 어려운 시기에는 인기를 끌 수 있지만 잘못된 신념을 대변하고 있다. 이런 주장을 논리적으로 강력하게 반박하지 않으면 국가의 경제적 · 정치적 복지에 오랫동안 해악을 끼치는 결과를 낳을 것이다. … 정부는 우리의 모든 어려움을 해결하고 모든 질병을 치료해 주는 전지전능한 존재이며, 요람에서 무덤까지 모두에게 혜택을 베푸는 유모라는 주장은 미숙한 영혼의 어리석은 생각이다. … 공적 자금을 근시안적이고 경솔하게 지출한다면 세금을 높이지 않을 수 없고, 높은 세금은 국가의 번영을 떠받치는 민간기업의 활동을 저해할 것이며, 민간기업의 자신감과 창의력과 에너지가 절실히 필요한 지금 그들에게 큰 부담을 줄 것이다. 라과디아의 공식은 다름 아닌 사회주의다.[48]

트리뷴지가 사회주의라고 부정했던 그것을 좌파 사회주의자들은 개혁주의적 구걸이라고 조롱했다. 사회주의 노동당의 기관지 위클리 피플(*Weekly People*)은 “라과디아 의원의 문제”라는 제목의 사설에서 라과디아의 제안은 “굶주림과 고통 때문에 으르렁대는 미국 노동자들이라는 개에게 던져주는 뼈다귀”라고 비난했다. 사설은 평균적인 노동자라면 이런 반응을 보일 것이라고 말했다 : “실업보험은 지옥에나 가라고 해! 그건 거지 동냥이야.” 사설은 노동자들이 자신이 생산한 것에서 당연히 받아야 할 과실이 아니면 만족하지 않을 것이며, 그러므로 라과디아의 제안은 대단히 부적절하다고 결론지었다.[49]

48 1931. 1. 6.

새해 초에 전국의 학식 깊은 학자들의 모임인 미국경제학회(American Economic Association)가 봄이면 경제가 회복될 것이 "확실시된다"는 확신에 찬 전망을 내놓았지만 1931년에는 재난이 확대되는 전반적 양상에 아무런 변화도 일어나지 않았다.[50] 뿐만 아니라 남서부 농업지대에서 발생한 심각한 가뭄은 굶주림의 띠를 더 넓혀놓았다. 아칸소의 한 작은 마을에서 5백 명의 목화재배 농민들이 "굶주린 가족들에게 먹일 식량을 달라"는 플래카드를 들고 시위를 벌였다는 기사가 나왔다.[51]

의사당에서도 경각심이 높아졌고, 하원과 상원은 가뭄구호 법안을 신속하게 통과시키기 위해 움직였다. 그러나 이 법안이 마지막 이견 조정에 들어가기 직전 문제가 생겼다. 법안을 상하 양원 조정위원회에 회부하기 위해 만장일치로 동의해달라는 요청이 있자 피오렐로 라과디아 의원이 분연히 일어나 동의를 거부했다. 그는 놀란 의원들에게 도시지역의 고통받는 노동자들에게도 가뭄지역의 농민들에게 주어지는 것과 똑같은 구호대책이 포함되지 않으면 동의를 거부하겠다고 말했다.[52] 라과디아는 식량지원 예산 3천만 달러를 농촌지역과 도시지역에 각기 절반씩 배정하라고 강력하게 요구했고, 이 때문에 법안의 조정위원회 회부는 3일 동안 지체되었다.[53]

49 1931. 2. 28.

50 마이어스와 뉴턴, *op. cit.*, 60. 이 무렵 "삶은 한 접시 버찌일 뿐"이란 새로운 노래가 유행했다(웩터, *op. cit.*, 18–19).

51 윈체스터 스타, 1931. 1. 5, 라과디아 문서에 보관된 기사철.

52 의회 의사록, 71 : 3, 1931. 1. 8, 1618–1619.

53 볼티모어 선, 1931. 1. 9. 인디애나 출신 우드(Wood) 의원은 지방정부와 민간의 자선활동이 순조롭게 진행되고 있으므로 도시지역이건 농촌지역이

구호를 확대하라는 라과디아의 요구를 전국의 민중들이 주의 깊게 지켜보았다. 시민들은 그를 워싱턴에서 위기의 심각성을 이해하는 몇 안 되는 인물로 평가하고 있었다. 애틀랜틱 시티의 한 시민은 다음과 같은 편지를 보내왔다 :

> 도움이 필요한 사람들에게 도움을 거절한다는 것은 우리 정부가 양심이 없는 정부임을 의미합니다. 수천 명이 몸으로 굶주리고 있을 때 수백만은 마음으로 굶주립니다. 도움받지 못하는 외로움 때문에 매일 수십 명이 스스로 목숨을 끊고 있습니다.[54]

시애틀에서 보내온 편지도 있었다. 네 명의 아이를 가진 55세의 한 남성은 6년 동안 한 번도 쉬지 못하고 일했는데 공장이 1930년 5월 15일에 문을 닫은 상황을 알려왔다. 이 사람은 편지에서 이렇게 썼다 : “해밀턴 피쉬 씨가 매일매일 생겨나는 공산주의자를 찾아내기 위해 줄루 족의 주술사처럼 냄새를 맡으며 돌아다닐 필요가 없습니다. 내게는 21살의 건강한 아들이 있습니다만 내 아들도 일자리를 기대하지 못하기는 마찬가지입니다. … 이 시대에 45세가 넘도록 산다는 것은 죄악이며, 자식을 낳아 이 어두운 시대에 살아가도록 만든 것은 더 큰 죄악인 것 같습니다.”[55]

1930년 중반에 라과디아가 내놓은 전국 주지사 회의를 열자

건 어떤 구호대책의 적용도 반대한다고 했다. 아칸소에서 식량폭동이 일어났다는 보도는 공산주의자들의 선전이란 게 그의 주장이었다(*ibid*).

54 1931. 1. 9, 라과디아 문서.

55 1931. 1. 11, *ibid*.

는 제안은 위원회에서 사장되었지만 1931년 1월에 프랭클린 루즈벨트가 동북지역 6개주 지사들을 초청하여 올버니에서 모임을 가졌다. 이 모임에서 주지사들은 시카고 대학의 폴 더글러스 교수, 컬럼비아 대학의 조셉 체임벌린 교수, 피복 노동자 연맹의 레오 월먼 박사의 실업보험 제도 도입을 강조하는 강연을 주의 깊게 들었다.[56] 주지사 모임이 끝난 후 루즈벨트는 라과디아로부터 주지사 모임을 축하하고 주들 간의 통일된 입법을 강조하는 전보를 받았다.[57] 루즈벨트 자신도 실업보험에 대해 최근에야 확실한 입장을 갖게 되었다.[58]

라과디아가 가뭄지역 구호대책을 극렬하게 반대했던 것은 도시지역 대중의 고통을 부각시키기 위한 전략이었다. 법안이 마지막으로 표결에 부쳐진 1931년 2월 9일 라과디아는 "농촌지역 주민과 도시지역 주민이 공통된 궁핍과 고통으로 연결되어 있는 시기이기 때문에" 찬성[59] 표를 던지겠다고 말했다. 그러나 그는 뉴욕 시를 예로 들면서 다시 한 번 도시지역에 대한 구호를 호소했다. 그는 최근에 뉴욕 시 자선단체협회의 회장으로부터 이스트 할렘 지역 한 곳에서만 한 달에 2만 달러를 지출하고 있다는 내용의 전보를 받았다. 뉴욕 시 비상사업국의 연간 예산은 160만 달러였기 때문에 4월 초면 예산은 바닥날 형편이었다. 뉴욕 시의 실직자 수는 50만에 육박하고 있었다. 뉴욕 시 공공복지부 부장 프랭크 테일러가 보내온 전보에 따르면 현재 40만 명이 시정부의 구호를 받고 있고, 9만 명은 민간 자선

56 벨루쉬, *op. cit.*, 185.
57 라과디아가 루즈벨트에게 보낸 전보, 루즈벨트 문서, 하이드 파크, 뉴욕.
58 벨루쉬, *op. cit.*, 182. 1931년에는 노동자연맹은 아직도 실업보험을 반대했다.
59 의회 의사록 71 : 3, 1931. 2. 9. 4379–4381.

단체의 구호를 받고 있으며, 친지들의 도움을 받고 있는 숫자는 파악할 수 없다고 했다. 라과디아는 이런 내용을 의원들에게 소개했다. 그는 이렇게 외쳤다 : "동료 의원 여러분, 상황이 이런데도 주의 권리니 헌법상의 제약이니 하면서 손 놓고 있을 겁니까?"[60]

경제제도를 근본적으로 재검토해야 한다는 그의 주장은 전혀 예기치 못한 곳으로부터 지지를 받았다. 록펠러의 개인 목사이며 주로 부호들이 다니는 리버사이드 교회의 담임목사인 해리 에머슨 포스딕(Harry Emerson Fosdick)이 설교를 통해 자본주의는 시험대에 올라 있으며, "지금처럼 온 나라가 입으로만 공산주의를 저주해서는 출구를 찾을 수 없다"고 주장했다. 그는 근본적인 질문에 답해야 한다고 말했다 : "자본주의는 이 새로운 시대에 적응할 수 있는가? 자본주의는 이기적 이윤동기가 지배하는 구식 개인주의를 탈피하여 사회적 계획과 사회적 통제를 수용한 협력의 새 시대를 창조할 수 있는가?" 포스딕은 "서양세계의 수백만 인구가 일하기를 원하는데도 일자리를 찾지 못하고 그 밖에도 수백만의 인구가 빈곤의 불길한 그늘 속에서 살아가고 있는 체제"는 무언가 문제가 있다고 주장했다.

라과디아는 의회에서 포스딕의 설교문을 낭독하고 실업보험의 도입을 "사회주의"라고 비판하는 주장에 대해 조롱했다. 그는 노동자들에 대한 보조는 온정적 가족주의로 인식되어 왔음을 강조했다. 또한 그는 기업가들은 기계는 사용하지 않을 때 기름칠하여 잘 보관하면서 일자리가 없는 노동자들에 대해서는 똑같은 주의를 기울이지 않는 것은 모순이라고 주장했다.[61]

60 *Ibid.*

그의 주장과 호소를 뒷받침이라도 하듯 며칠 후 일자리를 잃은 한 무리의 노동자들이 하원 방청석에서 소란스러운 시위를 벌였다. 공산주의 선전활동을 조사하는 해밀턴 피쉬 특별위원회의 위원인 웨스트 버지니아 출신 바흐만 의원은 이 시위를 공산주의자들의 수법이라고 말했다. 그는 의회가 공산주의자들의 위협에 강하게 대처해야 한다고 주장했고 라과디아는 이를 반박했다 : "굶주린 사람들에게 먹을 것을 주고 일자리가 없는 사람들에게 일을 주면 공산주의에 대해서는 더 걱정할 필요가 없을 것입니다."[62]

연방 취업보도기구를 설치하자는 와그너 법안은 하원에서 8개월을 끌다가 마침내 의사규칙위원회의 결정으로 심의에 들어갔다. 이 법안은 이미 상원을 통과했으나 하원 지도자들의 계산은 회기 종료 직전까지 심의를 미루어두었다가 시간에 쫓겨 자동 폐기되게 만들거나 만에 하나 통과되더라도 대통령이 거부권을 행사하게 한다는 것이었다. 의사진행의 뛰어난 전략가인 라과디아라 할지라도 복잡한 하원 의사규칙을 피해나갈 수는 없었고 시간은 흘러가고 있었다. 그런데 그는 항복을 거부하고 회기 말에 가서 법안을 자동 폐기시키려는 속임수를 경고했다. 노동자연맹 의장 윌리엄 그린과 철도노조 의장 휘트니(A. F. Whitney), 노동입법협회(American Association for Labor Legislation)가 발표한 법안 지지 성명을 낭독한 후 라과디아는 이렇게 선언했다 : "하원이 이 법안에 대해 의사진행 방해를 하지 말 것을 경고합니다."[63]

61 *Ibid.*
62 뉴욕 타임스, 1931. 1. 9.

노동성 장관 윌리엄 도크가 와그너 법안의 통과를 저지하기 위해 마지막 시도를 하였으나 라과디아의 노련한 노력으로 법안은 회기 마지막 날에 통과되었다. 공공사업 계획을 대통령에게 자문하는 위원회를 설치하려는 와그너의 또 다른 법안도 원안이 많이 훼손된 형태이기는 하지만[64] 통과되어 발효 서명을 위해 백악관으로 송부되었다.

실업구제에 관한 연방정부의 입장은 이미 분명하게 드러나 있었다.[65] 후버는 공공사업 예산을 어느 정도까지는 늘리려 했으나 와그너, 라과디아, 제임스 미드, 에드워드 코스티건 등이 요구하고 있던 과감한 지출계획에는 반대했다. 그는 정부의 직접 구호에 대해서는 "자선의 정신과 자발적 기부를 통한 상호 자조"[66]만 해도 어려운 사람들을 보살피기에 충분하다고 믿었다.[67] 따라서 3월에 71대 의회

63 노동자연맹의 편지에 서명한 사람은 다음과 같다 : 은행가 헨리 브뤼어(Henry Bruere), 경제학자 폴 더글러스, 프렌시스 퍼킨스(Frances Perkins), 메리 반 클리크(Mary van Kleeck), 릴리언 월드, 하버드 대학 교수 타우싱(Taussing), 브로우더스 미첼, 어빙 피셔, 칼텐보언(H. V. Kaltenborn), 시드니 힐먼, 콜리스 라몬트(Corliss Lamont), 스티븐 와이스(Stephen Wise).

64 노동자지, 1931. 3. 3은 그 단계에서의 대책을 논평하고 있다.

65 앨리스 루즈벨트 롱워스(Alice Roosevelt Longworth)는 남편인 하원의장 니컬러스 롱워스에 관해 이렇게 기록했다 : "닉은 쿨리지가 당선된 날로부터 후버의 임기 첫 2년까지 하원의장이었다. … 이 시기에 닉의 주관심사는 정부의 재정상황이었으며, 의회에서 통과시키려는 법안들의 요구대로 돈을 쓰다가는 언젠가는 국가가 대가를 치르게 될 것이라는 말을 자주했다" [*Crowded Hours*(뉴욕, 1933), 328].

66 칼 슈리프트기서(Karl Schriftgiesser), *This Was Normalcy*(보스턴, 1948), 277에 인용됨.

67 예컨대 후버는 가뭄지역 구호를 위한 2천만 달러의 예산은 대출형태로 바꾸지 않으면 법안에 발효 서명을 하지 않겠다고 했다.

의 레임덕 회기가 끝나자 후버는 두 개의 와그너 법안에 대해 거부권을 행사했다.[68] 복지국가의 철학과 거친 개인주의 이념의 대립관계가 분명하게 드러났고 대답은 명쾌했다.

또한 같은 레임덕 회기에 머슬 쇼울스를 둘러싼 쿨리지 시대의 논쟁이 재현되었고, 노리스와 라과디아는 한 팀이 되어 각기 상원과 하원에서 다시 한 번 댐과 전력생산의 국가운영을 요구하는 법안을 통과시키기 위해 나섰다. 1928년 쿨리지의 거부권 행사 이후로 댐과 전력생산의 국가운영을 지지하는 여론이 서서히 형성되었다. 공정거래위원회와 상원 분과위원회의 전력기업 트러스트에 대한 조사가 전력 국유화 여론이 형성되는 바탕이 되었고, 머슬 쇼울스를 민간기업에 임대하려는 마지막 희망을 무너뜨렸다.[69] 1930년의 선거에서는 공익시설의 민간불하를 반대하는 후보들이 주마다 승리했다.[70] 캘리포니아 출신 스윙 의원은 1931년 초 노리스 법안에 관한 토론에서 다수 의원들의 태도를 대변하는 다음과 같은 발언을 했다 :

> 나는 우리 정부가 이 나라의 전력산업을 떠맡는 것을 지금으로서는 찬성할 준비가 되어 있지 않습니다. 그러나 나는 전력기업이 이 나라의 정부를 떠맡는 것에 대해서는 확고한 반대 의지를 갖고 있습니다. 둘 가운데 하나를 선택해야 한다면 나는 정부 편에 서겠습니다.[71]

68 마이어스와 뉴턴, *oi. cit.*, 69.
69 허바드, *op. cit.*, 450–452.
70 뉴욕 타임스, 1930. 11. 7.
71 의회 의사록, 71 : 3, 1931. 2. 20, 5569.

1931년 2월 20일, 라과디아와 일부 의원들의 지속적인 독촉 하에서 하원은 대통령에게 머슬 쇼울스의 전력생산 프로젝트를 관리할 정부기업을 설립하는 권한을 부여한 법안을 216 : 153으로 가결했다.[72] 상원에서는 남부 민주당 의원들과 공화당 진보파 의원들이 연합하여 55 : 28로 가결시켰다. 이제 법안은 백악관으로 넘어갔다.

공익시설 기업들이 머슬 쇼울스 법안의 통과를 저지하기 위해 맹렬한 활동을 벌이고 있을 때 라과디아는 라디오 방송에 나가 오랜 적들을 공격했다. 그는 방송 청취자들에게 자신은 전력 회사의 기술자들을 비난하는 것이 아니라고 강조했다. 그의 표적은 전기를 공공 서비스로 보지 않고 돈을 벌기 위한 수단으로서 전력 회사를 장악하는 데만 관심을 가진 사람들이라고 말했다.[73] 라과디아는 이들 증권 투기자들은 "주식시세표는 잘 알지만 발전기는 잘 모른다"며 다

72 *Ibid.* 이 법안은 사업의 범위를 테네시 강 계곡 전체가 아니라 머슬 쇼울스 지역에만 국한했고 사업의 내용도 전력의 생산과 공급에만 국한하고 질산염 생산공장은 민간기업에 임대해 주도록 규정했다. 테네시 출신 캐롤 리스(Caroll Reece) 하원의원이 제출한 정부가 미는 법안과 노리스 법안이 팽팽하게 맞선 채 양원 조정위원회는 1년 동안이나 교착상태에 빠져 있었다. 2월 17일, 리스 편에 섰던 하원 조정위원들이 극적으로 리스 법안 지지를 철회하고 노리스 법안의 내용을 사실상 원안대로 수용함으로써 교착상태는 끝났다(허바드, *op. cit.*, 487).

73 라과디아의 입장에서는 전력을 둘러싼 싸움은 대기업의 독점에 반대하는 보편적 운동의 한 부분이었다. 한 해 전 그는 전화요금의 인상을 승인한 법원의 판결을 "사법적 절도행위"라고 비난하고 연방정부가 통신사업을 규제하라고 요구했다(의회 의사록, 71 : 1, 1931. 3. 3, 2484-2486). 아울러 그는 민간 해운업체의 부당이득을 통렬하게 비난했다. 1928년에 통과된 존스-화이트 법에 따라 해운기업에 보조금을 지급하는 것은 부당하다며 그는 보조금을 늘리려는 수정안에 반대하여 사실상 1인 시위를 벌였다(워싱턴 포스트, 1930. 3. 1).

음과 같이 말했다 :

> 전력 트러스트는 허구가 아닙니다. 그것은 실재하는 활발하고 잘 조직된 전력, 가스, 전차 회사의 연합입니다. 그들은 공익설비를 사적으로 통제하여 높은 요금을 유지하고 공익설비의 공유화를 반대하는 입법활동을 지원한다는 공통의 목표를 가지고 뭉친 사람들입니다.

그는 이런 독점은 공공 서비스의 부당한 요금으로 나타나며, 그래서 "이 나라에는 전기와 가스 요금 청구서가 날아오는 날을 두려워하지 않는 주부가 없다"고 덧붙였다.[74]

1931년 3월 3일, 허버트 후버는 머슬 쇼울스 법안에 대해 거부권을 행사하면서 "정부가 민간의 경쟁에 맡겨두어야 할 어떤 사업에도 참여하는 것을 확고하게 반대한다"고 말했다.[75] 몇 년 후 후버는 자신의 임기 중에 있었던 전력 국유화를 둘러싼 갈등에 관해 언급하면서 "정부가 전력을 공급하는 것은 완전한 사회주의"라고 강조했다. 전력 국유화를 지지하는 사람은 "가짜 진보주의자"이며, "이들 가짜 진보주의자의 대부분은 또한 철도의 국유화를 지지했으며 사회주의가 한 발짝씩 성장하기를 기대했음은 의심의 여지가 없다"고 결론지었다.[76] 조지 노리스와 피오렐로 라과디아의 꿈이 실현되기까지는 다시 2년을 기다려야 했다.[77]

74 의회 연설, 의회 의사록, 71 : 3, 1931. 3. 3, 6691–6692.
75 마이어스와 뉴턴, *op. cit.*, 470.
76 허버트 후버, *The Memoirs of Herbert Hoover : The Cabinet and the Presidency 1920–1933*(뉴욕, 1952), II, 174.

이렇게 하여 전력 국유화와 빈민구호를 둘러싼 싸움에서 첫 라운드는 경제, 신중함, 민간기업의 신성불가침을 좌우명으로 하는 투사가 결정적인 승리를 거둔 가운데 막을 내렸다. 피오렐로 라과디아는 상처를 치료하면서 다음 라운드를 준비하고 있었다.

77 후버가 거부권을 행사한 후 18개월이 지나 프랭클린 루즈벨트는 1932년 9월 21일 포틀랜드의 선거유세에서 세인트 로렌스 강, 테네시 강, 콜로라도 강, 컬럼비아 강의 정부 주도 개발을 언급하면서 후버의 정책을 뒤집겠다는 분명한 방향을 제시했다 : "미국 영토의 1/4을 각기 대표하는 이 강 하나하나는 민중에 대한 수탈을 막고 민중이 전력을 축복처럼 보다 광범위하게 사용하도록 만드는 영원한 이정표가 될 것입니다" [새뮤얼 로젠만(Samuel Rosenman) 편저, *The Public Papers and Addresses of Franklin D. Roosevelt*(뉴욕, 1938), I, 727].

Chapter. 14

제2라운드 : 구호, 공공사업, 그리고 최루탄

1931년 3월에 레임덕 회기가 끝나고 제72대 의회가 열리는 12월까지 8개월 동안 불황은 더욱 깊어갔고, 라과디아는 한 이슈에서 다음 이슈로 쉴 새 없이 뛰어다녔다. 자신의 지역구 거리에서 고통의 증거들이 더욱 늘어나고 있음을 목격한 그의 분노도 쌓여갔다.[1)]

불황기 이전 수준으로 고용을 유지하도록 기업이 자발적으로 나서줄 것을 호소했던 후버의 노력에도 불구하고 브루클린 에디슨 컴퍼니가 1931년 5월에 1,600명의 종업원을 해고하자 라과디아는 공격에 나섰다. 라과디아는 부지사 허버트 레만에게(루즈벨트는 올버니에 없었다) 주정부가 나서서 해고자들을 복직시키고 공익설비 사업

1　이 시기에 힘든 긴장 때문에 특히 성급하게 행동했던 라과디아에게는 그의 명분을 지지해 주는 친구도 승리도 찾아오지 않았다. 1931년 봄 뉴욕으로 돌아온 직후 뉴욕의 재향군인 병원에서 일어난 작은 수뢰사건을 알려주는 재향군인 단체의 편지를 받고 라과디아는 재향군인관리국장 프랭크 하인스(Frank T. Hines) 장군과 정면으로 충돌했다. 라과디아의 격렬한 편지와 하인스 장군의 공손한 답변이 있은 후 이 문제는 수그러들었다(라과디아가 하인스에게 보낸 편지, 1931. 3. 30 ; 라과디아가 림프스에게 보낸 편지, 1931. 4. 2, 라과디아 문서).

자의 요금을 인하하도록 요구하는 편지를 보냈다. 그는 브루클린 에디슨 컴퍼니와 자회사들이 1929년보다 20%가 늘어난 5,700만 달러의 배당금을 지급한 사실을 지적하면서 레만에게 이렇게 썼다 : "주 정부로부터 특허를 받아 독점적인 지위를 누리고 있는 이 반(半)공공기업은 지금과 같은 불황에서는 단 한 명의 종업원도 해고해서는 안 됩니다. … 나는 루즈벨트 지사가 루즈벨트식 기질을 발휘하여 공공 서비스 감독국으로 하여금 부당한 요금을 강력하게 단속하도록 조처해 주시기를 진심으로 기대합니다."[2] 그는 다음과 같이 덧붙였다 :

> 이런 독점적 특권을 누리면서 막대한 부당이득을 거두어들이는 기업이 아침에는 종업원을 해고하고 저녁에는 해고당한 종업원의 집에 전기를 끊는다고 생각해 보십시오!
>
> 레만 씨, 간곡히 부탁하건대 이 문제를 심각하게 고려해 주시고 불운하고 무고한 사람들, 탐욕스런 기업의 희생자들이 가능한 한 빨리 일자리로 돌아갈 수 있도록 귀하가 할 수 있는 모든 조치를 취해주십시오.[3]

올버니로 돌아온 루즈벨트는 공공 서비스 감독국이 라과디아의 요구를 검토하도록 하겠다는 답신을 보내왔다.[4]

2 뉴욕 타임스, 1931. 6. 3.
3 라과디아가 레만에게 보낸 편지, 1931. 6. 1, F. D. R. 문서.
4 루즈벨트가 라과디아에게 보낸 편지, 1931. 6. 3, *ibid.* 브루클린 에디슨 컴퍼니는 해고된 노동자들은 원래 임시직으로 고용된 사람들이며, 곧 요금인하를 실시할 계획이므로 소비자들은 6백만 달러를 절약할 수 있을 것이라

1931년 여름, 프랭클린 루즈벨트와 라과디아 두 사람을 포함한 진보주의자들은 실직자들이 지속적으로 늘어나고 있는데도 정부가 균형예산을 넘어서 지출을 늘리도록 압박하기를 주저했다. 허스트계 신문들이 경기회복을 위해 정부가 5억 달러를 즉각 투입하라는 제안을 내놓자 라과디아는 공공사업의 재원은 현재의 예산과 채권 발행, 고소득자에 대한 과세 증대를 통해 조달되어야 한다고 말했다. 그는 국가부채의 증가는 "나쁜 재원"이며 "나쁜 정치"가 될 것이라고 말했다.[5)]

1931년 가을, 뉴욕 시의 실직자 수가 50만을 돌파했고 지방정부의 노력만으로는 한계가 있다는 사실이 분명해지자 루즈벨트는 주의회에 특별회기를 요청했다. 루즈벨트는 굶주림의 구제는 정부의 의무임을 처음으로 인정하고 실직자 구제계획을 제시하여 통과시켰다. 윅스 법안(Wicks Bill)은 임시비상구호청(Temporary Emergency Relief Administration)을 설치하여 노동자를 직접 구제하는 계획을 담고 있었다.[6)]

라과디아는 특별회기가 시작될 때부터 루즈벨트를 지지했다. 이 계획이 주의회에 상정되자 라과디아는 공화당 의원들에게 지지를 당부했고,[7)] 법안이 통과되자 루즈벨트 지사에게 다음과 같은 전보를 보냈다:

고 말했다(뉴욕 타임스, 1931. 6. 4).

5 1931. 6. 19일자 편지, 라과디아 문서.

6 벨루쉬, *op. cit.*, 140-142.

7 뉴욕 타임스, 1931. 9. 11.

구호대책의 통과를 축하함. 귀하의 건설적 계획은 정부가 바른 방향으로 가는 첫걸음임. 민간 직업보도기관 지원이 포함되지 않은 것은 유감임. 징세를 통해 계획의 재원을 조달하려는 귀하의 용기 있는 조처는 문제를 직시하지 않고 적십자나 구세군에 넘기려는 현재의 소극적 흐름에 비추어 진실로 찬양받아야 할 일임.[8]

공화당 의원들의 반대에 맞서 루즈벨트는 2천만 달러의 구호계획의 재원은 소득세 증세를 통해 조달될 것이며, 증세는 "우리의 산업 경제제도로부터 혜택을 받아온" 사람들이 부담할 것이라고 강조했다.[9] 라과디아는 루즈벨트의 구상을 찬양하면서 이렇게 말했다 : "내가 알고 있는 수많은 무고한 불황 희생자들의 이름으로 감사를 드립니다."[10]

제72대 의회는 1931년 12월에 개원했다. 공화·민주 양당 간의 의석분포는 팽팽하게 맞서 있어서 라과디아와 진보파 의원들이 숫자를 훨씬 뛰어넘는 힘을 갖게 되었다. 상원에서는 민주당 47석과 공화당 36석 사이에서 12명의 진보파 의원들이 균형추 역할을 하게 되었고 농민-노동자당이 1석이었다. 하원에서는 민주당이 219석으

8 1931. 9. 30, F. D. R. 문서

9 벨루쉬, *op. cit.*, 141.

10 F. D. R. 문서. 주의회의 민주·공화 양당 의원들은 처음부터 법안을 지지했고 법안은 양원을 만장일치로 통과했다. 이 조치는 주정부가 책임의 중요한 부분을 받아들인 최초의 사례였고, 취업구제를 주요 공공지원 수단으로 채택하는 선례를 만들었다[라돔스키(Alexander Radomski), *Work Relief in New York State 1931-1935*(뉴욕, 1947), 69-70, 314].

로 공화당 192석에 비해 근소한 의석차로 다수당이 되었고 진보파 의원은 15명이었다. 이런 의석분포가 반영되어 하원의장에는 텍사스 출신의 존 가너 의원이 3표 차이로 선출되었다.

1931년 12월 8일에 의회에 보낸 후버의 연두교서는 불황의 주요 책임을 전 세계적인 경제상황에 돌리고 고통받는 사람들을 돕기 위해 정부와 민간기구가 취한 행동들을 나열하면서 신용과 금융 구조의 대폭적인 개선에 초점을 맞춘 몇 가지 제안을 내놓았다. 대규모 구호 프로그램과 공공사업에 대한 요구를 염두에 두고 후버는 정부의 공공사업 지출은 현재로서도 전례가 없는 수준에 이르고 있다고 강조했다. 그는 다음과 같이 말했다 :

> 연방정부의 고용확대를 위한 지출을 통해 얻는 것보다는 민간기업의 실업을 유발할 정부의 부담을 피하는 것이 더 중요하다. … 지금 우리는 점진적인 자발적 수단, 신용경색의 완화, 해외요인의 안정, 가계대출 할인은행, 긴급 금융기업, 철로의 보수, 기타 유사한 방법을 통해 보다 신속하고 효과적으로 고용과 농업을 자극할 수 있다.[11]

후버가 공공사업의 확대를 평가할 목적으로 지명한 위원회는 로버트 와그너 상원의원이 제안한 2억 달러 예산의 공공사업을 신랄하게 비판했다. 이 위원회는 "장기적 관점에서 볼 때 실업문제를 항구적으로 해결하자면 민간기업이 나서지 않으면 안 된다. 실업문제는 공공의 재원으로 예산을 조달하는 마술로서는 해결할 수 없다"는 의견을

11 마이어스와 뉴턴, *op. cit.*, 149-150.

내놓았다.[12]

대통령이 지명한 위원회가 이런 의견을 발표한 날 라과디아는 의회에서 경제위기에 대처하기 위해 몇 가지 분야에서 즉각적이고도 과감한 조치를 요구하는 중요한 연설을 했다. 지역구에서 매일 매일 올라오는 식량이나 석탄도 없이 겨울을 맞아야 하는 사람들의 어려운 실상을 알리는 보고서를 접하던 그는 국가의 경제상황에 관해 낙관적인 보고를 해온 상무성 차관 줄리어스 클라인을 첫 번째 표적으로 공격했다. "우리는 상무성의 훌륭한 차관 줄리어스 클라인 박사께서 들려주는 침대머리 동화 같은 기운 나는 얘기만으로는 이 불황에서 빠져나오지 못할 것이며 실업을 구제할 수 없을 것입니다."[13] 그는 웃음짓는 동료 의원들을 향해 클라인은 "먼차우전 백작"(Baron Munchausen)[14] 같은 인물이라고 말했다.

라과디아는 지금은 근본적이고 신속한 대책이 필요한 때라고 강조했다. "대증요법은 소용이 없습니다. 대수술이 필요합니다. … 여러분께 강조하고 싶은 한 가지는 전 세계의 금융구조 전체가 붕괴했다는 점입니다. 현재의 경제체제는 우리가 살고 있는 산업사회에는 맞지 않으며, 우리 체제의 바탕에서부터 경제적인 재조정을 할 필요가 있습니다." 라과디아는 그렇게 하지 않으면 심각한 문제가 발생

12 위원회의 위원은 미국노동자연맹의 매튜 월(Matthew Woll)과 몇 명의 경제학자와 제조기업 대표가 포함되어 있었다(*ibid.*, 156),

13 의회 의사록, 72 : 1, 1931. 12. 21, 1033–1036.

14 Karl Friedrich Hieronymus, Freiherr von Münchhausen(11 May 1720–22 February 1797) (영어로는 Munchausen), 독일의 귀족. 오토만 터키와의 전쟁에 참전한 경험을 바탕으로 황당한 모험담을 지어낸 걸로 유명하다.역자 주

할 수 있으며, 그 문제는 전문적인 급진주의자들이 일으키는 것이 아니라 "경제이론을 이해할 수 있는 지적인 능력을 갖추고 있거나 가족들의 궁핍을 지켜보면서 빵 배급 줄에 설 수밖에 없는" 평범한 미국인들이 일으킬 것이라고 경고했다. 라과디아는 다수당 원내대표인 일리노이 출신 레이니(Henry T. Rainey) 의원을 향해 머리를 저으면서 이렇게 말했다 : "아, 레이니 의원, 지금은 극우 보수주의가 나설 때가 아닙니다."[15)]

그는 민간단체나 지방정부의 자선사업만으로는 충분하지 않기 때문에 즉각적인 정부의 구호 프로그램이 필요하고, 다음 단계로는 대규모 공공사업 프로그램을 실시해야 하며, "그 프로그램에는 수십억 달러의 돈이 들어가겠지만 충분히 그럴 만한 가치가 있다"고 말했다. 그는 방대한 고속도로 체계의 구축이나 정부가 지방 자치단체에 자금을 빌려주어 500개의 민간공항을 건설하는 구상을 시도해 볼 만한 사업으로 제시했다. 더 나아가 그는 전함 구입 예산 전액을 상선 건조 예산으로 전환하라고 제안했다. 이런 포괄적인 사업을 추진하자면 증세가 필요하다는 점을 인정하면서 라과디아는 세금은 재산에 따라 나누어 부담해야 한다고 주장했다. 전체 인구의 5%에 불과한 소수가 국가 전체 부의 80%를 소유하고 있는 "이런 상황은 어떤 나라라 할지라도 건전하다고 할 수는 없다."[16)]

그의 연설의 절정은 전국적으로 실업보험을 실시하자는 제안이었다. 이 주제와 관련하여 그는 즐겨 쓰던 비유를 인용했다. 고용자

15 *Ibid.*
16 *Ibid.*

는 사용하지 않는 기계는 기름칠하고 화재나 도난으로부터 지키기 위해 잘 보관하면서 그 기계를 작동시켰던 인간은 왜 무시하는가? 라과디아는 실업보험 이외에도 일자리를 늘리는 방법으로 주 5일 근무제의 도입을 주장했다. 그의 제안이 헌법에 위배된다는 반론이 나오자 라과디아는 약간은 성급하게 반박했다 : "헌법 때문에 길이 막힌다면 길에서 헌법을 치우면 간단합니다."[17)]

동료 의원들 일부도 그랬지만 라과디아는 이스트 할렘 임대주택의 지저분한 벽 뒤쪽에 어떤 고난이 숨겨져 있는지 알고 있었다. 겨울의 세찬 바람이 더욱 차가워지는 1932년의 1월과 2월에 그의 우편함은 개인적인 비탄의 얘기를 담은 편지로 가득 찼다. 지역구의 한 친구는 다음과 같은 편지를 보내왔다 :

> 매일 밤 우리 클럽에는 일자리를 잃은 수많은 남녀와 그들의 아이들로 만원입니다. 이들은 모두가 굶주림, 추위, 밀린 집세 때문에 집을 비우라는 집주인의 위협으로부터 구해줄 누군가의 도움을 고대하고 있습니다. 우리 모임이 할 수 있는 일이 뭐가 있겠습니까? 아주 조금이나 아니면 아무것도 할 수 없습니다. 소령님, 인간을 고통으로부터 구하려는 이 싸움에서 우리는 당신을 전적으로 지지합니다.[18)]

17 *Ibid.*
18 하딩 공화당원 클럽이 라과디아에게 보낸 편지, 1932. 2. 3, 라과디아 문서. 실직자에게 일자리를 찾아주는 일과 구호활동은 분리되어 있지는 않았고 사실상 두 가지 목표를 분리하기는 어려웠다. 비토 마크안토니오는 1932. 1. 11에 라과디아에게 보낸 편지에 이렇게 썼다 : "새로운 우체국 건물뿐만 아니라 새로운 연방법원 건물도 이번 주나 다음 주에 문을 연다고 합니다. 제 생각에는 이곳이 우리 지역구의 많은 사람들을 고용할 수 있으리라 믿

상원에서는 라 폴레트 2세와 콜로라도 출신 에드워드 코스티건 의원이 3억 7,500만 달러의 구호사업 예산을 지지하고 있었고, 미국노동자연맹은 실직자가 8백만 명 이상임을 지적하면서 조속한 대책 수립을 요구하고 있었다. 노동자연맹의 주간 소식지는 이런 기사를 실었다 : “고통이 확대되고 있다. … 사회에 대한 냉소주의와 원망이 자라나고 있다.”[19] 여하튼 후버도 라과디아도 기자회견에서 “우리는 번영을 기대하며 시간을 낭비하고 있을 수는 없다”고 말했다.[20]

경제체제의 바탕에서부터 무언가 잘못되어 있다는 생각과 일시적인 해법보다는 근본적인 대책을 수립하려는 열정에 사로잡혀 있던 라과디아는 뉴욕 대학 사회학 교수 헨리 페어차일드(Henry Pratt Fairchild)가 하퍼즈지에 기고한 글을 주목하게 된다. 글의 제목은 “이윤의 궤변”이었다. 페어차일드는 라과디아에게 기고문 사본을 보내면서 다음과 같이 내용을 요약해 주었다 :

> 글의 요점은 두 가지이다. 첫째는 보편적이고 무제한적인 이윤추구라는 논리에 기반한 경제체제는 본질적으로 자기 모순이며 자기파괴적이다. 둘째는 보다 균등한 구매력의 분포가 사회정의를 위해서 뿐만 아니라 개인과 전체를 위한 번영을 유지하고 경제적 안정을 지키는 데 절대적으로 필요하다.[21]

습니다. … 이 기회에 의원님께서 약 백 명 정도의 일자리를 마련해 주실 수 있다면 우리 지역의 고통을 구제하는 데 큰 도움이 될 뿐만 아니라 우리의 위신도 상당히 높여줄 것입니다” (*ibid*).

19 AFL, 1932. 2. 6.

20 마이어스와 뉴턴, *op. cit.*, 162.

21 페어차일드가 라과디아에게 보낸 편지와 문건, 1932. 3. 30, 라과디아 문서.

두 주 후 라과디아는 장시간의 의회 연설을 통해 저소득층의 구매력 증대가 중요하다고 역설했다.[22] 그가 이 연설을 하게 된 계기는 4월부터 후버가 집중적으로 펼치고 있던 정부 지출의 "경제성" 캠페인 때문이었다. 후버 대통령과 여러 차례 회동한 끝에 하원 경제위원회는 정부 직원의 급여를 삭감하는 법안을 제출했다.[23] 1932년 3월 3일 하원은 일괄 경제법안(Omnibus Economy Bill)을 통과시켰지만 라과디아와 일부 의원들의 강력한 주장 때문에 후버가 제안한 2억 5천만 달러의 예산절감 방안을 3천만 달러 절감으로 수정했다.[24]

1932년 초에는 철도 회사, 은행, 기타 민간기업을 지원하기 위해 기금 5억 달러의 재건금융공사(RFC : Reconstruction Finance Corporation)가 설립되었다. 1932년 5월 9일, 상원의원 로버트 와그너와 토머스 월쉬가 주도하여 재건금융공사가 주정부에 공공사업 자금 3억 달러를 빌려줄 수 있게 하는 법안을 제출했다.[25]

라과디아는 소비를 촉진하고 일자리를 만들어내는 데 통상적인 공공사업 지출만으로는 부족하다고 판단했다. 그는 지금이 전국의 누추한 슬럼을 헐어내고 그 자리에 반듯한 주택을 지을 수 있는 좋은 기회이며, 이런 주택건설 사업을 통해 일자리를 만들고 저소득층의 구매력도 높일 수 있다고 생각했다. 그는 자신의 아이디어를 재무장관 오그덴 밀스에게 편지로 써보냈다. 밀스는 각료 가운데서 라과디아와 개인적으로 친하게 지내는 인물이었다. 그는 밀스에게 보

22 의회 의사록, 72 : 1, 1932. 4. 14, 8225–8229.
23 마이어스와 뉴턴, *op. cit.*, 192–194.
24 *Ibid.*, 200.
25 의회 의사록, 72 : 1, 1932. 5. 9, 상원 법안 번호 4755.

낸 편지에서 현재의 위기에 대처할 수 있는 효과적인 사업은 "반드시 대규모가 아니면 안 되며", 따라서 통상적인 공공사업을 보완하기 위해 정부 자금을 받는 대신에 배당을 제한받는 민간기업이 임대 아파트를 저렴하게 건설하도록 하는 방식이 도입되어야 한다고 말했다. 그는 편지에서 "이 시대에는 누추하고 불결하며 건강에 나쁜 임대주택은 없어야 한다. 워싱턴 같은 도시에도 좁고 더러운 골목길이 뒤엉킨 누추하고 다 쓰러져 가는 판잣집 동네에서 사람들이 살아가고 있다. 그런데도 우리는 기념비적인 공공건물을 세우고 있다"고 썼다.[26]

바로 1932년의 이 봄에 하원의 진보파 의원 15명이 구호입법을 연구하기 위해 비공식적인 모임을 결성했다. 구성원은 공화당 의원 5명, 민주당 의원 5명, 진보파 의원 5명이었고 의장은 뉴욕 출신의 제임스 미드 의원이었다. 라과디아는 이 모임의 핵심 인물이었다. 5월 말, 의원들 사이에서 휴회하고 쉬자는 얘기가 나오기 시작하자 미드는 이 모임의 참가자들에게 실직자 구제대책을 세우기 위해서는 필요하다면 여름 내내 의회를 열어야 한다고 말했다. 라과디아가 그의 입장을 강력하게 지지했다. 그는 의원들에게 이런 질문을 던졌다 : "수백만의 산업 노동자들이 거리를 배회하고 있고 수십만—그렇습니다. 어쩌면 수백만입니다—농민들의 농장에 대출기한 조기종결 통지서를 들고 농장을 차압하러 보안관들이 들어오고 있는데 우리가 휴회할 수 있습니까?"[27]

진보파 모임의 의원들은 동료 의원들에게 구제입법을 위해

26 1932. 5. 14, 라과디아 문서.
27 노동자지, 1932. 5. 24.

논의를 시작하자고 촉구하는 편지를 보냈다. 노동자(*Labor*)지는 이들의 입장을 강력하게 지지하는 기사를 실었다 : “지금은 사실을 직시해야 할 때이다. 노동자들은 빵과 일자리를 요구한다. 주와 시, 그리고 민간 자선단체의 자원은 바닥났다. 오직 연방정부만이 이 상황에 대처할 수 있다.”[28]

구호와 공공사업을 위해 연방지출을 대폭 확대하자는 몇 개 법안이 하원에 제출되었지만 후버의 강력한 반대에 부닥쳤다. 후버는 1932년 5월 27일에 기자회견을 열고 “지금 절박한 문제는 균형예산의 조속한 실현”이라고 말했다. 그는 공공사업을 위한 9억 달러의 지출계획을 비난하면서 이렇게 말했다 : “이건 실업구제가 아닙니다. 이건 지금까지 미국 의회에 제출된 적이 없는 일부 의원들을 위한 가장 큰 선심용 예산입니다. 이건 공적 재원에 대한 유례 없는 강탈행위입니다.”[29] 여하튼 후버는 며칠 후 재건금융공사의 자금은 주정부의 구호사업을 위해 빌려주겠지만 공공사업은 더 이상 확대되어서는 안 되며 균형예산이 주요 목표라는 견해를 상원에 비공식적으로 알렸다.[30]

민주당–진보파 연합세력은 하원에서 완강한 싸움을 벌인 끝

28 *Ibid.*, 1932. 5. 31.
29 마이어스와 뉴턴, *op. cit.*, 212–213.
30 *Ibid.*, 216. 지방자치단체의 대표들이 통일된 행동을 취하기 시작했다. 디트로이트에서 전국 시장 모임이 열려 실업문제를 논의하였고, 소스턴 시장 제임스 컬리(James Curley)와 디트로이트 시장 프랭크 머피(Frank Murphy)가 대표로 가너를 만나 공공사업을 확대하기 위한 50억 달러의 국채발행을 요구했다(뉴욕 타임스, 1932. 7. 7). 뉴욕 주 시장들은 버팔로에 모여 일자리와 구호사업을 위해 연방정부가 지방자치단체에 직접 자금대출을 해줄 것을 요구했다(버팔로회의 보고서 7월 7–9일, 라과디아 문서).

에 하원의장 가너의 지원을 받아 실직자 구제를 위한 20억 달러가 넘는 예산을 배정하는 것을 골자로 한 구제 법안을 통과시켰다. 뉴욕 타임스는 "라과디아 의원이 앞장선 공화당 진보파 의원 13명의 도움이 없었더라면 민주당이 주도한 법안은 통과될 수 없었을 것"이라는 기사를 실었다.[31] 상원에서는 로버트 와그너 의원이 동반 법안을 발의했고, 그 사이에 하원에서는 진보파 그룹이 휴회를 막기 위해 동분서주했다. 1932년 7월 11일, 라과디아는 빨리 회기를 끝내고 집으로 돌아가려 조바심을 내는 동료 의원들 앞에 나가 그날 아침에 진보파 그룹의 의원들이 모여 와그너-가너 구제 법안이 양원을 통과하기 전까지는 예상되는 대통령의 거부권 행사를 무력화시킬 시간을 벌기 위해 의회의 휴회를 반대하기로 뜻을 모았음을 알렸다.[32]

양원 조정위원회가 와그너-가너 법안을 심의하고 있는 동안 라과디아는 콜로라도 출신 상원의원 코스티건과 손을 잡고 "실직 노동자의 고통을 구제하고 그들의 구매력과 취업기회를 높이며 기타 구호사업을 위한" 법안을 양원에 제출할 준비를 하고 있었다. 이 법안의 핵심은 기금 5억 달러로 미합중국 직업안정공사를 설립하여 어려움을 겪고 있는 개인에게 최대 5백 달러까지 융자해 주는 것이었다.[33] 이것은 가난한 사람들을 위한 재건금융공사였다. 라과디아의 사무실에는 법안의 통과를 대비하여 대출을 희망하는 사람들의 편지가 전국 곳곳으로부터 날아들었지만 법안은 위원회에서 사장되고

31 뉴욕 타임스, 1932. 7. 7.
32 의회 의사록, 72 : 1, 1932. 7. 11, 12696.
33 *Ibid.*, 1932. 7. 1, H. R. 12885.

다시는 빛을 보지 못했다.

워싱턴이 한여름 무더위로 허덕이고 있을 때 와그너-가너 법안은 양원 조정위원회 심의를 마치고 마지막 토론을 위해 하원으로 돌아왔다. 조정위원회는 복합적인 구제활동에 최종 합의했으나 대통령과 협의하도록 규정했다. 대통령은 이미 법안의 일부 내용에 대해 반대한다는 입장을 밝혀놓고 있었다. 후버는 재건금융공사가 주와 시에 3억 달러의 대출을 해주는 것을 규정한 법안 제1장을 지지했다. 그러나 그는 공공사업에 3억 2,200만 달러를 지출한다는 제3장에 대해서는 강하게 반대했고, 재건금융공사에 5억 달러를 추가로 투입하여 은행과 기업뿐만 아니라 개인, 중소기업, 주와 시정부에도 대출하도록 한 제2장에 대해서는 더욱 강하게 반대했다.[34]

가너는 하원에 대통령과의 협의내용을 보고하면서 후버가 입법기능을 침해한다고 비난했다. 가너는 대통령과의 협의는 헌법이 정한 권력분립의 정신을 무시하는 것이라고 주장했다. 그는 재건금융공사가 4천 개의 은행을 구제했듯이 평범한 사람들에게도 도움을 주어야 함을 후버에게 강조해 왔었다. 은행에게 대출해 준 돈은 결국에 가서는 모든 사람들에게 도움을 주게 된다는 후버의 설명에 대해 가너는 "간간히 떨어지는 물방울은 땅을 적시지 못한다"고 반박하고 분노에 찬 목소리로 대통령이 "계급차별 입법을 하고 있다"고 반박했다.[35]

가너의 연설을 뒤이어 충실한 행정부 지지자인 뉴욕 출신 스

34 *Ibid.*, 1932. 7. 6, 14684-14691.
35 *Ibid.*

넬 의원이 등단하여 "민주당 부통령 후보의 후보 수락 연설"(한 주 전 가너는 민주당 전국대회에서 후보 지명을 받았다)에 대해 반박했다. 스넬은 근본적인 이슈는 정부가 "은행업에 뛰어들어 미합중국의 모든 주와 카운티, 그리고 타운에까지 수퍼 은행조직을 설치할 것인가" 하는 결정이라고 주장했다. 재건금융공사가 대규모 금융기관만 지원했다는 지적에 대해 그는 이렇게 반문했다 : "철로를 소유하고 있는 사람이 누구입니까? 생명보험 회사를 소유하고 있는 사람이 누구입니까?" 길거리의 평범한 사람들이 주식과 생명보험 가입을 통해 이런 기업들을 소유하고 있다는 게 스넬의 주장이었다.[36]

가너와 스넬이 치열한 논쟁을 벌인 후 라과디아가 등단하여 "인간의 고통을 구제하는 문제에 있어서는" 정치적 분파주의를 넘어서야 한다고 반박했다. 그는 특유의 손을 치켜들고 흔들어대는 자세로 하원을 향해 다음과 같이 말했다 :

> 굶주림의 해결책을 찾는 데 타협이란 있을 수 없습니다. 대통령이 이 점을 깨닫지 못해 영웅적이고 거대한 구제계획을 받아들이지 않는다면 그는 수많은 목숨과 수많은 돈을 희생해야 하는 폭풍우를 불러올 것이며, 이 나라의 역사에 수치스러운 한 페이지를 기록하게 될 것입니다.
>
> 실직과 굶주림의 참상이 이 나라를 뒤덮고 있습니다. 동료 의원 여러분께서 급조한 움집과 짐승우리 같은 집에서 기부받은 쓰레기 같은 음식을 먹고 사는 인간 이하의 모습을 보고 싶다면 이 의사당에서 몇 블록만 걸어가면 됩니다. 오, 하나님! 이런 상황이 계속되어서는 안 됩니다.[37]

36 *Ibid.*

라과디아는 조정위원회가 제출한 보고서의 승인 여부를 결정할 때 후버의 반대를 고려해서는 안 된다고 주장했다. 대통령의 반대를 수용한다는 것은 입법부가 행정부의 우위를 인정하고 굴복하는 것이다. 만약 후버가 법안에 대해 거부권을 행사하고 싶다면 그건 대통령의 권한이니까 할 수 있는 일이고 의회도 헌법에 따라 대통령의 거부권 행사를 무효화시키면 된다. 그는 부유한 기업으로부터 평범한 사람들에게 도움이 "한 방울씩 떨어지게 한다"는 후버의 철학을 공격하면서 다음과 같이 말했다:

> 나는 이 나라가 지금의 위기를 극복하고 난 후 오직 두 종류의 사람들만 남게 될 상황을 보고 싶지는 않습니다. 하나는 소수의 재산소유 계급이고 다른 하나는 이 계급의 자비에 의존하여 살아가는 다수의 빈곤한 노동자와 소작농민들입니다. 이래서는 안 됩니다. 나는 미국인이 경제적 노예의 지위로 떨어지고 그들이 나라를 이 지경으로 만든 금융가들의 부정직과 실수의 대가를 지불하도록 강요당하는 상황을 보고 싶지 않습니다.[38]

라과디아는 의원들에게 와그너-가너 계획이 임시방편일 뿐이며, "빈곤과 어쩌면 치유불능인 경제체제에 대한 응급대책에 불과하다"는 점을 강조했다. 그는 경제구조를 변화시킬 과감한 대책이 필요하다고 주장했다. "우리는 용감해야 합니다. 불가피한 경제적 재조정을 앞서서 준비해야 합니다. … 현재의 기계, 현재의 생산수단은 과

37 *Ibid.*, 14690-14692.
38 *Ibid.*

거의 이윤이론과는 맞지 않습니다."[39]

마지막 표결을 하기 직전 라과디아는 다시 한 번 발언대에 서서 이 법안의 통과를 주장하고 이 기회를 이용하여 개인에게 소액 대출을 가능케 하는 라과디아-코스티건 법안의 부활을 시도했다. 대기업에 수억 달러를 대출해 줄 수 있다면 이들 대기업의 부를 생산한 노동자("그렇습니다. 착취당한 노동자입니다")에게는 왜 돈을 빌려줄 수 없단 말인가? 그는 분노하여 외쳤다 : "개인적으로 나는 대기업에 수백만 달러를 주면 서민들에게 '한 방울씩 떨어진다'거나 '스며든다'는 적선하는 듯한 가식적인 발언에 대해 역겨움을 느낍니다." 그는 다시 한 번 "우리가 살고 있는 기계 시대에 맞는 새로운 경제제도"를 요구했다.[40]

하원은 와그너 법안을 202 : 157로 가결했다. 법안은 상원에서도 통과되었고 의회는 휴회에 들어갔다. 1932년 7월 11일, 후버는 거부권을 행사하면서 이 법안이 공공사업의 확대를 규정하고 있지만 한편으로는 개인과 기업, 그리고 지방자치단체에 대출해 주는 재건금융공사의 기금을 늘리도록 대통령의 권한을 확대해 준 점을 비난하는 장문의 성명을 발표했다. 그는 노리스의 머슬 쇼울스 개발 법안을 거부할 때와 똑같은 논리로 공공사업의 확대는 "정부를 민간기업과 경쟁하게 하며", 그러므로 "은행과 금융의 거대한 중앙집중화"를 유발할 것이라고 말했다. 후버는 와그너-가너 제안은 "공적 금융과 정부의 중요한 원칙을 남김 없이 침해하고 있으며, 이 나라의 역사에

39 *Ibid.*
40 *Ibid.*, 14801.

이처럼 위험한 제안이 나온 적이 없다"고 말했다.[41]

후버와 정반대되는 입장을 갖고 있던 라과디아는 회기 마지막 날 발언대에 나가 의사당 맞은편 아나코스티아 평지에 2만 명의 제대군인들이 천막을 치고 농성하고 있음을 주목하라고 강조했다. 그는 이 사람들이야말로 의회가 무슨 일을 해야 하는지 일깨워 주고 있다고 지적했다.[42] 1932년 여름 내내 보상한도 전액 대출을 요구하기 위해 제대군인들이 워싱턴으로 모여들고 있었다. 7월이 되자 1만 명의 남자와 7천 명의 여자, 그리고 300명의 어린이가 버려진 아나코스티아 평지에 아무런 위생시설이나 급수시설도 없이 천막을 치고 움집을 지어 농성했다.[43] 후버는 이들의 대표와의 면담을 거부했고,

41 마이어스와 뉴턴, *op. cit.*, 226–229. 휴회에 들어가기 전인 7월 6일, 의회는 후버가 싫어하는 "선심예산"과 "은행의 중앙집중화" 관련 조항을 삭제한 법안을 통과시켰고 후버도 서명했다(*ibid.*, 234–237).

42 의회 의사록, 72 : 1, 1932. 7. 15, 13053. 1923년에 제대군인들에 대해 20년 후부터 보상금을 지급하는 조정보상증명(Adjusted Credit Certificates) 제도가 의회를 통과했다. 1931년에는 이 법에 규정한 보상한도의 절반까지 일시에 보상해 주자는 법안이 의회를 통과했으나 후버가 거부권을 행사하자 하원은 표결을 통해 거부권을 무효화시켰다. 이때 라과디아는 거부권 무효화를 지지했다(*ibid.*, 1931. 2. 26, 6171). 그런데 1932. 7. 15, 라과디아는 제대군인에게 총 24억 달러의 보상금을 지급하자는 페트먼 법안(Patman Bill)에는 반대했다. 그의 논리는 그처럼 거대한 재원은 제대군인만이 아니라 모든 사람에게 도움을 줄 수 있는 사업에 쓰여야 한다는 것이었다. 그는 실직자의 87%가 제대군인이 아니며, 따라서 제대군인이 아니라고 해서 구호대책에서 제외되어서는 안 된다고 주장했다. 총체적인 해결책을 찾아야 할 때라는 게 라과디아의 주장이었다.

43 워터스(W. W. W. Waters)와 화이트(W. C. White), *B.E.F : The Whole Story of Bonus Army*(뉴욕, 1933). [언론에서는 이들을 Bonus Army(보상금군대)라 불렀고 농성자들 스스로는 Bonus Expeditionary Army(보상금원정대)라고 불렀다.] **역자 보충**

중무장한 군대가 백악관을 경비하기 시작했다.

1932년 7월 16일, 의회가 휴회에 들어가자 농성장의 상황은 악화되었다. 12일 후 제대군인들이 경찰을 향해 돌을 던지기 시작했고, 워싱턴 경찰이 진압하는 과정에서 두 명의 제대군인이 사망했다. 후버는 맥아서 장군의 지휘 하에 기갑부대와 보병부대의 투입을 명령했고 탱크가 동원되었다. 최루탄이 발사된 가운데 기괴한 마스크를 쓰고 착검한 군인들이 아나코스티아 평지에서 농성하던 남자와 여자, 어린 아이들을 해산시키고 이들의 초라한 잠자리를 불태웠다.[44)]

후버는 보조금 사냥꾼들은 대부분이 공산주의자와 깡패들이라고 비난하면서 (군인들이 잿더미로 변한 농성장을 순찰하는 동안) 이렇게 발표했다 : "미합중국 정부에 대한 도전은 신속하고 철저하게 진압되었습니다."[45)] 워싱턴 포스트와[46)] 뉴욕 타임스는[47)] 대통령의 행동을 지지했지만 라과디아는 후버에게 이런 전보를 보냈다 : "수프가 최루탄보다 값싸며, 이 불황과 실업과 굶주림의 시기에 법과 질서를 수호하는 데는 빵이 총탄보다 효과적입니다."[48)]

제대군인들은 각자의 집으로 돌아가기 위해 전국으로 뿔뿔이 흩어졌고, 8월이 되자 이스트 할렘으로 돌아온 라과디아는 쫓겨난

44 미첼, *op. cit.*, 110.

45 뉴욕 타임스, 1932. 7. 30. 아서 슐레신저 2세(Arthur M. Schlesinger, Jr.)는 여러 가지 주장과 증거를 면밀히 검토한 후 B.E.F.에 대한 공산주의자의 영향은 무시해도 좋은 수준이었다고 결론짓고 있다[*The Crisis of the Old Order 1919–1933*(보스턴, 1957), 519].

46 1932. 7. 29.

47 1932. 7. 29.

48 후버에게 보낸 전보의 사본, 라과디아 문서.

세입자들의 세간살이가 거리에 쌓여 있는 것을 보면서 다음 선거를 준비하기 시작했다.

Chapter. 15

"먹이를 노리는 비열한 독수리" : 자본가들

독점과 특권에 맞선 오랜 싸움에서 라과디아는 항상 은행가와 증권 중개인에 대해 특별한 혐오감을 갖고 있었다. 에르네스트 쿠네오(Ernest Cuneo, 1931–1932에 라과디아를 보좌했던 젊은 변호사)는 이렇게 말했다 : "그는 불평등의 위계에서 맨 꼭대기에는 먹이를 노리는 독수리처럼 은행가가 둥지를 틀고 있다고 보았다. 피오렐로의 마음 속에서 은행가들이란 둥근 천정의 사무실에서 커다란 마호가니 책상 뒤에 앉아 항상 음모를 꾸미고 있는 사람들이었다."[1] 그러므로 라과디아가 1930년대 초반의 참상에 대한 책임을 따질 때 은행가들을 가장 먼저 지목한 것은 자연스러운 일이었다. 그는 주식시장의 투기꾼들이 불황을 불러왔다는 확신을 갖고 있었고, 1932년 내내 지속된 재건금융공사를 둘러싼 논쟁에서 주식거래를 통제하고 정부의 지원대상을 기득권층에서 평범한 사람들로 바꾸어야 한다고 주장했다.

아메리칸 채권 및 저당 회사(American Bond and Mortgage Company)가 1억 5천만 달러어치의 증권을 중개했다가 파산하고 이 회사

1 *Life with Fiorello*(뉴욕, 1956), 49.

에 투자했던 사람들이 큰 피해를 입은 사건을 보고 라과디아는 증권시장의 투기가 소액 투자자들의 삶을 망친다고 믿게 되었다. 그는 저당 부동산에 투자한 이 회사의 특이한 영업방식 때문에 투자금을 날린 사람들로부터 회사의 영업방식을 비난하는 수십 통의 편지를 받았다. 59세의 한 남자는 편지에 이렇게 썼다 : "나는 6년 전에 당한 자동차사고 때문에 일을 할 수 없습니다. 나는 평생 동안 저축한 돈을 이 회사에 투자했습니다. … 회사를 상대로 싸울 돈도 없습니다. … 하나님이 라과디아 의원을 축복하시기 바랍니다. … 하나님을 만날 면목이 없어 스스로 목숨을 끊지 못하고 있습니다."[2] 라과디아는 법무성에 조사를 요청했다. 그런데 법무성도 이미 조사를 진행하고 있었고, 1931년 가을이 되자 아메리칸 채권 및 저당 회사의 거래와 관련된 주요 인물들을 기소하기 시작했다.[3]

1929년의 증권시장 붕괴가 일어난 한 달 후 라과디아는 주간(州間) 통신수단이나 운송수단을 이용하여 투기적인 목적으로 증권을 거래하는 행위를 불법으로 규정하는 법안을 제출하지만 이 법안은 하원 사법위원에서 사장된다.[4] 2년 후 증권시장 붕괴 초기의 낙관론이 사라지자 많은 의원들이 투기를 통제해야 한다는 생각을 갖게 되었다. 인디애나 출신 왓슨 상원의원이 단기매매를 금지하는 법안을 제출하자 라과디아는 그에게 보낸 편지에서 이렇게 썼다 : "내가

2 1931. 4. 19일의 편지, 라과디아 문서.

3 라과디아가 윌리엄 미첼(William D. Mitchell)에게 보낸 편지, 1930. 10. 16 ; 뉴전트 도드스(Nugent Dodds)가 라과디아에게 보낸 편지, 1930. 10. 20, *ibid*.

4 의회 의사록, 1929. 11. 21, H. R. no. 5412.

발전적인 대안을 제시한 후 불과 2년 만에 보수적인 동료 의원들이 뒤따르는 것을 보고 특별한 자부심을 느낍니다. 그런데 다른 문제에서는 그들이 따라오는 속도가 10년에서 15년이 뒤집니다."[5] 실제로는 후버 대통령과 다른 보수적 인사들도 단기매매와 투기에 대해 우려하고 있었다.

뉴욕 증권거래소 이사장 리처드 휘트니(Richard Whitney)는 하트포드 상공회의소에서 행한 연설을 통해 단기매매를 옹호했고, 한 뉴욕 시민은 라과디아에게 보낸 편지에서 "땜질식 처방을 내리기 전에 … 수요와 공급의 법칙을 염두에 두고" 휘트니의 연설문을 읽어보라고 충고했다.[6] 반면에 단기매매를 비판하는 활동을 계속하라는 편지가 전국 각지로부터 라과디아에게 몰려왔고, 그 편지의 대부분은 "월스트리트"를 불황의 주범으로 지목했다.

12월, 라과디아는 단기매매를 불법화하는 법안을 하원에 제출했고, 이번에도 법안은 사법위원회에 배정되었다.[7] 리처드 휘트니는 상임위원회에 출석하여 이 법안에 반대한다는 증언을 했다. 라과디아는 법안을 입안하는 과정에서 뉴욕 카운티 법원의 판사이자 『월스트리트의 실상』(*The Real Wall Street*)이란 책의 저자인 윌리엄 하먼 블랙(William Harman Black)의 해박한 지식으로부터 많은 도움을 받았다.[8] 주식시장에서 재산을 날린 사람들이 라과디아의 휘트니에 대한

5 라과디아가 왓슨에게 보낸 편지, 1931. 10. 5, 라과디아 문서.

6 1931. 10. 17일자 편지, *ibid.* 휘트니는 상원위원회에 보낸 편지에서 단기매매는 "견해의 문제가 아니라 원칙의 문제"라고 말했다[페코라(Ferdinand Pecora), *Wall Street under Oath*(뉴욕, 1939), 267].

7 의회 의사록, 72 : 1, 1931. 12. 8, H. R. no. 4.

반박과 단기매매 불법화 노력을 지지하고 격려하는 편지가 꾸준히 이어졌다.[9]

후버는 1931년 12월 8일에 의회에 보낸 연두교서에서 "'농업 신용기관 … 철도 회사, 금융기관'에 돈을 빌려줄 비상 재건기구의 설립"을 제안했다.[10] 의회 내에서 정부의 대변인 역할을 하는 의원들이 이 제안을 바탕으로 재건금융공사(RFC) 설립 법안을 제출했다. 라과디아는 소액 예금자의 예금을 보호해 주는 제도를 도입하려는 자신의 법안을 지지해 주지 않으면 재건금융공사 법안의 심의를 지연시키겠다고 선언했다.[11] 그는 소액예금 보호제도의 아이디어를 유사한 네브래스카 주법에서 얻었다. 그는 법안의 제안 취지에 이렇게 적었다 : "은행에 예금하는 사람은 누구든 편안하게 잠잘 수 있는 권리를 갖고 있다."[12]

그가 제출한 법안은 정부 쪽 계획을 담은 법안의 심의에 밀려 방치되었고, 라과디아는 1932년 1월 11일 발언대에 나가 재건금융공사의 설립에 반대한다는 의견을 밝혔다.[13] 그는 이 법안이 "은행가들의 무자비하고 잔인한 압력"의 결과라고 말했다. 그는 예금주가 아니라 은행가를 보호하는 이 법은 말 앞에 수레를 갖다놓는 것이나 마찬가지라고 주장했다. 그는 자신이 제안했던 실업보험 제도의 도입이

8 1932년 2월과 3월에 주고받은 여러 통의 편지, 라과디아 문서.
9 *Ibid.*
10 마이어스와 뉴턴, *op. cit.*, 149.
11 뉴욕 헤럴드 트리뷴, 1932. 1. 4.
12 의회 의사록, 72 : 1, 1932. 1. 4, 1246.
13 *Ibid.*, 1931. 1. 11, 1742-1745.

시혜라고 공격받았던 사실을 상기시키고 지금 정부가 제안하고 있는 대책이야말로 "백만장자들을 위한" 시혜라고 비난했다.

라과디아는 은행가들의 탐욕을 맹렬하게 비난하면서 옛 서부 개척 시대의 말 도둑에 비유하고 성난 시민들이 말 도둑을 목매달은 일이 흔했음을 지적했다. 한 동료 의원이 발언 도중에 끼어들어 은행가도 말 도둑과 같은 처분을 받아야 하느냐고 묻자 그는 "그렇습니다. 시민들의 재산을 도둑질한 은행가를 목매달고 싶습니다"라고 대답했다. 그는 은행가들은 현재의 위기에 책임을 져야 할 당사자인데 재건금융공사가 그들을 돕기 위해 수억 달러를 쓰려고 한다고 비난했다.[14]

연방준비이사회 의장 유진 메이어(Eugene Meyer)는 재건금융공사의 책임자로 거론되고 있었다. 라과디아는 그가 전시금융공사(War Finance Corporation) 회장으로 재직하면서 7천만 달러의 채권을 발행하여 정부에 매각하였으면서도 서류조작으로 이를 은폐했다고 주장했다. 이러한 최후의 노력에도 불구하고 재건금융공사 법안은 양원을 통과했고, 후버는 법안에 서명도 하기 전에 유진 메이어를 새로운 공사의 이사회 회장으로, 찰스 다우스를 사장으로 임명했다.[15]

이런 인사가 지나친 정실인사라고 분노한 의회 내 진보파들

14 *Ibid*.

15 마이어스와 뉴턴, *op. cit*., 165. 라과디아는 후에 재건금융공사가 다우스와 관련이 있는 은행에 9천만 달러의 대출을 해주었다고 공격했다. 제시 존스(Jesse H. Jones)와 후버는 다른 시카고 은행들이 공황상태에 빠지지 않도록 하기 위해 이 대출은 불가피했다고 주장했다[*Fifty Billion Dollars*(뉴욕, 1951), 72-81].

은 민주당의 지원을 받아 재건금융공사 업무의 균형을 잡기 위해 일반 시민에게도 대출해 주도록 하는 수정안을 제출했다. 상원에서는 매사추세츠 출신 데이비드 월쉬 의원이 정부가 10억 달러의 불태환 지폐를 발행하도록 하는 법안[16]을 제출했지만 이내 부결되었다. 라과디아는 50달러와 100달러 채권을 발행하여 민간에 직접 판매할 수 있는 권한을 재건금융공사 이사회에 부여하는 수정안을 제출했다.[17] 이 수정안도 곧바로 부결되었다.

의회 내의 진보파들은 재건금융공사 법안 처리를 둘러싸고 고립되었다. 재건금융공사 법안은 언론으로부터 호의적인 평가를 받았고, 후버가 법안에 서명한 후 레이먼드 클레퍼(Raymond Clapper)는 전국에 송출되는 방송을 통해 이 법안에 대해 다음과 같이 평가했다 :

> 이 법안의 통과로 정부는 이제 경기를 끌어올릴 수 있는 최상의 조치를 취할 수 있게 되었습니다. 이것은 후버 대통령의 과감하고도 거대한 계획이며 … 이 조치는 … 대규모의 정부 예산과 신용을 직접 기업에 쏟아붓는 첫 번째 조처입니다.[18]

라과디아도 과감하고도 거대한 조치를 요구했지만 그의 제안은 저소득층 민중들의 구매력을 증강하는 데 주목적이 있었던 반면에 재건금융공사 법안은 라과디아가 보기에는 소수 상층부 부유한

16 마이어스와 뉴턴, *op. cit.*, 165.
17 의회 의사록, 72 : 1, 1932. 2. 19, 4382.
18 레이몬드 클레퍼 문서, 의회 도서관, 워싱턴, D.C.

자들에게 편중된 특혜를 주는 것이었다.

라과디아는 법안 통과 직후부터 전국 각지에서 쏟아져 들어온 편지를 통해 재건금융공사가 건설적인 역할을 하지 못한다는 자신의 확신을 확인할 수 있었다. 재무전문가 맥스 로웬탈은 라과디아에게 보낸 의견서에서 재건금융공사가 추진 중인 뉴욕 센트럴 철도 회사에 대한 대출은 일자리를 만드는 데 도움이 되지 못한다는 견해를 밝혔다. 로웬탈은 진보파 의원들이 요구한 대로 재건금융공사에 주정부와 지방정부에 대출해 줄 수 있는 권한이 주어진다면 일자리가 생겨날 것이라고 평가했다.[19]

앨라배마 소도시의 한 유언검인 판사는 라과디아의 재건금융공사에 대한 비판을 찬양하는 다음과 같은 편지를 보내왔다 :

> 이 금융공사는 대형은행에 대한 시혜입니다. … 파산한 은행의 예금자들과 농민들은 … 집을 날리고 있는데 후버 계획으로부터 아무런 구제를 받지 못하고 있습니다. … 이곳의 소작인들은 전례 없는 고통을 겪고 있습니다. … 그들은 길을 따라 몰려다니며 잠잘 곳을 찾고 구호를 기다리고 있지만 아무런 도움을 받지 못하고 있습니다. 이들이야말로 "시혜"를 받아야 합니다. 수천 명의 아이들이 학교에 가지 못하고 제대로 먹고 입지도 못합니다. 이들에게 필요한 것이 바로 그 "시혜"입니다.[20]

플로리다 잭슨빌에 사는 한 남자는 편지에서 이렇게 썼다 : "의원께

19 로웬탈(Max Lowenthal)이 라과디아에게, 1932. 2. 27, 라과디아 문서.
20 1932. 2. 12일자 편지, *ibid.*

서 지난 번 연설에서 사실과 진실을 가림 없이 쉽게 밝혀주신 것에 대해 감사드리고 싶습니다. 나의 견해는 … 이 재건금융공사란 기관은 납세자의 돈을 훔쳐 소수의 기업과 은행을 도와주고 있다는 것입니다. 문명국가의 정부 가운데서 이런 법을 가진 나라는 없습니다."[21] 이 편지가 배달되고 나서 며칠 후 애리조나 인스피레이션으로부터 온 편지는 이렇게 적고 있었다 : "이 고통스런 시기에 우리처럼 수백만 명이 일자리를 잃고서도 아무런 도움을 받지 못하는데 미합중국의 은행가와 사업가들이 얼마나 손쉽게 구제를 받고 있는지를 생각하면 치가 떨립니다."[22]

전국 각지의 작은 마을과 대도시로부터 편지가 계속 날아들었다. 많은 사람들이 라과디아의 입장을 지지했다. 그들은 이구동성으로 정부가 은행보다는 실직자들을 위해 무언가 해주기를 요구했다. 그 중에는 라과디아가 활용하도록 구체적인 정보를 알려주는 이도 있었다. 워싱턴에 사는 어떤 사람은 플래글러 부동산 회사가 소유한 플로리다 이스트 코스트 철도 회사가 재건금융공사에 백만 달러의 자금지원을 요청해 놓고 있다고 알려주었다. 이 회사는 3,600만

21 1932. 2. 10일자 편지, *ibid*.
22 1932. 2. 13일자 편지, *ibid*. 후버 대통령과 루즈벨트 대통령 밑에서 7년 동안 재건금융공사의 회장을 지냈던 제시 존스는 재건금융공사의 역할에 대해 다른 견해를 보인다. 존스는 재건금융공사가 미국이 불황으로부터 빠져나오는 데 견인차 역할을 했다고 믿는다. "이 나라의 고통받는 대중과 경제를 위해 봉사함에 있어서 재건금융공사는 1차적인 도움과 위안을 주었고 간접적으로는 모든 미국 시민에게 도움을 주었다" (*op. cit.*, 6–9). 재건금융공사는 설립 당시보다 권한이 확대된 이후로 비로소 주정부와 지방정부에 재정지원을 해줄 수 있게 되었고, 이때부터 수천 개의 공공사업에 재정을 투입함으로써 공황기에 일자리를 만드는 데 기여했다는 게 진실이다.

달러의 회사채를 지급하지 못하여 법정관리 중인데 플래글러 부동산 회사가 소유한 다른 카 페리 회사는 경영진과 간부들이 문제의 철도 회사와 동일인이면서 1,400만 달러의 이익을 냈다.[23]

라과디아는 실직자들에 대해 대출기한을 조기종결한 한 대부업체에 재건금융공사가 대규모 자금지원을 해준 사실을 알아냈다. 회계사로 일하던 한 사람은 브루클린의 작은 집을 담보로 제공하고 프루던스 컴퍼니 오브 뉴욕의 자회사로부터 돈을 빌렸다가 실직하자 대출기한 조기종결을 통보받았는데, 모회사는 재건금융공사로부터 150만 달러의 자금지원을 받았다는 사실을 알려왔다. "아내와 두 아이와 나는 브루클린의 찬물만 나오는 창고 같은 건물에서 살고 있습니다. 나는 14개월 동안 엘리베이터 오퍼레이터로 일하고 있습니다. … 이 일을 처음 시작할 때는 주급 27달러였는데 지금은 주급 21달러 60센트로 깎였습니다."[24]

이 편지를 받고 나서 라과디아는 프루던스 컴퍼니에 대해 직접 조사를 해보았다. 그는 공화당 내에서 오랜 친구인 아서 리틀로부터 이 회사의 내부사정에 관한 정보를 입수했다. "이 사람들은 아주 흉측하다. 이들은 정부 돈을 받아내 내부자들끼리 나누어 가질 계획이다." 리틀이 알려준 정보에 의하면 리틀 자신도 이 회사로부터 40만 달러를 빌렸다가 대출기한 조기종결을 당했고 "지난 수개월 동안 주식 단기매매에 개입한 큰 손들" 가운데는 이 회사 간부 몇 명이 포함되어 있었다.[25]

23 1932. 5. 28일자 편지, 라과디아 문서.
24 1932. 4. 5일자 편지, *ibid.*

이 정보는 라과디아가 증권투기의 책임자들을 밝혀내는 작업에 도움이 되었다. 1932년 4월에 상원 위원회가 단기매매의 실상을 조사하기 위한 청문회를 열고 증권거래소 이사장 휘트니의 증언을 듣고 있을 때 라과디아는 하원에서 휘트니와 증권거래소를 통렬하게 비난했다. 증권거래소는 부동산 담보도 없이 쓸모없는 오스트리아 국채를 담보로 한 2억 5천만 달러의 크루거(Kreuger) 채권 발행을 승인했고, 크루거 채권을 매입한 사람들은 돈을 모두 날렸다.[26]

라과디아는 이제 대중의 관심을 끌 수 있는 놀라운 증거를 준비했다. 레이먼드 클레퍼는 1932년 4월 23일자 일기에 이렇게 썼다 : "라과디아가 전화해 경찰본부에서 만나자고 함. 그곳에는 우리 두 사람 말고는 노벡과 브룩하트뿐. A. 뉴턴 플러머가 증권시장을 조작한 과정을 보여주는 홍보자료와 수표 몇 장을 제시함."[27]

수개월 동안 증권시장의 활동을 조사해 왔던 라과디아는 클레퍼를 만난 3일 후 상원 은행위원회에 출석하여 놀란 의원들 앞에 전직 월스트리트 홍보전문가인 플러머가 제공한 두 상자분의 증거물을 쏟아놓았다. 증거물은 월스트리트의 투자 브로커들이 잠재 고객들에게 특정 주식에 투자하도록 예외적으로 긴 설득작업을 벌인 사실을 드러내 주었다. 라과디아는 가치가 의심스러운 주식을 "띄워 올리기 위해" 월스트리트의 금융평론가들을 매수하기 위해 지급되었다가 취소된 수백 장의 수표를 보여주었다. 라과디아는 이들이 언론

25 1932. 4. 18일자 편지, *ibid.*
26 뉴욕 타임스, 1932. 4. 19.
27 클레퍼 문서.

에 얘기를 "심었다"고 주장하고 208개 신문에 605건의 거짓 기사가 실렸고, 이를 옮겨 실은 경우를 포함하면 전체 157개 도시에서 1,100만 부의 신문에 기사가 실렸다는 구체적인 숫자까지 제시했다.[28] 플러머 자신도 불법적인 주식거래에 연루되어 있었다. 라과디아는 리처드 휘트니가 시장의 불법행위에 대해 알고 있었다고 주장했다.[29]

몇 달 후 라과디아는 뉴욕 시 청년공화당원 클럽과의 점심 모임에서 다음과 같이 말했다 :

> 증권시장과 상품 선물거래시장이 이렇게 사라진다면[그는 여기서 손가락을 튕겼다] 이 나라는 별일 없겠지만 많은 사람들이 쫓겨나 정직하게 돈 버는 법을 배워야 할 것입니다. 내가 증권 밀매자들, 채권 미치광이들, 그리고 이와 유사한 부류들을 사기, 절도, 야바위 혐의로 고발하는 것은 수백만 달러를 잃은 순진한 미국 시민들이 배심원이 되어 내가 옳은지 그른지를 판단해달라는 뜻입니다. 식품가게 주인이 콩 통조림 한 통을 팔 때 주식이나 채권을 팔 때처럼 협잡과 거짓말을 동원한다면 식품위생법에 따라 감옥에 갈 것입니다.
>
> 금융공황은 이 나라의 부정직한 금융가들이 불러온 것입니다.[30]

그가 제시한 해법은 주식과 상품 선물거래를 연방정부의 통제 아래 두라는 것이었다. 라과디아는 이런 법이라면 대법원도 합헌성을 인정할 것이라고 믿었다. 그는 상장된 모든 기업은 매 분기마다 재무제

28 뉴욕 이브닝 선, 1932. 4. 26 ; 뉴욕 타임스, 1932. 4. 27.
29 1938. 4. 11, 리처드 휘트니는 1932년 이후로 6백만 달러의 거래소 자금을 잘못 집행한 혐의로 단기 5년 장기 10년의 징역형을 선고받았다.
30 뉴욕 타임스, 1932. 8. 4.

표를 공시하고, 이사회의 명단과 이사들의 주식 보유현황을 공개할 뿐만 아니라 보유주식 매매의 장·단기 여부를 알리는 정보를 공개하라고 주장했다.[31] 라과디아가 제시한 정책은 2년 후 '뉴딜' 정책 가운데서 증권거래위원회의 모태가 된다.

한 이슈에 대한 대안 제시가 끝나면 곧바로 다른 이슈에 뛰어들어 문제를 제기하는 것이 라과디아의 특징이었다. 은행가들에 대한 라과디아의 반감을 최대로 분출시킬 새로운 이슈가 등장했다. 후버는 연두교서에서 위기에 빠진 상업은행들을 구제하기 위해 주택자금 대출할인 은행의 설립을 주장했다. 이것은 은행이 보유한 담보자산(주택과 농장)을 정부가 매입함으로써 은행이 필요로 하는 현금을 공급하는 방안이었다. 1932년 5월 27일, 관련 법안이 하원에 제출되자 라과디아의 분노는 폭발했다. 라과디아는 수백만의 대중이 먹을 것조차 제대로 구하지 못하고 있는데 행정부가 공공사업을 확대하라는 요구에는 귀를 막고 은행에 대규모의 지원을 해주기로 결심한 것으로 받아들였다. 그는 분노를 터뜨렸다 : "백만장자들에게 특혜를 주어서는 안 된다! 이 도둑들은 고리대금으로 민중의 허리를 부러지게 해놓고 이제는 그 짐을 정부에 떠넘기려 한다. 절대로 안 된다! 이 도둑들이 죽게 내버려두라. 그래야 민중이 살 수 있다."[32] 라과디아는 차라리 정부가 은행을 국유화하라고 요구했다.[33]

법안의 통과를 저지할 가능성은 희박했고, 그래서 라과디아는

31 *Ibid.*
32 쿠네오, *op. cit.*, 39
33 *Ibid.*

"주택 소유자를 고금리로부터 보호"하는 수정안을 마련하는 데 몰두했다. 수정안의 주된 내용은 심의 중인 연방주택자금 대출은행(Federal Home Loan Bank)이 법정 최고 이율을 초과하여 대출해 준 담보자산에 대해서는 할인 매입을 거부하도록 하는 것이었다. 그는 은행이 주택담보대출을 해줄 때 소유권리 증서 조사 같은 여러 가지 명목으로 추가 수수료를 요구하며, 이 때문에 실제 이율은 연 10%까지 올라간다는 사실을 알고 있었다. 라과디아는 수정안 제안 설명을 하면서 이렇게 말했다 : "유감스럽지만 고리로 대출하는 은행은 정부로부터 자금지원의 특혜를 받고 있지만 의회가 나서서 도와주어야 할 대중은 착취당하는 경우가 흔합니다."[34)]

그의 수정안에 대해 항의하고 수수료 청구를 정당화하는 편지들이 대부 회사들로부터 연이어 날아들자 라과디아는 그 중 한 편지에 대한 회신에서 이렇게 썼다 : "뭐라고 설명하셔도 상관없습니다. 연 6% 이상의 이자를 받는 회사는 모두 돼지이며 고려할 가치가 없습니다."[35)] 그는 공개적인 발언과 개인적인 편지를 통해 "고리대금업자들"에 대한 공격을 멈추지 않았고,[36)] 뉴저지에서 발행되는 신문을 조사하여 주택담보대출의 기한을 "무자비하게" 조기종결한 사례가 한 주 동안에 173건이나 된다는 사실을 발표했다. 치열한 논쟁 끝에 하원은 라과디아의 수정안 내용을 수용하기로 결정했으나 양원 조정위원회를 거친 최종안은 그 강도가 많이 약화되어 주법이 별도

34 의회 의사록, 72 : 1, 1932. 6. 10, 13003.
35 1932. 7. 28일자 편지, 라과디아 문서.
36 1932. 7. 3일자 편지, *ibid.*

로 규정하지 않은 경우에만 이자율의 상한선을 연간 8%로 정했다.[37)]

12개의 주택자금 대출은행이 출범한 이후에도 라과디아는 행정부가 법을 어떻게 집행하고 있는지 계속하여 감시했다. 1932년 8월 18일 저녁에 방송된 연설에서 그는 청취자들에게 "모든 주택 소유자는 … 대출금 상환을 위한 자금을 마련할 수 없을 때 이 법에 따라 설립된 은행으로부터 차임금액과 동일한 금액을 대출받을 수 있다"는 법조항이 어떻게 지켜지고 있는지 주시하라고 당부했다. 라과디아는 이 조항은 주택자금 대출은행이 주택 소유자에게 직접 대출해 주도록 규정하고 있다고 강조했다. 그는 이렇게 물었다 : "주택자금 대출은행 법은 주택 소유자들을 위한 것인가, 고리대부업자들을 위한 것인가?" "수많은 주택 소유자들이 이 질문에 대한 답을 기다리고 있습니다."[38)]

이 연설에 대한 반응은 신속하고도 만족스러웠다. 주택 소유자들에게 긴급한 자금지원이 필요함을 입증해 주는 수많은 편지가 날아들었다. 라과디아는 대출을 희망하는 편지 몇 통을 연방 주택자금 대출은행에 전달했다. 그런데 얼마 지나지 않아 행정부가 주택 소유자들이 새로운 대출기관으로부터 직접 쉽게 대출을 받을 수 있도록 법을 해석하지 않는다는 사실이 드러났다. 후버가 임명한 연방 주택자금 대출은행 총재 프랭클린 포트는 직접대출 신청은 지역 대출기관에 이관될 것이라고 말했다. 이를 두고 뉴욕 월드 텔리그램지는

37 양원 조정위원회보고서, 1932. 7. 14, 사본, 라과디아 문서.
38 뉴욕 헤럴드 트리뷴, 1932. 8. 16 ; WOR에서 방송한 연설의 원고 사본, 라과디아 문서.

이렇게 평했다 : "이런 방침은 직접대출을 명백하게 제약하지는 않지만 절차를 복잡하게 만듦으로써 법조항을 불구로 만들려는 의도가 있는 것으로 읽힌다."[39]

의사당과 행정부의 사무실에서 거듭된 좌절을 겪은 라과디아는 1932년 10월에 브라스 택스(*Brass Tacks*)란 잡지에 기고한 글에서 끓어오르는 분노를 쏟아놓았다. 글의 제목은 "고리대금업-인간성에 대한 저주"였다. 그는 고리대금은 아직도 세계를 괴롭히고 있는 몇 안 되는 거대한 악의 하나라고 말했다 :

> 인류는 지난 2천 년 동안 거대한 진보를 이루어냈다. 페스트, 전염병, 풍토병이 제거되었으나 … 아직도 세 가지 악질(惡疾)은 사라지지 않고 맹위를 떨치고 있으며, 그것들이 지나간 자리에는 고통과 슬픔이 남는다. 그것들은 암, 전쟁, 그리고 고리대금이다. 과학이 암을 무찌르고 있지만 전쟁과 고리대금은 끄떡도 않는다. 이 두 가지는 인간의 탐욕과 이기심, 그리고 권리욕이란 바탕 위에 서 있다.

라과디아는 최악의 고리대금업자로서 러셀 세이지(Russell Sage)[40]를 꼽았다. 그는 세이지를 "가장 비양심적이며 논란의 여지없이 역사상 가장 지독한 고리대금업자이며 … 뇌물을 즐긴 시의원, 부패한 국회의원, 약탈적인 고리대금업자, 세상이 다 아는 위증자"라고 표현했

39 1932. 8. 22.

40 (1816-1906), 자수성가한 사업가. 금력을 밑천으로 정계에도 진출하여 하원의원을 지냈다. 뉴욕 증권거래소 중개인으로서 철도 회사 주식을 매집하여 스스로 철도 회사의 경영자가 되었다.**역자 주**

다.[41] 라과디아는 고리대금 기관들과 월스트리트의 커넥션을 지적하면서 대표적인 악덕업자로 하우스홀드 파이낸스 컴퍼니를 지목했다. 이 회사는 13개주에 149개의 지사를 두고 있었고 회사의 우선주가 상장되어 있었다. "증권거래를 몰아내게 되는 날이 오면 그 일을 맡은 사람들이 이 대부광(貸付狂) 패거리들에게 재갈을 물릴 것이 아니라 시궁창에 처박아 버리기 바랍니다. 그들이 있어야 할 곳은 바로 그곳입니다."[42]

1932년이 저물어갈 무렵 라과디아는 전국의 이자율을 인하하자는 결의안을 제출했고, 이 결의안은 즉각 "자본의 몰수"라고 공격받았다. 한 은행가는 현행 이자율을 옹호하면서 "수요와 공급의 법칙이 지금보다 더 효율적으로 작동한 적은 없다"고 말했다.[43] 이와는 반대로 소형 주택을 담보로 제공하고 돈을 빌린 수많은 사람들은 은행가들에게 맞선 라과디아를 찬양하는 편지를 보내왔다. 이들의 편지를 통해 자신은 의회 내에서보다 의회 밖에서 더 많은 지지를 받고 있음을 확인한 라과디아는 용기를 낼 수 있었고, 그래서 그는 이스트할렘의 세입자들이 각기 작은 난로 곁에서 추위를 이기듯 편지들이 담아 보낸 작은 온기에 감사하며 1932년의 겨울을 넘겼다.

41 의회 의사록, 72 : 2, 부록, 1932. 12. 10.
42 *Ibid.*, 또한 라과디아는 리버티 매거진지에 실린 프랭클린 루즈벨트의 말을 인용했다 : "안전한 사회의 자유로운 시민이 합법적인 목적에서 공정한 조건으로 돈을 빌릴 수 없다면 무언가 잘못된 것이다."
43 신시내티에서 발행된 제호 불명의 신문기사 스크랩, 1932. 12. 28.

Chapter. 16

두 전선에서의 승리 : 세금과 파업금지 명령

구제, 공공사업, 금융체계 개혁을 위한 싸움을 벌이는 과정에서 라과디아는 가장 강력한 무기는 바로 하원의 과세권임을 잊지 않았다. 과세를 둘러싸고 1920년대에 계급 이슈가 대두했다고 한다면 어려운 시절인 1931년과 1932년에는 계급 이슈가 더 첨예해졌고, 길거리에 늘어난 사과 파는 사람들의 행렬은 멜런식 철학이 실패했다는 명백한 증거라고 생각한 라과디아는 행동에 돌입했다.

1929년 10월의 월스트리트 붕괴의 메아리가 아직도 희미하게 남아 있을 때 오리건 출신 윌리스 홀리 의원이 다음해에 세금을 올리는 문제를 토론하는 과정에서 "상대적으로 말하자면 기업에 대한 세금은 과중하다. … 많은 사람들에게 연방 세금을 줄여줄 수 있는 가장 좋은 방법은 기업에 대한 과세율 인하임은 부정하기 어렵다"[1]는 견해를 밝혔다.

반면에 진보파 의원들은 줄기차게 고소득층에 대한 증세를 주장했고, 나라가 심각한 불황에 빠져 있음이 분명하게 드러나기 시

1 의회 의사록, 71 : 1, 1929. 12. 5, 160-176.

작한 1931년 봄이 되자 그들은 구체적인 입법활동에 들어갔다. 하원에서는 라과디아와 제임스 프리어가 "전시수준의" 소득세 과세를 진지하게 고려해야 하며, 재산세와 고소득자에 대한 과세율을 높이는 것이 시대적 과제라고 주장하는 성명서에 서명했다.[2] 상원에서는 윌리엄 보라와 조지 노리스가 비슷한 내용의 제안을 내놓았다. 제1차 세계대전 이후로 이 문제를 거듭 거론해 오던 노리스는 1931년 여름에 한 유권자에게 보낸 편지에서 다음과 같이 말했다 :

> 나는 이 나라가 부닥치게 될 위험은 거대한 부의 결합이라고 생각합니다. … 이런 위험에 대처하기 위해 일부에서는 거대한 부의 집중을 막는 누진적 상속세의 과세와 그러한 부가 축적되는 바탕인 고소득에 대한 과세를 높이자는 주장을 해왔습니다.[3]

"그러나 우리는 아직 미약한 소수입니다." 노리스는 편지의 마지막에 이렇게 썼다.

많은 의원들이 균형예산을 지지하고 있을 때 라과디아는 회계상의 균형 이면에는 부의 분배라는 본질적인 문제가 자리 잡고 있음을 간파하고 있었다. 그는 균형예산을 "떠들어대는" 많은 의원들 가운데 상속세와 증여세를 올리는 데 찬성표를 던져 "이 나라의 부의 집중을 타파하려는 생각을 가진 사람이 몇이나 될까요?"란 질문을 던졌다.[4] 하원의 토론과정에서 뉴욕 출신 존 테이버 의원이 세금을

2 워싱턴 헤럴드, 1931. 3. 29.
3 노리스가 F. M. 리처드에게 보낸 편지, 1931. 6. 29, 노리스 문서.

일률적으로 인상하여 모든 집단이 정부의 비용을 공평하게 부담하게 하자는 제안을 내놓자 라과디아는 맹렬하게 반박했다 :

> 좋습니다! 또 한 사람의 수치스러운 은행가가 나왔군요. 한 주에 25달러를 버는 가난한 사람에게 부담을 지웁시다. 그런 사람에게 세금을 더 내라고 합시다. 한 주에 35달러를 벌어 가족을 부양하는 사람에게 세금을 더 내라고 합시다. … 친애하는 동료 의원 여러분, 이미 착취당하고 있는 대중들에게, 살아남기 위해 일하고 있는 그 사람들에게 그들을 착취한 사람들이 저지른 실수의 대가를 지불하라고 세금을 더 매깁시다.[5]

라과디아는 1932년 초 몇 개월 동안 재무장관 앤드류 멜런을 정면으로 공격했다. 그는 제1차 세계대전 이후로 대통령의 냉혹한 리더십을 떠받쳐 온 핵심 인물이 앤드류 멜런이라고 생각했다. 앤드류 멜런에 관한 엄청난 자료를 모아왔던 라과디아는 젊은 보좌관 에르네스트 쿠네오에게 멜런을 탄핵할 구체적인 사례를 수집하라고 지시했다. 쿠네오는 멜런이 주식을 보유한 회사들이 법을 위반한 구체적인 사례를 찾을 수 없었고(멜런은 법 규정에 맞추기 위해 모든 이사 자리를 사임했다), 이를 보고했지만 라과디아는 그래도 물러서지 않았다. 라과디아는 의회에서 멜런에 대해 연속적인 공격을 개시했다.[6] 라과디아가 멜런 탄핵을 위한 준비작업을 하고 있을 때 후버 대통령

4 의회 의사록, 72 : 1, 1932. 6. 23, 2585.
5 *Ibid.*
6 쿠네오, *op. cit.*, 174.

이 선수를 쳐서 1932년 2월 3일에 멜런을 불시에 주영 대사로 지명했다.[7] 이틀 후 멜런 밑에서 차관을 하던 오그덴 밀스가 후임 재무장관으로 임명됐다.

멜런은 무대에서 내려왔지만 진짜 싸움은 아직 시작되지 않았다. 1932년 링컨 탄생일에 맞춰 후버는 기초식품과 저가 의류를 제외한 상품의 판매에 과세하는 제도의 도입을 고려하겠다고 발표했다.[8] 이에 맞서 라과디아는 자신이 만든 세제개혁안을 내놓았다. 그의 제안은 판매세를 무시하고 소득세와 상속세의 증가를 통해 4억 7,500만 달러의 세수를 확보하고 증권거래세를 통해 또 1억 달러의 세수를 늘리는 계획을 담고 있었다.[9] 이제 두 이슈가 정면으로 맞붙게 되었고, 판매세는 부의 분배를 둘러싼 진보파와 보수파의 해묵은 논쟁을 부활시키는 불씨가 될 것이 분명해 보였다. 웨스트체스트 카운티에 사는 한 남자가 라과디아의 구상에 대한 사회진화론적 반론을 담은 분노에 찬 편지를 보내왔다 : "하원의원으로서의 귀하의 행동은 4,300만의 인구가 … 우리 정부가 베푸는 온정을 나머지 200만 인구가 당연히 내놔야 할 선물로 인식하도록 가르치고 있습니다. 귀하는 이 나라를 지탱해 온 이 200만 명의 활동, 에너지, 능력, 검약을 범죄로 몰고 가고 있습니다."[10]

7 후버는 항상 멜런이 나라를 위해 위대한 공헌을 했다고 말해왔고 훗날 회고록에서 이렇게 말했다 : "국가의 복리라는 대차대조표에서 멜런은 미국의 물질적 · 정신적 자산을 증가시켰다는 평가를 받아야 한다" (*Memoirs*, II, 60).
8 마이어스와 뉴턴, *op. cit.*, 174.
9 보도자료, 라과디아 문서.
10 1932. 3. 22일자 편지, *ibid.*

하원 예산결산위원회는 민주·공화 양당 간의 합의를 통해[11] 2.25%의 판매세로 6억 달러의 세수를 늘린다는 내용의 법안을 본회의에 상정했다. 후버는 의회 지도자들을 초청하고 이 법안을 원안대로 통과시켜 줄 것을 요청했다. 하원의장 존 가너는 대통령의 협조요청을 거절했을 뿐만 아니라 의회통과를 반대하는 데 앞장섰다. 시골에서 교육받았고 텍사스 레드리버 카운티 출신의 다선의원인 가너는 1920년대 내내 멜런과 쿨리지의 재정정책을 반대해 왔고 후버의 판매세 법안도 반대한다는 입장을 분명히 밝혔다.[12] 1931년에 그는 행정부를 압박하여 기업에 대한 대규모 세금환급 사실을 밝혀냈다.[13] 그런데 항상 균형예산에 관심을 갖고 있던 가너는 몇 주 전에 민주당 경제위원회를 구성한 후로는 이내 세수를 확대하기 위해서 판매세의 도입이 필요하다는 쪽으로 선회했다.

이제 라과디아는 "트라팔가 해전에 나가는 넬슨 제독처럼" 자신의 법안을 준비했다.[14] 순진한 쿠네오가 준비한 판매세 도입을 지지하는 법안을 쓰레기통에 던져버리고 그는 "부자들 짜내기" 구상을 들고나가 싸우겠다고 말했다.[15] 판매세 법안이 본회의에 상정되고 나서 48시간이 안 되어 라과디아는 회의장에서 발언권을 달라고 열정적으로 손을 흔들고 있었다. 그는 동료 의원들에게 판매세 제도는

11 마이어스와 뉴턴은 "양당제 하의 합의의 표본이며 나라를 만족시킨 사례"라고 표현하고 있다(*op. cit.*, 182).
12 티몬스(Bascon M. Timmons), *Garner of Texas*(뉴욕, 1948), 97, 140.
13 슐레신저, *op. cit.*, 62.
14 쿠네오, *op. cit.*, 42.
15 *Ibid.*, 43.

부가 균등하게 분배되지 않은 사회에서는 맞지 않다고 설득했다. 산업민주화가 이루어진 다음 세대가 되면 판매세 제도가 의미를 갖겠지만 1932년은 아직 때가 아니라는 것이 그의 주장이었다. 양당이 합의하여 판매세 법안을 마련했다는 예산결산위원회의 자랑에 대해서도 그는 이렇게 반박했다 : "판매세 법안에 대해서는 당파의 이익에 얽매이지 않았다는 여러분의 자부심을 인정합니다. 그런데 백만 달러를 넘는 예산에서 당파주의가 영향을 미친 적은 없습니다."[16)]

라과디아는 발언을 통해 양당 합의안이 있는데도 자신이 새로운 법안을 제출하는 것은 불쾌한 일일 수도 있지만 "애기들 옷 한 벌, 양말 한 켤레와 신발 한 켤레, 비누 한 조각, 또는 콩 통조림 한 통에도 과세하는 것만큼 불쾌한 일은" 아니라고 말했다. 그는 의회 도서관의 입법조사 서비스 제도를 활용해 전국에 5백만 개의 은행 대여금고가 있다는 사실을 알아냈다. 그는 이들 금고에 10%의 세금을 물리고, 아울러 전부터 주장해 왔던 증권거래세와 10만 달러 이상 소득에 대한 중과세를 제안했다.

라과디아의 연설이 있은 후 워싱턴 헤럴드지는 사설을 통해 민주당이 판매세 지지 입장을 확고하게 유지하라고 요구했다 : "민주당이 진정으로 민주적이기를 원한다면, 민주당이 미국적인 애국심을 갖고 있다면 비민주적이고 비미국적이며 차별적인 소득 과세를 버리고 간접세와 판매세를 채택해야 할 것이다."[17)]

라과디아는 판매세를 도입하기에는 행정적인 어려움이 있다

16 의회 의사록, 72 : 1, 1932. 3. 12, 5888-5889.
17 1932. 3. 13.

는 견해를 몇 차례 밝힌 적이 있는 오그덴 밀스에게 지원을 요청했으나 밀스는 행정부의 안이 기본적으로 건전하다는 답변을 보내왔다. 그는 답신에서 "주목적은 균형예산"이며, 라과디아의 제안대로라면 5억 3,000만 달러의 세수 결손이 예상된다고 주장했다.[18]

하원 예산결산위원회에서 정부의 세수확대 안에 유일하게 반대표를 던진 의원은 노스캐롤라이나 출신의 로버트 도우턴이었다.[19] 도우턴은 이제 라과디아가 이끄는 하원 내의 "진보연합"이란 작은 그룹에 합류하고 발언을 통해 정부 안은 가난한 사람들이 겨우 생존해 가고 있는 때에 그들의 돈을 짜내는 계획이라고 거듭 비난했다. 미국노동자연맹(AFL)[20]과 철도노조가 지지 의사를 밝혔고, 전국에서 지지 편지가 쇄도했다. 노동자연맹 의장 윌리엄 그린은 보도자료를 통해 이런 질문을 던졌다 : "기초적인 생필품도 살 여유가 없는 남녀가 최소한의 구매를 하면서 어떻게 판매세를 부담할 수 있다고 보는가?"[21] 의회 내의 분위기도 라과디아의 제안을 지지하는 쪽으로 돌아섰고, 양당 합의안의 순조로운 통과를 예상했던 사람들은 경계심을 갖기 시작했다. 1932년 3월 18일, 난장판에 가까운 본회의에서 연간 5백만 달러를 초과하는 소득에 대해 최대 65%의 소득세 부과를 규정한 수정안이 채택되자 경각심은 빠른 속도로 퍼져나갔다. 워싱턴 헤럴드지는 이를 두고 "부자 짜내기 회오리"[22]라고 불렀고, 다른

18 밀스가 라과디아에게 보낸 편지, 1932. 3. 9과 3. 17, 밀스 문서.
19 뉴욕 타임스, 1932. 3. 17.
20 윌리엄 그린이 보낸 전보, 라과디아 문서.
21 보도자료, 1932. 3. 16, *ibid*.
22 1932. 3. 19.

신문들도 라과디아에게 일제 사격을 퍼부었다. 뉴욕 데일리 뉴스지는 "황금알을 낳는 거위 죽이기"란 제목의 사설에서 다음과 같이 주장했다 :

> 부자 짜내기 운동은 지금까지는 남부와 서부 출신 의원들이 주도해 왔다. … 그러므로 항상 흥미의 대상이었고 또 종종 옳은 편에 서 왔던 뉴욕 출신의 라과디아 의원이 뉴욕 짜내기 무리 편에 섰다는 것은 의아스러운 일이다. … 록펠러가 버는 돈이 5백만 달러를 넘으면 무조건 72%를 짜내고 5백만 달러에 미치지 못하면 2/3를 짜낸다면 그의 전 세계에 걸친 방대한 자선활동은 말할 것도 없고 앞으로 라디오 시티를 어떻게 유지할 수 있겠는가.[23]

뉴욕 타임스는 라과디아를 준엄하게 꾸짖었다 : "며칠 전만 해도 모든 것이 순조로웠다. … 그런데 라과디아 씨가 일을 망쳐놓았다."[24]

존 가너는 양대 타협안의 남은 내용이라도 구하기 위해 언론에 성명서를 발표했는데 그 내용은 후버의 주장과 일치했다 :

> 현재 상정되어 있는 세법 안의 궁극적인 목적은 정부로 하여금 균형예산을 이루게 하는 것이다. … 대중이 정부의 재정적 안정성에 대해 신뢰하지 못한다면 모든 기업과 개인 사업에 대한 신뢰도 깨어질 것이다. 그러므로 균형예산은 최고로 중요하다. … 나 자신의 입장을 밝히자면, 이 나라의 재정적 구원이라는

23 1932. 3. 20.
24 1932. 3. 27.

> 목표를 달성하기 위해 경제문제에 관해 표명했던 이전의 모든 견해를 잠시 접어 둘 준비가 되어 있다.[25]

라과디아의 태도는 흔들림이 없었다. 그는 "힘들게 살아가는 노동자들, 중소 상인, 중소 제조업자들에게 이 세법 안이 어떤 의미를 갖는지를 이해하는" 동료 진보파 의원들을 찬양하면서 일동은 판매세 도입을 요구하는 힘 있는 집단과 맞설 각오가 되어 있다고 밝혔다. "우리는 주견 없이 따라오는 사람들을 거부하지만 위협도 거부합니다."[26]

의회의 분위기를 반전시킨 핵심 인물인 라과디아에게 관심이 집중되기 시작했다. 한 신문은 다음과 같이 평했다 :

> 최소한 당분간은 미국 정치에서 흥미 있는 인물인 F. H. 라과디아 씨가 비난과 격려의 중심에 서서 하원의 흐름을 주도할 것이다. 보다 보수적인 예산결산위원회가 신중하게 도출해낸 세법 안을 산산조각 내버리고 지난 금요일 이후로 의회를 주도한 인물은 바로 그다.[27]

하원 내에서 라과디아 지지자들이 늘어가자 데일리 뉴스지는 라과디아와 동료 의원들이 황금알을 낳는 거위를 죽이고 있다고 비

25 *Ibid.*, 1932. 3. 20. 가너와 라과디아의 관계는 언제나 우호적이었다. 가너는 라과디아를 부를 때 경칭을 사용하지 않고 그냥 "피오렐로"라고 불렀다(티몬스, *op. cit.*, 136).

26 NBC 라디오 연설 원고 사본, 라과디아 문서.

27 이브닝 테네시언(*Evening Tennessean*), 1932. 3. 22.

난하는 연재 사설을 실었다. 이 신문은 미국인들에게 다양하고 저렴한 상품을 제공하고 있는 바로 그 집단, 즉 미국의 부자들이 진보파 의원들이 추진하는 "몰수적 과세" 때문에 불구가 될 것이라고 주장했다.[28] 그리고 뉴욕 이브닝 저널지는 이렇게 주장했다 : "뉴욕 출신 라과디아 의원의 적나라하고 선동적인 판매세 반대 투쟁은 최근의 기록을 모두 깨고 있다. … 그가 조국의 이익을 희생시키고 자신의 노선을 고집한다면 조국이 그에게 대가를 치르라고 요구할 것이며, **반드시 그렇게 되어야 한다**"[강조는 저널지의 기사 원문임].[29] 시카고 트리뷴지에 따르면 라과디아는 "정신과 영혼이 미국주의와는 다른 이방인"이었다.[30]

뉴욕 이브닝 포스트지가 라과디아의 세법개정안을 공격하자 한 독자는 라과디아를 옹호하는 글을 이 신문사에 보냈다 : "또 한 번 라과디아를 사기꾼, 급진주의자, 모스크바의 앞잡이라고 비난하는데 … 이브닝 포스트는 (경제문제 이외에는 그토록 스포츠맨답게 정정당당하고 공정했던 신문이었는데) 언제가 되면 모건 재벌의 지시를 거부하고 미국 시민들이 불평등한 부의 분배와 특권에 대해 저항하고 있다는 사실을 밝혀낼 수 있을까요?"[31]

하원의 최종 표결을 앞두고 브루클린의 데일리 이글지는 상황을 다음과 같이 명쾌하게 정리한 기사를 실었다 :

28 1932. 3. 21.
29 1932. 3. 24.
30 1932. 3. 21.
31 1932. 3. 22.

> 제조업자의 판매세에 관한 한 뉴욕 출신의 F. H. 라과디아 의원이 하원에서 실질적인 독재자의 위치를 차지하고 있는 이유는 이번 회기 동안 지금껏 민주 · 공화 양당을 지배하고 있는 보수주의에 대한 뿌리 깊은 반발이 터져나왔기 때문이다. 라과디아 의원의 성취를 단순히 완강한 급진주의라고 폄하한다면 핵심을 파악하지 못하는 것이다. 라과디아 의원이 주도하고 있는 움직임의 본질을 들여다 보면 결코 공산주의의 발현이 아니라 수십억 달러의 예산이 은행과 철도회사와 기업을 구제하는 데 투입되면서도 다수의 인구를 위해서는 어떤 구제대책도 세우지 못한 의회에 대한 실망의 표현이다.[32]

1932년 3월 24일, 하원은 판매세 도입 계획을 211 : 178로 부결시켰다. 이것은 라과디아로서는 오랜 의회활동 가운데서 가장 만족스러운 승리였고, 하원에서 진보파 세력의 정신적인 지주이자 핵심 조직자로서의 위상이 확인된 사건이었다. 1920년대 동안 10여 차례의 실제 사례에서 보듯이 그는 결코 깨어질 것 같지 않은 민주 · 공화 양당의 결탁에 도전해 왔다. 그리고 그런 도전은 20년대 동안에는 매번 실패했다. 그런데 이제 특정 지역의 이익을 초월한 굶주림과 실업이란 이슈가 대두하자 주사위는 진보파 쪽으로 굴러갔다. 시카고 트리뷴지와 뉴욕 이브닝 저널,[33] 그리고 지도적 위치에 있는 신문들이 라과디아를 무자비하게 공격했다. 오하이오 주 샌드스키란 곳에서 발행되던 한 작은 신문은 라과디아란 한 인물로 표상된 경제적 급

32 1932. 3. 22.
33 두 신문의 1932. 3. 25일자 기사.

진주의와 정치적 독자노선의 결합이 갖는 의미를 간파하고 이에 대해 맹목적인 분노를 쏟아냈다. 이 신문의 사설은 다음과 같이 썼다 :

> 혼돈이 의회를 지배하고 있다. 이제 이 나라는 정부의 원초적 시스템인 정당에 대한 충성심이 전면적으로 해체되었을 때 치러야 하는 대가를 치르기 시작했다. … 조금만 세월을 거슬러 올라가면 가장 값싼 배를 타고 엘리스 섬에 도착했던 인물인 라과디아가 이끄는 의회 내의 뻔뻔스럽고 무책임한 무리들이 그들 스스로가 '부자 짜내기'라고 부르는 광란의 파티를 벌이기 시작했다. … 의회는 당의 정강과 국가의 통합을 미친 듯이 공격함으로써 이 나라를 벼랑 끝으로 몰고 가고 있다. … 정당제도에 기초한 정부로 돌아가라. 의원들은 이제 보조를 맞추어야 한다. 그렇지 않으면 금년 또는 가까운 장래에 한때 자유인이 지배하던 이 나라를 소비에트화한 전적인 책임을 져야 할 것이다.[34)]

그러나 한편에서는 찬양도 있었다. 포틀랜드의 이브닝 뉴스지는 하원의 표결결과를 "미국 대중의 승리"라고 부르면서 "의회 내 반란의 주동자는 뉴욕 출신의 공화당원인 용감무쌍한 피오렐로 라과디아"라는 기사를 실었다.[35)]

라과디아의 빛나는 승리가 1932년의 선거판에 미친 영향은 너무나 커서 제대로 평가하기조차 어렵지만 판매세 법안의 패배가 의회 내의 가너, 민주당 전국위원회 의장 존 라스코브와 집행위원장 주이트 슈즈가 이끌던 민주당 보수파에게 심각한 타격을 주었음은

34 오하이오 샌드스키, 리지스터(*Register*), 1932. 3. 24.
35 라과디아 문서의 기사철.

분명하다. 세인트루이스의 포스트-디스페치지는 다음과 같은 기사를 실었다 :

> 10억 달러의 세수확대 법안을 둘러싸고 열흘 동안의 치열한 싸움을 벌인 후 오늘 밤 의회는 깊이를 알 수 없는 불확실성의 분위기 속에서 휴회에 들어갔다. 양당 모두가 심각하게 분열되었다. … 이 익숙치 않은 혼란 가운데서 양원 모두에 효과적인 영향력을 미치는 사실상의 유일한 인물은 뉴욕 시 할렘지역 출신의 타협을 모르는 공화당 진보파 의원 라과디아인 것 같다. … 구체적인 구상과 계획을 갖고 있는 유일한 리더는 라과디아다. … 판매세 도입의 실패로 인해 버나드 바루크와 존 라스코브 같은 민주당의 선거자금 주요 기부자들이 느끼는 실망감은 오늘 밤 전국에 방송된 민주당 전국위원회 집행위원장 주이트 슈즈의 연설을 통해 드러났다.[36]

뉴욕 헤럴드 트리뷴은 세수확대 전투의 결과를 가너의 "대통령 가능성을 완전히 잠식한 정치상황의 결정적인 전복"이라고 표현했다. 이 신문은 이렇게 덧붙였다 : "올해에 대통령 후보로 거론되고 있는 인물 가운데서 '급진적' 또는 진보적 세력에 대한 호소력이란 면에서 뉴욕 주지사 프랭클린 루즈벨트를 따를 사람이 없다. 최근의 세수확대 법안을 둘러싼 의회의 분열과정에서 주지사는 상처를 입지 않았지만 그의 주요 적수인 슈즈-라스코브 진영은 판매세를 지지했다가 패배했다."[37]

36 1932. 3. 26.
37 1932. 3. 25.

세수확대 법안은 1932년 3월의 마지막 날에 마침내 의회를 통과했다. 이로써 라과디아가 회기 초에 구상했던 주요 계획은 거의 대부분 실현되었고, 그는 뉴욕에 있는 마크안토니오에게 "모든 면에서 완벽한 승리를 거두었다"는 기분 좋은 전보를 보냈다.[38] 휴회에 들어가기 직전 판매세를 재상정하려는 시도가 있었다. 이때 라과디아가 일어나 공을 차는 축구선수의 자세를 흉내 내면서 상상 속의 공을 날려버렸다. 그는 동료 의원들을 향해 이렇게 소리쳤다 : "의원 여러분, 판매세는 이렇게 의회 밖으로 날려보내야 합니다."[39] 그는 밤낮으로 의석 맨 앞줄에 앉아 점심시간이면 땅콩을 씹으면서 판매세가 확실하게 폐기될 때까지 자리를 지켰다.

판매세 도입을 저지한 승리에 뒤이어 또 하나의 승리가 찾아왔다. 노리스-라과디아 금지명령 제한 법안이 통과되었다. 이 법안의 통과는 노동문제에 관한 '뉴딜' 정책의 입법부 쪽의 시발이라고 할 수 있으며, 훗날 루즈벨트 집권기에 와그너 법으로 완성된다.

미국의 역사를 살펴보면 노동자의 조직화 운동은 오랜 가뭄 끝에 잠시 찾아온 짧은 소나기 같은 윌슨 행정부 때의 개혁입법을 제외하고는 정부의 무관심과 때로는 적대적 정책 속에서 기나긴 가시밭길을 걸어왔다. 이런 여정에서 종종 정부의 지원을 등에 업은 기업 집단의 공격은 끊임없이 이어졌고, 공격자들이 동원한 가장 유용한 수단이 금지명령이었다.

38 1932. 3. 30, 라과디아 문서.
39 워싱턴 포스트, 1932. 4. 18.

라과디아는 일찍이 제1차 세계대전 이전의 봉제 노동자들의 파업에서부터 금지명령이 노동자들의 저항을 무력화시키는 실상을 지켜보았다. 그는 하딩 행정부 시절에는 철도 노동자들의 파업을 탄압하기 위해 금지명령이 발동된 것을 비난하였고, 쿨리지 행정부 시절에는 펜실베이니아 탄광 노동자 파업에서도 이 명령이 발동된 것을 비난했었다. 그는 1924년 이후로 회기마다 빠짐없이 반금지명령 법안을 제출했지만 그때마다 사법위원회에 제출된 다른 서류들과 함께 사장되었다.

상원에서는 조지 노리스 의원이 유사한 활동을 해오고 있었다. 노리스는 1928년에 상원 분과위의 위원장으로서 황견계약(yellow-dog contracts : 黃犬契約)을 불법화하는 쉽스테드 법안(Shipstead Bill)을 검토했다(이 법안의 구상은 오랫동안 진보적 노동운동을 해온 선원 앤드류 푸루세스가 주도했다). 보다 포괄적이고 실현성 있는 법안을 마련하기로 결정한 노리스 분과위원회는 다방면에 걸친 청문회를 열었다. 법안에 대한 위헌성 시비를 피하기 위해 노리스는 하버드 법대의 펠릭스 프랑크푸르터(Felix Frankfurter) 교수, 시카고의 변호사 도널드 리치버그, 존스 홉킨스 대학의 허먼 올리펀트 교수, 위스컨신 대학의 에드윈 위트 교수, 하버드 대학의 프랜시스 세이어 교수 등의 자문을 받았다.[40] 몇 차례의 수정을 거쳐[41] 완성된 법안이 1929년 제70대 상원에 제출되었고, 하원에서는 라과디아가 같은 법안을 동반 제출했지만[42]

40 *Fighting Liberal : The Autobiography of George Norris*(뉴욕, 1945), 311–313.

41 리치버그가 노리스에게 보낸 편지, 1928. 5. 18, 노리스 문서.

42 마리 피셔 라과디아는 "그는 항상 노리스 의원과 함께 일했다"고 말한다. "상원에서 하원으로 이송되는 법안이나 그 반대의 경우에도 노리스는 그

통과에 실패했다.

1932년 초, 72대 의회가 개원하자 프랑크푸르터는 노리스에게 법안을 다시 상정할 시기가 성숙했다는 편지를 보냈다.[43] 긴밀하게 협력하고 있던 노리스와 라과디아는 이 편지를 받고서 상원과 하원에 각기 법안을 제출했다. 클레이튼법 가운데서 쓸모없는 조항을 수정한 노리스-라과디아 법안은 파업이나 노동조합 조직을 저지하려는 목적의 파업금지 명령을 금하고, 분명하게 명시된 파업 요구조건에 대해서는 (포괄적인 금지명령을 제약하기 위해서) 금지명령을 제한하며, 법원의 금지명령과 관련한 법정모독 혐의에 대해서는 배심재판을 보장하고,[44] 황견계약을 금하며, 법원의 판결로 법안의 일부 조항의 적용이 배제되더라도 나머지 조항은 영향을 받지 않도록 규정했다.[45]

법안의 제2절은 조직화되지 않은 개별 노동자는 "일반적으로 무력하므로" 조합을 결성하고 고용자와 단체로 협상을 벌일 권리를

에게 진행상황을 알려주었다"(마리 피셔 라과디아와의 인터뷰, 구술사 프로젝트, 컬럼비아 대학).

43 1932. 1. 5, 노리스 문서.

44 노리스와 라과디아를 지지하고 최소한 한 차례 이상의 도움이 되는 자문을 해준 단체가 아서 가필드 헤이스(Arthur Garfield Hays)와 로저 볼드윈(Roger Baldwin)이 이끌던 파업금지 명령에 관한 전국위원회(National Committee on Labor Injunctions)였다. 볼드윈은 1932년 2월 23일에 노리스에게 보낸 편지에서 배심재판이 보장되는 경우는 파업금지 명령과 관련된 법정모독 혐의뿐만 아니라 법정 밖에서 행해진 형법상의 모든 법원모독 혐의(예컨대 신문 편집인이 법원의 판결을 비판하기 위해 법정모독 행위를 인용하는 행위)까지도 포함시키도록 권고했다. 이 조항은 상원에서는 수용되었으나 하원에서는 삭제되었다(*ibid*).

45 의회 의사록, 72 : 1, 1931. 12. 10, H. R. no. 5315.

가지며, 이런 활동과정에서 강압으로부터 자유로워야 한다는 것은 "공중질서"라고 규정했다. 이 규정은 1935년에 제정되는 와그너법의 직접적인 선구자였다.

1932년 2월 23일 상원에서 토론이 벌어지자 노리스가 이 법안의 강력한 방어자 역할을 맡았다. 위헌 시비를 차단하기 위해 그는 의회는 법으로 규정할 수 있는 모든 주제를 공중질서라고 선언할 수 있는 권한을 갖고 있다고 주장했다. 그는 법안의 목적이 "가난한 자와 부유한 자 모두에게 법의 지배를 똑같이 적용하는 것"이라고 말했다. 또한 노리스는 진짜 범죄자에게 도피로를 열어주지 않기 위해 법안은 "거대한 자본가 집단이 연합하여 어떠한 방식으로든 가난하고 힘 없는 사람들의 자유로운 시민으로서의 당연한 권리를 침해하는 것을 금지한다"고 설명했다.[46] 한 주 후에 이 법안은 효력을 약화시키려는 몇 가지 수정안을 물리치고 75 : 5로 상원을 통과했다.[47]

하원에서는 아직 결정적인 전투가 벌어지지는 않았지만 라과디아가 통과를 보장하는 운동의 주역을 맡았다. 1932년 3월 8일, 법안을 공격하는 펜실베이니아 출신 제임스 베크(James M. Beck) 의원의 장시간의 연설로 논쟁은 절정에 이르렀다. 그는 다른 사람에게는 허용되지 않는 특권이 노동자들에게 허용될 수는 없으므로 노동쟁의에서 금지명령은 정당하다고 주장했다. 베크는 이런 질문을 던졌다 : "노동분규에 대처함에 있어서 이보다 더 인도적이고 이득이 되는 수단이 어디 있습니까? 법원은 … 그[노동자]에게 고용주의 재산

46 뉴욕 타임스, 1932. 2. 24.
47 *Ibid.*, 1932. 2. 27과 3. 3.

을 침해하지 말고 고용주를 위해 일하려는 다른 노동자의 권리를 방해하지 말라고 명령할 뿐입니다."[48] 그는 법안을 통과시키면 의회가 "모스크바로 가는 장정을 준비하는 꼴"이 될 것이라고 비난했다.[49]

하원에서 베크의 공격에 대해 누가 저격수로 나설지는 모두들 알고 있었다. 라과디아는 자리에서 일어나 법안을 본회의에 상정시켜 준 가너 의장, 다수당 원내대표 레이니, 의사규칙위원회에 감사를 표시한 후 법안 조문에 대한 자신의 주장을 펼치기 시작했다. 그는 다음과 같이 말했다 :

> 동료 의원 여러분, 이 법안은, 너무 자주 반복해서 말하는 것 같습니다만, 이 법안은 법원이 합법적인 파업을 파괴하는 고용자 측의 도구로 활용되는 것을 막고 있지 않습니다.[50]

그는 이 법안이 소수의 연방판사들이 경제적으로 강력한 힘을 가진 집단의 환심을 사려고 해왔기 때문에 필요하다고 주장했다. 무엇이 중요한 공중질서인지는 정치적으로 임명된 연방판사가 아니라 미국 시민들에 의해 선출된 의원들이 결정해야 한다고 주장했다.

"황견계약"이란 용어를 둘러싼 추상적인 논쟁을 피하고 의원들에게 그 의미를 선명하게 인식시키기 위해 라과디아는 황견계약의 실제 조항을 읽어주고 이렇게 물었다 : "여러분은 이것을 미국식

48 의회 의사록, 72 : 1, 1932. 3. 8, 5478-5480.
49 뉴욕 타임스, 1932. 3. 9.
50 의회 의사록, 72 : 1, 1932. 3. 8, 5478-5479.

자유라고 부르겠습니까?" 발언을 끝내면서 라과디아는 노동자를 지지하고 파업권을 옹호한 링컨의 말을 인용했다. 그날 하원은 이 법안을 362 : 14이라는 압도적인 표차[51]로 통과시켰고 뉴욕 타임스는 이렇게 보도했다 : "오늘의 승리는 라과디아 의원의 8년에 걸친 노력의 절정이다."[52]

후버 대통령은 법안의 합헌성에 관해 법무장관 미첼의 의견을 들은 후(미첼은 합헌성 문제는 행정부에서 판단하기란 매우 어렵다고 말했다) 1932년 3월 23일에 법안에 서명했다. 후버가 이 법안을 승인한 동기에 대해서는 여러 가지 추측이 있었다. 행정부를 지지하는 사람들은 후버가 1922년의 철도 노동자 파업 때 금지명령을 동원하여 무자비하게 진압한 도허티의 처사를 "강력하게 항의"한 적이 있다고 지적했다.[53] 반면에 조지 노리스는 거부권을 행사하더라도 의회가 다시 통과시킬 가능성이 높다는 것을 알고 마지못해 서명했다고 말했다.[54] 노리스는 후버가 법안을 승인하도록 만든 결정적인 압력은 "경제구조 가운데 존재하는 불평등"에 대해 새로운 인식을 갖게 된 미국의 대중들로부터 나온 것이라고 주장했다.[55]

51 *Ibid.*, 5511.
52 1932. 3. 9.
53 윌버(R. L. Wilbur)와 하이드(A. M. Hyde), *The Hoover Policies*(뉴욕, 1937), 134.
54 1932. 3. 24일자 성명서, 노리스 문서.
55 노리스, *op. cit.*, 314. 알프레드 리프(Alfred Lief)는 이 무렵 양당이 노동쟁의에 있어서 금지명령을 이용하는 것에 대해 무언가 조치를 해야 한다는 데 동의하고 있었고, 이 때문에 법안이 통과될 수 있었다고 한다[*Democracy's Norris*(뉴욕, 1939), 386]. 1895년 대법원이 최초로 금지명령의 범위와 효력을 인정한 이후 처음으로 민주당은 금지명령에 제한을 가하라는 노동자들의

노동자지는 전국의 조직 노동자들의 정서를 전하면서 노리스-라과디아 법을 찬양했다. 이 신문은 라과디아가 치열한 공격에 맞서 "언제나 선두에 서서" 법안의 효력을 약화시키려는 펜실베이니아 출신 베크 의원과 텍사스 출신 블랜튼 의원의 수정안을 차례로 물리치고 끝까지 법안을 지켜냈다고 지적했다.[56]

회기가 끝나기 전 1932년 여름에 어떤 사태가 일어났을지는 짐작할 수 없지만 한 가지 사실은 분명했다. 그것은 라과디아가 새롭고 역동적이며 불황의 시대에 대처하는 진보주의를 대변하는 전국적인 정치가로 떠올랐으며, 이 진보주의가 판매세 제도의 도입과 파업금지 명령을 물리치고 극적인 승리를 거두었으며, 이 승리는 한 주요 정당이 짊어지게 될 책임과 위대한 한 인물의 국가통합 능력을 일컫는 '뉴딜'이란 고상한 명칭을 탄생시키게 된다는 점이다.

요구를 수용했다. 1908년에 공화당이 호의적인 태도를 보인 후 1914년에 제정된 클레이튼법(Clayton Act)은 이러한 양당의 분위기를 담아내는 데 실패했다. 1928년의 선거에서 양당은 반금지명령법을 제정하겠다고 약속했다[펠릭스 프랑크푸르터와 네이선 그린(Nathan Greene), *The Labor Injunction*(뉴욕, 1930), 1].

56 신문기사철, 라과디아 문서.

Chapter. 17

공산주의, 토착주의, 그리고 외교정책

미국이란 나라에서는 국가적 위기가 발생할 때마다 그 원인이 내부적이든 외부적이든 상관없이 내부의 이단자와 급진주의자를 속죄양으로 바치려는 징벌적 운동이 일어나는 경우가 많았고, 1930년대의 불황기에서도 예외는 아니었다. 나라가 경제적 붕괴의 위험에 처했다는 사실이 명백하게 드러나자 급진주의에 대한 적대감이 쌓이기 시작했다.

1930년대의 빨갱이 사냥은 이념 자체보다는 구체적인 사건을 겨냥했었지만 빨갱이 사냥을 지지했던 사람들의 입장에서는 그러한 사건 자체가 정말로 위협적인 것이었다. 불황의 시대는 공산주의와 사회주의가 미국인들에게 자본주의의 미래는 암울하다는 인식을 심어줄 수 있는 완벽한 기회였고, 굶주림과 실업을 해결하라고 요구할 수 있는 최적의 상황이었다. 그러나 라과디아는 의회의 임무는 빨갱이 사냥이 아니라 공산주의자들의 활동이 자양분을 섭취하는 기반인 경제적 불안정을 해소하는 것이라고 주장했다.

이 문제를 두고 그가 최초로 충돌한 사람은 지미 워커가 뉴욕시 경찰국장으로 임명한 그로버 훼일런(Grover Whalen)이었다. 훼일런은 1929년부터 "뉴욕은 공산주의의 온상이 되어가고 있다는 확신"을 가진 인물이었다.[1] 주지사 루즈벨트가 수신인인 폭탄편지가 뉴욕 시의 중앙우체국에서 발견되자 훼일런은 즉각 노동운동 진영을 범인으로 지목했다.[2]

1930년 초, 공산주의자들이 조직하여 유니언 스퀘어에서 열린 긴급구호를 요구하는 대중집회는 발 디딜 틈이 없었다. 훼일런은 지체없이 폭동진압 경찰을 투입하여 몽둥이로 집회를 해산시켰다. 시민자유연맹의 의장 에이머스 핀초트는 "분별력이 저급하고 불필요한 폭력을 유발한" 훼일런을 해임하라고 요구했다. 핀초트는 훼일런은 "사상이란 곤봉으로 때린다고 해서 파괴되는 것이 아니라는 점을 이해하지 못하는 인물인 것 같다"고 말했다.[3]

1930년 5월 2일, 그로버 훼일런은 하원 이민위원회에 나와 공산주의들의 활동에 관해 증언했다. 그는 소비에트 정부가 국영 무역회사인 암트오르그(Amtorg)를 통해 미국 공산주의자들에게 지시를 내리고 있음을 암시하는 러시아어로 된 문서의 복사 사진을 언론에 공개했다. 훼일런은 공산주의자들의 활동에 대한 수사에 장애가 된다며 문서의 출처를 밝히기를 거부했다.[4] 신문들은 앞다투어 이 복사 사진을 실었지만 훼일런이 증언한 1주일 후에 라과디아는 뉴욕 이브닝 그래픽지의 편집자로부터 사건의 전모를 알려주는 편지 한 통을 받았다. 이브닝 그래픽지의 기자 존 스피백은 면밀한 취재를 통해 "모스크바" 편지는 사실은 맨해튼 이스트 10번가에 있는 작은 인

1 *Mr. New York : The Autobiography of Grover Whalen*(뉴욕, 1955), 150.
2 벨루쉬, *op. cit.*, 195.
3 1930. 3. 21, 에이머스 핀초트 문서, 의회도서관, 워싱턴, D.C.
4 더 네이션(*The Nation*), 1930. 5. 28, 라과디아 문서.

쇄소에서 만든 것임을 알아냈다.[5] 라과디아는 소비에트의 문서라고 알려진 문건에서 서툰 실수가 드러난 부분을 스물 한 곳이나 찾아내고 이 문건이 조작된 것이라는 확신을 갖게 되었다. 뿐만 아니라 그는 "문서"의 레터헤드를 만들어 주었다는 인쇄업자의 서명 진술서까지 확보했다.[6]

라과디아는 즉각 이 증거들을 하원에서 공개했다. 그는 동료 의원들에게 그로버 훼일런이 의회에서 증언하기 위해 워싱턴으로 가기 전에 이브닝 그래픽지의 편집자로부터 진상을 통보받고도 복사 사진을 공개했음을 폭로했다.[7] 같은 시기에 국무장관 스팀슨도 이 문서를 거액을 받고 넘기겠다는 제안을 받았으나 가짜임을 알고 거절한 바 있었다.[8]

뉴욕 출신 버트런드 스넬 의원은 라과디아가 제시한 증거에도 굽히지 않고 의회가 공산주의자들의 활동에 관해 전면적인 조사를 벌여야 한다고 주장했다. 그는 암트오르그 회사, 교육기관에서의 공산주의자들의 선전활동, 데일리 워커(*Daily Worker*)지를 조사할 위원회의 구성을 제안했다(해밀턴 피시도 같은 제안을 내놓았다).[9] 스넬은 인민의 로비(People's Lobby)[10]란 단체의 대변인 벤저민 마시(Benjamin

5 스웨인(H. Swain)이 라과디아에게 보낸 편지, 1930. 5. 10, 라과디아 문서.

6 예컨대 인쇄업자는 모스크바에서 온 것이라는 레터헤드에 사용된 문장(紋章)이 노동자 서클(Workmen's Circle)이란 단체가 뉴저지 브룬스윅에서 열리는 집회를 알리는 전단지에 사용된 문장과 같은 것이라고 지적했다.

7 의회 의사록, 71 : 2, 1930. 5. 12, 8769–8770.

8 뉴욕 이브닝 그래픽, 1930. 5. 13.

9 뉴욕 아메리칸, 1930. 5. 13.

10 인민의 로비의 자문위원회 멤버는 오스월드 게리슨 빌라드, 렉스포드 가이 터그웰(Rexford Guy Tugwell), 브로우더스 미첼, 루이스 가네트(Lewis Gan-

C. Marsh)로부터 신랄한 항의의 편지를 받았다[존 듀이(John Dewey)가 이 단체의 의장이었다] : "귀하가 갖고 있는 공산주의에 대한 두려움은 힘 없는 노동자들을 합법적으로 착취하는 부유한 약탈자들을 위해 오랫동안 봉사한 경험에서 나온 것입니까? 귀하의 위원회가 추진하는 청문회는 월스트리트의 경찰국장이 되려는 말만 많고 무능한 인물을 위한 정치적 장송곡이 될 것이 분명합니다."[11]

한 달 후 하원에서는 해밀턴 피시가 이끄는 "미합중국 내에서 공산주의자들의 선전활동을 조사"하는 위원회에 25,000달러의 예산을 할당하는 법안이 상정되었다.[12] 라과디아는 이 법안을 비난하면서 의회는 표현의 자유를 보장해야 하며 공산주의의 경제적 뿌리는 복지정책을 통해 제거해야 한다고 주장했다.[13] 그는 볼셰비키 혁명으로 인해 생겨난 히스테리를 프랑스대혁명 시대의 외국인 및 폭동 선동법에 비유했다. 라과디아는 의회가 1917년에는 로마노프 왕조의 종식을 축하했음을 상기시키고 이렇게 말했다 : "나는 러시아에 어떤 정부가 들어서더라도 짜르 니콜라스와 승려 라스푸틴의 잔인하고 독재적인 왕국보다는 낫다고 주저없이 말할 수 있습니다."

그는 미국인은 자신의 생각을 표현할 수 있는 권리를 갖고 있다고 주장했다 : "존경하는 의원 여러분, 사상을 억압하거나 사상의 표현을 억압하는 것은 불가능하다는 사실을 세계사가 증명하고 있

nett), 모리스 에른스트, 해리 엘머 반스(Harry Elmer Barnes), 로저 볼드윈 등이었다.

11 1930. 5. 13, 라과디아 문서.

12 의회 의사록, 71 : 2, 1930. 6. 13, 10652.

13 *Ibid.*, 10654–10655.

습니다. 의사소통과 사상의 교환은 법이나 수사로 막을 수는 없습니다." 공산주의자들의 활동이 뉴욕 시의 안전을 해치고 있다는 그로버 훼일런의 증언을 반박하면서 라과디아는 이렇게 말했다 : "물론 뉴욕에는 급진주의자들이나 공산주의자들이 활동하고 있습니다만 시정부나 주정부, 연방정부가 그들의 활동 때문에 전복될 위험은 없습니다. 나는 일부 뉴욕 공산주의자들이 그로버 훼일런의 비쩍 마른 몸을 바늘이나 막대기로 찌른다고 해서 우리가 위험에 빠질 것이라고는 생각하지 않습니다. 혁명이란 그렇게 일어나는 것이 아닙니다."

라과디아는 긍정적인 행동을 하자며 발언을 끝냈다. "무언가 건설적인 일을 합시다. 휴회에 들어가기 전에 와그너 법안을 통과시킵시다. 내가 제안한 통일된 노동법의 제정, 실업보험, 그 밖의 필요한 입법을 검토합시다. … 그렇게 한다면 공산주의자들의 활동에 대해 의회가 조사할 필요가 없어질 것입니다."[14]

여하튼 하원은 피시 위원회에 25,000달러의 예산을 배정했고[15] 위원회는 활동을 시작했다. 라과디아는 기회 있을 때마다 피시 의원의 활동을 비판했다. 8개월 후 그는 의회에서 다음과 같이 발언했다 :

> 나는 뉴욕에서 오신 우리의 동료 의원에게 마땅히 최고의 존경을 표시해야 한다고 생각합니다. 그는 대학시절에는 최고의 풋볼 선수였고 명문가의 후예입니다. 또한 그는 군복무시에는 용감한 군인으로서 모범을 보였습니다. … 그러나 정치인으로서는 전혀 뜻밖입니다! (폭소와 박수).[16]

14 *Ibid.*, 1931. 1. 9, 1885
15 뉴욕 월드, 1930. 1. 14.

1931년 초 어느 겨울, 인디애나 출신의 윌리엄 우드 의원이 하원에서 공산주의 선전활동의 위협에 관해 장시간 연설을 하면서 이를 막을 조처를 해야 한다고 주장하자 라과디아가 반박했다 : "그는 현재의 빈곤에 대한 대책으로서 탐욕의 근절을 제안하고 있습니다. 그는 급진주의 활동가들에 대해 불 같은 분노를 키우고 있지만 도움이 필요한 고통받고 굶주리는 이들에 대해 구호나 지원을 제시하지 않고 있습니다."[17]

1931년과 1932년 내내 라과디아는 경제 관련 입법활동으로 바쁜 가운데서도 인권헌장(Bill of Rights)에 대한 관심을 놓지 않았다.[18] 그는 거듭하여 방첩법을 폐기하려는 시도를 하였고, 정부가 급진주의자들을 추방할 수 있는 권한을 확대하려는 시도에 맞섰으며, 국무성이 중국에서 활동하고 있던 급진적인 신문기자들의 인권을 보호하지 않는다고 항의했다. 라과디아는 톰 무니(Tom Mooney) 사건[19]에

16 의회 의사록, 71 : 3, 1931. 2. 2, 3784.

17 *Ibid.*, 1931. 1. 9, 1885.

18 로저 볼드윈과 라과디아 사이의 편지. 1931. 2. 2과 홈스(John Haynes Holmes)가 라과디아에게 보낸 편지, 1931. 2. 5, 라과디아 문서 ; 의회 의사록, 72 : 1, 1932. 6. 6, 12097–12107 ; 뉴욕 타임스, 1932. 8. 4.

19 Thomas Joseph "Tom" Mooney(1882–1942), 아일랜드계 이민자의 아들로서 노동운동가. 사회당과 국제산업노동자노조(Industrial Workers of the World)에서 적극적인 활동을 했다. 1916년 6월 샌프란시스코에서 벌어진 미국의 제1차 세계대전 참전을 촉구하는 시위행진 중 폭발물이 터져 10명이 사망하고 40명이 부상당했다. 노동운동 단체와 사회당을 비롯한 좌파는 참전을 반대하는 입장이었다. 톰 무니와 워렌 빌링이 범인으로 검거되었으나 당시에도 좌파진영에 대한 정치적 탄압극이란 평가가 지배적이었고, 재판과정도 위증과 강압수사가 동원되어 논란이 많았다. 무니는 교수형을 선고받았으나 국제사회의 압력과 윌슨 대통령의 노력으로 종신형으로 감형되었다가 22년을 복역한 후 1939년에 사면되었다. 무니는 석방 후에도 노동

도 깊은 관심을 가졌다. 위커셤 위원회(Wickersham Committee)[20]가 톰 무니에게 사형판결을 내린 재판과정을 비난하는 보고서를 발표하자 그는 미시건 출신 시로비치 의원과 함께 무니의 즉각적인 사면을 요청하는 편지를 캘리포니아 주지사에게 보냈다. 라과디아가 제출한 무니 사면결의안은 한 표 차이로 부결되었다.[21] 후에 텍사스 출신 블랜튼 의원은 무니 사면을 거절한 캘리포니아 주지사를 찬양하고 무니를 "폭파살인범"라고 불렀다. 라과디아는 블랜튼에게 위커셤 보고서를 읽어보라고 권하면서 이렇게 말했다 : "결백함이 증명된 미국 시민을 계속 가두어 두는 행위를 찬양하기 위해 의회 발언을 이용할 것이 아니라, 이 보고서를 읽고 나면 재판을 둘러싼 거짓과 조작이 부끄러워 스스로 목을 매달고 싶은 생각이 들 것으로 확신합니다."[22] 다른 여러 이슈에서도 그랬지만 라과디아의 호소에 귀 기울이는 사람들은 시대가 바뀌고 나서야 나타났다.

1920년대에 기세를 떨쳤던 토착주의는 불황이 깊어지고 실업자가 늘어나자 더욱 거세졌다. 경제위기가 심화되면서 이민을 강력하게 제한해야 한다는 주장은 기왕의 토착주의에 감성적 불을 당겼다. 이민 제한 주장의 감성주의를 비판했던 라과디아는 비난의 표적

운동과 인권운동을 계속하였으나 가난과 질병과 외로움 가운데서 병원에서 숨졌다.**역자 주**

20 1929년 대통령 선거에서 후버는 금주령의 이행 여부와 이와 관련된 조직범죄를 조사하겠다고 공약했다. 후버는 당선 후 태프트 정부에서 검찰총장을 지낸 위커셤을 위원장으로 하는 조사위원회를 발족시켰다. 위원회의 활동 목적은 금주령의 엄격한 집행대책을 찾는 것이었지만 조사 보고서에서는 경찰의 부패와 불법 강압수사가 널리 행해지고 있음도 지적되었다.**역자 주**

21 뉴욕 타임스, 1932. 2. 13 ; 뉴욕 월드 텔리그램, 1932. 2. 23.

22 의회 의사록, 72 : 1, 1932. 4. 22, 8712–8715.

이 되었고, 전국적으로 그의 이름은 이민과 동의어가 되었다. 1930년 여름, 덴버 포스트지는 다음과 같은 기사를 실었다 :

> 라과디아 같은 인물이 나서서 우리 미국인의 정부 운영방식을 논하는 것을 듣노라면 진정한 미국인의 정서에는 거슬린다. 우리의 법이 마음에 들지 않는다면 그는 조상들이 온 나라로 돌아가야 한다. … 라과디아 같은 사람을 뽑아 의석에 앉혀놓은 것은 다름 아닌 뉴욕의 수치이다. 뉴욕은 이민 쓰레기를 내다버리는 시궁창 역할을 너무 오랫동안 해왔기 때문에 이제는 미국의 한 부분으로 받아들이기 어려운 곳이다.[23)]

1930년 말, 미국우생학회(American Eugenics Society)가 "전문가들의 위원회"에 의뢰하여 이민의 영향에 관한 심층적인 조사를 실시한 후 출신국이 중요한 공식으로 의미를 갖는다는 결론을 발표했다. 영향력 있는 세터데이 이브닝 포스트(*Saturday Evening Post*)지가 이 보고서를 그대로 흉내 내어 출신국별 계통이라는 말을 만들어냈다 : "이것은 대를 이어 계통을 형성한 우리 인종구성의 상대적 비율이다. … 계통의 전체적인 경향은 인종적 특성의 급격한 변화를 억제한다." 이 신문은 위원회가 제안한 체류 외국인 등록제를 지지하면서 위원회의 보고서가 "아마추어 개혁가이건 전문 이론가이건 광신자들의 연구에서는 볼 수 없는 과학적 엄정성, 절제된 주장, 폭넓은 인도주의 정신을 담고 있다"고 평가했다.[24)]

23 1930. 6. 9.
24 1930. 11. 1.

라과디아는 한 지지자에게 보낸 편지에서 "현재의 분위기로 보아" 의회는 이민을 완전히 중지하는 법안을 통과시킬 것 같다는 절망감을 토로했다. 그는 "이민 제한론자들이 현재의 실업사태를 지렛대로 하여 그들이 수년 동안 추구해 왔던 법안을 통과시키려는 시도에 맞선다는 것이 어려운 일임을 이해할 것"이라고 썼다.[25]

1931년 1월, 2년 동안 이민을 중지하려는 법안이 하원 본회의에 상정되었다. 상임위원회의 다수 의견은 서인도제도와 필리핀으로부터 엄청난 규모의 이민이 들어온 사실을 지적하면서 이민 제한을 지지했다. "뉴욕 할렘 흑인 거류지의 주민 대부분은 자메이카, 아이티, 기타 서인도제도에서 왔다는 사실을 아는 사람이 몇이나 될 것인가 … 이 새로운 인구가 그 집단의 대표로 서너 명의 하원의원을 선출하는 날은 언제가 될까?"[26]

각기 기간은 다르지만 이민을 제한하려는 법안이 봇물처럼 쏟아져 나오는 가운데 라과디아는 발언대에 서서 그런 법안 중 황급히 상정된 한 법안에 대해 항의하는 연설을 했다. 그는 법안 처리과정이 "의회의 절차를 따르지 않고 폭력적"이라고 비난하고 동료 의원들을 향해 분노를 터뜨렸다 :

> 인간을 다루는 법안이 의회에 제출될 때 … 그 법안 때문에 영향을 받을 사람들의 고통에 대해 이토록 흡족해하는 비인간성을 믿을 수가 없습니다. 지난

25 라과디아가 리드 루이스(Read Lewis)에게 보낸 편지, 1930. 12. 9, 라과디아 문서.

26 의회 의사록, 71 : 3, 1931. 1. 28, 의안 H. R. no. 473에 대한 다수 의견.

> 10월 무렵에는 나를 찾아와서 "라과디아, 내 지역구로 와서 사람들에게 내가 의원으로서 직무를 얼마나 잘 수행하고 있는지 말좀 해주시오"라고 부탁하던 여러분의 태도가 지금은 너무나 달라졌습니다.
>
> 오늘 오후의 법안 처리과정은 미국 의회 역사의 오점입니다. 농무성이 돼지를 다루듯 그렇게 폭력적으로 법안을 상정해서는 안 됩니다. … 부끄러운 줄 아셔야 합니다 … .[27]

뉴욕 출신 새뮤얼 딕스타인 의원이 장시간의 강력한 반대 발언을 마치자 의회는 표결에 들어가 이민 숫자를 50% 줄이는 법안을 통과시켰다.[28]

의식주를 걱정해야 하는 사람들에게 외교문제는 별로 중요하지 않을 수도 있었지만 이 일로 미국에 대한 인식은 영향을 받지 않을 수 없었다. 라과디아는 국외의 사태에 대해 깊은 관심을 놓지 않았고, 기회 있을 때마다 자신의 소신인 평화, 군비축소, 전쟁을 틈탄 부당이득 행위의 제거를 주장해 왔다.

1928년에 체결된 켈로그-브리앙 조약은 전쟁의 공포를 줄여주지 못했고, 전쟁준비를 외치는 애국주의 단체들의 요구도 불황 때

27 *Ibid.*, 1931. 3. 2.

28 *Ibid.*, 6744 ; 뉴욕 헤럴드 트리뷴, 1931. 3. 2. 1932년 중반 라과디아는 국제노동방어회(International Labor Defense)를 위해 일하는 변호사들의 지원을 받아 추방대상인 체류 외국인이 출생국으로의 강제 송환을 피하고 원하는 나라로 갈 수 있도록 해주기 위해 자발적 출국을 허용하는 법안을 제출했다. 이 법안의 목적은 추방대상자가 출생국(예컨대 파시스트 이탈리아)으로 강제 송환되어 생명이 위험해지는 일을 막는 것이었다(마크안토니오가 라과디아에게 보낸 편지, 1932. 3. 13, 라과디아 문서).

문에 멈추지는 않았다. 1930년 4월, 하원은 전시에 대통령에게 전면적인 동원명령 권한을 부여하는 법안을 심의했다(재향군인회가 이 법안을 제안했다). 재향군인회가 요구한 보편적 징병제 법안이 부결되자 우회적인 방법으로 동일한 효과를 거두기 위해 이 새로운 법안이 등장했던 것이다. 법안은 재산뿐만 아니라 인력까지도 동원대상으로 규정했다. 노동조합들이 이 법안을 경계했고, 1929년에 열린 미국노동자연맹 전국대회는 만장일치로 이 법안에 반대하기로 결정했다.

라과디아는 의회에서 이 법안에 반대 발언을 했다.[29] 그는 우선 법안의 제안자들부터 조롱했다 : "존경하는 의장님, 이 법안은 우생학적으로 매우 흥미 있는 문제를 제기하고 있습니다. 이 법안은 스넬-웨인라이트-맥스웨인-존슨 법안이라고 알려져 있는데, 이렇게 아버지가 많아서는 온전한 아이가 태어날 수 없습니다." 폭소가 잦아들자 라과디아는 발언을 이어갔다. 그는 법안의 "명칭과 내용이 다르고 내용은 명칭을 부정하고 있다"고 비판했다. 그는 재산을 징발하는 조항은 헌법에 위배되기 때문에 절대로 집행될 수 없을 것이지만 인력의 징발은 분명히 가능할 것이라고 지적했다 :

> 동료 의원 여러분, 정부가 한 가정에 손을 뻗쳐 그 집 아들을 데려와 군복을 입히고 싸우다 죽으라고 내보내면서 한편으로 다른 가정에는 손을 내밀어 전쟁을 틈타 원가를 높인 계약을 맺어주는 그런 체제는 무언가 문제가 있습니다. … 우리의 헌법이 한 시민의 재산은 보호해 주면서 다른 시민에게는 목숨을 바쳐야 하는 군복무의 의무를 지운다면 이제 그런 헌법을 바꿀 준비를 합시다.[30]

29 의회 의사록, 71 : 2, 1930. 4. 1, 6307-6319.

재향군인회가 제안한 법안은 부결되었고, 그로부터 몇 달 후 라과디아는 런던으로 가 영국 상원에서 열린 의회연맹에서 연설했다. 뉴욕 타임스가 "그날의 가장 뛰어난 연설"이라고 평했던 연설에서 라과디아는 다음과 같이 말했다 :

> 과잉생산을 말하지 말고 생필품의 구매력 부족을 염려합시다. 국가가 정신을 차려서 전쟁을 준비하기 위해 매년 육군과 해군에 쏟아붓고 있는 돈의 일부를 유익하고 이득이 되는 목적에 쓰도록 방향만 바꾼다면 구매력 부족문제는 대부분 해소될 수 있다는 사실을 솔직하게 인정합시다. 지난 시대에는 생명과 재산을 파괴하기 위해 기계장치를 만들었다고 한다면 이 시대에는 생명의 보호와 행복의 증진을 위해 강력하고 효율적인 조직장치를 만들 수 있지 않겠습니까? 나는 가능하다고 봅니다. 그것도 아주 적은 비용으로 말입니다.[31]

하원의원들이 1932년 제네바 군축회담에 참석할 미국 대표단의 예산을 배정하는 데 주저하자 라과디아는 분노했다. 국제연맹(League of Nations)이 1931년 일본의 중국 침략을 저지하지 못한 데서 군축회담의 무용성이 입증된다는 비판에 분노가 폭발한 라과디아는 사람들이 십계명을 지키지 않은 적이 한두 번이 아니지만 그래도 십계명은 여전히 유효하다고 반박했다. 그는 대표단이 회담에 참가하는 데는 45만 달러가 소요되지만 육·해군의 한 해 예산은 6억 4,465

30 *Ibid.*

31 뉴욕 타임스, 1930. 6. 19. 라과디아의 반군사주의는 일반학교에서 의무적인 군사교육에 소요되는 예산을 삭감하려는 데까지 확대되었다. 그의 이런 시도는 실패했다[아메리칸 티처(*American Teacher*), 1931. 2].

만 달러라고 조롱조로 비유했다.[32]

후버가 의회와 사전 협의도 없이 대외채권 상환 요구를 유예하겠다는 정책을 발표하자 라과디아는 이를 비판하면서 지급유예 조치를 모든 유럽국가로 확대하라고 강력하게 요구했다. 그는 이러한 지원이 필요한 나라로서 특별히 독일을 지목하고 이렇게 말했다 : "독일에는 지급유예 조치를 이 의회가 막아주기를 기다리고 있는 정당이 있습니다. 무엇 때문일까요? 그래야만 히틀러 추종자들이 들어가 정부를 장악할 수 있기 때문입니다."[33]

그는 평화와 군비축소를 주장해 왔는데, 1931년에 일본이 상하이를 공격하자 당황하고 분노했다. 에르네스트 쿠네오의 회고에 따르면 라과디아는 "즉시 전쟁을 벌여야 한다"고 생각했으며, 심지어 군대로 복귀할 준비까지 했다고 한다. 상하이에 체류하는 미국인 부녀자와 아이들이 감금되었다는 보도가 나오자 그는 스팀슨에게 해병대를 상륙시켜 그들을 구출하라고 요구했다.[34]

무솔리니는 일본과는 달리 그때까지 대규모 침략행위를 벌이지 않고 있었지만 이탈리아에서 자유가 죽어가고 있다는 사실은 갈수록 분명해졌고, 본래는 민족감정 때문에 무솔리니에게 호감을 갖고 있었던 이탈리아계 미국인들까지도 그를 증오하기 시작했다. 이 무렵에 와서 라과디아의 파시스트 정권에 대한 태도가 분명해졌던 것 같다. 이탈리아의 외무장관 디노 그란디가 뉴욕을 방문했을 때 뉴

32 의회 의사록, 72 : 1, 1932. 1. 18, 2196.
33 *Ibid.*, 1931. 12. 18, 826-827.
34 쿠네오, *op. cit.*, 130.

욕 시장 워커가 라과디아에게 환영위원회에 참여해달라고 요청했으나 그는 거절했다.[35] 라과디아는 사석에서는 무솔리니에 대한 혐오감을 숨기지 않았던 것 같다. 쿠네오는 이렇게 회고한다 : "나는 라과디아 의원이 무솔리니를 언급할 때면 항상 얼마나 혹평을 했는지 기억하고 있다. 그는 무솔리니를 능력을 훨씬 넘어서는 게임에 끼어든 시골의 골목대장 같은 불쌍한 인물이라고 평했다."[36]

1933년 1월, 레임덕 회기 중에 정신 없이 바쁘게 활동하던 라과디아는 잠시 한가한 틈을 타서 아돌프 히틀러가 독일의 수상이 되었다는 신문보도를 읽게 된다. 그가 경고해 왔던 일이 벌어졌지만 세계 대부분의 정치지도자들과 마찬가지로 그도 국내의 임박한 정치 문제에만 매달려 있었다.

35 뉴욕 타임스, 1931. 11. 14.
36 쿠네오, *op. cit.*, 129.

Chapter. 18

정치적 패배와 도덕적 승리, 1932-1933년

1930년 선거에서 당선된 후 라과디아는 앞으로 선거운동은 한 번밖에 더 하지 못할 것이라거나, 1932년의 선거에서 패배하게 되지만 자신이 1920년대 내내 주장하고 준비해 왔던 정책들은 승리하게 되리라는 예상은 전혀 하지 못했다. 라과디아는 이전부터 해오던 정치적 술수를 계속 써먹었다. 그는 공화당은 약올리고, 민주당은 애태우고, 사회당은 혼란스럽게 만들고, 자신의 지지자들은 기쁘게 해주었다. 브루클린 이글지는 제20선거구 출신 의원은 "의회 내의 이른바 진보파의 지도자요 대변인이 되었다"고 썼다. 이 신문은 라과디아를 다음과 같이 평했다 :

> 노련하고 재치 있는 의회인이자 토론가인 그는 공화당 중진인 버트런드 스넬 의원이나 민주당 중진인 헨리 레이니 의원보다 훨씬 더 활동적이다. 그는 공화당이건 민주당이건 가리지 않고 괴롭히지만 뛰어난 기지와 풍자 때문에 의회 내에서는 감히 그와 겨루려는 사람이 없다. 이른바 진보적 법안이란 대부분이 그가 진보파의 지도자로서 지원한 것들이다.[1)]

1 1931. 1. 16.

새로운 의회를 구성하기 위해서는 한 표가 아쉬웠던 공화당은 라과디아의 협조를 얻기 위해 유혹과 아부를 마다하지 않았지만 그는 무관심하거나 초연한 척했다. 1931년 초, 공화당 "간부회의"에 참석해달라는 초청을 받고 라과디아는 이 "간부회의"가 참석자들에게 구속력을 가지는 것인지 아니면 비공식적인 "회담"인지를 분명히 밝혀달라고 요구했다. 그는 초청자에게 보내는 회신에 이렇게 썼다 : "나는 기꺼이 회의에 참석하고 싶습니다만 간부회의를 믿지 않기 때문에 일관되게 참석할 수는 없습니다. 답변을 기다립니다."[2] 회의의 모양새도 갖추고 싶고 또한 회의에 대한 장악력도 유지하고 싶어 마음 조리던 간부회의 의장은 애매한 답[3]을 보내왔고 라과디아는 불참했다.[4]

이 무렵 진보적인 의식을 가진 미국인들은 여러 분야에서 작은 그룹으로 흩어져 있었고, 그들 사이의 의견도 분열되어 있었다. 진보적인 의원들, 중산층 지식인들, 노동조합 지도자들은 경제 이슈나 시민자유 이슈 같은 데서는 힘을 합쳤으나 정치적 전략에서는 방향이 갈렸다. 1931년 초, 존 듀이는 제3당의 결성을 도울 준비가 되어 있었다. 반면에 조지 노리스는 제3당의 전망은 "현재로서는 실질적으로 불가능하다"고 보았다. 그는 현존하는 조건 하에서 새로운 정당은 돈을 가진 자들의 지배를 받게 될 것이란 주장을 굽히지 않았다.[5]

이런 상황이다 보니 1931년 3월에 워싱턴에서 열린 진보파 의

2 라과디아가 하울리(Hawley)에게 보낸 편지, 1931. 2. 23, 라과디아 문서.
3 하울리가 라과디아에게 보낸 편지, 1931. 2. 24, *ibid.*
4 워싱턴 뉴스, 1931. 2. 24.
5 1931. 2. 7일자 편지, 노리스 문서.

원들의 회의는 특별히 제3당을 추진할 의사가 없음을 밝히고 회의의 명칭도 "경제회의"로 정했다. 노리스, 코스티건, 브론슨 커팅, 휠러, 라 폴레트 2세가 공동 소집한 이 회의의 목적은 입법활동 계획에 관한 의견을 교환하는 것이었다. 참가자 가운데는 윌리엄 그린, 시드니 힐먼, 도널드 리치버그, 찰스 비어드, E. A. 로스, 조셉 브리스토우 등이 포함되어 있었다.[6)]

이 무렵 갑자기 척추의 상처가 재발하여 병원에서 치료받고 있던 라과디아는 노리스에게 참석하지 못해 유감스럽다는 편지를 보냈다. 3쪽에 달하는 긴 편지에서 라과디아는 자신의 경제철학을 요약하고 의회 내 진보파 의원들의 행동계획의 개요를 제시했다. 그는 미국이 처한 상황을 다음과 같이 간결하게 정리했다 :

> 양당의 지도자들은 역마차, 수동 방적기, 동물기름으로 만든 양초가 사용되던 시대에 형성된 펀드멘털을 기초로 입법활동을 지속하는 경향이 있습니다. 이런 경향은 소수의 가문에 이 나라의 부가 집중되고 노동자 절대다수가 전적으로 그들의 자선에 생존 자체를 의존하고 있는 지금의 상황을 만들어냈습니다. 입법부는 기계, 전기, 운송, 과학의 발전을 따라가지 못했습니다. 그 결과가 지금 우리가 목격하고 있는 전례 없는 부의 축적이며, 그런 가운데서 노동할 의지를 갖고 있으면서도 일자리를 구하지 못하고 있는 수백만의 노동자 집단을 구제하는 일은 개인적인 자선활동에 의존하고 있습니다. 현대적인 생산수단을 소유하고 있는 운 좋은 소수가 그런 자선행위까지도 장악하고 있습니다. 잘못이 없는 수백만의 노동자들이 실업으로 고통받고 있을 때 그들을 개인적인 자선에 매달

6 맥케이, *op. cit.*, 254.

리도록 내몰지 말고 구제해 주는 것이 정부의 의무입니다.[7)]

라과디아는 경제위기 이후 첫 17개월 동안의 후버 행정부의 업적을 평가하면서 "의회가 건설적인 제안을 하거나 그럴 움직임만 보여도 행정부는 거부권 행사의 위협, 평범한 선언, 주의 권리란 구호를 내세워 견제에 나섰다"고 신랄하게 비난했다. 가뭄피해를 입은 농민들을 구제하는 법안이 통과된 적이 있기는 하지만 그것조차도 농민들이 돈을 빌릴 수 있도록 해주는 조처였고, 결국 농민들은 더 많은 빚을 지게 되었다.

그는 새로운 산업사회의 수요를 충족시킬 수 있는 과감한 대책이 필요하다고 주장했다. 그는 노동일수의 단축과 실업보험을 도입하고 이자율에 대한 검토를 시작하자고 제안했다(그는 이자를 "노력이나 노동을 수반하지 않는 돈의 증식"이라고 불렀다). 라과디아는 노리스에게 보낸 편지에서 빨리 병상에서 일어나 회의기간 동안 일부라도 참석하도록 노력하겠지만 "그렇게 하지 못하더라도 나의 마음은 회의에 가 있으며, 미국의 대중을 위해 우리가 무언가를 할 수 있으리라는 희망을 놓지 않고 있다"고 말했다.[8)]

퇴원한 후 라과디아는 노리스와 협의하기 시작했고, 신문기자들에게 의회 내의 진보파 의원 15명 내지 18명은 균형추의 역할을 활용하여 실업보험, 반금지명령 법안, 머슬 쇼울스 법안이 통과되도록 노력할 것이며, 의원 100명의 서명만으로 상임위원회에서 사장되는

7 1931. 3. 10, 라과디아 문서.
8 *Ibid.*

법안을 부활시킬 수 있도록 하원 의사규칙을 개정하겠다고 말했다.[9]

뉴욕 타임스의 아래 기사는 재미있는 필치로 진보파 의원 그룹의 영향력을 낮게 평가하고 있지만 난처한 감정을 숨기지 않고 있다 :

> 진보파 의원들이 회동하지 않으면 그 주는 더할 수 없이 단조롭고 달력에는 표시할 사건이 없어 빈칸만 남는다. 그러므로 위스컨신 출신의 진보적 공화당 의원 여덟 명과 우리 주 출신의 라과디아 의원과 크베일 의원, 그리고 농민-노동자당 의원 등 다른 여섯 의원들이 함께 모여 담소를 나눈다는 것은 좋은 소식이다. 초청받은 의원이 빠짐없이 참석한다고 가정했을 때 이 열네 분은 제72대 의회가 따라야 할 방향을 제시할 것이다. 이분들의 친절을 의회는 마땅히 교훈으로 받아들여야 할 것이다.[10]

노리스와 라과디아는 새로 구성되는 의회에서 상원과 하원의 협력을 다짐했다.

노스다코타 출신 공화당 상원의원 린 프레이지어의 사무실에서 의회 안팎의 진보진영 인사들이 모였다. 노먼 토머스, 벤저민 마쉬, 화해동지회(Fellowship of Reconciliation), 미국시민자유연맹, 평화와 자유를 위한 여성연맹(Women's League for Peace and Freedom)의 대표들이 이 모임에 참석했다.[11] 참석자들은 의회가 지체없이 특별회기를 열도록 요구하기로 뜻을 모으고 대표가 하원의장 롱워스를 찾아가

9 뉴욕 타임스, 1931. 3. 24.
10 *Ibid.*, 1931. 10. 29.
11 뉴욕 헤럴드 트리뷴, 1931. 3. 24.

이런 뜻을 전달했다. 라과디아는 이렇게 말했다 : "우리는 지금 전쟁만큼 심각한 위기의 한가운데에 있습니다. 6백만 실업자의 구제는 정치가의 어떠한 개인적 행운보다도 훨씬 중요합니다. 우리의 목적은 행동을 요구하는 것입니다 … ." 진보파는 30억 달러 예산의 공공사업을 시작하고 정부와 지방자치단체가 각기 5백만 달러를 투입하여 구호활동을 벌이는 문제를 다루기 위해 특별회기가 필요하다고 주장했다.[12]

진보파 의원들의 롱워스에 대한 요구는 이때가 마지막이었다. 이 연로한 공화당 정객은 몇 주 후에 폐렴으로 사망했다. 그들은 하원의장 선출을 두고 다시 한 번 균형추 역할을 미끼로 활용하여 진보적인 법안에 대한 지지를 유도해내기로 뜻을 모았다.[13] 이것은 라과디아가 다시 공화당의 분노의 표적이 되고 그의 이름이 샘 쾨니히의 생일을 축하하는 뉴욕 카운티 공화당위원회 모임의 초청자 명단에서 분명하게 빠지게 됨을 의미했다. 데일리 뉴스지의 편집자 로웰 림프스는 라과디아와 공화당의 "완전한 결별"이 임박했다고 썼다.[14]

의회가 개원 준비에 들어간 1931년 11월, 진보파 의원들이 모임을 갖고 하원 의사규칙 개정운동을 시작하겠다고 발표했다. 라과디아와 미네소타 출신 폴 크베일 의원은 상임위원회가 법안의 심의를 보류하고 있을 때 법안을 바로 본회의에 상정하기 위해서는 218명의 의원이 서명해야 한다는 규정을 100명의 서명으로 낮추도록 개

12 *Ibid.*
13 뉴욕 데일리 뉴스, 1931. 4. 14.
14 *Ibid.*, 1931. 5. 11.

정하겠다고 말했다.[15] 이번에는 진보파 의원들의 전법이 먹혀들어가 하원 의석 수의 1/3인 145명이 서명하면 상임위원회를 거치지 않고 본회의에 상정되도록 의사규칙이 개정되었다.[16]

72대 의회의 개원과 함께 라과디아는 하원 내 진보파 그룹의 리더 자리를 굳혔다. 로버트 앨런은 워싱턴으로부터 다음과 같은 기사를 썼다 : "새로 구성된 하원에서 눈에 띄는 변화 가운데 하나이자 가장 중요하고도 극적인 변화는 호전적인 진보파 지도자의 등장이다." 앨런은 라 폴레트의 사망 이후 의회 내 진보파는 분열되었는데 1930년이 되자 "상하 양원을 통틀어 가장 재치 있고 독립적인 인물이 나서서 하원의 진보적 그룹의 확실한 리더 역할을 맡게 되었다"고 평했다. 또한 앨런은 결과적으로 후버의 거부권 행사로 무산되기는 했지만 라과디아가 "혼자 힘으로" 와그너 법안을 통과시켰다고 말했다.[17]

라과디아는 형식상으로는 아직도 공화당원이었다. 뉴욕 타임스지는 이와 관련하여 재미있는 기사를 실었다 : 한 동료 의원이 라과디아에게 "당신의 당은 기업에 보조금을 지급하는 안을 지지합니까?"라고 묻자 라과디아가 "어느 당을 말씀하시는 겁니까?"라고 반문했다.[18] 1932년 봄이 되자 후버 행정부를 향한 라과디아의 줄기찬 공격이 성과를 보이기 시작했다. 라과디아는 머슬 쇼울스 사업 법안, 판매세 법안, 하원 의사규칙 개정 등의 이슈에서 승리했다. 양당 모두

15 뉴욕 타임스, 10. 25.
16 뉴욕 헤럴드 트리뷴, 1931. 11. 23.
17 워싱턴 타임스, 1931. 12. 11.
18 1932. 3. 27.

가 라과디아의 힘을 심각하게 받아들이지 않을 수 없었다. 헤이우드 브라운은 한 칼럼에서 이러한 상황을 훌륭하게 묘사했다 :

> 하원의 진정한 리더십은 한 의원의 손 안에 있다. 그는 그러한 지위를 전적으로 자신의 추진력만으로 일구어냈다. 주류 공화당원은 그의 정치적 견해에 동조하지 않는다. 여러 사람이 보기에 그는 양의 탈을 쓴 사회주의자이다. 현재 그는 온갖 반대에도 불구하고 영향력과 설득력 면에서 의회 전체에서는 아닐지 모르나 하원에서는 가장 강력한 위치를 지키고 있다. 이쯤 말하면 누구인지 당연히 짐작하겠지만 내가 말하는 그 사람은 피오렐로 라과디아 의원이다.[19]

브라운은 보수적인 어느 상원의원이 그에게 개인적으로 해준 얘기를 인용했다 : "우리가 싸워야 할 상대는 라과디아란 사실을 명심하고 있다. 그는 언제나 일에 몰두하고 있으며, 워싱턴에서 분명한 정치철학을 갖춘 몇 안 되는 인물 가운데 한 사람이다." 브라운은 라과디아가 "급진주의 조직을 대표하는 인물이 아님에도 불구하고" 그의 철학은 급진적이라고 말했다.

또한 브라운은 라과디아가 여러 기회에 정치적인 용기를 보여주었다고 평했다. 브라운은 그가 판매세 도입을 반대하여 공화 · 민주 양당의 지도부와 싸움을 벌였고, 이 제도의 실질적 입안자인 윌리엄 렌돌프 허스트와도 맞섰다고 지적했다. "이러한 무모한 행동 때문에 라과디아가 대가를 치르게 될 것임은 의심의 여지가 없다. … 지금부터 모든 거물들이 그를 노리고 있을 것이다. … 잘한다 라과디아!"[20]

19 뉴욕 헤럴드 텔리그램, 1932. 5.

1932년, 뉴욕의 더위가 수그러들 무렵 '보상금 군대' (Bonus Army)도 뿔뿔이 흩어져 고향으로 돌아가고 선거철이 다가오자 라과디아는 민주당의 상승세가 드러나고 있음을 간파했다. 지난번 선거에서 힘겹게 이긴 경험을 잊지 않고 있던 라과디아는 민주당과 공화당 양쪽으로부터 후보 지명을 받는다는 대담한 구상을 실현하기 위해 움직이기 시작했다. 그는 로버트 F. 와그너, 윌리엄 그린, 존 루이스의 지원에 고무되어 있었다. 그는 그린포인트의 민주당 지도자 존 맥쿠이(John McCooey)를 찾아가 이런 답변을 들었다 : "라과디아 씨, 당신이 의회로 돌아갈 수 있도록 노력하겠습니다. 당신이 뉴욕 시에서 떠나 있다면 어느 곳이든 좋습니다."[21] 맥쿠이의 답변은 중앙 정치무대는 공화당이 차지하고 태머니는 뉴욕 시를 주무른다는 양당의 "신사협정" 정신을 그대로 반영한 것이었다. 그러나 라과디아가 민주당의 지지를 확보할지 최종적인 결정은 태머니 홀에서 내려져야 했고, 태머니의 보스 지미 하인스는 그의 요청을 거절했다.[22] 민주당은 엔지니어이자 변호사이며 그 전해에 뉴욕 시의회 의원으로 당선된 제임스 란제타(James Lanzetta)를 후보로 지명했다.[23] 라과디아는 그의 생애에 가장 힘든 선거운동을 준비했다.

지금까지도 그랬지만 라과디아는 돈이 없었다. 그는 지지자들의 열의만 믿고 임대 아파트의 길고 가파른 층계를 올라가 경제불황

20 *Ibid.*
21 쿠네오, *op. cit.*, 147-149.
22 쿠네오가 지적한 바 있지만, 역설적이게도 이 거절로 인해 라과디아는 뉴욕시장 선거에 도전하게 되고 하인스는 교도소로 가게 된다.
23 뉴욕 타임스, 1932. 8. 24.

으로 고통받는 이스트 할렘의 주민들과 얘기를 나누었다. 1932년 11월 21일, 스타 카지노에서 열린 라과디아의 연례활동 보고회에는 5천 명이 넘는 청중들로 빈틈 없이 메워졌고, 입장하지 못한 천여 명은 바깥 거리에 서 있었다. 그는 금주령 문제를 간단히 언급한 후 연설의 대부분을 경제불황 문제를 언급하는 데 할애하면서 근본적인 "경제재조정대책"의 한 부분으로 노동일수의 단축을 주장했다.[24)]

노동자들이 라과디아의 편에 섰다. 윌리엄 그린은 "라과디아 의원만큼 진실하고 헌신적으로 봉사한 의원은 없다"는 기사를 썼다.[25)] 24개의 철도노조가 라과디아 지지를 선언했고 프랭클린 루즈벨트의 대통령 선거참모이던 노동자지의 편집자 에드워드 키팅이 제20선거구의 노조집회에 나와 라과디아를 지지하는 연설을 했다.[26)] 전국의 진보진영 인사들이 그를 당선시켜 줄 것을 호소했다. 노리스는 격려 편지에서 "어려운 조건과 전례가 없는 환경 하에서 평범한 시민을 위해 봉사한 귀하는 정직한 정부와 진보적인 입법부에서 앞장서 가는 지도자의 한 사람이 되기에 충분하다"고 썼다.[27)] 하이럼 존슨도 지지 의사를 밝혔다.[28)]

1932년의 선거에서 길모퉁이 선거운동의 양상은 바뀌었다. 마이크와 확성기가 옛날식 비누상자 연단을 대체했다. 그래서 라과디아는 길모퉁이에서든 더 많은 사람들을 만날 수 있었다. 렉싱턴 대

24 *Ibid.*, 1932. 9. 22.
25 *Ibid.*, 1932. 10. 4.
26 뉴욕 이브닝 저널, 1932. 10. 4.
27 뉴욕 월드 텔리그램, 1932. 10. 27.
28 홈 뉴스(*Home News*), 1932. 10. 28.

로와 106번가가 만나는 모퉁이에서는 2천 명의 군중이 모여 실업보험에 대한 라과디아의 연설을 들었다. 그는 이렇게 외쳤다 : "그것을 시혜라고 부르건 다른 무엇으로 부르건 상관없습니다. 그런 명칭 때문에 여러분들이 저를 겁낼 필요가 없게 될 것입니다. … 경제적 안정이 없이는 정치적 자유나 보통선거도 아무런 가치가 없습니다." 라과디아는 새로운 경제환경 하에서는 주당 34시간 노동제가 필요하다고 말했다. "경제제도는 그것에 맞추어 조정되어야 합니다. 사람들은 가난을 거부할 것입니다."[29]

1924년 이후로 선거 때마다 점점 더 중요한 역할을 맡아오면서 라과디아의 절친한 친구가 되었고 또한 라과디아의 숭배자이기도 했던 비토 마크안토니오가 이번 선거에서도 지휘를 맡았다. 그는 1926년에는 유니버시티 하이츠에 있는 라과디아의 아파트에 함께 살면서[30] 라과디아가 워싱턴에 머무르는 동안에는 지역의 정치조직을 철저하게 관리했다. 1932년 선거에서 "마크"와 함께 일했던 에르네스트 쿠네오는 그를 "내가 만나본 중에서 가장 뛰어난 친구, 상대가 누구이건 공격해 오는 정치적인 펀치는 남김 없이 반격해낼 수 있는 인물이었다. 그는 정말로 강인한 친구였다"고 평했다.[31]

훗날 쿠네오는 1932년에 라과디아와 함께 했던 시기를 회상하면서 이렇게 말했다 : "나는 그해의 대부분을 그와 함께 보냈다. 빈틈 없고, 지식이 풍부하고, 직관력이 뛰어나고, 계산된 기교를 잘 활

29 뉴욕 월드 텔리그램, 1932. 10. 22.
30 미리엄(Miriam) 마크안토니오와의 인터뷰, 1956. 8.
31 쿠네오, *op. cit.*, 155–156.

용한다는 면에서 그를 능가할 정치인은 앞으로 나오지 않을 것 같다. 큰 전략에서 소소한 논쟁에 이르기까지 그는 언제나 철저한 준비가 되어 있었다."[32] 쿠네오는 라과디아의 유권자들이 거리 모퉁이 모임에서 던지는 질문들을 듣고서 그들이 당시의 정치적 이슈에 대해 놀라울 만큼 정확한 정보를 갖고 있음을 확인할 수 있었다. 라과디아는 자신의 지역구인 빈민가 주민들을 알고 있었고, 그들의 지성을 결코 과소평가하지 않았으며, 사실을 정확하게 제시해 주면 유권자들이 지적인 선택을 한다는 기본 전제를 바탕으로 선거운동 전략을 세웠다. 쿠네오는 다음과 같이 기록했다 :

> 피오렐로는 선거운동 기간 내내 결코 지치지 않는 발동기였다. 그를 만나려는 사람들이 줄을 섰고, 그는 한 사람도 빠지지 않고 만났다. 그는 아무리 사소한 것이라도 빠짐없이 메모했다. 그러면서도 그의 연설은 세세한 문제에서부터 근본적인 이슈에 이르기까지 예고도 없이 자유자재로 넘나들었다. 그는 언제 어디서나 단 한 번에 우리에게 용기와 희망과 영감을 불어넣어 주었다.[33]

민주당의 거물급 인사들이 태머니에게 라과디아를 당선시키라고 압박했다. 콜로라도 출신 상원의원 에드워드 코스티건과 프랭클린 루즈벨트를 지지하는 전국 진보연맹(National Progressive League for Franklin D. Roosevelt)의 간사 프레더릭 하우가 라과디아 지지 편지를 보냈다. 노동계 대표로 루즈벨트 선거운동 본부에 참여한 에드워

32 *Ibid.*, 151–152.
33 *Ibid.*, 171.

드 맥브레디가 라과디아의 선거운동 조직 밖에서 도움을 주고 있었다.[34)]

선거일이 다가오면서 사람들의 감정이 달아올랐고 선거운동 기간 마지막 주에 폭력사태가 발생했다. 라과디아가 푸에르토리코인 거주지역인 메디슨 대로와 113번가가 만나는 곳에서 연설하고 있을 때 근처 건물 지붕으로부터 벽돌과 병이 날아들어 청중 가운데 두 명이 다쳐 병원으로 옮겨졌다.[35)] 라과디아의 개인 경호대—충직한 기본네—가 범인을 잡으러 지붕으로 달려갔고 집회는 싸움판으로 변했다. 또 다른 거리 집회에서는 건물 지붕으로부터 유모차가 날아와 확성기를 싣고 있던 차 위에 떨어졌다.[36)]

쿠네오는 선거 전날 밤에 있었던 라과디아의 마지막 연설의 "잊지 못할 광경"을 다음과 같이 기록하고 있다 :

> 마지막 연설 집회는 라과디아에게는 행운의 길모퉁이라고 할 수 있는 렉싱턴 대로와 116번가가 만나는 곳에서 열렸다. 선거운동의 피날레는 하나의 거대한 의식이었다. 수천 명이 서로 손을 잡았다. 이런 행동은 라과디아가 그들의 대변인일 뿐만 아니라 인도주의의 대변인임을 믿는 마음의 표시였다. 이 집회에는 일종의 종교적인 경건함이 감돌았다. 피오렐로는 한마디 한마디에 자신의 영혼을 담았다. 그의 인격과 모든 재능이 이보다 더 감동적으로 표현될 수는 없었다. 그는 달려나가는 사자였다. 그가 연설을 마치자 어디선가 높은 곳으로부터

34 뉴욕 이브닝 저널, 1932. 10. 22.
35 뉴욕 선, 10. 27 ; 뉴욕 헤럴드 트리뷴, 1931. 10. 27.
36 쿠네오, *op. cit.*, 166.

서치라이트가 그를 비추었다. 마지막에 군중은 여리고 성을 무너뜨리듯 함성을 질렀다.[37]

선거는 완벽하게 민주당과 민주당의 역동적인 대통령 후보의 차지였다. 프랭클린 루즈벨트는 1920년대를 지배했던 공화당의 거대한 아성을 무너뜨렸다. 루즈벨트는 2,200만 표를 얻어 1,500만 표를 얻은 후버를 이겼고 42개주에서 선거인단의 표를 쓸어갔다.[38] 제20선거구에서는 루즈벨트 지지표가 2만 표나 더 많이 나왔다. 이런 가운데 공화당 후보로 나온 라과디아가 겨우 1,200표 차이로 졌다는 것은 기적에 가까운 일이었다.[39]

선거가 끝난 후 뉴욕 타임스의 사설 제목은 "성가신 쇠파리의 퇴출"이었다.[40] 이 신문은 라과디아는 "여러 면에서 하원의 인상적인 지도자였다. 그의 영향력을 이용하려는 그룹이 많았고 하원은 그의 말대로 움직였다"고 썼다. 사설은 그의 패배가 "그가 열변을 토할 때 대응할 수 없었거나 두려워했던 사람들에게는 안도의 원천이 될 것"이라고 지적했다. 그의 적대자들로서는 이제는 더 이상 "그의 거대한 에너지와 성실함"에 맞설 필요가 없게 되었다.[41] 전국에서 그의 패배를 슬퍼하는 지지자들의 편지와 전보가 쇄도했다.[42]

37 *Ibid.*, 173.
38 필(Roy V. Peel)과 도넬리(Thomas C. Donnelly), *The 1932 Campaign : An Analysis*(뉴욕, 1935), 215.
39 란제타 16,326표, 라과디아 15,051표, 사회당 후보 포스(Porce) 464표, 뉴욕 타임스, 1932. 11. 10.
40 *Ibid.*, 1932. 11. 15.
41 *Ibid.*

그러나 보다 큰 국가적인 시각에서 본다면 라과디아의 패배는 고무적인 상황 가운데 하나의 작은 오점에 불과했다. 진보적인 정책을 내건 민주당 후보가 대통령이 되었다. 프랭클린 루즈벨트는 "새로운 정책"을 표방했고, 그것을 충실히 실행할 의지를 갖고 있었다. 또한 의회는 승리자들이 의석에 앉기까지 3개월 동안의 레임덕 회기가 남아 있었다. 라과디아는 실망감을 억누른 채 전통주의의 성벽을 부술 마지막 의회 연설을 준비했다.

1932년 12월의 레임덕 회기는 3천여 명의 실업자들이 워싱턴 시내에서 벌인 "기아 행진"과 함께 시작되었다. 시위자들을 조직하고 지도하는 데는 공산주의자들이 많은 역할을 한 것이 분명했지만, 시위참가자들이 진정한 불만을 갖고 있었다는 점도 부인할 수 없었다. 다수의 흑인들이 포함된 시위대는, 뉴욕 타임스의 표현을 빌리자면 "워싱턴의 기록상 가장 삼엄한 경찰의 감시 아래"[43] 수도 한복판을 6마일이나 행진했다. "감시"란 용어는 실상은 완곡한 용어일 뿐이었고, 경찰은 시위대를 막다른 길로 몰아넣고 경찰봉과 최루탄으로 진압했다. 시위대의 대표가 부통령 커티스와 하원의장 가너에서 실업보험법을 제정하고 실직 가구에게 겨울을 날 식량과 연료를 마련하도록 50달러씩의 직접구호금을 지급해달라는 청원서를 전달했다.

라과디아는 워싱턴 경찰의 "기아 행진" 대처방식을 비난하고[44]

42 1932. 11. 라과디아 문서.
43 1932. 12. 7.
44 워싱턴 뉴스, 1932. 12. 7.

하원 발언에서 일부 경찰 간부들이 "겁을 먹은" 탓에 "과장된" 사전 경고를 보냈다고 주장했다. 또한 그는 시위와 행진을 공산주의자들이 지원한 것은 사실이지만(자신은 공산주의자들의 철학과 방식에 동의하지 않는다고 강조했다) 헌법이 보장한 청원권은 정치적 신념에 관계없이 모든 집단에게 적용되어야 한다고 말했다. 그는 1,200만 내지 1,300만의 실업자가 있다는 것은 그 가족까지 고려한다면 적게는 3,600만, 많게는 4,000만의 인구가 고통을 겪고 있음을 의미한다고 강조했다. 라과디아는 "실업사태는 경찰의 진압봉으로는 해결되지 않는다"고 말했다.[45]

라과디아는 실업사태를 해결하기 위해 경찰 진압봉이 아닌 다른 수단이 무엇인지를 알려줄 준비가 되어 있었다. 뉴욕에서 열린 산업민주주의 연맹(League for Industrial Democracy)의 오찬 모임에 맞춰 워싱턴에서 보내는 무선연설을 통해 그는 "금융제도의 붕괴를 유발한 소수 특권계급"을 맹렬하게 비난하고 "그들을 위한 경제제도의 붕괴"는 그들의 실패에 대한 증거라고 지적했다. 다름 아닌 이들 소수 특권계급이 경제제도를 바로 잡으려는 입법활동을 막기 위해 위헌성 시비를 유발했지만, 주의 권리나 다른 어떤 헌법적 장애도 경제발전을 막는 수단으로 허용되어서는 안 된다고 그는 주장했다.[46]

라과디아는 불황을 타개하기 위한 전국적인 대책과 지역적인 수준의 활동을 결합시키려 시도했다. 그는 뉴욕의 긴급고용구제위원회와 실직한 봉제 노동자들을 연결시켰다. 위원회는 면포 과잉재고

45 의회 의사록, 72 : 2, 1932, 12. 7, 134–135.
46 뉴욕 타임스, 1932. 12. 11.

를 사들여 봉제 노동자들에게 제공하여 옷을 만들도록 했다. 이런 방식을 통해 수천 명의 뉴욕 시민이 8주에서 10주 동안 일자리를 가질 수 있었다.[47]

라과디아는 산업민주주의 연맹에게 "증권거래소가 농민과 산업 노동자를 오랫동안 분리시켜 놓았다"고 말했고,[48] 그 다음달에는 의회에서 자신은 편협한 도시지역 이익의 대변자가 아님을 실제로 보여주었다. 농업지역 출신 의원 그룹이 농민구제 입법이 필요하다는 사실을 공화당 행정부에 인식시키려는 10여 년에 걸친 활동이 정점으로 치닫고 있었다. 1933년 1월에는 면화, 밀, 담배, 돼지를 경작하거나 사육하는 농가가 자발적으로 경작면적과 사육두수를 20% 줄이면 보조금을 지급한다는 "경작할당 계획"이 이슈가 되어 있었다.[49] 보조금은 농산품 가공세를 징수하여 지급할 계획이었다. 이 계획은 훗날 제정되는 농업조정법(Agricultural Adjustment Act)의 예고편이었다. 도시지역 출신 의원들은 대체적으로 이 법안에 반대하는 편에 섰고, 그 대표격인 펜실베이니아 출신 베크 의원은 이 계획이 스탈린의 농업정책과 유사하다고 주장했다.[50]

라과디아는 장시간 열정적인 발언을 통해 이 계획을 지지했다. 그는 후버의 선거운동 연설을 인용하면서 후버의 정책과 이 계획 사이에는 방법론의 차이가 아니라 근본적인 철학의 대립이 개재되

47 의회 의사록, 72 : 2, 1932, 12. 19, 712.
48 뉴욕 타임스, 1932. 12. 11.
49 이 계획에 관해서는 블랙(John D. Black), *Agricultural Reform in the Unites States*(뉴욕, 1929), 271–301에서 자세하게 다루고 있다.
50 워싱턴 포스트, 1933. 1. 11.

어 있다고 지적하고, 나아가 "거친 개인주의"란 이념을 날카롭게 공격했다.

> 우리의 경제체제, 공업체제, 농업체제가 개인성을 파괴해 놓았는데 어떻게 개인의 균등한 기회를 말할 수 있습니까? … 균등한 기회, 형평, 공정한 거래라는 미국적 체제와 품위 있게 살 수 있는 권리를 보존하고자 한다면 우리는 당연히 효용을 다한 경제체제를 대대적으로 바꾸어야 합니다. … 경제적 · 산업적 조건이 시민으로부터 개인성의 외형을 모두 박탈했다고 해서 우리는 개인을 포기할 수는 없습니다. 유일하게 남아 있는 개인성의 외형이라고 한다면 개인이 산업체제 내에서 위치를 상실했을 때, 농민이 증권시세표와 농업기계화 때문에 자신의 터전을 파괴당했을 때 당면하게 되는 고통과 빈곤밖에 없습니다.[51]

라과디아는 편협한 지역적 견해를 버리고 과거 그 어느 때보다도 강력하게 농민을 옹호했다. 그는 농업보조금이 도시지역의 물가상승을 유발한다 할지라도 높은 가격은 번영을 위해 필요하므로 이 법안을 지지한다고 말했다. 물가가 오르면 노동자는 어떻게 해야 할까? 라과디아는 단호하게 말했다 : "임금인상을 요구해야 합니다." 은행, 공장, 철도 회사는 정부의 지원을 받게 되었다. "그렇다면 농민은 왜 안 됩니까?"[52]

매사추세츠 출신 로버트 루스 의원이 이 법안은 "소수"에게만 혜택을 준다고 비판하자 라과디아는 또 다른 소수인 기업집단의 책

51 의회 의사록, 72 : 2, 1933, 1. 10, 1489-1493.
52 *Ibid.*

임을 물음으로써 이렇게 반박했다 : "루스 의원님, 그들도 소수입니다. 그들은 오랫동안 계급적 입법의 혜택을 받아온 소수집단입니다. 이 나라의 부를 소유한 소수가 나라를 망쳤지 식량을 생산하는 소수가 나라를 망치지 않았습니다." 그는 확신에 찬 예측을 내놓았다 : "매사추세츠에서 오신 동료 의원에게 말씀드리고 싶은데, 우리는 이 나라의 금융과 부를 소유하고 통제하는 사람들로부터 오만함을 걷어내야 할 시점에 와 있습니다. 지금까지는 그들이 통제해 왔다고 한다면 이제는 그들이 통제받아야 할 때입니다."[53]

라과디아는 자발적 경작할당 계획이 결함이 있음을 솔직하게 인정하고 보다 과감한 대책의 뒷받침이 없으면 이 계획은 진정한 효과를 낼 수 없을 것이라고 말했다. 그는 사석에서 동료 의원들에게 단도직입적으로 말하자면 "농산품 과잉생산 문제는 고정가격제를 도입하는 직접적인 해법을 선호하지만 … 헌법조항을 좇아 사고하는 습관 때문에 말을 꺼내지 못하는 의원들이 많다"고 말했다. 그렇더라도 현재의 계획은 받아들일 만하다는 게 그의 생각이었다.[54] 농업보조금 법안은 하원에서 204 : 151로 가결되었지만[55] 상원에서는 부결되었다.[56]

53 *Ibid.*
54 *Ibid.*
55 의회 의사록, 72 : 2, 1694.
56 러셀 로드(Russell Lord), *The Wallaces of Iowa*(보스턴, 1947), 311은 농민들의 입장에서 레임덕 회기의 성과를 "슬픈 쇼"라고 평가하고 있다. 로드는 "얽히고설킨 논쟁 가운데서 농민구제를 통해 보편적 복지를 지속시켜야 한다는 원칙을 제대로 파악하고 설득하여 관철시킨" 공적은 마빈 존스(Marvin Jones)와 라과디아에게 돌아가야 한다고 평가한다.

농업보조금 법안을 두고 루스 의원과 논쟁을 벌이는 과정에서 라과디아는 전부터 몇 차례 밝힌 적이 있는 국가적 경제계획에 대한 소신을 분명하게 밝혔다. 루스가 "계획"이란 용어를 사용해서는 안 된다고 지적하자 라과디아는 굽힘 없이 반박했다 : "정부의 적절한 감독 하에 행해지는 미래의 생산계획은 우리 가운데 일부가 구상하고 있는 경제 재조정의 필요한 요소입니다."[57]

금주령을 철폐하려는 오랜 싸움을 마무리하려는 움직임이 레임덕 회기 동안에 일어났다. 1932년 12월, 양원이 수정헌법 제21조를 헌법이 규정한 2/3 이상 찬성으로 가결시키자 라과디아는 만세를 불렀다. 그는 "의회는 이제부터 의견대립도 적을 뿐만 아니라 훨씬 중요한 경제문제에 관심을 집중할 수 있게 되었다"고 말했다.[58]

불황은 도시주민의 고통뿐만 아니라 농민의 헤어나기 어려운 문제—농산품 가격이 수직으로 하락하는 시기에 부채를 갚아야 하는—를 한꺼번에 노출시켰다. 라과디아는 두 집단의 고통을 동시에 덜어줄 수 있는 해법으로서 모든 이자율을 3% 이내로 제한하는 방안을 제시했다. 그는 복잡한 논리를 단순한 표현을 사용하여 설파했다 : "그래야 은행가들이 이해할 수 있습니다."[59] 동료 의원들은 폭소를 터뜨렸지만 그의 제안은 예산결산위원회에서 발목이 잡힌 채 회기는 끝이 났다.

레임덕 회기 동안에 대초원지대 출신 의원들은 경매 망치소

57 의회 의사록, 72 : 2, 1933. 1. 10, 1489–1493.
58 *Ibid.*, 1933. 2. 20, 4514.
59 *Ibid.*, 1932. 12. 7, 995.

리가 날 때마다 집과 땅을 빼앗기고 있는 수많은 농민들의 부담을 덜어주기 위해 라과디아보다도 더 끈질기게 싸웠다. 대출금을 갚기 위해 몇 년 동안이나 허리띠를 졸라매고도 결국 대출기한 조기종결로 집과 농토를 날리는 비참한 얘기를 들려주는 편지가 전국 각지로부터 라과디아에게 날아들고 있었다. 그는 2월 초에 의회 발언에서 농민들의 문제는 소수에게 토지가 집중되는 보다 근본적인 문제와 함께 다루어야 한다고 지적했다. 라과디아는 불황이 "새로운 모리배 계급, 대중의 고통을 이용해 차근차근 이 나라의 자산을 거머쥐는 소수 집단을 만들어냈고, 대출기한 조기종결은 곧 소수의 손에 이 나라의 재산이 집중되고 있음을 의미한다"고 말했다.[60]

신문에는 보안관의 재산압류에 저항하는 농민들의 얘기가 흘러넘쳤다. 라과디아는 최근에 대출기한 조기종결에 저항한 아이오와의 농민들은 보스턴 티파티에 가담한 사람들과 마찬가지로 정당한 명분을 위해 불법행위를 저질렀다고 옹호했다. 그는 지난 회기에 발효된 주택자금 대출은행법이 주택 소유자에게 아무런 도움을 주지 못하고 있다고 비난했다. "지금까지 구제받은 사람은 돈을 빌려준 사람, 고리대금업자들뿐입니다."[61]

그는 대량의 담보자산을 보유한 프루덴스 컴퍼니 오브 뉴욕을 오랫동안 조사해 왔고, 이 회사가 재건금융공사로부터 1,800만 달러의 대출을 받았으며 "전국에서 가장 폭력적인 사체업자이자 가장 비열한 고리대금업자"라는 사실을 알아냈다. 라과디아는 전국 방방곡

60 *Ibid.*, 1933. 2. 3, 3321–3323.
61 *Ibid.*

곡에 95억 달러의 담보대출을 해준 이 회사는 연리 2-3%로 재대출을 해주어야 한다고 말했다. 한 의원이 사업가는 연리 2%로는 담보대출을 해줄 것 같지 않다고 말하자 라과디아의 답변은 이랬다 : "자본가들이란 돈을 투자하지 못한다고 해서 먹어치우지는 않습니다."[62]

라과디아의 이러한 철학과 구상을 실제 법령으로 구체화하는 일을 도와줄 훌륭한 지원자가 가까이에 있었다. 아돌프 베를리 2세(Adolf A. Berle, Jr.)가 워싱턴에 머물고 있었다. 베를리는 루즈벨트가 취임선서를 하기 전에라도 서둘러 '뉴딜'을 가동하는 데 필요한 법안을 통과시키기 위해 루즈벨트 행정부가 파견한 선발대의 책임자였다.[63] 컬럼비아 대학의 젊은 교수 베를리는 프랭클린 루즈벨트 "두뇌집단"의 초기 구성원이었고, 그가 최근에 쓴[가디너 민스(Gardiner Means)와 공저] 『현대기업과 사유재산』(*The Modern Corporation and the Private Property*)을 라과디아는 깊은 관심을 가지고 읽었다.

워싱턴에 도착한 후 베를리는 하원의장이자 부통령 당선자인 존 가너를 찾아가 루즈벨트의 정책을 법제로 뒷받침하는 문제에 관해 자문을 구했다. 가너는 "하원이 무엇인가 하도록 움직일 수 있는 의원은 한 사람밖에 없다"고 알려주었다. 그 사람이 라과디아였다. 베를리는 리과디아를 찾아갔고, 두 사람은 회기가 끝날 때까지 긴밀

62 *Ibid.*

63 마리 피셔 라과디아는 라과디아와 베를리가 레임덕 회기 동안 함께 일했으며, 라과디아와 루즈벨트는 루즈벨트가 소아마비로 투병하고 있던 1920년대에 서로 알게 되었다고 전한다. "루즈벨트는 워싱턴으로 내려올 때면 컨티넨탈 호텔에 머물렀다. 피오렐로는 그 무렵 그 호텔에서 생활하고 있었다"(구술사 프로젝트, 컬럼비아 대학).

하게 협력했다. 베를리는 처음에는 "혼돈 그 자체인" 레임덕 회기에 경악했으나 라과디아를 만나자 "액체 다이너마이트 한 병"을 발견했다.[64)]

라과디아와 베를리는 컬럼비아 대학 입법기초조사소의 연구 결과를 바탕으로 하고 코델 헐의 자문을 받아 대출기한 조기종결의 홍수를 멈추게 할 법안을 설계했다.[65)] 법안의 핵심 내용은 정부가 2억 달러의 기금을 출자하여 농장 및 가계 신용은행(Farm and Home Credit Bank)을 설립하고 이 은행이 농장과 주택을 담보로 한 대출금을 상환할 새로운 대출금을 연리 3%로 빌려주는 것이었다.[66)] 이 제안은 하원 금융위원회에 제출되었으나 회기가 끝날 때까지 방치되었다.

라과디아와 베를리가 레임덕 회기 동안에 협력하여 만들어낸 법안 하나는 성공했다. 연방 파산법 수정안이 통과되었고, 이에 따라 채무자가 법원에 청원하면 연방판사의 결정으로 채무상환 기간을 연장할 수 있게 되었다. 또한 파산한 철도 회사의 구조조정도 채권은행을 배제하고 주간통상위원회가 지명하는 신탁관리인이 맡도록 바뀌었다. 3월 1일, 은행의 공황상태는 최고조에 이르렀고, 전국에서 문을 닫는 은행이 속출했다. 이날 라과디아는 하원에서 다음과 같이 연설했다 :

64 아돌프 베를리, NBC 라디오와의 인터뷰, 1957.
65 보도자료, 1933. 2. 18, 라과디아 문서.
66 뉴욕 타임스, 1933. 2. 19.

> 이제는 비밀도 아닙니다만 며칠 안으로 몇 개의 철도 회사가 관재인의 손에 넘어갈 것입니다. 이제 여러분이 선택해야 합니다. 이 철도 회사들의 운영과 구조조정과 재산관리를 회사를 망친 고리대금업자들의 손에 맡기겠습니까, 아니면 그 불한당들의 손아귀에서 회사를 빼내와 … 정부기관인 주간통상위원회의 통제와 감독 하에 두겠습니까?[67]

후버의 임기 마지막 날 파산법 수정안은 법률이 되었다.[68]

베를리를 위시한 '뉴딜'의 선발대와 함께 일하는 한편 1933년 2월 25일 라과디아는 경제위기 상황이 심각하므로 루즈벨트와 그의 각료들을 워싱턴으로 초청하여 물러나는 행정부와 즉시 함께 일하도록 하자는 제안을 의회에 내놓았다. 시간을 허비해서는 안 된다는 게 그의 주장이었다. 금융공황이 깊어가고 수백만의 미국인이 거리로 내몰리고 있는데 의회는 오전 회의, 오후 회의, 심야 회의를 열 준비를 해야 했다.[69] 의원들은 그의 제안을 주의 깊게 들었으나 아무런 행동도 하지 않았다.

회기 마지막 날까지도 라과디아는 시민자유연맹을 위해 충실

67 의회 의사록, 72 : 2, 1933. 3. 1, 5357–5358, H.R. no. 14,359.
68 이 법안의 문제점을 해결하기 위해 라과디아와 노리스가 긴밀하게 협력하고 있었다는 분명한 정황이 포착된다. 노동자지의 편집자 에드워드 키팅은 파산법 수정안의 문장표현에 문제가 있음을 알았다. 같은 조항이 상원에서 심의할 때 노동계약을 침해할 소지가 있다는 지적이 있었다. 라과디아는 이 부분을 논란의 소지를 만들지 않으려고 모호하게 표현했다. 기팅은 라과디아에게 달려가 이 점을 지적했고 노리스에게도 알렸다. 노리스는 문제의 표현을 수정하여 명확하게 표현했다(알프레드 리프, *op. cit.*, 410).
69 의회 의사록, 72 : 2, 1933. 2. 25, 5050.

한 감시견 역할을 했다. 그는 인권헌장을 침해할 소지가 있는 법안은 꼼꼼하게 들여다 보았다. 시민자유연맹 의장 로저 볼드윈은 혁명이념을 전파하는 행위를 처벌하고, 외국 국적의 공산주의자를 추방하며, 공산주의 활동을 조사하려는 법안과 관련하여 항상 라과디아와 긴밀한 연락을 유지했다. 라과디아는 볼드윈에게 회기 내에는 탄압적인 법안이 통과되지 않을 것임을 확신시켜 주었다.[70] 라과디아는 끝까지 톰 무니 구명운동에 대한 관심을 잃지 않았다. 회기 마지막 날 그는 프레몬트 올더와 링컨 스티펀에게 전보를 보내 중요한 입법활동 때문에 요청받은 대로 무니를 위해 캘리포니아로 갈 수 없다고 알렸다. 그는 전보의 마지막에 이렇게 덧붙였다 : "이곳에서도 어떤 방법으로든 돕겠음."[71]

국내문제가 위급한 상황에서도 라과디아는 외교문제를 소홀히 하지 않고 불황의 초기부터 위세를 떨치기 시작한 고립주의에 꿋꿋하게 맞섰다. 1933년 2월에 그는 런던에서 열린 국제금융과 경제에 관한 회의에 참가할 대표단의 예산 15만 달러를 배정하는 법안을 제출했으나 결과는 실패였다. 텍사스 출신 블랜튼 의원은 "미국은 당분간 자신의 문제에만 집중해야 한다"고 주장했다. 라과디아는 런던회의를 지지하는 반론을 펼쳤고, 그런 가운데 제1차 세계대전에 대한 자신의 평가가 분명하게 변했음을 드러냈다. 그는 블랜튼에게 이렇게 말했다 : "유럽과 거리를 두어야 할 때는 지금이 아니라 1917년이었습니다."[72]

70 라과디아가 볼드윈에게 보낸 편지, 1933. 2. 27, 라과디아 문서.
71 1933. 3. 3일자 전보, 톰 무니 문서, 캘리포니아 대학(버클리), 캘리포니아.

레임덕 회기는 1933년 3월 4일에 끝났다.[73] 프랭클린 루즈벨트가 취임선서를 하고 있을 때 피오렐로와 마리 라과디아는 수도를 떠날 준비를 하고 있었다. 패배의 고통을 어느 정도 덜어준 것은 11월 이후로 라과디아의 사무실 책상 위에 쌓이기 시작한 수많은 전보와 편지였다. 상원의원들, 광부들, 판사와 봉제 노동자들이 라과디아가 의회를 떠나는 데 깊은 유감을 표시하고 그가 어디를 가건 행운이 함께하기를 빌어주었다. 뉴욕으로 돌아가는 차 안에서 라과디아는 여러 가지 회한에 잠겼지만 한편으로는 새로운 행정부, 자신이 그토록 바랐던 "새로운 정책"이 나라의 앞날을 열어갈 것이란 기대감에서 위로를 얻었다.

72 의회 의사록, 72 : 2, 1933. 2. 20, 4533.

73 이때가 라과디아로서는 마지막 레임덕 회기였다. 1월에는 조지 노리스가 제출한 수정헌법 제20조를 비준했다. 라과디아는 수정헌법이 하원을 통과하는 데 중요한 역할을 했다(리프, *op. cit.*, 310–311 ; 노리스, *op. cit.*, 342).

Chapter. 19

피오렐로 라과디아의 의회활동 : 평가

"개혁의 시대"는 시기적으로는 대체로 지난 60년에 걸쳐 지속된 진보적 흐름의 시대인데, 연구자들이 이 시대의 두 정점이라고 할 진보주의 운동과 '뉴딜'에만 집중하다 보면 그 지속성을 간과하게 된다. 개혁의 시대가 역사가들이 인위적으로 획정한 이 두 정점만이 아니라 (이것까지 포함하는) 연속적 운동의 시대라는 사실은 1917-1933년 동안 의회활동을 통해 진보주의 운동과 '뉴딜'의 중요한 연결고리 역할을 한 라과디아의 행적으로 증명이 된다. 라과디아는 '수사슴'의 열기가 수그러들고 있을 때 의회에 들어갔다가 '뉴딜'이 시작될 때 의회를 떠났다. 이 시기에 오랜 시간을 그처럼 일관되게, 그처럼 열정적으로 진보적인 정치투쟁을 벌인 인물은 없었다. 걸출한 지도자가 눈에 띄지 않던 이 시기에 그는 지칠 줄 모르고 진보진영에 활력을 불어넣었다.

연대기적으로 볼 때 라과디아는 진보주의 운동과 '뉴딜' 운동의 과도기적 인물임이 분명하다. 정치적 이념이란 면에서 본다면 그의 위상은 좀더 복합적이다. 그는 도시 이민자 집단의 존재를 미국의 정치 지형에 투영시킨 새로운 진보주의의 등장을 알리는 전령이었고, 다른 각도에서 보자면 '뉴딜'의 척후병이요 정찰병이었다. 또 다른 시각에서 보자면 '뉴딜' 조차도 라과디아의 사상과 활동만큼 과감하고 모험적이지 못했다. '뉴딜' 의 예언자이면서 '뉴딜' 을 능가한 그의 양면적 면모에 대해서는 심도 있는 고찰이 필요하다.

진보주의 운동[1]의 특징인 고상한 중산층 개혁주의의 분위기를 점진적으로 탈피하고 '뉴딜' 연합의 핵심인 보다 직설적인 노동계급의 이념 쪽으로 옮겨간 흐름을 대표하는 인물이 라과디아였다. 진보주의 운동을 주도한 계층이나 '뉴딜'[2]을 주도한 계층이나 모두 중

1 진보주의 운동에 관한 최근 학계의 연구는 사실상 전부가 중산층 주도를 인정하고 있다. 호프스타터, *Age of Reform*, 5는 진보주의 운동은 1900년 이후의 농민 불만을 "사회와 경제의 개혁을 바라는 점증하는 중산층의 열의가" 확대되고 방향을 재설정한 사건이라고 정의한다. 이런 평가를 지지하는 저술로서는 다음과 같은 것들이 있다 : 조지 모우리(George Mowry), "The California Progressive and His Rationale : A Study in Middle Class Politics", *Mississippi Valley Hist. Rev.*, XXXVI(1949. 9), 239–250 : 윌리엄 로이히텐버그(William E. Leuchtenburg), *Mississippi Valley Hist. Rev.*, XXXIX(1952. 12), 483–504 ; 리처드 라비치(Richard Ravitch), "Progressive Reactions of 1912", *King's Crown Essays*, 1955년 겨울호 ; 해리 카먼(Harry J. Carman)과 헤럴드 사이렛(Harold C. Syrett), *A History of the Aemrican People*(뉴욕, 1952), 338–339. 여기서 문제가 되는 것은 이런 평가가 온당한지가 아니라 성격의 개념화가 의미를 갖느냐 하는 것이다. 주 4를 보라.

2 새뮤얼 루벨도 유사한 방식으로 '뉴딜' 의 성격을 개념화했다. 새뮤얼 루벨, *op. cit.*, 80은 "루즈벨트 혁명은 미국 정치의 전통적인 중산층 기반을 약화시킨 것이 아니라 강화시켰다"고 말한다. 같은 견해는 이보다 훨씬 앞서 아서 홀콤(Arthur N. Holcombe), *The New Party Politics*(뉴욕, 1933), 133에서도 나온다. 이와는 달리 밀스(C. Wright Mills), *White Collar : The American Middle Classes*(뉴욕, 1953), 351은 오늘날에는—밀스는 "오늘날"이 현대사의 어느 시점까지를 가리키는지 명확하게 밝히지 않고 있다—이 계층이 분화되어 있어서 "그들 사이에 공통의 정치적 운동을 추진하는 데 필요한 동질적 기반이 없었기 때문에" 중산층 정치운동이 일어날 수 없었다고 한다. 그러나 바로 이 이질성이 미국 정당의 특징이다. 밀스의 다른 평가는 상당부분 "정당", "운동", "중산층"이란 용어에 대한 분명한 정의가 없었던

산층이었지만 '뉴딜'은 상대적으로 노동운동과 강한 연계성을 갖고 있었다. 진보주의 운동 시기에는 '뉴딜'-CIO(Congress of Industrial Organization)의 관계에 비견할 만한 연대가 없었고, '뉴딜'은 노동계 지도자들과 긴밀하게 접촉했을 뿐만 아니라 전체 노동자들로부터 광범위한 지지를 받았다.[3] 진보주의 운동 시기에는 IWW(International Workers of the World)와 사회당이 노동계급의 지지를 대부분 흡수해 갔다.

재정적으로 시달리는(그래서 가족에게 정상적인 생계를 보장해 주기 위해 군에 입대하여 보잘것없는 봉급으로 가족을 부양했던) 음악가의 아들이었던 피오렐로 라과디아는 출신성분으로는 "중하층 계급"이라고 할 수 있을 것이다.[4] 라과디아는 외교관 생활을 했지만 말단

데서 연유한다.

3 진보주의 운동은 미국 역사상 가장 전투적인 노동쟁의가 일어났던 시기에 진행되었지만 (바로 그 때문에) 이러한 노동운동이 진보주의 운동을 압박하는 외부요인으로 작용했던 반면에 CIO는 최소한 부분적으로는 '뉴딜' 추진세력의 내부에 위치했다.

4 본서의 저자는 "중산층"이라고 하는 불명확한 정의의 분석적 유효성에 대해 회의적이다. 워너 팀이 수행한 계층분화에 관한 일련의 연구는 인구의 가장 많은 집단인 60-70%가 "중하층"과 "하상층" 계급을 차지하고 있음을 보여준다. 뿐만 아니라 이렇게 말하는 사회학자들도 있다 : "미국식 계층 분류는 모호하고 느슨해서 중첩되거나 경계가 흐릿한 층이 많다. … 전통적으로 중간계층과 하부계층의 경계는 화이트칼라 직업과 노동자이다. 미국에서는 이런 구분조차도 흐릿하다"[브룸(Leonard Broom)과 셀즈닉(Philip Selznick), *Sociology*(뉴욕, 1955), 177-178]. 정치활동을 "중산층"으로 구분하면 너무나 광범위한 계층이 포함된다. 아주 부유한 계층과 아주 가난한 계층을 제외한 나머지가 모두 중산층으로 불릴 수 있을 것이다 [1940년에 포춘지와 여론조사연구소(Institute of Public Opinion Poll)가 조사한 바에 따르면 미국인의 79.2%에서 80%가 스스로를 "중산층"이라고 생각하고 있다]. 이런 관점에서 볼 때 정치운동을 그 지도부의 출신계층으

관료였을 뿐이다. 그는 변호사였지만 돈이란 면에서는 한 번도 성공한 적이 없었고, "도덕적 휴가를 보내고 있는 기업형 변호사들"이 내거는 진보적 법률가라는 보수적 상표—호프스타터가 만들어낸 표현이다—를 붙여본 적도 없었다.[5] 보다 중요한 사실은 라과디아는 일찍이 1912년부터 노동조합 운동과 관계를 맺었다는 점이며, 이 관계는 1920년대를 거쳐 1930년대 초에 이르면서 더욱 긴밀해졌다. 20세기에 들어와 노동운동과 진보정치가 서로 구애의 신호를 보내던 오랜 기간 동안 라과디아는 그 둘 사이의 연정을 유지시켜 주는 큐피드의 역할을 맡았다.

진보주의 운동은 그에 앞선 인민주의 운동과는 구분되는 도시지향적인 성격을 갖고 있었지만[6] 운동의 주도층은 본토박이 미국

로 특징짓는 것은 의미가 없다. 자유동맹(Liberty Legue)에서 사회당에 이르기까지 모든 정치운동은 "중산층"이 주도했다[셰넌(David Shannon), "The Socialist Party before the First World War", *Mississippi Valley Hist. Rev.*, XXXVIII(1951. 9), 279–288은 사회당의 중산층 주도의 성격을 규명하고 있다]. 정치적 운동의 성격은 그 지도부의 출신계층보다는 내건 정강의 내용을 기초로 구분해야 유용할 것이다. 진보주의 운동과 '뉴딜' 운동을 중산층 운동이라고 지칭하는 근본적인 목적은 두 운동의 온건하고 제한적이며 타협적인 면을 드러내려는 것인 듯하다.

5 *Age of Reform*, 163. C. 라이트 밀스는 "기업형 법률공장"에서 일하는 변호사와 "대부분 동북지역 대도시에 있는, 정치의 중심화두가 이민인, 정치사무실"에서 일하는 변호사를 구분하고 있다(밀스, *op. cit.*, 127).

6 카먼과 사이렛, *op. cit.*, 346 ; 호프스타터, *Age of Reform*, 131. 홀콤은 새로운 "도시" 정치라고 부른다. 호프스타터는 이렇게 평가한다 : "인민주의는 절대적으로 농촌지향적이며 지역적이었다. 진보주의 운동은 도시 중산층 지향적이고 전국적이었다." 카먼과 사이렛은 이렇게 평가한다 : "진보주의는 상당한 정도로 인민주의의 도시적 대칭이었다." 조지 모우리, *Theodore Roosevelt and the Progressive Movement*(메디슨, 1947)는 새로운 국가주의의 호소대상은 대부분이 도시였다고 한다.

인과 중서부지역 출신들이었다.[7] 반면에 '뉴딜'의 도시지향성의 기반은 대부분 동부지역 대도시의 이민자 후예였다(이때의 "동부지역"에는 피츠버그와 시카고를 포함시켜야 하겠지만).[8] 라과디아는 1920년대에 바로 이 새로운 도시 이민자 집단의 첨병으로 등장했다. 뒤에 가서 뉴욕 출신 민주당원 새뮤얼 딕스타인과 이매뉴얼 셀러가 합류했지만 라과디아가 최초의 도시 이민자 집단의 전국적 대변인이었고, 서부 출신의 동료 진보파 의원들이 이민 제한법을 지지할 때도 그는 도시 이민자 집단의 변함없는 투사였다.[9] 이런 점에서 알 스미스가 '뉴딜'의 원조로 언급되는 경우가 있지만,[10] (그의 공헌을 폄하하려는 것이 아니라) 라과디아와는 달리—라과디아는 최초의 이탈리아계 의원이었다—그는 남유럽과 동유럽에서 온 새로운 이민자들을 대변하지 않았다. 뿐만 아니라 그는 지역적 인물이었지만(대통령 선거 때 후보로 전국 무대에 등장했을 뿐이다) 새로운 이민자 집단을 주류 정치에 직접 접목시켰다.

라과디아의 도시지향성은 도시지역에 선거구를 둔 의원들이 보여주었던 편협한 지역성을 탈피하고 있었다. 그는 농민과 도시 노

7 호프스타터, *Age of Reform*, 11은 인민주의와 진보주의 운동은 모두 "동질적인 양키 문화"의 보존을 추구했다고 본다.

8 루벨, *op. cit.*, 28–29에서는 "잠복하여 발언하지 않던 도시 대중이 … 루즈벨트 혁명의 주요 지지세력이었다"고 한다.

9 골드먼, *op. cit.*, 235는 "1920년대가 되자 도시의 영향력이 개혁운동에 깊이 침투하여 앵글로 색슨 우월주의를 말하는 진보주의자는 사실상 없어졌다"고 한다. 그러나 의회 내의 진보파 중에서 이민 쿼터 축소에 반대한 거의 유일한 의원은 라과디아였다.

10 홀콤, *op. cit.*, 111 ; 호프스타터, *Age of Reform*, 296.

동자는 다같이 독점기업의 희생자라고 보았고, 그래서 그는 맥네리-하우건 계획과 경작지의 자발적 할당계획의 처리과정에서 보여주었듯이 도시지역 소비자들이 식품구입에 더 많은 돈을 지출해야 하는 부담이 있어도 농민구제 법안을 일관되게 지지했다. 라과디아는 애리조나의 사막이 만들어낸 인물이기도 하지만 동시에 맨해튼의 거리가 만들어낸 인물이기도 했다. 그는 지역적 이기주의에 빠진 일부 동료 의원들과는 다른 길을 걸었다.

라과디아는 이런 폭넓은 관점을 유지했기 때문에 미국의 정치제도 하에서 모든 의원을 괴롭히는 난제—국가의 입법가로서 의무를 다하면서도 지역구의 유권자들의 이익을 대변하고 다음 선거에서 다시 당선되기 위해서 고려해야 하는 지역 정치꾼들의 요구를 어떻게 충족시켜 줄 것인지—를 해결할 자신만의 방식을 찾아낼 수 있었다. 라과디아의 주관심사는 국가적 이슈였다.[11] 워싱턴에 있는 동안에는 국가적 이슈에 시간과 에너지를 쏟은 후 그는 지역구로 돌아가 이런 문제가 유권자들에게 어떤 영향을 미치는지 설명했다. 그래서 그는 보울더 댐과 머슬 쇼울스에서 생산되는 전력뿐만 아니라 뉴욕 주 북부에서 생산되는 전력의 국유화를 위해서 싸웠다. 그는 파업을 일으킨 펜실베이니아 광부들을 지원했을 뿐만 아니라 뉴욕 봉제 노동자들도 지원했다. 의회 의사록을 들여다 보면 그가 지역구의 이익만을 관철시키려는 법안을 제출한 경우는 거의 없으며, 동시대

11 마리 피셔 라과디아는 이렇게 말하고 있다 : "그에게 오는 편지는 엄청나게 많았습니다. 뉴욕 시 밖에 있는 사람들이 뉴욕시 안에 있는 사람들보다도 그를 더 잘 알고 있는 게 아니가 하는 생각이 들 정도였습니다"(구술사 프로젝트, 1950).

의 동료 의원들과 비교할 때 국가적 중요성을 갖는 이슈에 관해서는 어떤 의원보다도 더 많이 발언했다. 그는 지역구 유권자들의 생활조건은 궁극적으로 미국이란 국가 전체의 사회경제적 상황에 종속된다는 믿음을 갖고 있었고 그 믿음대로 행동했다.

그렇다고 해서 제20선거구의 사람들과 문제가 라과디아의 행동에 큰 영향을 미치지 않았다고 할 수는 없다. 그가 이민 제한과 그 밖의 부유한 자들의 탐욕과 관련되었다고 판단되는 문제에 격렬하게 맞서는 동기를 제공한 것은 사실은 지역구의 사람들과 문제였다. 그는 지역구를 국가적 사정의 축소판으로 보았고, 지역의 사정을 국가적 차원의 입법으로 해석해냈다.

거듭 말하는 바이지만 경제적 이슈에 몰두했던 라과디아는 발생기의 '뉴딜' 주의자였다. 상대적인 번영의 시기에 일어났던 진보주의 운동이 정치적 개혁에 주력했다고 한다면,[12] '뉴딜'은 심각한 위기의 시기에 원하는 경제적 목표를 달성하기 위해 부패한 지방정치를 덮어두거나 심지어 활용하기까지 했다.[13] 라과디아가 공화당을 찾았던 것은 초기의 태머니 홀에 대한 극도의 혐오감 때문이었지만 그도 곧 공화당의 당내 정치에 발을 담갔다. 물론 그는 당 조직에 맞서 싸웠고, 수시로 당을 떠났으며, 제20선거구에 자신만의 조직을 만들었고, 정통 공화당원과는 항상 사이가 좋지 않았다. 그러나 선거 때는 당 조직의 효용을 무시할 수 없었고, 그래서 완벽하게 자유선수로

12 모우리, "California Progressive"는 진보주의자들은 정치개혁에 주력했다고 지적했고, 진보주의 운동을 연구한 많은 학자들도 그렇게 말한다.

13 호프스타터, *Age of Reform*, 308.

뛴 적은 없었다. 그는 1920년에는 하딩을 지지할 수밖에 없었고, 1928년 선거에서는 알 스미스를 지지하면서도 침묵을 지켜야 했으며, 순전히 정치적인 후원을 구하기 위해 지역 공화당 후보들을 지지하는 발언을 했고(물론 자신의 발언이 독자적인 공약에서 나온 것이지 당의 정책을 따르는 게 아니라고 주장했지만), 쓸모가 있다고 판단될 때는 수많은 일시적 제휴관계를 맺었다. 때로 그는 열망하는 가장 높은 수준의 목표를 이루기 위해 가장 저급한 수준의 정치흥정을 한 적도 있었다.[14] 그는 권력과 도덕의 억지결혼을 주례하는 위치에 선 적도 여러 번 있었다.

진보주의 운동이 진심으로 흑인들을 받아들인 적은 없었다. 시어도어 루즈벨트는 진보당을 만들기 위해 남부 백인들을 끌어들였고,[15] 우드로 윌슨은 정부기관 내에서 흑백분리를 용인했다.[16] 그것은 대체로 맹목적 애국주의와 거드름 피우기 좋아하는 근성을 어느 정도 가진 본토박이 백인들의 운동이었다. 라과디아의 흑인들에 대한 태도는 '뉴딜'의 흑인들에 대한 보다 우호적인 접근을 예시(豫示)해 주는 것이었다. 1920년대에는 그의 지역구에 흑인은 매우 적었고 최근 이민자 집단에서는 흑인에 대한 반감을 보이는 경우가 종종 있었다. 그러나 그는 주요 주제로 부각시키지는 않았지만 기회가 있을 때는 인종적 불평등에 관해 발언했고, 남부 출신 의원들과 인종차별적 판결을 내린 판사들을 비난했다.

14 쿠네오, *op. cit.*, 141은 몇 가지 실제 사례를 말해주고 있다.
15 모우리, *Theodore Roosevelt*.
16 아서 링크(Arthur S. Link), *Woodrow Wilson and the Progressive Era*(뉴욕, 1953).

'뉴딜'이 진보주의 운동과 대비되는 또 하나의 특징은 진보주의 운동이 갖고 있던 과도한 도덕적·종교적 성향을 버렸다는 점이다.[17] 윌슨의 도덕주의는 자주 지적되는 바이지만,[18] 조지 모우리는 캘리포니아 진보주의자들에게서 종교적 경건성을 보았다.[19] 호프스타터는 '뉴딜' 시기에 도덕적 교화를 강조한 쪽은 대부분 보수세력이었다고 지적한다. 물론 도덕적 태도는 명시적으로 표현되지 않았을 때라도 암묵적으로 표출되는 것이며, 이 점은 '뉴딜'의 경우에도 다름이 없다.[20] 차이라고 한다면 도덕을 종교적인 방식으로 표현하지 않고 세속적인 방식으로 표현한 정도일 것이다. 이런 면에서도 라과디아는 '뉴딜'의 등장을 예고했다고 할 수 있다. 그는 감독교회 신자였지만 열심히 교회에 나가는 형은 아니었다.[21] 자신의 정치적 견해와 부합하는 경우에는 때때로 성경을 인용할 수밖에 없었지만, 그는 다른 많은 의원들과는 달리 전지전능한 존재를 주도적으로 인용하지는 않았다. 그의 도덕주의는 편협한 종교적 신념이 아니라 인도적이고 공리주의적인 것이었다.[22]

17 호프스타터는 진보주의의 목적은 "일종의 도덕주의와 공중생활의 순수성을 회복하는 것"이었다고 평가한다(*Age of Reform*, 5와 323).
18 벨(H. C. F. Bell), *Woodrow Wilson and the People*(뉴욕, 1945)는 윌슨의 이런 면을 강조하고 있다.
19 "그에게는 단 하나의 법, 교회에 나가는 중산층의 가치관밖에 없었다"(모우리, "California Progressive").
20 번스(James MacGregor Burns), *The Lion and the Fox*(뉴욕, 1956), 476은 프랭클린 루즈벨트의 신앙의 핵심에는 "이웃의 복지를 위한 인간의 책임"이라는 도덕관이 자리 잡고 있었다고 한다.
21 쿠네오, *op. cit.*, x는 그는 천국을 "지상에서 이룰 수 있는 것"으로 보았다고 한다.
22 금주령에 대한 그의 입장이 이를 반영한다고 할 수 있다.

'뉴딜'이 도덕성을 드러내놓고 강조하지는 않았지만 내면적으로는 진보주의 운동보다 더 도덕성을 중시했다는 평가를 검증할 수 있는 사례가 외교분야일 것이다. 팽창주의는 1890년대 이후로(북미 대륙에서의 팽창까지를 포함한다면 사실상 건국 때부터) 미국의 강고한 국가이념이 되었으므로 이 이슈를 중심으로 진보주의 운동과 '뉴딜'의 입장을 대비하는 것은 의미가 없을지도 모른다. 진보주의 운동이나 '뉴딜'이나 국익을 우선시하는 개입주의란 면에서 차이는 없었다. 윌슨도 프랭클린 루즈벨트도 세계대전 참전보다는 국내에서의 진보적인 정책 추진을 우선시했다. '뉴딜' 초기에 런던 경제회의에 참석을 거부한 것은 경제적 국가우선주의의 상징이며, '뉴딜' 시기에는 윌슨이나 시어도어 루즈벨트와 같은 방식으로 라틴아메리카에 개입하지는 않았지만 유럽이나 아시아에 개입할 때는 오히려 더 진지하고 신속했다. 차이는 세계문제에 참여하는 결정방식이 아닌 것 같다. 윌슨은 1917년까지도 제1차 세계대전 참전을 망설였고 프랭클린 루즈벨트는 1937년까지도 유럽의 문제에 끼어들려 하지 않았지만 결국은 적극적인 참여자가 되었다. 그러나 두 가지 차이점은 주목해야 한다. 하나는 호전성에서 큰 차이가 난다는 점이다. 시어도어 루즈벨트와 비버리지(Albert J. Beveridge)같이 노골적인 침략을 주장한 진보주의 운동의 주요 그룹에 비견할 만한 집단이 '뉴딜' 추진세력 가운데는 없었다.[23] 다른 하나는(실증적 분석이 쉽지 않은 점을 용인한다면), '뉴딜' 시기에 유럽에 개입할 때는 제1차 세계대전 참전 때보다 좀더 분명한 도덕적 명분을 내세웠고, 그렇기 때문에 '뉴딜' 추진

23 로이히텐버그, "Progressivism and Imperialism."

세력은 추축국에 맞서 싸운다는 루즈벨트의 결정을 100% 지지했던 반면에 제1차 세계대전 참전 때에는 진보파는 거의 50 대 50으로 나뉘었다.[24] 라과디아는 시어도어 루즈벨트의 악명 높은 침략주의와 분명하게 결별하는 시대를 예고해 주었다.

청년시절에 라과디아는 미서전쟁을 화려하게 장식한 "거친 기병"의 용맹에 매료되었다. 1917년에는 그는 좀더 신중해졌으나 일단 전쟁이 선포되자 요란스럽게 전장으로 달려갔다.[25] 전쟁이 끝난 후 평화회담 석상에서 이탈리아가 모욕을 당하고 국내의 경제문제도 해결되지 않자 라과디아는 환상에서 깨어났다. 1930년대 초가 되자 그는 유럽의 분쟁에 미국이 끼어든 것은 실수였다고 비판하기 시작했다. 여하튼 중요한 원칙이 걸려 있을 때는 기꺼이 참전한다는 그의 입장은 1931년 일본이 중국을 침략했을 때 보여준 그의 신속한 반응에서 드러난다.

라과디아는 1919년 멕시코 사태 때에 잠시 이상행동을 보인 이후로 라틴아메리카에 대한 미국의 개입을 강력하게 반대함으로써 '뉴딜'의 "선린"정책(뿐만 아니라 쿨리지 집권 후반기와 후버 집권 시기의 좀더 세련되게 변모한 대외정책)의 예고편을 보여주었다. 니카라과

24 모우리, *Theodore Roosevelt*는 제1차 세계대전이 진보당을 분열시켰다고 본다.
25 극적인 장면을 연출하는 데 뛰어난 그의 감각이 이때 한몫 했을 것이다. 군복을 입은 의원은 대중의 주목을 받지 않을 수 없었다. 또한 (이 역시 증명하기는 어렵지만) 새로운 이민자 후예 집단의 애국심을 과시하려는 의도적이거나 반쯤 의도적인 욕망도 작용했을 것이다. 애국자로서의 인상이 굳혀지자 라과디아는 대외문제에 있어서 반제국주의적 주장을 펼칠 때는 물론이고 국내문제에서 진보적인 입장을 유지할 때도 명분상 유리한 위치에 설 수 있었다.

에서 해병대와 달러를 앞세운 외교를 반대함으로써 그가 숭배했던 옛 영웅 시어도어 루즈벨트와 정신적으로 완벽하게 결별했음을 보여주었다.

그렇다고 그가 고립주의자였던 적은 없었다.[26] 민주주의의 수호, 국가의 독립, 독재정권의 타도 같은 분명한 명분이 있을 때는 그는 미국이 해외에서 영향력을 행사하는 것을 반대하지 않았다. 1917년 러시아 혁명에 대한 지지와[27] 아일랜드 독립운동 지지가 그러한 사례이다. 몇몇 동료 진보파 의원들과는 달리 그는 국제연맹과 의회연맹에서부터 여러 가지 평화회담과 군비축소 회담에 이르기까지 국제기구를 만들려는 시도를 일관되게 지지했다. 다른 이슈에서도 그랬지만 외교정책에 있어서도 그는 문제의 경제적인 근원을 제거하면 전쟁과 불황의 해악도 사라진다는 신념을 갖고 있었다.

출신배경과 정치이념 면에서 '뉴딜'의 등장을 예고했을 뿐만 아니라 라과디아의 구체적인 입법활동은 놀랍도록 정확한 '뉴딜'의 예습이었다. 머슬 쇼울스와 보울더 댐을 둘러싼 싸움의 성과는 TVA로 발전했고, 경작할당 계획은 농업조정법으로 이어졌으며, 실업보

26 저자는 여기서도 용어의 정확성을 문제삼고 싶지는 않다. 이른바 "고립주의자"라고 불린 의원들의 대부분이 자신이 지향하는 조건이 갖추어졌을 때는 항상 개입을 지지하고 있다.

27 라과디아는 볼셰비키 혁명정권이 들어선 후 레닌-스탈린의 정책을 좋아하지는 않았지만 짜르 왕조보다 더 나쁜 체제는 없다는 신념을 갖고 있었고, 그래서 2월 혁명이 일어났을 때도 열렬히 지지했고, 2월 혁명이 실패로 돌아간 후 10월 혁명이 일어났을 때도 변함 없이 지지했다 1929년 4월, 일부 의원들이 소비에트 러시아를 승인하자고 주장했을 때 라과디아도 그 그룹에 들어 있었다[윌리엄스(William A. Williams), *American-Russian Relations 1781-1947*(뉴욕, 1952), 223].

험, 임금-노동시간, 아동노동, 채무자 구제, 증권거래 통제 등의 구상은 '뉴딜' 시기에 들어와 실행되거나 강화되었다. '뉴딜' 실행 첫 100일 동안에 갖추어진 인상적인 입법구조는 일찍이 라과디아, 노리스, 와그너, 코스티건, 미드 등이 닦아놓은 기초 위에 세워진 부분이 많았다. 루즈벨트가 취임선서를 하기 전에 '뉴딜'이 세상에 태어났다고 한다면, '뉴딜'의 정치적 혈통을 따라가 보면[월터 리프먼(Walter Lippmann)이 『새로운 임무』(*The New Imperative*)에서 말한 것처럼] 허버트 후버나(버나드 벨루쉬가 말한 것처럼) 알 스미스가 아니라 1920년대의 양심을 지켜낸 의회 내의 소수 진보파 의원들이 부모임이 밝혀질 것이다.

이상에서 열거한 것처럼 라과디아가 진보주의에서 '뉴딜'로 이행하는 길에서 선명한 이정표 역할을 한 실제적인 사례는 풍부하며, 그러므로 우리는 자신 있게 이 주제를 마감할 수 있을 것이다. 그런데 라과디아의 행적을 따라 도표를 그려가다 보면 윤곽선이 매끄럽지 않아 모양이 복잡해지는 부분이 몇 군데 나온다. 그 부분이 바로 라과디아가 중요한 몇 가지 방향성에서 '뉴딜' 수준에 머물지 않고 그것을 앞서갔던 행적이다.

그 첫 번째가 그의 정치이력에서 끊임없이 이어지는 순응과 모반이 절묘하게 결합된 정치적 독립성이란 굵은 선이다. '뉴딜'은 1930년대 민주당의 독점사업이었고, 따라서 전국적인 지지를 확보한 장점이 있었던 반면에 배가 한쪽으로 기울어 뒤집히지 않도록 밑바닥에서 중심을 잡아주는 밸러스트 역할을 해줄 보수세력의 견제가 없었다는 약점을 갖고 있었다. 그러다 보니 대도시 지역의 민주당 조직과 남부지역 요구를 따라갈 수밖에 없었다.[28] 라과디아는 정당의 경계를 넘나들 수 있는 훨씬 더 많은 정치적 기동성을 갖고 있었다. 물론 그의 기동성이란 마음먹은 대로 쉽게 발휘될 수 있는 것이 아니라, 최소한 빈번하게 정당 지도부를 분노하게 하고 그들을 원하는 방향으로 움직이도록 압박해야만 작동될 수 있는 것이었다. 국가적인 책임을 지는 정당조직에 충성하기보다는 지역정치의 혼탁함에 쉽게 휘둘릴 수 있는 1선거구 1의원 선출방식을 기초로 한 미국 정치제도 덕분에 라과디아가 그런 정치적 기동성을 가질 수 있었던 점도 부인할 수 없는 일면이 있다. 라과디아의 행적을 볼 때 제3당 활동이 더 낳았을지 내부로부터의 압력전략이 더 낳았을지 선불리 단정할 수 없다. 이 문제는 로코포코주의[29]에서부터 민주행동동맹[30]에 이르기까지 미국의 진보세력을 끊임없이 괴롭혀 왔다. 라과디아의 전략은 신축적이고 실용적이었다.

두 번째는 라과디아의 경제개혁 구상은 '뉴딜' 보다도 훨씬 과

28 번스, *op. cit.*, 154. 물론 이러한 실정은 근본적으로는 어느 정당이 붙잡던 급격한 회전이 불가능한 고정된 방향타를 가진 미국 정치구조에서 비롯된 것이었다.

29 1835년에서 1840년대 중반까지 활동한 민주당의 급진파(Locofocos) 운동. 뉴욕을 중심으로 활동하였고, 독점과 태머니파의 횡포를 반대했다. 스스로는 평등권당(Equal Rights Part)이라 불렀다. 태머니파가 이들의 집회를 방해하기 위해 가스 등을 꺼버리자 로코포코란 성냥을 켜놓고 모임을 가졌다고 해서 이런 이름이 붙여졌다.**역자 주**

30 Americans for Democratic Action(ADA) 1947년 결성. 사회경제적 정의를 실현하기 위한 로비, 풀뿌리 민주주의 운동, 진보적 후보의 당선운동을 지향하는 정치단체. 외교문제에 있어서는 개입과 국제주의를 지지하며 반공산주의 성향을 갖고 있다. 1930년대와 1940년대의 평화주의를 지향하는 좌파운동에 반발한 진보적 정치인, 신학자, 노동운동가, 지식인들이 주축이 되어 구성되었다.**역자 주**

감했다는 점이다. 진보주의 운동과 '뉴딜'은 둘 다가 제한적인 목표를 가진 개혁운동이었다는 평가가 있다.[31] 거대기업을 두고 두 운동은 처음 보는 먹이를 조심스럽게 이곳저곳 건드려 보는 짐승처럼 대기업을 통제하겠다고 허세를 부렸으나 과감한 행동은 망설였다. 푸조위원회(Pujo Committee)와 임시국가경제위원회(Temporary National Economic Committee)는 대대적인 조사활동을 벌였는데, 전자의 활동은 무력한 클레이튼법의 제정과 연방교역위원회의 설립으로 막을 내렸고 후자의 활동은 전쟁 통에 흐지부지 끝났다. 국유화까지는 가지 않겠다는 선을 그어놓은 입장에서 남은 대책이란 과거의 자유기업으로 후퇴하는 것뿐이었다.[32] 루즈벨트 자신도 임시국가경제위원회의 설립취지를 밝히면서 "이 계획의 기본 논리는 자유기업체제가 실패했다는 것이 아니라 자유기업체제의 성취가 지금까지 검증받아 본 적이 없다는 것"이라고 말했다.[33]

라과디아에게는 그런 망설임이 없었다. 그는 정부가 전시와 평화시를 가리지 않고 식량과 기초 생필품의 생산과 공급을 통제해

31 두 운동을 연구한 모든 저작들이 이 견해와 일치하고 있다. 로이히텐버그는 "Progressivism and Imperialism"에서 진보주의 운동은 중산층이 주도한 전통적 운동이라고 규정하고 있다. 퍼스펠드(Daniel Fusfeld), *The Economic Thought of Franklin D. Roosevelt and the Origins of the New Deal*(뉴욕, 1956), 251은 루즈벨트가 민간기업과 사적 이익의 통제를 신봉했다고 한다.

32 호프스타터, *Age of Reform*, 5는 진보주의 운동의 "보편적인 주제"는 "대다수가 오래 전에 미국에 존재했다고 믿고 있는 경제적 개인주의와 정치적 민주주의의 복원"이었다고 한다. 카먼과 사이레트, *op. cit.*, 338–339는 진보주의자들의 낭만성을 지적한다. 라비치, *op. cit.*,는 뉴욕 진보당은 "과거를 길잡이로 생각했다"고 한다.

33 미첼, *op. cit.*, 365.

야 한다고 주장했다.[34] 그는 철도, 광산, 통신 회사 등이 부당한 이익을 취하거나 비효율적이라고 판단하고 이런 산업의 국유화를 주장했다.[35] 판매세 도입을 반대한 것은 당장에 빈곤층의 부담증가를 막는다는 편의적인 발상이 아니라 국가의 부를 근본적으로 재분배하려는 구상에서 나온 것이었다.

동료 의원들이 라과디아를 사회주의자라고 비난한 것은 진실에 가까운 평가였다. 그는 조직적인 사회주의 운동에 참여하지 않았고,[36] 사회주의의 어떤 특정 유파를 신봉하지도 않았지만[37] 사회주의식으로 사고하고 심지어 사회주의적인 용어를 사용하기도 했다. 그는 새로운 산업시대에 대칭되는 "새로운 경제 질서"라는 용어를 여러 차례 사용했다. 이 용어는 자본주의는 현대의 거대한 "생산력"과 더 이상 짝이 될 수 없으므로 무대를 떠나야 한다는 마르크스 학파의 주장을 좀더 단순한 방식으로 표현한 것과 다름없다. 라과디아는 사회주의자로 평가받는 데 대해 일종의 자부심을 보였다.[38]

34 퍼스펠드, *op. cit.*, 254는 프랭클린 루즈벨트가 1931년에 계획경제의 원칙을 실험적이고 부분적인 수준에서만 받아들였다고 말한다.

35 TVA. 사업은 '뉴딜'이 새로운 국영기업을 설립할 의지를 갖고 있었음을 보여준다. 현존하는 기업을 국유화한다는 것은 이보다 한 걸음 더 나아간 것이다.

36 쿠에노, *op. cit.*, 94는 라과디아가 사회당이 지나치게 교조적이라고 보았다고 한다.

37 마리 피셔 라과디아는 저자와의 인터뷰에서 라과디아는 마르크스나 엥겔스나 기타 사회주의 이론가들의 저작을 읽지 않았다고 말했다.

38 의회에서 활동했던 시기와 시장으로 재직했던 시기의 그의 급진주의를 비교해 보면 의원으로서의 정치적 자유와 시 행정의 최고 책임자로서의 정치적 자유의 폭이 다름이 드러난다. 이를 통해 우리는 행정책임자를 과감한 리더십보다는 타협과 협상으로 몰아가는 여러 가지 압력의 크기를 짐작할

여하튼 그는 사회주의자에 가까웠지만 교조적인 사회주의자는 아니었다. 그의 논리적 틀은 번거롭고 복잡한 사회주의 이론에 기초한 것이 아니라 다수의 복지, 자연이 주는 부를 공유하는 것이 모든 인간의 천부적인 권리라는 몇 가지 간단한 원칙에 국한되어 있었다. 그랬기 때문에 그는 사회주의 조직과 거리를 둘 수 있었고 자신이 열망하던 운신의 자유를 누릴 수 있었다. 그는 (규정하기 어려운 그의 이념을 굳이 서술적으로 표현하고자 한다면) 일종의 실용적인 급진주의자였다.[39]

마지막으로, 미국의 개혁에 라과디아가 공헌한 바를 어떻게 평가하든지 간에 한 가지는 분명하게 지적되어야 한다. 그것은 그가 경제적 조건이 과감한 정책을 뒷받침할 수 없는 시기에 '뉴딜'을 뛰

수 있다.

39 이런 실용주의는 국가적인 수준에서 사회적 계획에 관한 라과디아식의 분명한 구상이 없었다는 점에서 잘 드러나고 있다. 민간기업이 제대로 대처하지 못한 긴박한 지역적 상황에 대해서는 그는 한순간에 국유화를 주장하고 특정산업에 대한 정부의 계획을 대안으로 제시했다(예컨대 광업, 철도, 통신). 그런데 그가 공개적으로(최소한 현재까지 밝혀진 자료에 의하면 개인적인 자리에서도) 전면적인 국가 계획을 지지하는 경향을 보인 적은 한 번도 없었다. 불황은 보다 보수적이지만 덜 실용적인 인물들과 집단을 국가계획이란 아이디어에 기울도록 만들었다. 허버트 후버 때에 설립된 사회추세연구위원회(Research Committee on Social Trends)—경제학자 웨슬리 미첼(Wesley C. Mitchell)이 이 위원회를 이끌었다—는 1930년대 초에 기념비적인 사회학적 조사를 마친 후 "균형이라고 하는 핵심 문제, 또는 그것으로부터 분기되어 나오는 어떤 문제이건 대처하기 위해서는 경제계획이 요구된다"는 결론을 내놓았다. 위원회는 계획이 모든 분야를 완벽하게 포괄하거나 대부분의 분야를 대상으로 하면 "정책의 표류가 우려되므로" 미국의 사회·경제·정치 생활이 계획적으로 재구성하도록 권고하는 바임을 분명히 밝혔다[대통령 직속 사회추세연구위원회, *Recent Social Trends in the United States*(뉴욕, 1934), xxxi–lxxi].

어넘는 계획을 주장했다는 점이다. 미국 하부계층의 상당부분이 20년대 내내 고통받고 있었을 때에도—라과디아는 이들의 상황으로부터 눈길을 돌린 적이 한 번도 없었다—높은 취업률, 새로운 상품의 광범위한 보급, 확대되고 있던 중산층의 사치품 소비 같은 전반적인 번영의 분위기를 느낄 수 있는 근거는 있었고, 가난한 사람도 1929년 이후처럼 그렇게 가난하지는 않았다. 이런 맥락에서 볼 때 라과디아처럼 전체 인구 가운데서 소리 내지 못하는 사람들 편에 서서 경제적 정의를 요구하는 싸움을 벌이자면 분명한 의식과 용기가 필요했다. 또한 그의 싸움은 빈곤한 계층을 보호한다는 차원을 넘어서 국가가 "번영"의 이면을 냉철하게 분석하라는 요구의 의미도 담고 있었다. 그는 흥겨운 재즈 가락이 압도하고 있을 때 한쪽에서는 비탄에 잠긴 블루스 선율이 흐르고 있음을 동시대인들에게 알려주고자 했다. 1930년대에 외로운 관측자들이 파시즘의 "평화"를 경고했어도 세상의 따돌림을 받았듯이 라과디아는 1920년대에 "번영"에 관하여 반향 없는 경고음을 울렸던 것이다.

그의 정치철학과는 별개로(그것과 분리하여 생각할 수는 없지만) 한 인간으로서도 그의 삶은 한 편의 서사시라고 할 수 있다. 그는 마르지 않는 정력의 소유자였고, 그 정력을 10여 년 동안의 열정적인 의회활동에 고스란히 쏟아부었다.[40] 그는 엄청난 개인적인 비극의

40 "피오렐로는 매 순간을 열심히 일했고 매 순간을 즐겼다. 그가 만들어내는 전반적인 분위기는 거대한 생동감이었다"(쿠네오, *op. cit.*, 9). "그의 발작적인 에너지의 비밀은 자신의 의지로 멈출 줄 안다는 점이었다. 그는 집중적으로 일하고 그만큼 집중적으로 쉬었다"(스폴딩, *op. cit.*, 237). "라과디아는 어디에도 비할 데가 없는 인물이었다. … 그는 의사당 안에서 치열한 싸

충격—아버지와 아내, 그리고 자식의 이른 죽음—을 이겨냈다. 라과디아는 이런 비극을 경험하고 나서도 정신적으로 피폐해지지 않고 이를 승화시켜 비극을 초래한 사회적 조건에 대해 고찰하고 해법을 찾아 나섰다. 그는 아버지의 죽음으로부터 부당이득 행위에 대한 분노를 키웠고, 젊은 아내와 어린 자식의 죽음으로부터는 빈민가의 주거환경에 대한 해법을 고민했다.

라과디아는 두뇌회전이 빠르고 비상한 기억력을 갖고 있었다. 그는 여섯 개의 외국어를 유창하게 구사할 줄 알았고, 의사규칙을 꿰뚫고 있었으며, 지칠 줄 모르는 일벌레였다(때로 자기 주장에 지나치게 열중한 나머지 사실을 지나치게 단순화하고 계수를 소홀히 하기는 했지만). 그는 원고를 준비하는 적이 거의 없이 대부분 메모와 통계숫자를 단상에 쌓아놓고 훑어보면서 즉석에서 연설했다. 그는 임대 아파트의 주민들이 이해할 수 있는 쉽고 간결한 단어들을 사용하여 호소력 있는 단락은 되풀이하고, 생동감을 더하기 위해 문법을 무시한 채 힘차게, 비속어와 우스개와 분노와 풍자를 적절히 섞어가며 연설했다.[41] 때로 그의 연설은 선동의 냄새를 풍기기는 했지만 그는 생각한 대로 말하고 말한 대로 행동했다.[42]

움을 벌이며 발언대에 섰을 때에 비로소 행복을 느끼는 사람이었다. 의석에 앉으면 폐회할 때까지 자리를 떠나는 법이 없었다. 그는 땅콩으로 끼니를 때워가며 자리를 지키다가 기회가 오면 놓치지 않고 반대 의견을 말하거나 적절한 수정안을 제시했다"(피어슨과 앨런, *op. cit.*, 246).

41 그의 정적이었던 지미 워커는 라과디아의 언어구사 능력을 높이 평가했다. "라과디아는 영어로 말할 때에도 청중의 성향에 따라 두 가지영어를 구사했다. 하나는 표준 영어이고 하나는 보통 영어이다"(파울러, *op. cit.*, 245–246).

42 라과디아는 때로 선동가라는 평을 들었다[라인하드 루틴(Reinhard H. Luthin), *American Demagogue*(보스턴, 1954), 212]. *Webster's College Dictionary*

라과디아는 현대사회를 정교하게 분석하지는 않았지만 몇 가지 주요 문제를 두고 조야하지만 반복적으로 열심히 파고든 인물이었다. 경제문제에 있어서 그의 적은 기업의 부였고, 정치에 있어서 그의 적은 당의 주류였으며, 사회분야에서는 인종차별주의와 국가이기주의가 그의 적이었다. 그에게는 때로 서툴고 완고하며 모욕적인 표현을 즐기고[43] 지나치게 과시적인 면이 없었던 것은 아니지만, 그는 국가를 개조하려는 거창한 구상을 펼치면서도 작은 불의에도 엄청난 분노를 터뜨릴 줄 알았다. 여러 가지 장단점 가운데서도 솔직함만은 굳게 지켰고, 바로 이 점이 정적들까지도 그를 존경하게 만들었다.[44]

(제5판)는 선동가를 이렇게 정의하고 있다 : "사회적 불만을 이용해 정치적 영향력을 확보할 목적으로 연설하는 사람." 이 정의는 경멸적인 의미를 함축하고 있다. 그러나 현재 또는 과거의 중요한 개혁가들로서 이 범주를 벗어날 수 있는 사람이 있을지 의문스럽다. 개인적 영향력의 확대와 고상한 사회적 목표의 추구는 밀접하게 얽혀 있어서 문제되는 정치가가 어느 쪽에 더 높은 가치를 두고 있는지 분간하기란 매우 어렵기 때문에 한 인물을 이런 식으로 평가하는 것은 설득력이 떨어진다. 라과디아가 흥행사적 기질이 강하고 각광받기를 즐겼다는 점은 제쳐두고 그의 말과 행동을 기록에 따라 다시 음미해 보면 그는 사회정의에 대해 억제할 수 없는 열정을 갖고 있었고, 그런 열정을 표출하는 과정에서 기회주의자라면 결코 감당할 수 없는 정치적 위험을 피해가지 않았다.

43 그는 자신에 관한 기사에서 알맹이를 빠뜨린 뉴욕 이브닝 그래픽지의 편집자에게 항의 편지를 보내면서 이렇게 썼다 : "광고주의 비위를 맞추려고 기사를 손질하는 행위는 내가 볼 때 언론의 가장 저급한 뚜쟁이 짓입니다. 이런 환경에 적응하는 기자는 지성의 창녀와 다름없습니다" (라과디아가 에밀 고브로에게 보낸 편지, 1928. 8. 7, 라과디아 문서).

44 진 파울러는 라과디아가 "공직에 대한 탐욕"을 갖고 있었다고 한다(파울러, *op. cit.*, 245–246). 그러나 그런 욕심을 가지지 않은 정치가는 없다. 우리는 여기서 공직을 욕심내면서도 당의 지도자들과 당의 정책에 도전함으로써 정치적 굶주림을 마다하지 않았던 라과디아 같은 정치가가 몇이나 되는지

워싱턴에서의 사교활동으로 말하자면 라과디아는 실패작이었다. 다른 의원들이 일요일 아침이면 성장(盛裝)을 하고 교회에 가고 일요일 오후면 칵테일 파티에 참석할 때 라과디아는 법안을 검토하면서 월요일 개회를 준비했다. 사교계의 가식을 혐오했던 그는 친한 사람들과 소규모의 모임을 즐겼다. 그는 음악을 사랑했고, 기회만 있으면 오페라와 연주회를 찾았으며, 창조적인 사람들과 교류하려는 강렬한 욕구를 갖고 있었다. 그의 어린이들에 대한 한없는 사랑은 소외된 사람들에 대한 관심의 상징적 표현이었다. 그의 뛰어난 코미디 감각은 어떤 사람들은 그를 어릿광대로 생각할 정도였지만 전국적인 정치무대에서 그만큼 진지했던 인물은 없었다.

이 모든 그의 특징을 한마디로 요약한다면 라과디아는 사회적 책임과 불굴의 개인주의를 결합한 인물이었다고 할 수 있다. 그는 반항아였지만 허무주의자는 아니었고, 정당과 조직의 벽을 깨부수고 자신의 양심이 가리키는 대로 나아간 사람이었다. 순응과 경직된 애국주의가 수많은 영혼들을 감옥으로 보내고, 그렇지 않은 사람들이라 할지라도 우유부단의 자유에 탐닉하고 있던 이 시대에 길들여지지 않고 양심을 따랐던 라과디아를 회상한다는 것은 그의 철학과 이념을 받아들일 준비가 되어 있는 사람들에게는 그 자체로 귀중한 선물이다.

살펴봐야 할 것이다.

참고서적

필사본

윌리엄 E. 보라 문서, 의회도서관, 워싱턴 D.C.
니컬러스 머레이 버틀러 문서, 컬럼비아 대학, 뉴욕 시.
레이먼드 클레퍼 문서, 의회도서관, 워싱턴 D.C.
칼빈 쿨리지 문서, 의회도서관, 워싱턴 D.C.
피오렐로 라과디아 문서, 시립 문서보관소, 뉴욕 시.
(주 : 라과디아 문서는 현재(1959) 여러 가지 문서철로 개략적으로 분류되어 있다. 이 연구를 시작할 당시에 어떤 것들은 연대순으로 분류되어 있었고 어떤 것들은 주제별로 분류되어 있었다.)
오그덴 E. 밀스 문서, 의회도서관, 워싱턴 D.C.
톰 무니 문서, 캘리포니아 대학(버클리), 캘리포니아.
조지 노리스 문서, 의회도서관, 워싱턴 D.C.
에이머스 핀초트 문서, 의회도서관, 워싱턴 D.C.
프랭클린 E. 루즈벨트 문서, 하이드파크, 뉴욕 시.
오스월드 게리슨 빌러드 문서, 하버드 대학, 케임브리지, 매사추세츠.

신문기사

브롱크스 *Home News*, 브루클린 *Daily Eagle*, 시카고 *Tribune*, *The Day*, *Harlem*, *Home News*, *The Harlemite*, *Il Giornale Italiano*, *Labor*, 뉴욕 *American*, 뉴욕

Call, 뉴욕 *Daily Mirror*, 뉴욕 *Daily News*, 뉴욕 *Evening Graphic*, 뉴욕 *Evening Journal*, 뉴욕 *Evening Telegram*, 뉴욕 *Evening World*, 뉴욕 *Globe*, 뉴욕 *Herald*, 뉴욕 *Herald Tribune*, 뉴욕 *Journal of Commerce*, 뉴욕 *Mail*, 뉴욕 *Post*, 뉴욕 *Staats-Zeitung*, 뉴욕 *Sun*, 뉴욕 *Times*, 뉴욕 *Tribune*, 뉴욕 *World*, 뉴욕 *World Telegram*, 피츠버그 *Sun-Telegraph*, 워싱턴 *Herald*, 워싱턴 *News*, 워싱턴 *Post*, 워싱턴 *Star*, 워싱턴 *Times*.

정기간행물

American Mercury, The Annals, Atlantic Monthly, Business Week, Collier's, Congressional Digest, Current History, Literary Digest, The Nation, Outlook, Review of Reviews, Saturday Evening Post, Scribner's Magazine, Time Magazine.

기사

American Mercury, 1927. 6.

Business Week, 1932. 3. 30과 4. 6.

Collier's, 1927. 11. 5, 1929. 6. 1, 1932. 5. 7.

Congressional Digest, 1929. 12, 1932. 5.

Fitzgerald, F. Scott. "Echoes of the Jazz Age", *Scribner's Magazine*, XC (1931. 11).

Hutchinson, Edward P. "Immigration Policy Since World War I", *The Annals*, CCLXII (1949. 3).

LaGuardia, Fiorello H. "The National Origins Quota System", *The Nation*, 1928. 3. 21. "Government Must Act", *The Nation*, 1928. 4. 4. "Lobbying in Washington", *The Nation*, 1928. 3. 23. "The National Origin Quota System", *Current History*, 1928. 11. "Usury : The Curse of Humanity", *Brass Tacks*, 1932. 10.

Leuchtenburg, William E. "Progressivism and Imperialism", *Mississippi Valley Historical Review*, XXXIX (1952. 12).

Literary Digest, 1918. 6. 13, 1929. 10. 19.

Mowry, George A. "The California Progressive and His Rationale : A Study in Middle Class Politics", *Mississippi Valley Historical Review*, XXXVI (1949. 9).

The Nation, 1929. 10. 23.

Niebuhr, Reinhold. "Awkward Imperialist", *Atlantic Monthly*, CXLV (1930. 5).
North American Review, 1929. 11.
Outlook, 1919. 11. 12, 1929. 5. 22, 1929. 9. 4.
Plain Talk, 1929. 8.
Ravitch, Richard. "Progressive Reactions of 1912", *King's Crown Essays*, 1055. 겨울.
Saturday Evening Post, 1930. 11. 1.
Time, 1925. 1. 26.
Weekly People, 1931. 2. 28.
Williams, William A. "The Legend of Isolationism in the Twenties", *Science and Society*, XVIII (1954. 겨울).

인터뷰

"The Reminiscence of Henry Bruere." (구술사 프로젝트) 컬럼비아 대학, 1949.
"The Reminiscence of Samuel S. Koenig." (구술사 프로젝트) 컬럼비아 대학, 1950.
Marie Fischer LaGuardia와의 개인적인 인터뷰, 1956. 8, 뉴욕 시.
"The Reminiscence of Mrs. Marie Fischer LaGuardia." (구술사 프로젝트) 컬럼비아 대학, 1950.
Miriam Marcantonio 부인과의 개인적인 인터뷰, 1956. 8, 뉴욕 시.
"The Reminiscence of Newbold Morris." (구술사 프로젝트) 컬럼비아 대학, 1950.
"The Reminiscence of Norman Thomas." (구술사 프로젝트) 컬럼비아 대학, 1950.

미간행 박사학위 논문

Bagby, Wesley Marvin. "Progressivism's Debacle : The Election of 1920." 컬럼비아 대학, 1954.
Ewald, Peter Kenneth. "Congressional Apportionment and the New york State." 뉴욕 대학, 1954.
Hubbard, Preston J. "The Muscle Shoals Controversy 1920–1932 : Public Poli-

cy in the Making." 밴더빌트 대학, 1955.

McKenna, Marian Cecilia. "The Early Career of William E. Borah, 1865–1917." 컬럼비아 대학, 1953.

Reynolds, William Robinson. "Joseph Pulitzer." 컬럼비아 대학, 1950.

Shideler, James H. "The Neo–Progressives : Reform Politics in the United States, 1920–1925." 캘리포니아 대학(버클리), 1945.

정부 간행물과 문서

뉴욕 시. *Annual Report of the Department of Public Charities of the City of New York for 1917*. 뉴욕 : 오코넬 프레스, 1918.

의회 의사록

미합중국 이민국 피오렐로 라과디아 인사기록철. 연방기록물 센터, 세인트루이스, 미주리 주.

아킬레스 라과디아의 연금신청서. 국립기록보관소, 워싱턴, D.C.

국무성 외교직 기록. 제84류, 국립기록보관소, 워싱턴, D.C.

아킬레스 라과디아의 육군 모병등록. 군무국장실 문서 제94류, 국립기록보관소, 워싱턴, D.C.

Report of the Commission Appointed by the President to Investigate the Conduct of the War Department in the War with Spain. 상원 문서번호 221, 56대 의회, 제1차 회기, 1899–1900.

미합중국 상무성 인구조사국. *15th Census of the United States : 1930. Metropolitan District—Population and Area*. 워싱턴, 정부간행물실, 1932.

미합중국 상무성 인구조사국. *15th Census of the United States : 1930. Unemployment*, Vol. II. 워싱턴, 정부간행물실, 1932.

미합중국 노동성 노동통계국. *Retail Prices 1890–1928*. 워싱턴, 정부간행물실, 1929.

미합중국 국무성. *Relations between the United States and Nicaragua*. 워싱턴, 정부간행물실, 1928.

미합중국 상원, 외교관계위원회. *Hearings on Treaty of Peace with Germany*, 66대 의회 제1차 회기. 워싱턴, 정부간행물실, 1928.

저서와 논문

Adams, Samuel Hopkins. *Incredible Era—The Life and Times of Warren Gamaliel Harding*. 보스턴 : 휴턴, 1939.

Ahearn, Daniel J. *The Wages of Farm and Factory Laborers 1914–1944*. 뉴욕 : 컬럼비아 대학 출판부, 1945.

Albrecht–Carriė, Renė. *Italy at the Paris Peace Conference*. 뉴욕 : 컬럼비아 대학 출판부, 1938.

Allen, Frederick Lewis. *Only Yesterday*. 뉴욕 : 하퍼, 1931.

Baily, Thomas A. *A Diplomatic History of the American People*. 뉴욕 : Appleton–Century–Crofts, 1950.

______. *Woodrow Wilson and the Lost Peace*. 뉴욕 : 맥밀런, 1944.

Baker, Ray Stannard. *Woodrow Wilson and the World Settlement*. 뉴욕 : 더블데이, 페이지, 1922.

Bartlett, Ruhl. *The Record of American Diplomacy*. 뉴욕 : 크노프, 1954.

Benedict, Murray R. *Farm Policies of the United States 1790–1950*. 뉴욕 : 20th Century Fund, 1953.

Berle Adolf A., Jr.와 Means, Gardiner C. *The Modern Corporation and the Private Property*. 뉴욕 : 맥밀런, 1937.

Bernard, William S. 편저. *American Immigration Policy*. 뉴욕 : 하퍼, 1950.

Black, John D. *Agricultural Reform in the united States*. 뉴욕 : 맥그로힐, 1929.

Borgatta, Edgar F.와 Meyer, Henry J. *Sociological Theory*. 뉴욕 : 크노프, 1956.

Buell, Raymond Leslie. *Isolated America*. 뉴욕 : 크노프, 1940.

Chafee, Zechariah, Jr. *Free Speech in the United States*. 케임브리지 : 하버드 대학 출판부, 1941.

Chase, Stuart. *Prosperity : Fact or Myth*. 뉴욕 : Albert & Charles Boni, 1930.

Cline, Howard F. *The United States and Mexico*. 케임브리지 : 하버드 대학 출판부, 1953.

Coleman, McAlister. *Men and Coal*. 뉴욕 : Farrar & Reinhart, 1943.

Collier, John. *Indians of Americas*. 뉴욕 : New American Library, 1947.

Commager, Henry Steele. *Documents of American History*. 뉴욕 : Appleton–Century–Crofts, 1949.

Council on Foreign Relations. *Survey of American Foreign Relations*. 뉴헤이븐 : 예일 대학 출판부, 1929.

Curti, Merle. *The Growth of American Thoughts*. 뉴욕, 런던 : 하퍼, 1943.

Cushman, Robert E. *Leading Constitutional Decisions*. 뉴욕 : Appleton–Century–Crofts, 1955.

Denny, Harold Norman. *Dollars for Bullets*. 뉴욕 : 다이얼 프레스, 1929.

Douglas, Paul H. *Real Wages in the United States 1890–1926*. 보스턴 : 휴턴, 1930.

Dulles, Foster Rhea. *America's Rise to World Power 1899–1954*. 뉴욕 : 하퍼, 1954.

_____. *Labor in America*. 뉴욕 : 크로웰, 1949.

Epstein, Ralph C. *Industrial Profits in the United States*. 뉴욕 : National Bureau of Economic Research, 1934.

Federal Writers' Project. *The Italians of New York*. 뉴욕 : 랜덤하우스, 1938.

Feis, Herbert. *The Diplomacy of the Dollar 1919–1932*. 볼티모어 : 존스 홉킨스 대학 출판부, 1950.

Ferrel, Robert H. *Peace in Their Time*. 뉴헤이븐 : 예일 대학 출판부, 1952.

Frankfurter, Felix. *The Case of Sacco and Vanzetti*. 스탠포드, 캘리포니아 : Academic Reprints, 1954.

Frankfurter, Felix와 Greene, Nathan. *The Labor Injunction*. 뉴욕 : 맥밀런, 1930.

Franklin, John Hope. *From Slavery to Freedom*. 뉴욕 : 크노프, 1956.

Galbraith, John Kenneth. *The Great Crash : 1929*. 보스턴 : 휴턴, 1955.

Garis, Roy *L. Immigration Restriction*. 뉴욕 : 맥밀런, 1928.

Gerth, H. H.와 Mills, C. W. *From Max Weber : Essays in Sociology*. 뉴욕 : 옥스퍼드 대학 출판부, 1946.

Goldman, Eric F. *Rendezvous with Destiny*. 뉴욕 : 크노프, 1952.

Gruening, Ernest. *The Public Pays : A Study of Power Propaganda*. 뉴욕 : 뱅가드, 1931.

Hapgood, Norman 편저. *Professional Patriots*. 뉴욕 : *Albert & Charles Boni*, 1927.

Hofstadter, Richard. *The Age of Reform*. 뉴욕 : 크노프, 1955.

_____. *The American Political Tradition*. 뉴욕 : 크노프, 1948.

Holcombe, A. N. *The New Party Politics*. 뉴욕 : 노턴, 1933.

Joughin, Louis와 Morgan, Edmund M. *The Legacy of Sacco and Vanzetti*. 뉴욕 :

하코트, 브레이스, 1948.

Kelly, Alfred H.와 Harbison, Winfred A. *The American Constitution*. 뉴욕 : 노턴, 1948.

Kepner, Charles David, Jr.와 Soothill, Jay Henry. *The Banana Empire : A Case Study of Economic Imperialism*. 뉴욕 : 뱅가드, 1935.

Kyrk, Hazel. *Economic Problems of the Family*. 뉴욕 : 하퍼, 1933.

Leighton, Isabel 편저. *The Aspirin Age 1919-1941*. 뉴욕 : Simon & Schuster, 1949.

Leuchtenburg, William E. *Flood Control Politics : The Connecticut River Valley Problem 1927-1950*. 케임브리지, 매사추세츠 : 하버드 대학 출판부, 1953.

Lindley, Ernest K. *The Roosevelt Revolution*. 뉴욕 : 바이킹, 1933.

Lindner, Robert. *Must You Conform?* 뉴욕 : 라인하트, 1956.

Lubell, Samuel. *The Future of American Politics*. 뉴욕 : 하퍼, 1951.

Lundberg, Ferdinand. *America's 60 Families*. 뉴욕 : 시터들, 1937.

Luthin, Reinhard H. *American Demagogues*. 보스턴 : 비컨, 1954

Lynd, Robert S.와 Helen M. *Middletown : A Study in American Culture*. 뉴욕 : 하코트, 브레이스, 1929.

MacKay, Kenneth Campbell. *The Progressive Movement of 1924*. 뉴욕 : 컬럼비아 대학 출판부, 1947.

Mellon, Andrew W. *Taxation : The Peoples Business*. 뉴욕 : 맥밀런, 1924.

Mencken, Henry L. *Notes on Democracy*. 뉴욕 : 크노프, 1926.

Merz, Charles. *The Dry Decade*. 뉴욕 : 더블데이, 1930.

Mills, Walter. *The Martial Spirit*. 케임브리지, 매사추세츠 : Literary Guild, 1931.

Mills, C. Wright. *White Collar : The American Middle Class*. 뉴욕 : 옥스퍼드 대학 출판부, 1953.

Mills, Frederick C. *Economic Tendencies in the United States*. 뉴욕 : National Bureau of Economic Research, 1932.

Mitchell, Broadus. *Depression Decade*. 뉴욕 : 라인하트, 1947.

Mumford, Lewis. *Technics and Civilization*. 뉴욕 : 하코트, 브레이스, 1934.

Murray, Robert K. *Red Scare : A Study in National Hysteria 1919-1920*. 미네아폴리스 : 미네소타 대학 출판부, 1955.

Myers, Gustavus. *History of Bigotry in the United States*. 뉴욕 : 랜덤하우스, 1943.

Myers, William Starr와 Newton, Walter H. *The Hoover Administration—A Document Narrative*. 뉴욕 : 스크리브너, 1936.

National Conference of Social Work. *Proceedings of National Conference of Social Work*. 시카고 : 시카고 대학 출판부, 1925.

National Industrial Conference Board. *The Cost of Living in the United States 1914–1929*. 뉴욕 : National Industrial Conference Board, 1930.

Paxson, Frederick L. *Postwar Years : Normalcy 1918–1923*. 버클리/로스엔젤리스 : 캘리포니아 대학 출판부, 1948.

Pearson, Drew와 Allen, Robert S. *Washington Merry–Go–Round*. 뉴욕 : Liveright, 1931.

Pecora, Ferdinand. *Wall Street Under Oath*. 뉴욕 : Simon & Schuster, 1939.

Peel, Roy V.와 Donnelly, Thomas C. *The 1928 Campaign : An Analysis*. 뉴욕 : 리처드 스미스, 1931.

_____. *The 1932 Campaign : An Analysis*. 뉴욕 : Farrar & Rinehart, 1935.

Radomski, Alexander L. *Work Relief in New York State 1931–1935*. 뉴욕 : King's Crown, 1947.

Riis, Jacob. *How The Other Half Lives*. 뉴욕 : 스크리브너, 1890.

Schelsinger, Arthur M. Jr. *The Crisis of the Old order 1919–1933*. 보스턴 : 휴턴, 1957.

Schriftgiesser, Karl. *This Was Normalcy*. 보스턴 : 리틀, 1948.

Seldes, Gilbert. *The Years of the Locust*. 보스턴 : 리틀, 1933.

Shannon, Fred A. *America's Economic Growth*. 뉴욕 : 맥밀런, 1940.

Shaw, Frederick. *The History of New York City Legislature*. 뉴욕 : 컬럼비아 대학 출판부, 1954.

Shotwell, James T. *At the Paris Peace Conference*. 뉴욕 : 맥밀런, 1937.

Slosson, Preston William. *The Great Crusade and After 1914–1928*. 뉴욕 : 맥밀런, 1930.

Soule, George. *Prosperity Decade : From War to Depression 1917–1929*. 뉴욕 : 라인하트, 1947.

Stimson, Henry L. *American Policy in Nicaragua*. 뉴욕 : 스크리브너, 1927.

Stuart, Graham H. *Latin America and United States*. 뉴욕 : Appleton-Century-Crofts, 1955.

Thomas, Norman과 Blanshard, Paul. *What's the Matter with New York*. 뉴욕 : 맥밀런, 1932.

Ware, Caroline F. *Greenwich Village 1920-1930*. 보스턴 : 휴턴, 1935.

Waters, W. W. *B.E.F.—The Whole Story of the Bonus Army*. 뉴욕 : 데이, 1933.

Wector, Dixon. *The Age of the Great Depression 1929-1941*. 뉴욕 : 맥밀런, 1948.

Wienberg, Arthur K. *Manifest Destiny*. 볼티모어 : 존스 홉킨스 대학 출판부, 1935.

Werner, Maurice R. *Tammany Hall*. 가든 시티, 뉴욕 : 데블데이, 1928.

Wilbur, Ray Lyman과 Hyde, Arthur M. *The Hoover Policies*. 뉴욕 : 스크리브너, 1937.

Williams, William A. *American Russian Relations 1781-1947*. 뉴욕 : 라인하트, 1952.

Wisan, Joseph. *The Cuban Crisis as Reflected in the New York Press 1895-1898*. 뉴욕 : 컬럼비아 대학 출판부, 1934.

Wish, Harvey. *Contemporary America : The National Scene Since 1900*. 뉴욕 : 하퍼, 1945.

Yellen, Samuel. *American Labor Struggle*. 뉴욕 : 하코트, 브레이스, 1936.

전기와 회고록

Bellush, Bernard. *Franklin D. Roosevelt as Governor of New York States*. 뉴욕 : 컬럼비아 대학 출판부, 1955.

Burns, James MacGregor. *Roosevelt : The Lion and the Fox*. New York : 하코트, 브레이스, 1956.

Butler, Nicholas Murray. *Across the Busy Years*. 뉴욕 : 스크리브너, 1939. Vols. I, II.

Coolidge, Calvin. *The Autobiography of Calvin Coolidge*. 뉴욕 : 코스모폴리탄 북, 1929.

Corsi, Edward. *In the Shadow of Liberty*. 뉴욕 : 맥밀런, 1935.

Cuneo, Ernest. *Life With Fiorello*. 뉴욕 : 맥밀런, 1955.

Flynn, Edward J. *You're The Boss*. 뉴욕 : 바이킹, 1947.

Fowler, Gene. *Beau James : The Life and Times of Jimmy Walker*. 뉴욕 : 바이킹, 1949.

Franklin, Jay. *LaGuardia : A Biography*. 뉴욕 : Modern Age books, 1937.

Freidel, Frank. *Franklin D. Roosevelt : The Triumph*. 보스턴 : 리틀, 1956.

Fuess, Claude M. *Calvin Coolidge—The Man from Vermont*. 보스턴 : 리틀, 1940.

Furman, Bess. *Washington By-Line*. 누욕 : 크노프, 1949.

Fusfeld, Daniel R. *The Economic Thought of Franklin D. Roosevelt and the Origins of the New Deal*. 뉴욕 : 컬럼비아 대학 출판부, 1956.

Ginger, Ray. *The Bending Cross*. 뉴브룬스윅, 뉴저지 : 럿거스 대학 출판부, 1949.

Hoover, Herbert. *The Memoirs of Herbert Hoover : The Cabinet and the Presidency 1920-1933*. 뉴욕 : 맥밀런, 1952. Vol. II.

Howe, Frederick C. *The Confessions of a Reformer*. 뉴욕 : 스크리브너, 1925.

Ickes, Harold. *The Secret Diary of Harold Ickes : The First Thousand Days 1933-1936*. 뉴욕 : Simon & Schuster, 1953.

Johnson, Claudius O. *Borah of Idaho*. 뉴욕 : 롱맨, 1936.

Jones, Jesse H. *Fifty Billion Dollars*. 뉴욕 : 맥밀런, 1951.

Josephson, Matthew. *Sidney Hillman*. 뉴욕 : 센추리, 1926.

Kerney, James. *The Political Education of Woodrow Wilson*. 뉴욕 : 센추리, 1926.

La Follette, Belle Case and Fola. *Robert M. La Follette*. 뉴욕 : 맥밀런, 1953.

LaGuardia, Foirello H. *The Making of an Insurgent : An Autobiography 1882-1919*. M. R. Werner 편저. 필라델피아/뉴욕 : 리핀코트, 1948.

Lief, Alfred. *Democracy's Norris*. 뉴욕 : 스택폴, 1939.

Limpus, Lowell과 Burr, Leyson. *This Man LaGuardia*. 뉴욕 : 다튼, 1938.

Link, Arthur S. *Woodrow Wilson and the Progressive Era 1910-1917*. 뉴욕 : 하퍼, 1954.

Longworth, Alice. *Crowded Hours*. 뉴욕 : 스크리브너, 1933.

Lord, Russel. *The Wallaces of Iowa*. 보스턴 : 휴턴, 1947.

Marsh, Benjamin C. *Lobbyist for the People*. 워싱턴 : Public Affairs Press, 1953.

Mason, Alpheus Thomas. *Brandeis—A Free Man's Life*. 뉴욕 : 바이킹, 1946.

Moskowitz, Henry. 편저. *Progressive Democracy : Addresses and State Papers of Al-*

fred E. Smith. 뉴욕 : 하코트, 브레이스, 1938.

Mowry, George E. *Theodore Roosevelt and the Progressive Movement*. 메디슨 : 위스컨신 대학 출판부, 1947.

Norris, George. *Fighting Liberal : The Autobiography of George Norris*. 뉴욕 : 맥밀런, 1945.

O'Connor, Harvey. *Mellon's Millions*. 뉴욕 : 데이, 1933.

Pesota, Rose. *Bread Upon the Waters*. 뉴욕 : 도드, 1945.

Pringle, Henry F. *Alfred E. Smith : A Critical Study*. 뉴욕 : Macy–Masius, 1937.

Pusey, Merlo J. *Charles Evans Hughes*. 뉴욕 : 맥밀런, 1952.

Rosenman, Samuel 편저. *The Genesis of the New Deal 1928–1932*(*The Public Papers and Addresses of Franklin D. Roosevelt*, Vol. I.) 뉴욕 : 랜덤하우스, 1938.

Rubinstein, Annette T. 편저. *I Vote My Conscience : Debates, Speeches and Writings of Vito Marcantonio*. 뉴욕 : 비토 마크안토니오 기념사업회, 1956.

Spalding, Albert. *Rise to Follow*. 뉴욕 : 홀트, 1943.

Speranza, Florence C. 편저. *The Diary of Gino Speranza 1915–1919*. 뉴욕 : 컬럼비아 대학 출판부, 1941. Vol. II.

Timmons, Bascom N. *Garner of Texas*. 뉴욕 : 하퍼, 1948.

Villard, Oswald Garrison. *Fighting Years*. 뉴욕 : 하코트, 브레이스, 1939.

Wald, Lillian D. *Windows of Henry Street*. 보스턴 : 리틀, 1934.

Whalen, Grover A. *Mr. New York : The Autobiography of Grover Whalen*. 뉴욕, 푸트넘, 1955.

White, William Allen. *A Puritan in Babylon : Calvin Coolidge*. 뉴욕 : 맥밀런, 1938.

Ybarra, T. R. *Caruso*. 뉴욕 : 하코트, 브레이스, 1953.

색인

[ㅂ]

[ㅅ]

[ㅇ]

지은이 **하워드 진**(Howard Zinn)

하워드 진(1922–2010)은 역사학자이자 극작가이며 사회운동가였다. 그는 스펠만 대학과 보스턴 대학에서 가르쳤다. 대표적인 저작으로는 『민중의 미국사』(*People's History of the United States*)와 회고록 『달리는 기차 위에 중립은 없다 : 우리 시대의 개인사』(*You Can't Be Neutral on a Moving Train : A Personal History of Our Times*) 가 있다.

옮긴이 **박종일**

고려대학교 정치외교학과 졸업

30여 년간 기업에서 일한 후 은퇴하여 번역가로 활동하고 있다.

번역서로는

- 존 벨라미 포스터(John Bellamy Foster) 저, 『벌거벗은 제국주의』(공역, 인간사랑, 2008)
- 얀 멜리센(Jan Melissen) 편저, 『신공공외교』(공역, 인간사랑, 2008)
- 존 벨라미 포스터(John Bellamy Foster) 외 저, 『다윈주의와 지적설계론』(인간사랑, 2008)
- 범문란 저, 『중국통사(中國通史)』(상/하)(인간사랑, 2009)
- 조셉 커민스(Joseph Cummins) 저, 『미국 대통령선거 이야기』(인간사랑, 2009)
- 톰 베델(Tom Bethell) 저, 『정치적으로 왜곡된 과학 엿보기』(인간사랑, 2009)
- 존 벨라미 포스터(John Bellamy Foster) 저, 『생태혁명』(인간사랑, 2010)
- 존 벨라미 포스터(John Bellamy Foster) 저, 『대금융위기』(인간사랑, 2010)
- 로버트 A. 존슨(Robert A. Johnson) 저, 『내면의 황금』(인간사랑, 2010)

라과디아

-1920년대 한 진보적 정치인의 행적

초판1쇄 / 2011년 2월 10일

지은이 **하워드 진**
옮긴이 **박종일**
펴낸이 **여국동**
펴낸곳 **도서출판 인간사랑**
인 쇄 **백왕인쇄**

출판등록 1983. 1. 26. / 제일 3호

정가 19,000원

ISBN 978-89-7418-019-5 93900

※ 잘못된 책은 교환해 드립니다.

(411-815) 경기도 고양시 일산구 백석동 1178-1
TEL (031)901-8144, 907-2003
FAX (031)905-5815
E-mail igsr@yahoo.co.kr / igsr@naver.com